Ken Bluttman

W0294376

Formules & Fonctions pour Excel

Pour Excel 2016, 2019, 2021 & 2024

pour les nuls

FIRST
INTERACTIVE

Formules & Fonctions pour Excel pour les Nuls

Titre de l'édition américaine : *Excel Formulas & Functions for Dummies*

Publié par
Wiley Publishing, Inc.
111 River Street
Hoboken, NJ 07030 – 5774
USA

ISBN : 978-2-412-10131-5
Code éditeur : S10131/01
Dépôt légal : avril 2025
Imprimé en Italie par Grafica Veneta en mars 2025

Éditions First, un département d'Édi8
92, avenue de France
75013 Paris – France
e-mail : firstinfo@efirst.com
Site internet : lisez.com

Traduction : Philip Escartin

Sommaire

Introduction

Première partie Bien débuter avec les formules et les fonctions

Quatrième partie Traiter les données

Introduction

Le tableur est devenu un outil indispensable, que ce soit au bureau ou à la maison, notamment pour gérer les budgets familiaux. Dans le domaine des tableurs, Excel s'est imposé depuis longtemps comme une référence incontournable. Personnellement, je l'utilise même comme une simple calculatrice, car il « excelle » dans les tâches les plus simples comme les plus complexes.

En entreprise, Excel est largement utilisé pour établir des rapports et procéder à des analyses. Que ce soit pour les états financiers, les rapports de ventes, les inventaires, les projets ou la gestion de la clientèle, Excel est l'outil de choix. Il en va de même pour les calculs scientifiques, grâce à ses capacités étonnantes.

À propos de ce livre

Ce livre est dédié à l'art de traiter les données avec Excel : quelles sont les moyennes des ventes? Combien de fois ces moyennes ont-elles été dépassées? Combien de jours restent-ils pour achever un projet? Où en sommes-nous? Pour toutes ces informations, et bien d'autres encore, il est crucial de maîtriser les formules.

Mais ce n'est pas tout. Excel est équipé de dizaines de fonctions prédéfinies capables de tout calculer, de la moyenne la plus simple à l'analyse d'investissements financiers, en passant par des statistiques inductives complexes. Cependant, vous n'êtes pas obligé de tout connaître. Vous pouvez vous concentrer sur ce qui vous est réellement utile.

Plus de 150 fonctions sont abordées dans ce livre. Plutôt que de les présenter par ordre alphabétique en expliquant leur syntaxe, elles sont regroupées par catégories, avec des exemples pas à pas montrant comment les utiliser seules ou dans des formules, accompagnés de nombreuses illustrations.

Enfin, et parce qu'elle va de plus en plus s'imposer à nos vies, ce livre aborde l'IA (l'intelligence artificielle) mise au service d'Excel et de ses formules.

Nos hypothèses hasardeuses

Nous présumons que vous utilisez un PC ainsi qu'Excel 2024. Cependant, sachez que vous pourrez exploiter la grande majorité des formules de ce livre dans des versions antérieures. Nous présumons aussi que vous savez vous servir d'un clavier et d'une souris, et que vous avez déjà utilisé Excel par le passé, ne serait-ce qu'une seule fois. Les notions de base sont présentées dans le Chapitre 1, mais pas toutes. Si vous devez véritablement vous initier à Excel, nous vous recommandons vivement de lire *Excel 2024 pour les Nuls,* de Greg Harvey (Éditions First).

Ce livre a été rédigé pour Excel 2024 disions-nous, mais en fait, il est aussi valable pour les versions un peu plus anciennes. Il se peut qu'une fonction ou deux ne fonctionnent pas, ou pas tout à fait de la même manière. Microsoft a cependant veillé à assurer une certaine compatibilité entre les différentes versions de son tableur, de sorte qu'en ce qui concerne les formules et les fonctions, vous pouvez être assuré que ce qui fonctionne dans une version fonctionne aussi dans une autre.

Comment utiliser ce livre

Vous n'êtes pas obligé de lire ce livre du début à la fin, mais rien ne vous empêche de le faire. Chaque chapitre présente une catégorie de fonctions : financières, statistique, etc. Certaines catégories s'étendent sur plusieurs chapitres. Pour accéder à une information précise, vous pouvez recourir à :

- **la table des matières pour accéder au chapitre qui vous intéresse ;**
- **l'index pour accéder à une fonction ou à une notion spécifique.**

Les pictogrammes

Ce pictogramme signale une information utile, comme une manière plus rapide de procéder, ou une astuce qui facilite le travail.

Signale une notion que vous avez tout intérêt à mémoriser dans un recoin de votre cerveau.

Prudence lorsque vous rencontrez ce pictogramme, car vous pourriez vous fourvoyer ou, bien pire, effacer des données par mégarde.

De temps en temps, ce pictogramme vous signale une information technique. Elle n'est pas indispensable, mais elle vous permettra de briller en société.

Et ensuite ?

Eh bien, on y va ! Excel n'est pas si compliqué que cela. Il va même jusqu'à vous signaler vos erreurs. Si vous avez besoin de réviser ou de découvrir les bases du fonctionnement d'Excel, lisez dès maintenant le Chapitre 1. C'est d'ailleurs le meilleur endroit pour avoir une première impression sur les formules et les fonctions. Ensuite, à vous de voir ! Parcourez les chapitres à la recherche d'informations dont vous avez immédiatement besoin. Par exemple, si vous avez des difficultés avec les dates, rendez-vous dans la quatrième partie. Dans beaucoup de domaines, c'est la pratique qui compte. Et pour compter, on ne fait pas mieux qu'Excel !

Première partie

Bien débuter avec les formules et les fonctions

DANS CETTE PARTIE

Les fondamentaux des fonctions et des formules.

•

Les différentes manières de saisir des fonctions.

•

Les formules et les fonctions basées sur des tableaux.

•

Détecter les erreurs dans les formules et les corriger.

DANS CE CHAPITRE

Les éléments de base d'Excel

•

Écrire des formules.

•

Introduire des fonctions dans des formules.

•

Les fonctions imbriquées.

Chapitre 1

L'exploitation des formules et des fonctions

Excel peut être comparé à une Ferrari dans l'univers des logiciels de bureautique : élégance extérieure et puissance interne. Il se comporte également comme un camion, capable de transporter une charge énorme de données. En 2024, une feuille de calcul Excel peut contenir jusqu'à 17179869184 cellules. Et ce n'est qu'une des nombreuses fonctionnalités impressionnantes d'Excel !

Quand vous ouvrez un fichier créé avec une version antérieure d'Excel, seul le nombre de colonnes et de lignes générées avec cette ancienne version est affiché.

Excel est utilisé dans toutes sortes de domaines, car il peut recevoir toutes sortes de données. Qu'importe que ce domaine soit celui de la finance ou du commerce, de l'immobilier, du sport ou de la science, ou de toute autre activité... Excel saura y faire. Ses capacités à mouliner des chiffres sont exceptionnelles. Et il est si facile à utiliser !

Saisissez quelques chiffres dans une feuille de calcul et Excel donne aussitôt leur somme ou le résultat d'une analyse. Si vous voulez simplement engranger des données, Excel fera l'affaire, à moins que vous ne préfériez utiliser un gestionnaire de base de données. Dans ce livre, vous apprendrez cependant à élaborer des formules et utiliser les dizaines de fonctions intégrées d'Excel. Car la véritable puissance d'Excel, c'est de donner du sens à vos données.

Ne vous souciez pas d'éventuelles fausses manœuvres au cours de votre apprentissage. Excel est très tolérant et ne se bloquera pas. Il va même jusqu'à signaler vos erreurs et quand il le peut, il vous aide à les corriger. Combien de logiciels en font autant ? Mais commençons par le commencement.

Les fondamentaux d'Excel

Pour écrire des formules ou mouliner des chiffres, vous devez d'abord savoir où les placer, et aussi comment les retrouver. C'est pourquoi il est important de savoir comment les données sont stockées dans Excel.

Classeurs et feuilles de calcul

Un *classeur* Excel n'est rien d'autre qu'un fichier informatique. Excel ouvre et ferme des classeurs exactement comme un logiciel de traitement de texte ouvre et ferme des documents. Au démarrage d'Excel, un certain nombre de modèles de feuilles de calcul vous sont proposés. La première permet de créer une feuille de calcul vierge. Au bout de quelques jours d'utilisation du programme, les documents sur lesquels vous aurez récemment travaillé s'afficheront sur la gauche. Dans cet écran de démarrage d'Excel, cliquez sur Nouveau classeur. Cliquez ensuite sur l'onglet Fichier pour accéder aux commandes que montre la Figure 1.1. Elles servent notamment, et entre autres, à ouvrir un classeur, l'enregistrer, l'imprimer et le fermer.

Les classeurs d'Excel 2024 – mais aussi d'Excel 2019, 2016, 2013, 2010 et 2007 – ont une extension `.xlsx`, au lieu de `.xls` pour les classeurs des versions antérieures.

C'est dans la feuille de calcul que vous placez vos données. Tout classeur Excel en contient au moins une. La Figure 1.2 montre un classeur comprenant deux feuilles de calcul nommées Feuil1 et Feuil2 (en bas à gauche). Juste à droite de ces deux noms se trouve le bouton Nouvelle feuille identifié par le signe +. Cliquez dessus pour ajouter d'autres feuilles de calcul au classeur.

Figure 1.1

Les fonctions de gestion de fichiers d'Excel.

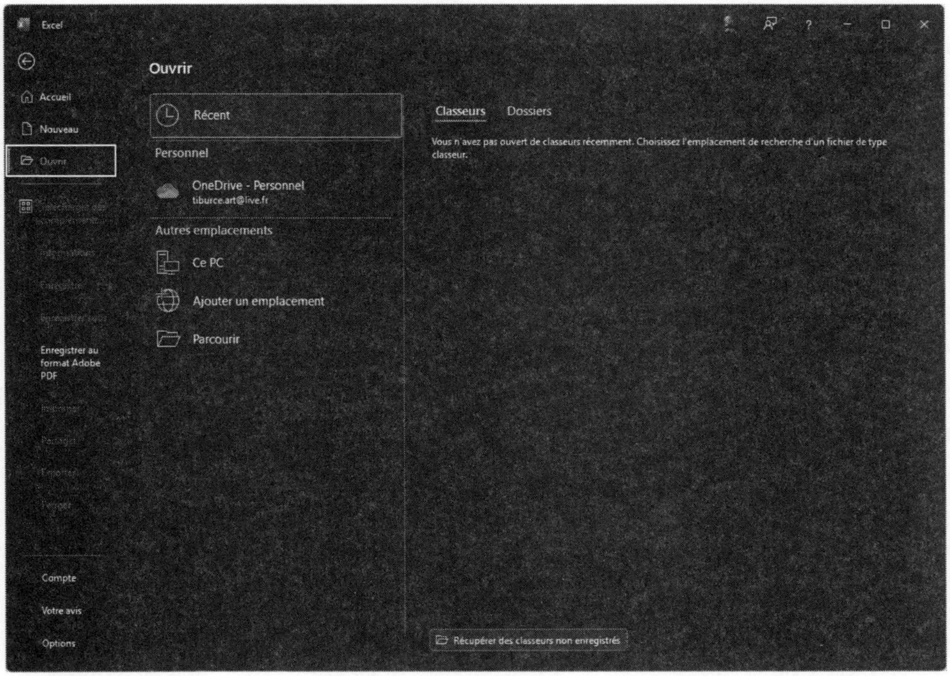

Figure 1.2

Un classeur Excel comprenant deux feuilles de calcul.

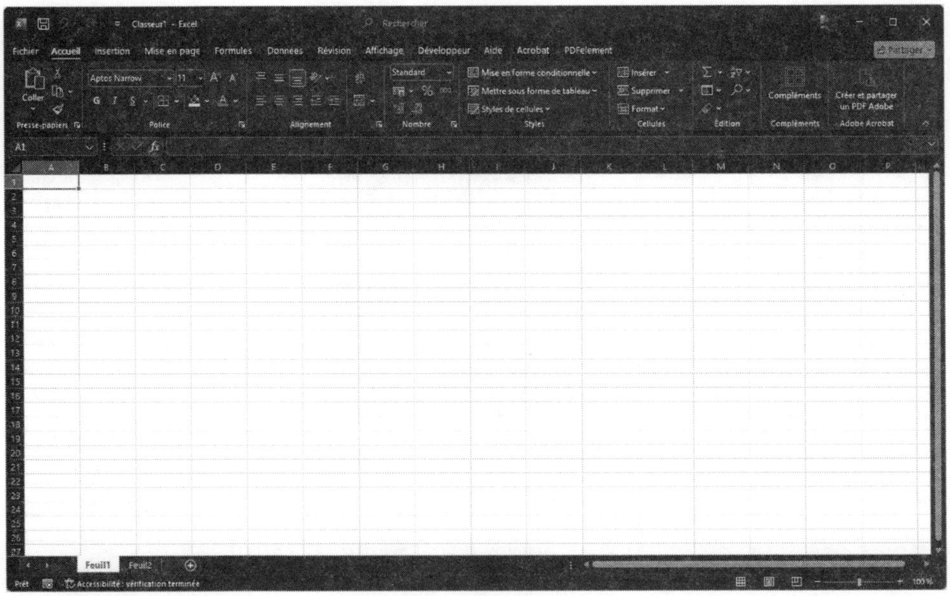

Au moins une feuille de calcul, et son contenu, est toujours visible. Dans la Figure 1.2, c'est Feuil2 qui est ainsi visible et, car son onglet en bas à gauche est actif. On dit alors que cette feuille de calcul est *active.* Pour activer une autre feuille de calcul, cliquez sur son onglet.

Classeur ou *classeur Excel? Feuille de calcul* ou *feuille?* En fait, peu importe. Utilisez la terminologie qui vous plaît.

Le nom d'une feuille de calcul est modifiable. Il est vrai que Feuil1, Feuil2 et ainsi de suite, ce n'est pas très sexy. Il est plus parlant de les nommer Recettes, Dépenses, Récapitulation, ou ce que vous voudrez. Mais bon, ces termes ne sont pas très enthousiasmants non plus…

Bref, le plus important est de pouvoir choisir un nom évocateur. Vous pouvez le faire de deux manières :

» **en double-cliquant sur l'onglet et en saisissant le nouveau nom;**

» **en cliquant du bouton droit sur l'onglet, en choisissant l'option Renommer et en tapant ensuite le nouveau nom.**

La Figure 1.3 montre une feuille de calcul qui est déjà renommée et une autre sur le point de l'être après avoir cliqué du bouton droit sur son onglet.

Figure 1.3 Renommer une feuille de calcul.

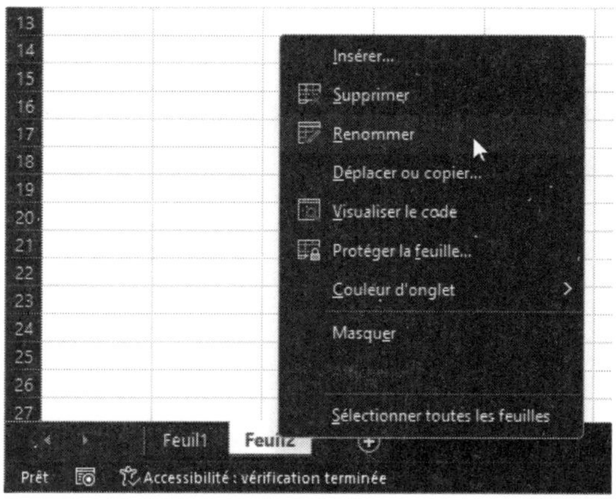

Essayez pour voir en procédant de la manière la plus facile :

1. **Double-cliquez sur l'onglet d'une feuille de calcul.**

2. **Saisissez son nouveau nom et appuyez sur la touche Entrée.**

La couleur d'un onglet de feuille de calcul est aussi modifiable. Cliquez dessus du bouton droit et dans le menu, choisissez Couleur d'onglet.

Pour insérer une nouvelle feuille de calcul dans un classeur, cliquez sur le bouton Nouvelle feuille (le bouton + situé à droite du dernier onglet du classeur), comme le montre la Figure 1.4. Pour supprimer une feuille de calcul, cliquez du bouton droit sur son onglet puis, dans le menu, choisissez Supprimer.

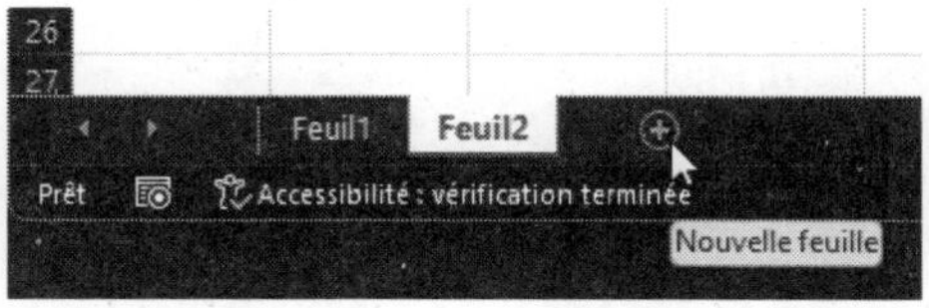

Figure 1.4 Insertion d'une nouvelle feuille de calcul.

Ne supprimez une feuille de calcul qu'en connaissance de cause, car cette action est irréversible. Elle n'est envoyée dans aucune corbeille.

Vous pouvez ajouter un grand nombre de feuilles de calcul. La limite dépend de la mémoire vive de l'ordinateur, mais elle est assurément supérieure à 200. Il faut cependant avoir de bonnes raisons pour en créer autant, ce qui nous amène au point suivant.

Les feuilles de calcul servent à organiser vos données. Procédez judicieusement et la gestion de vos données n'en sera que plus facile. Supposons que vous soyez responsable d'une trentaine d'employés et que vous gérez leurs résultats tout au long de l'année. Soit vous créerez 30 feuilles de calcul, c'est-à-dire une par employé, soit vous créez 12 feuilles de calcul, c'est-à-dire une par mois. Vous êtes complètement libre d'utiliser Excel à votre manière, en le laissant se débrouiller selon votre organisation.

Vous pouvez paramétrer le nombre de feuilles de calcul qu'un classeur doit contenir par défaut, lorsque vous le créez. Pour ce faire, cliquez sur l'onglet Fichier puis, dans la colonne de gauche, sur Options. Dans la catégorie Général, à la rubrique Lors de la création de classeurs, réglez leur nombre avec l'option Inclure ces feuilles.

Le ruban Formules

Le ruban est le large bandeau en haut d'Excel. Il contient une kyrielle d'icônes et de commandes relatives à leur onglet.

La Figure 1.5 montre le ruban Formules. Le groupe à gauche, nommé Bibliothèque de fonctions, contient des fonctions classées par catégories. L'une de ces catégories est déployée afin que vous puissiez voir ce qu'elle contient et accéder ainsi à l'une des fonctions.

Figure 1.5
L'accès aux fonctions depuis le ruban Formules.

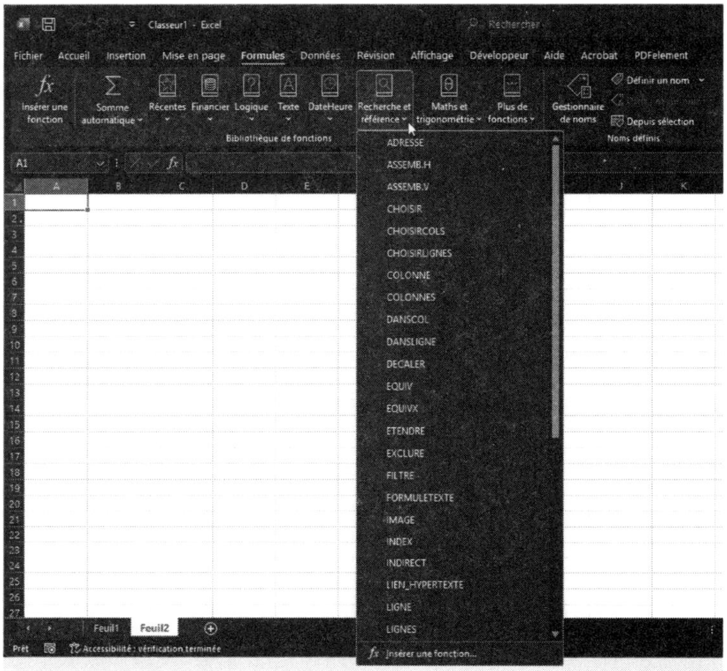

Voici à quoi correspondent les groupes du ruban Formules :

» **Bibliothèque de fonctions :** vous y trouvez notamment la commande Insérer une fonction ainsi que la catégorie Somme automatique.

» **Noms définis :** ces commandes servent à gérer les plages nommées.

» **Vérification des formules :** cette fonctionnalité a connu bien des avatars d'une version d'Excel à une autre, mais jamais elle n'a été à ce point mise en valeur. C'est là aussi que se trouve la Fenêtre Espion qui permet de garder un œil sur les valeurs des cellules à surveiller. Dans la Figure 1.6, quelques cellules ont été assignées à la fenêtre Espion. Si jamais une valeur venait à changer, elle le signalerait aussitôt. Remarquez que les cellules surveillées se trouvent sur des feuilles qui ne sont pas la feuille de calcul active. Soit dit en passant, la fenêtre Espion est repositionnable en la tirant par sa barre de titre.

» **Calcul :** c'est là que vous définissez les options de calcul, comme le recalcul automatique ou manuel.

Figure 1.6
La fenêtre Espion surveille les feuilles de calcul.

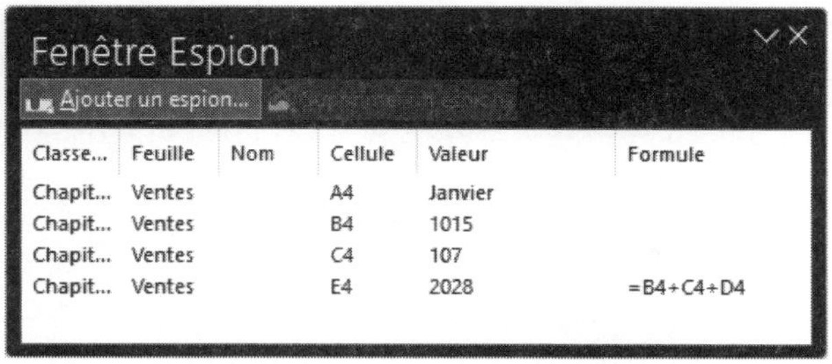

La barre d'outils Accès rapide est une autre fonctionnalité fort commode d'Excel. Dans la Figure 1.5, elle est visible dans le coin en haut à gauche, au-dessus du ruban. Chacune de ses icônes est exécutée d'un simple clic. Le nombre et la nature de ces icônes sont sélectionnables dans la boîte de dialogue Options Excel. Dans le volet de gauche de la boîte de dialogue Options d'Excel, cliquez sur la catégorie Barre d'outils Accès rapide, puis configurez-la à votre guise.

Lignes, colonnes, cellules, plages et tableaux

Une *feuille de calcul* contient des cellules. Beaucoup de cellules. Des milliards de cellules. Une telle profusion peut sembler ingérable, mais il n'en est rien. La Figure 1.7 montre une feuille de calcul contenant des données. Nous nous en servirons pour notre petite leçon de terminologie. Des cellules pourraient contenir des formules, mais ce n'est pas le cas ici.

Figure 1.7
Une feuille de calcul contenant des données.

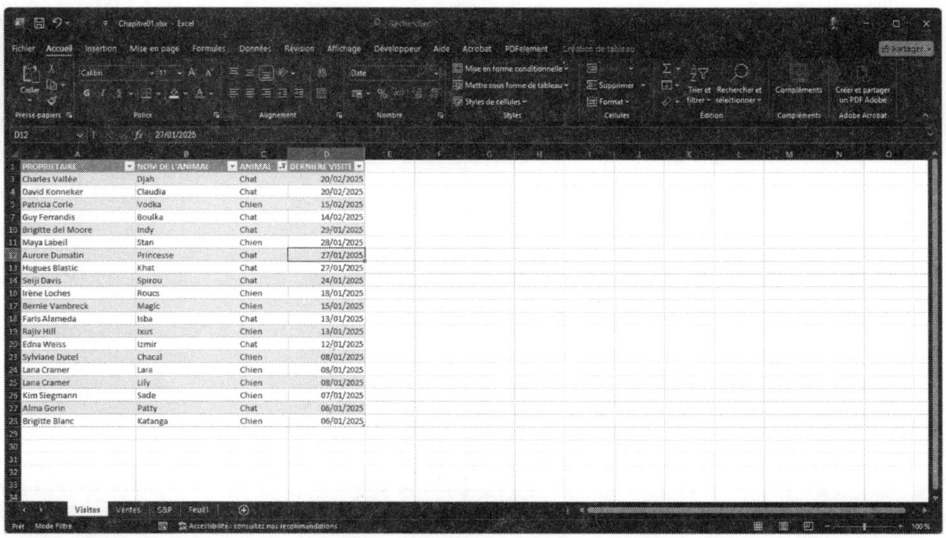

Chaque colonne est surmontée par une lettre d'en-tête : A, B, C et ainsi de suite. Après la 26e colonne, Z, une notation par paire de lettres est utilisée : AA, AB, AC et ainsi de suite. Ensuite, après ZZ, une notation par triplets de lettres est utilisée. Les lignes sont numérotées verticalement.

Les cellules se trouvent à l'intersection d'une colonne et d'une ligne. La cellule A1 se trouve à l'intersection de la colonne A et de la ligne 1. De ce fait, A1 est l'*adresse* de cette cellule. Il existe toujours une cellule active dans une feuille de calcul, reconnaissable à sa bordure noire. C'est là que vous saisissez vos données. Le contenu de la cellule active est également affiché dans la *barre de formule.*

Lorsqu'il est question de référence, ou de *cellule,* c'est toujours de l'adresse de la cellule qu'il est question. La référence de cellule D20 se trouve à l'intersection de la colonne D et de la ligne 20.

Dans la Figure 1.7, la cellule active est la cellule D12. Il existe plusieurs moyens de le vérifier, le plus évident étant que cette cellule est bordée de noir. Remarquez aussi le fond gris de l'en-tête de colonne D et le fond gris de l'en-tête de ligne 12. Juste au-dessus des en-têtes de colonne se trouvent la Zone Nom et la barre de formule. La zone de nom contient l'adresse de la cellule active, c'est-à-dire D12. La barre de formule contient le contenu de la cellule, c'est-à-dire la date `27/01/2025`.

Si la barre de formule n'est pas visible, choisissez Fichier, puis Options. Cliquez ensuite sur la catégorie Options avancées. Dans la rubrique Afficher, cochez la case Afficher la barre de formule.

Une *plage* est un ensemble de cellules adjacentes, bien que des cellules éparses puissent appartenir à une même plage commune (mais ça, c'est pour ceux qui adorent se compliquer la vie). Pour faire simple, nous présumerons qu'une plage de cellules est un seul et même ensemble de cellules. Voici comment en définir une :

1. **Positionnez le pointeur de la souris au-dessus de la première cellule devant appartenir à la plage.**

2. **Cliquez du bouton gauche et maintenez-le enfoncé.**

3. **Faites glisser le pointeur jusqu'à la dernière cellule à inclure dans la plage.**

4. **Relâchez le bouton de la souris.**

Les subtilités de la barre de formule

La barre de formule et la zone Nom forment un ensemble. La barre de formule sert à saisir et à modifier des formules. Ceci fait, vous cliquez sur la coche de validation, à gauche de la barre, pour appliquer la formule. Cette coche n'est active que si vous avez commencé à taper une formule. Vous pouvez appuyer sur la touche Entrée pour valider votre saisie. En revanche, cliquer sur l'icône d'annulation efface la saisie.

Une alternative consiste à saisir la formule directement dans la cellule. Elle apparaît également dans la barre de formule. Pour voir uniquement la formule que contient une cellule, cliquez sur cette dernière. Une cellule contenant une formule affiche généralement le résultat de la formule, mais pas la formule elle-même. Quant à la Zone Nom, à gauche de la barre de formule, elle affiche, soit l'adresse de la cellule active, soit le nom d'une plage, si cette dernière a été nommée.

La Figure 1.8 montre une plage de cellules. Son adresse est A4:D19.

A4 | fx | David Konneker

	A	B	C	D	E
1	PROPRIETAIRE	NOM DE L'ANIMAL	ANIMAL	DERNIERE VISITE	
3	Charles Vallée	Djah	Chat	20/02/2025	
4	David Konneker	Claudia	Chat	20/02/2025	
5	Patricia Corle	Vodka	Chien	15/02/2025	
7	Guy Ferrandis	Boulka	Chat	14/02/2025	
10	Brigitte del Moore	Indy	Chat	29/01/2025	
11	Maya Labeil	Stan	Chien	28/01/2025	
12	Aurore Dumatin	Princesse	Chat	27/01/2025	
13	Hugues Blastic	Khat	Chat	27/01/2025	
14	Seiji Davis	Spirou	Chat	24/01/2025	
16	Irène Loches	Roucs	Chien	18/01/2025	
17	Bernie Vambreck	Magic	Chien	15/01/2025	
18	Faris Alameda	Isba	Chat	13/01/2025	
19	Rajiv Hill	Ixus	Chien	13/01/2025	
20					
23	Sylviane Ducel	Chacal	Chien	08/01/2025	
24	Lana Cramer	Lara	Chien	08/01/2025	
25	Lana Cramer	Lily	Chien	08/01/2025	
26	Kim Siegmann	Sade	Chien	07/01/2025	
27	Alma Gorin	Patty	Chat	06/01/2025	
28	Brigitte Blanc	Katanga	Chien	06/01/2025	
29					

Figure 1.8 Une plage de cellules.

L'adresse d'une plage de cellule est formée des coordonnées des cellules situées dans les coins opposés, séparées par le signe « deux-points ».

Un dernier détail à propos des plages : vous pouvez les nommer. C'est une fonctionnalité appréciable car une plage peut ainsi être identifiée selon son usage, au lieu d'une adresse pour le moins laconique. De plus, si une plage n'a pas été nommée, elle cesse d'exister sitôt que l'on a cliqué n'importe où dans la feuille de calcul. Lorsqu'une plage est nommée, vous pouvez la réutiliser à volonté en la désignant simplement par son nom.

Supposons que vous ayez créé une liste de clients dans une feuille de calcul. Qu'est qui est le plus facile : se souvenir des cellules qu'elle occupe, ou se souvenir que cette liste s'appelle « Clients » ?

Tout au long de ce livre, nous utiliserons abondamment des plages nommées, en raison de leur commodité. Voici comment nommer une plage :

❶ Positionnez le pointeur de la souris sur une cellule, cliquez puis, bouton de la souris enfoncé, tirez afin de délimiter une plage de cellules.

❷ Relâchez le bouton de la souris.

La plage de cellules est définie.

❸ En haut du ruban, cliquez sur l'onglet Formules puis, dans le groupe Noms définis, cliquez sur Définir un nom.

La boîte de dialogue Nouveau nom apparaît. Le champ Nom affiche le contenu de la cellule active.

❹ Dans le champ Nom, saisissez le nom que vous voulez donner à la plage de cellules.

Dans cet exemple, nous appelons cette plage « Clients », comme le montre la Figure 1.9.

Figure 1.9 Attribution d'un nom à une plage de cellules.

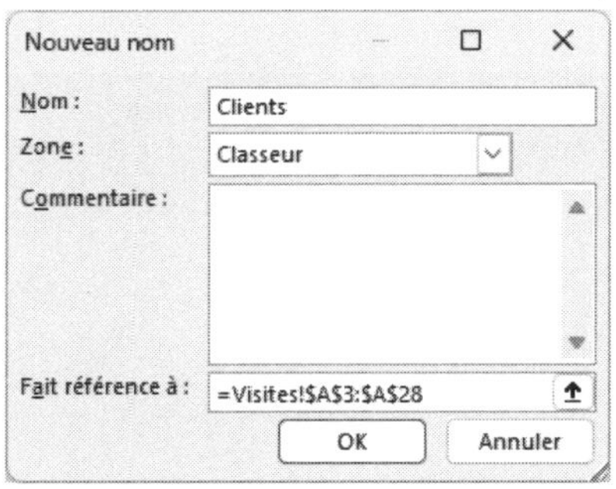

Une autre technique plus rapide pour nommer une plage de cellules consiste à sélectionner les cellules puis à saisir son nom directement dans la zone Nom, à gauche de la barre de formule. Appuyez ensuite sur la touche Entrée.

❺ Cliquez sur le bouton OK.

Maintenant que la plage a été nommée, il est facile de sélectionner à tout moment les données qu'elle contient en choisissant son nom dans la liste déroulante de la zone Nom, ainsi que le montre la Figure 1.10.

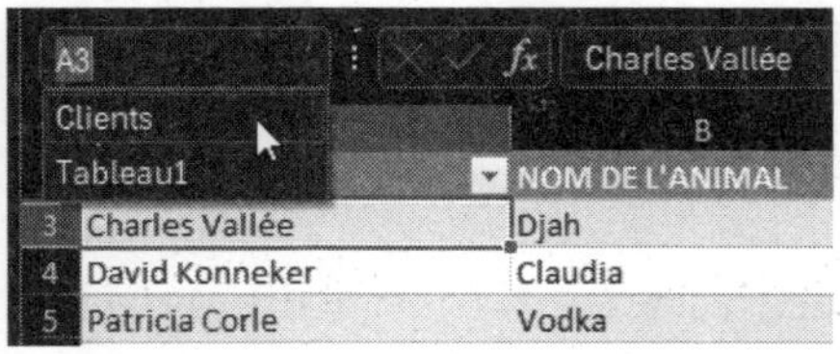

Figure 1.10 Sélectionnez instantanément une plage de cellules à partir du menu de la zone Nom.

Les tableaux fonctionnent sur le même principe que les plages nommées, mais avec en prime des fonctionnalités supplémentaires. Vous pouvez notamment inclure des étiquettes d'en-tête, et surtout filtrer les données. La Figure 1.11 montre l'un de ces tableaux dotés de filtres.

	A	B	C	D
1	PROPRIETAIRE	NOM DE L'ANIMAL	ANIMAL	DERNIERE VISITE
3	Charles Vallée	Djah	Chat	20/02/2025
4	David Konneker	Claudia	Chat	20/02/2025
7	Guy Ferrandis	Boulka	Chat	14/02/2025
10	Brigitte del Moore	Indy	Chat	29/01/2025
12	Aurore Dumatin	Princesse	Chat	27/01/2025
13	Hugues Blastic	Khat	Chat	27/01/2025
14	Seiji Davis	Spirou	Chat	24/01/2025
18	Faris Alameda	Isba	Chat	13/01/2025
20	Edna Weiss	Izmir	Chat	12/01/2025
27	Alma Gorin	Patty	Chat	06/01/2025
29				

Figure 1.11 Un tableau est capable de filtrer les données d'une liste comme ici, où seules les données Chat sont affichées.

Le filtrage permet de n'afficher que les lignes contenant un ou plusieurs critères bien précis.

Le bouton Tableau, qui permet de filtrer les données, se trouve dans le groupe Tableaux du ruban Insertion.

Mettre les données en forme

Des données bien présentées sont plus agréables à utiliser : 37,2 est-il une température à un moment de la journée? Le résultat d'un test d'intelligence? De l'argent? Un pourcentage? Il serait plus simple de présenter ce chiffre de l'une de ces manières :

- 37,2 °C
- 37,2
- 37,20 €
- 37,20%

Excel est capable de mettre les données en forme exactement comme vous le désirez. Les commandes de mise en forme se trouvent dans le groupe Nombre du ruban Accueil.

La Figure 1.12 montre comment une mise en forme facilite la compréhension d'une feuille de calcul. La cellule B1 contient une somme en euros mise en forme avec un format Monétaire. La cellule B2 est mise en forme avec le format Pourcentage (la cellule contient la valeur 5 %). La cellule B3 indique le nombre de mensualités avec une mise en forme de type Texte. La cellule B7 est au format Monétaire ; les valeurs négatives sont affichées en rouge. Ceux-ci ne sont que quelques exemples. Nous reviendrons plus en détail sur les formats monétaires.

Figure 1.12

La mise en forme des données.

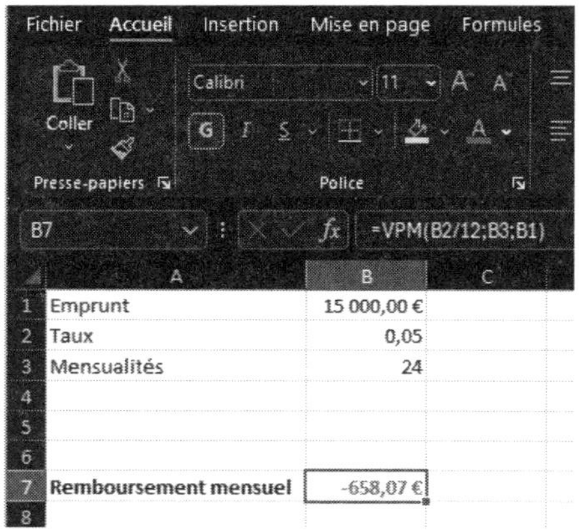

En plus des commandes de mise en forme présentes sur le ruban Accueil, vous pouvez recourir à la classique boîte de dialogue Format de cellule. Elle contient beaucoup plus d'options que le ruban et permet même de créer des mises en forme personnalisées. La boîte de dialogue Format de cellule est accessible de deux manières :

» **Depuis le ruban Accueil, en déroulant le menu en haut du groupe Nombre. Cliquez ensuite sur l'option Autres formats numériques.**

» **En cliquant du bouton droit sur une cellule et en choisissant Format de cellule, dans le menu déroulant.**

La Figure 1.13 montre la boîte de dialogue Format de cellule. Elle contient de nombreuses mises en forme classées par catégories. Nous les étudierons au Chapitre 5.

Figure 1.13 La boîte de dialogue Format de cellule permet d'effectuer les mises en forme les plus sophistiquées.

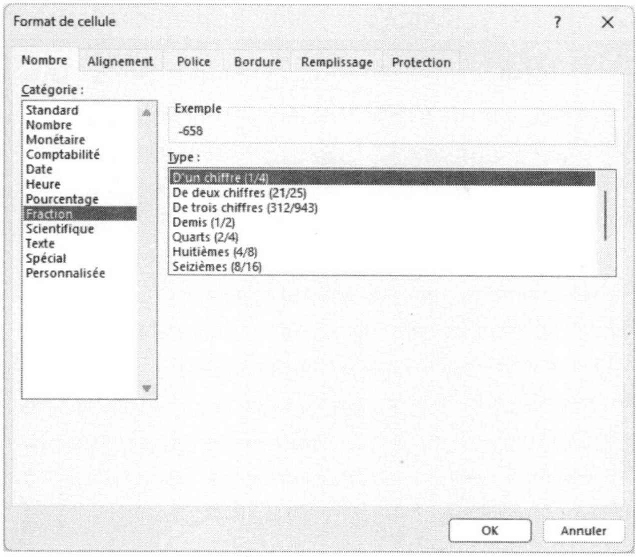

Obtenir de l'aide

Excel est complexe. Une aide est fort heureusement accessible en appuyant sur la touche de fonction F1.

Appuyer dessus ouvre un panneau intitulé Aide de Excel, à partir duquel vous effectuerez vos recherches en saisissant quelques mots dans le champ Rechercher dans l'aide en ligne. Lorsque vous utiliserez des fonctions, vous accéderez directement à l'aide concernant la fonction en question en cliquant sur un lien Aide sur cette fonction, comme expliqué en détail dans le Chapitre 2.

L'aide s'ouvre sous la forme d'un panneau sur le côté droit de l'interface. Dans les autres versions, une boîte de dialogue autonome s'affiche. Les fonctions de recherche d'Excel 2024 sont bien plus abouties que celles des anciennes versions.

Maîtriser les formules

Le moment est venu d'aborder ce qui est au cœur d'Excel : les formules. Bien sûr, vous pouvez parfaitement stocker des données dans Excel et les laisser en l'état, et même réaliser de jolis graphiques à partir d'elles. Mais pour calculer des chiffres, les analyser ou les synthétiser, ou pour procéder à des simulations, vous devrez recourir à des formules.

Une formule sert à obtenir des résultats à partir des données qu'elle traite. Elle doit être placée dans une cellule.

Une formule commence toujours par le signe égal (=).

Examinons quelques formules très élémentaires. Le Tableau 1.1 en montre quelques-unes et commente leurs actions.

Le terme *renvoyer* est souvent utilisé pour indiquer ce que fait une formule. Par exemple, lorsqu'il est écrit que *la formule renvoie* 7, le sens de cette phrase est le même que s'il était écrit que *le résultat calculé par la formule est* 7.

Tableau 1.1
Quelques formules élémentaires.

Formule	Action
=2+2	Renvoie le chiffre 4.
=A1+A2	Renvoie la somme des valeurs présentes dans les cellules A1 et A2. Si l'une de ces cellules contient du texte, une erreur est renvoyée.
=D5	La cellule affiche le contenu de la cellule D5. Si vous entrez cette formule dans la cellule D5 elle-même, elle produit une référence circulaire (absolument proscrite). Nous y reviendrons au Chapitre 4.
=SOMME(A2:A5)	Renvoie la somme des valeurs contenues dans les cellules A2, A3, A4 et A5. La syntaxe est ici celle des plages de cellules. Cette formule utilise la fonction SOMME pour totaliser toutes les valeurs présentes dans la plage indiquée.

Saisir une formule

Voici comment saisir une formule dans Excel :

❶ **Cliquez dans une cellule.**

❷ **Saisissez ceci : =10+10**

❸ **Appuyez sur la touche Entrée.**

Facile, n'est-ce pas? Le résultat – le chiffre 20 – remplace la formule dans la cellule.

Essayons autre chose. Nous allons créer une formule qui additionne les chiffres de deux cellules :

❶ Cliquez dans une cellule.

❷ Saisissez un nombre.

15, par exemple, dans la cellule B3.

❸ Cliquez dans une autre cellule.

Elle peut se trouver n'importe où dans la feuille de calcul.

❹ Saisissez un nombre.

35, par exemple, dans la cellule E3.

❺ Cliquez dans une troisième cellule.

La cellule B6, par exemple. Elle contiendra la formule.

❻ Saisissez le signe égal =.

❼ Cliquez dans la cellule contenant le premier nombre que vous avez saisi.

C'est là un point important de la création d'une formule : elle peut être créée avec le clavier, mais aussi avec la souris. Pour le moment, la formule est incomplète. Elle ne comprend que le signe égal suivi de l'adresse de la cellule dans laquelle vous venez de cliquer, ainsi que le montre la Figure 1.14 : nous venons juste de cliquer dans la cellule B3, ainsi que le révèle le pointeur de la souris en forme de croix encore positionné sur cette cellule.

Figure 1.14 La saisie d'une formule avec la souris.

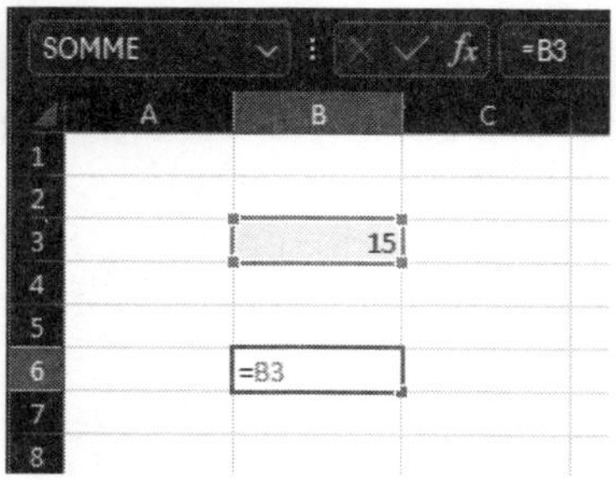

❽ Saisissez le signe plus +.

❾ Cliquez dans la cellule contenant la seconde valeur.

Dans cet exemple, c'est la cellule E3. La formule complète est visible dans la cellule B6 ; elle se présente sous cette forme : =B3+E3 comme le montre la Figure 1.15.

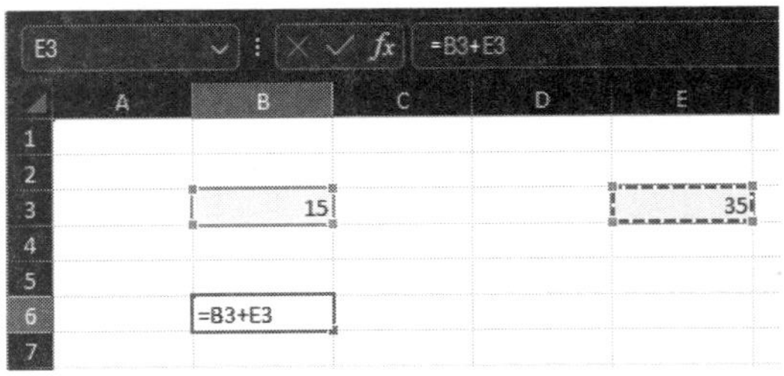

Figure 1.15
La formule est terminée, mais pas encore appliquée.

⑩ Appuyez sur la touche Entrée.

La formule est calculée puis la cellule d'en bas est sélectionnée.

La Figure 1.16 montre le résultat du calcul affiché dans la cellule B6. Remarquez le contenu de la barre de formule : c'est la formule saisie dans la cellule active.

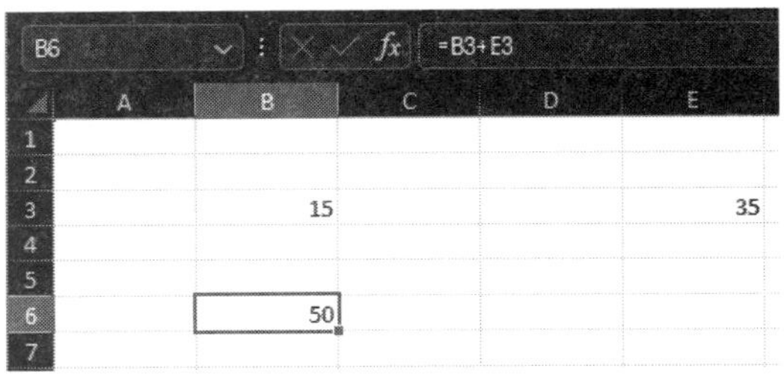

Figure 1.16
La formule vient de calculer la somme des deux cellules.

Les références

Les références abondent dans les formules d'Excel. Des cellules peuvent être référencées, des plages aussi, et même des cellules et des plages situées dans d'autres feuilles de calcul ou dans d'autres classeurs. Comme elles jouent un rôle crucial dans les formules et les fonctions, vous devez absolument comprendre leur principe.

J'allais oublier ! Il existe trois types de références : relatives, absolues et mixtes.

Les formules agissant sur des plages comprennent souvent une fonction. C'est pourquoi nous utiliserons ici la fonction SOMME :

❶ Entrez plusieurs nombres dans des cellules d'une même colonne.

❷ En bas de la série de nombres, cliquez dans la cellule où le résultat doit apparaître.

3. Saisissez la fonction =SOMME(.

4. Cliquez dans la cellule tout en haut de la liste puis, bouton de la souris enfoncé, tirez le pointeur par-dessus toutes les cellules contenant des valeurs.

   Nous supposerons que vous avez cliqué dans la cellule A2 puis tiré jusqu'à la cellule A10.

5. Relâchez le bouton de la souris.

   La plage de cellule est indiquée juste après la saisie à l'Étape 3.

6. Appuyez sur la touche « parenthèse fermée ».

   La formule est terminée : =SOMME(A2:A10).

7. Appuyez sur la touche Entrée.

   Excel calcule la somme de la plage de cellules.

Au lieu de tirer le pointeur de la souris par-dessus une plage de cellules, vous pouvez saisir directement l'adresse de début et l'adresse de fin de la plage, séparées par un deux-points (« : »).

Excel est *dynamique*. Lorsque vous copiez une formule contenant des adresses, et que vous copiez cette formule dans une autre cellule, ces adresses sont modifiées – ou plus exactement décalées – en fonction du nouvel emplacement de la formule. Voyons que cela donne en pratique :

1. Dans la cellule B2, saisissez : 100.

2. Dans la cellule C2, saisissez : =B2*2.

3. Appuyez sur la touche Entrée.

   La cellule C2 retourne la valeur 200.

4. Si C2 n'est plus la cellule active, cliquez dessus.

5. Appuyez sur Ctrl+C (ou cliquez sur le bouton Copier, dans le groupe Presse-papiers du ruban Accueil).

6. Cliquez dans la cellule C3.

7. Appuyez sur Ctrl+V (ou cliquez sur le bouton Coller, dans le groupe Presse-papiers du ruban Accueil).

8 Si un pointillé animé gris entoure la cellule C2, appuyez sur la touche Échap.

La cellule C3 devrait être active. Si ce n'est plus le cas, cliquez dessus. Regardez la barre de formule. Le contenu de la cellule C3 est : =B3*2 (et non plus =B2*2 comme dans la cellule d'origine).

Le pointillé animé autour d'une cellule est un *contour de sélection.* Il rappelle qu'elle fait l'objet d'un Copier ou d'un Couper.

Que s'est-il passé à la fin de notre manipulation ? Dans sa grande sagesse, Excel a présumé que si la formule de la cellule C2 se réfère à la cellule B2, à sa gauche, et que si vous copiez cette formule dans la cellule C3, la référence doit en toute logique porter maintenant vers la cellule B3, elle aussi à sa gauche.

Quand vous copiez des formules dans Excel, cet adressage relatif correspond généralement à ce que vous voulez faire. C'est pourquoi l'adressage relatif est le comportement par défaut. Mais parfois, nous aurons besoin d'un adressage *absolu,* afin que l'adresse figurant dans la formule ne change jamais lors de la copie de la formule.

Lorsqu'une adresse est absolue, la lettre de la colonne et le numéro de la ligne sont précédés chacun du caractère dollar ($). Il est possible de définir une référence mixte dans laquelle la colonne est relative et la ligne absolue, ou inversement. Pour obtenir une référence mixte, le signe dollar n'est placé qu'avant la lettre de colonne ou le numéro de ligne concerné. Voici quelques exemples :

Type de référence	Formule	Ce qui se produit après la copie de la formule
Relative	=A1	La lettre de colonne et/ou le numéro de ligne ont changé.
Absolue	=$A$1	La lettre de colonne et le numéro de ligne sont immuables.
Mixte	=$A1	La lettre de colonne reste la même, mais le numéro de ligne a changé.
Mixte	=A$1	La lettre de colonne a changé, mais le numéro de ligne reste le même.

Copier des formules avec la poignée de recopie

La poignée de recopie est une fonctionnalité à la fois agréable et très commode. Elle permet en effet de recopier rapidement le contenu d'une cellule dans beaucoup d'autres par un simple cliquer-tirer.

Un petit carré noir est toujours visible dans le coin inférieur droit de la cellule active. Ce petit carré est la poignée de recopie. Lorsque le pointeur de la souris la survole, il se transforme en croix noire. Cliquez sur la poignée puis tirez dans la direction dans laquelle les données doivent être recopiées dans toutes les cellules survolées. Dès que le bouton de la souris est relâché, les données copiées apparaissent dans toutes les cellules concernées.

La Figure 1.17 montre une feuille de calcul contenant des chiffres. La cellule E4 contient la formule `=B4+C4+D4`. Cette formule doit être recopiée vers le bas, dans les cellules E5 à E15. Observez le pointeur de la souris : lorsqu'il est à proximité de la poignée de recopie (petit carré vert en bas à droite du sélecteur de cellule), il se change en croix noire. Il suffit maintenant de cliquer sur la poignée de recopie et, tout en maintenant le bouton de la souris enfoncé, de tirer vers le bas jusqu'à la cellule E15 pour copier la formule dans toutes les cellules.

Figure 1.17 Prêt à recopier une formule vers le bas.

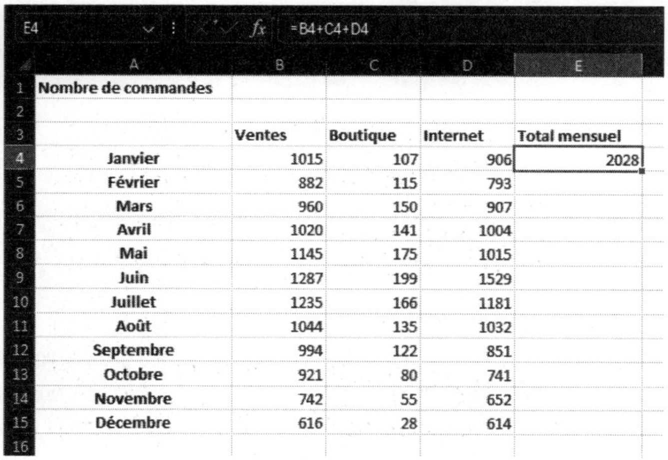
E4 =B4+C4+D4

	A	B	C	D	E
1	Nombre de commandes				
2					
3		Ventes	Boutique	Internet	Total mensuel
4	Janvier	1015	107	906	2028
5	Février	882	115	793	
6	Mars	960	150	907	
7	Avril	1020	141	1004	
8	Mai	1145	175	1015	
9	Juin	1287	199	1529	
10	Juillet	1235	166	1181	
11	Août	1044	135	1032	
12	Septembre	994	122	851	
13	Octobre	921	80	741	
14	Novembre	742	55	652	
15	Décembre	616	28	614	
16					

La Figure 1.18 montre la feuille de calcul après la recopie automatique. Comme vous pouvez le constater, chaque formule, dans la colonne E, fait référence aux cellules à sa gauche. Par exemple, la formule de la cellule E15 est bel et bien celle-ci : `=B15+C15+D15`.

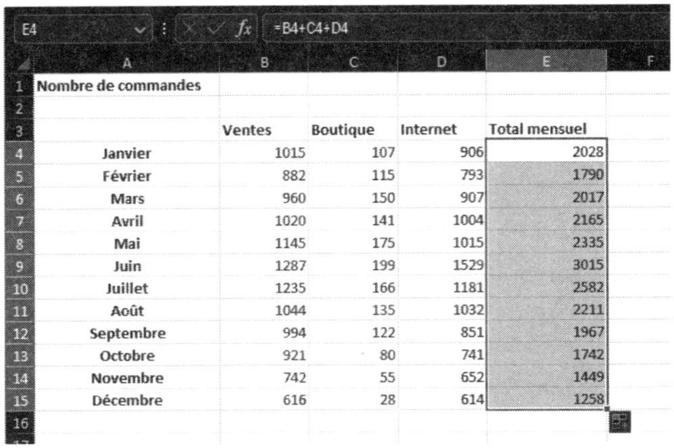

E4 =B4+C4+D4

	A	B	C	D	E
1	Nombre de commandes				
2					
3		Ventes	Boutique	Internet	Total mensuel
4	Janvier	1015	107	906	2028
5	Février	882	115	793	1790
6	Mars	960	150	907	2017
7	Avril	1020	141	1004	2165
8	Mai	1145	175	1015	2335
9	Juin	1287	199	1529	3015
10	Juillet	1235	166	1181	2582
11	Août	1044	135	1032	2211
12	Septembre	994	122	851	1967
13	Octobre	921	80	741	1742
14	Novembre	742	55	652	1449
15	Décembre	616	28	614	1258
16					

Figure 1.18 La recopie est terminée (la petite icône en bas à droite contient des options de recopie incrémentale).

Les règles de priorité

Selon une maxime bien connue en informatique « du n'importe quoi à l'entrée, du n'importe quoi à la sortie ». Cette maxime s'applique aussi à l'élaboration des formules. Si une formule est mal construite, le résultat sera faussé, voire erroné.

Deux types d'erreurs peuvent se produire dans Excel. Dans l'un, Excel parvient à calculer la formule, mais le résultat est faux ; dans l'autre type d'erreur, Excel est incapable de calculer la formule. Nous verrons chacun de ces cas de figure.

Une formule peut fonctionner et produire pourtant un résultat erroné. Excel ne signale aucune erreur car celle qui s'est produite n'est pas une erreur de syntaxe, mais une erreur de conception de votre part. Ce type d'erreur peut résulter d'un problème de priorité dans l'ordre des opérations arithmétiques, comme le révèlent ces exemples :

Formule	Résultat
=7+5*20+25/5	112
=(7+5)*20+25/5	245
=7+5*(20+25)/5	52
=(7+5*20+25)/5	26,4

Toutes ces formules sont valides. C'est le placement des parenthèses qui fait la différence. Voilà pourquoi il est primordial de tenir compte de l'ordre des opérateurs mathématiques lorsque vous élaborez une formule. Cet ordre est le suivant :

❶ Parenthèses

❷ Exposants

❸ Multiplications et divisions

❹ Additions et soustractions

Ceci est un élément crucial pour toutes les formules. Il est tentant d'accepter un résultat tel qu'il se présente, puisque Excel est si puissant. Eh bien non ! Comme tous les logiciels, il ne fait qu'exécuter ce qu'on lui demande de faire. Si vous lui demandez de calculer une formule mal conçue mais cependant valide, il le fera. C'est pourquoi vous avez tout intérêt à surveiller de près les parenthèses et les opérateurs arithmétiques.

Le second type d'erreur est une erreur de syntaxe qui empêche Excel de calculer le résultat. Mais là, Excel vous facilite la vie en signalant l'erreur de l'une ou l'autre de ces manières :

» **Affichage d'un message d'erreur lorsque vous tentez de saisir une formule mal construite.**

» **Affichage d'un code d'erreur directement dans la cellule lorsque le résultat d'un calcul est manifestement erroné.**

Voyons ce qui se passe lorsque vous venez de saisir une formule ne comportant pas le nombre de parenthèses requises, comme à la Figure 1.19.

Figure 1.19

Excel a détecté une erreur de syntaxe.

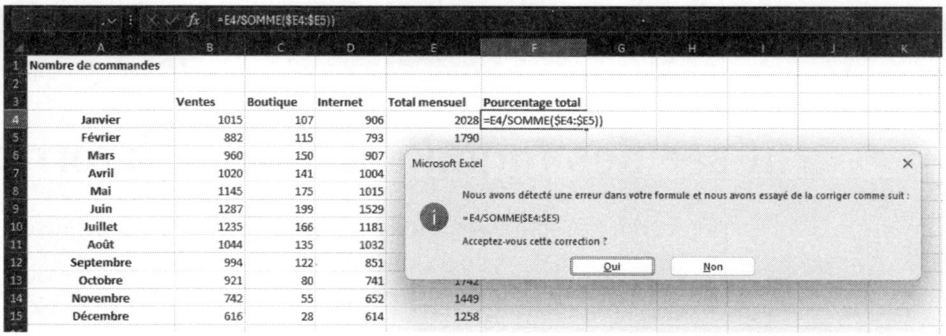

Excel a découvert une parenthèse fermée ne correspondant pas à une parenthèse ouverte. La formule ne peut donc pas fonctionner car les parenthèses doivent toujours être appariées. Ce genre de message propose souvent une solution, et c'est le cas ici.

Les autres erreurs sont celles liées à la nature des valeurs présentes dans les cellules. En voici quelques-unes :

» tentative d'effectuer une opération arithmétique sur du texte ;

» tentative de division par zéro ;

» référence à une cellule, plage de cellules, feuille de calcul ou classeur Excel inexistant ;

» saisie d'un type d'information erroné dans l'argument d'une fonction.

Cette liste est loin d'être exhaustive. Comment Excel signale-t-il ces erreurs, et les autres ? Par des codes d'erreur dont voici un aperçu :

Code d'erreur	Erreur signalée
#DIV/0 !	Division par zéro.
#N/A	Impossible d'accéder à la référence.
#NOM?	Texte non reconnu dans une formule.
#NUL !	Utilisation d'une espace au lieu du point-virgule, dans une formule faisant référence à de multiples plages de cellules.
#NOMBRE !	Donnée numérique non valide pour l'opération en cours.
#REF !	Référence non valide.
#VALEUR !	Type d'opérande erroné, ou erreur dans l'argument d'une fonction.

La détection et la gestion des erreurs de formules sont étudiées en détail au Chapitre 4.

Utiliser des fonctions dans des formules

Les fonctions sont comparables à des petits programmes spécialisés dans une seule tâche. Par exemple, la fonction SOMME totalise des chiffres, la fonction NB indique combien de cellules, dans une plage, contiennent des nombres. La fonction MOYENNE calcule la moyenne d'une série de nombres.

Les fonctions répondent à toutes sortes de besoins. Certaines moulinent des chiffres, d'autres traitent du texte, ou gèrent des dates et des heures. D'autres sont spécialisées dans la finance, etc. Les fonctions peuvent être combinées ou encore imbriquées. Une fonction renvoie une valeur qui peut être utilisée par une autre fonction ou par une autre formule. Les possibilités sont quasiment infinies.

Une fonction ne peut cependant pas exister par elle-même. Elle est toujours intégrée à une formule. De ce fait, une formule peut n'être faite que d'une seule fonction ou encore, une formule peut combiner la fonction avec d'autres fonctions, données, opérateurs ou références. Toute fonction doit cependant commencer de la même manière qu'une formule : par le signe égal. Voici quelques exemples :

Fonction ou formule	Résultat
`=SOMME(A1:A5)`	Renvoie la somme des valeurs présentes dans la plage de cellules A1:A5. Ceci est un exemple de fonction qui est aussi une formule.
`=SOMME(A1:A5)/B5`	Renvoie la somme des valeurs de la plage A1:A5 divisée par la valeur présente dans la cellule B5. Ceci est un exemple de résultat d'une fonction repris par une autre cellule.
`=SOMME(A1:A5)+MOYENNE(B1:B5)`	Renvoie la somme des valeurs de la plage A1:A5 à laquelle est ajoutée la moyenne de la plage B1:B5. Ceci est un exemple de calcul à partir du résultat de deux fonctions.

Voici maintenant comment créer une formule comprenant une fonction. Elle servira à calculer une moyenne :

❶ Saisissez des nombres dans les cellules d'une colonne.

❷ Cliquez dans la cellule où le résultat devra être affiché.

❸ Saisissez la fonction =MOYENNE(.

Remarque : Excel présente une liste de fonctions au fur et à mesure de votre saisie. Plus vous tapez de lettres, plus la liste est réduite. Par exemple, après avoir saisi **MOY**, appuyez sur la touche fléchée bas pour sélectionner la fonction MOYENNE puis tapez sur la touche Entrée.

❹ Cliquez sur la cellule tout en haut de la liste de nombre puis, bouton de la souris enfoncé, tirez vers le bas afin de sélectionner la plage de cellules contenant les nombres.

Ou alors, saisissez directement les références de la plage de cellule avec le clavier.

❺ Saisissez la parenthèse fermante).

❻ Appuyez sur la touche Entrée.

Si tout s'est bien passé, votre feuille de calcul devrait ressembler plus ou moins à celle de la Figure 1.20. Le résultat est affiché dans la cellule B10. La fonction utilisée est visible dans la barre de formule.

Figure 1.20 La fonction MOYENNE.

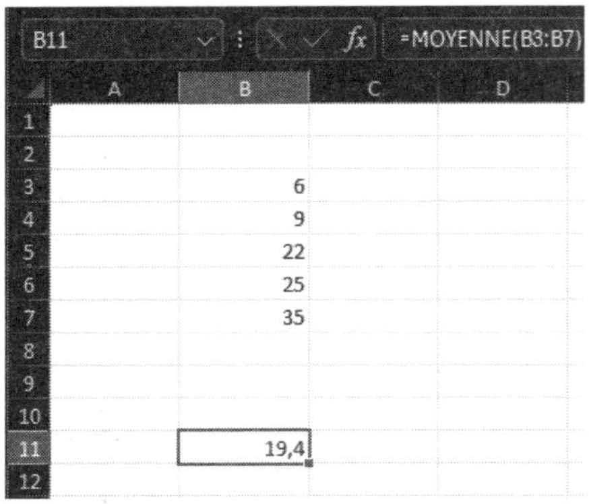

Formules et fonctions sont tributaires des cellules et des plages auxquelles elles se réfèrent. Lorsque vous modifiez une donnée dans une cellule, le résultat est aussitôt actualisé. Dans l'exemple précédent, changez la valeur d'une cellule et la moyenne change aussitôt.

Une formule n'est rien d'autre qu'une fonction précédée du signe égal.

Les éléments d'une fonction

La plupart des fonctions reçoivent des paramètres appelés *arguments,* dans le jargon d'Excel. Ces arguments sont souvent des données à traiter. Certaines fonctions n'en reçoivent pas, d'autres en ont beaucoup. Les arguments sont toujours placés entre des parenthèses, juste après le nom de la fonction. Lorsque plusieurs arguments sont utilisés, ils sont séparés par des points-virgules. Voici quelques exemples :

Fonction	Commentaire
`=MAINTENANT()`	Pas d'argument.
`=MOYENNE(A6;A11;B7)`	Reçoit jusqu'à 255 arguments. Ici, les références aux cellules sont des arguments. Ils sont séparés par des points-virgules.

Fonction	Commentaire
=MOYENNE(A6:A10;A13:A19;A23:A29)	Dans cet exemple, les arguments sont des plages de cellules séparées par des points-virgules.
=INTPER(B5;B6;B7;B8)	Cette fonction exige quatre arguments, séparés par des points-virgules.

Des arguments peuvent être obligatoires ou facultatifs. La fonction INTPER est un bon exemple. Elle peut recevoir six arguments, mais quatre seulement sont obligatoires. Les deux autres sont facultatifs. Nous reparlerons des arguments au Chapitre 2.

Argumenter une fonction

Se souvenir de tous les arguments que chaque fonction peut recevoir serait plutôt difficile. Excel vous aide heureusement à trouver la fonction dont vous avez besoin et utiliser ses arguments.

La Figure 1.21 montre la boîte de dialogue Insérer une fonction. Pour l'afficher, cliquez sur le bouton Insérer une fonction, dans le ruban Formules.

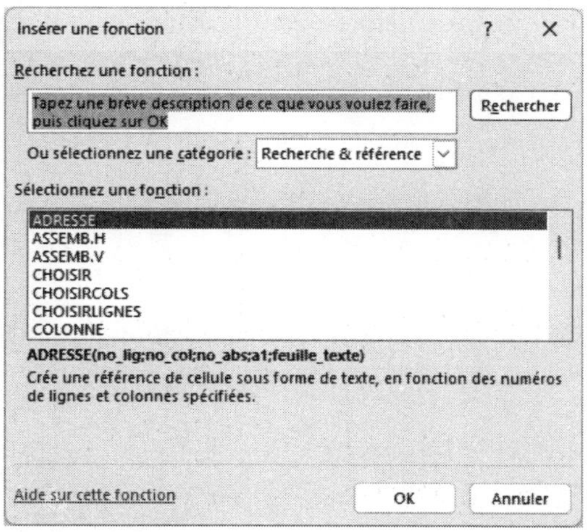

Figure 1.21

Cette boîte de dialogue contient toutes les fonctions.

La boîte de dialogue Insérer une fonction contient toutes les fonctions d'Excel. Elles sont nombreuses. Pour les trouver plus facilement, la boîte de dialogue est dotée d'un champ permettant de les rechercher par quelques mots-clés, à moins que vous ne préfériez les rechercher par catégories.

Si vous savez dans quelle catégorie se trouve une fonction, vous gagnerez du temps en la sélectionnant dans la liste.

Voici comment utiliser la boîte de dialogue Insérer une fonction afin de multiplier quelques nombres :

❶ **Saisissez trois nombres dans trois cellules.**

❷ **Cliquez dans la cellule où le résultat doit apparaître.**

❸ **À gauche dans le ruban Formules, cliquez sur le bouton Insérer une fonction.**

Ou alors, cliquez sur le bouton *fx*, à gauche de la barre de formule.

❹ **Dans la boîte de dialogue Insérer une formule, sélectionnez la catégorie Tous ou la catégorie Math & Trigo.**

❺ **Dans la liste des fonctions, sélectionnez la fonction PRODUIT.**

❻ **Cliquez sur le bouton OK.**

La boîte de dialogue Insérer une fonction est remplacée par la boîte de dialogue Arguments de la fonction (Figure 1.22). Elle permet de saisir tous les arguments nécessaires. Il en faut trois pour notre exemple, mais apparemment, deux emplacements seulement sont prévus. Un vrai jeu de chaises musicales…

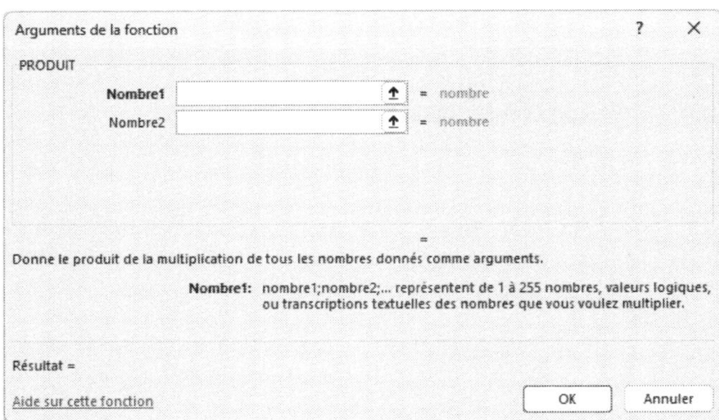

Figure 1.22
Saisissez ici les arguments de la fonction.

Des champs de saisie peuvent être ajoutés selon les besoins. Mais commençons par saisir les arguments. Vous avez le choix entre deux méthodes.

❼ **Saisissez un argument selon l'une de ces méthodes :**

- **La saisie des chiffres ou des références de cellule directement dans les champs.**

- La saisie en utilisant les icônes à droite des champs.

Dans la Figure 1.22, deux champs de saisie – Nombre1 et Nombre2 – sont prêts à recevoir les arguments. L'icône à droite des champs de saisie est un contrôle RefEdit. Il permet d'entrer un argument en un rien de temps : cliquez dessus, cliquez sur la cellule contenant l'argument, appuyez sur la touche Entrée.

8. Cliquez sur l'icône à droite du champ de saisie Nombre1.

La boîte de dialogue Arguments de la fonction est réduite à la taille du champ de saisie.

9. Cliquez dans la cellule contenant le premier nombre.

La Figure 1.23 montre ce qui se passe.

Figure 1.23 Saisie d'un argument avec un contrôle RefEdit.

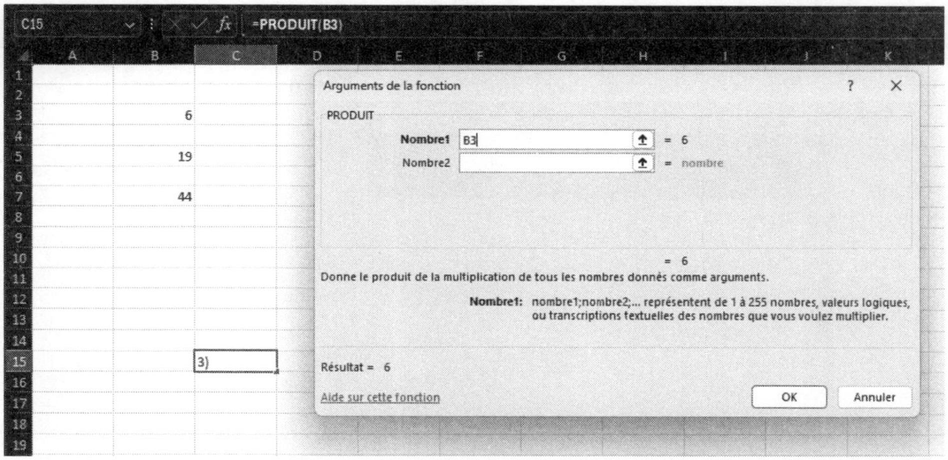

10. Appuyez sur la touche Entrée.

La boîte de dialogue Arguments de la fonction réapparaît en entier. L'argument n'est pas la valeur que contient la cellule, mais l'adresse de cette dernière.

11. Répétez les Étapes 7 à 9 pour les autres références de cellule.

La Figure 1.24 montre l'aspect de la boîte de dialogue Arguments de la fonction à ce point.

Un champ de saisie supplémentaire est automatiquement ajouté si nécessaire.

12. Cliquez sur OK ou appuyez sur la touche Entrée pour terminer la saisie de la fonction.

Figure 1.24 La saisie de la fonction est terminée.

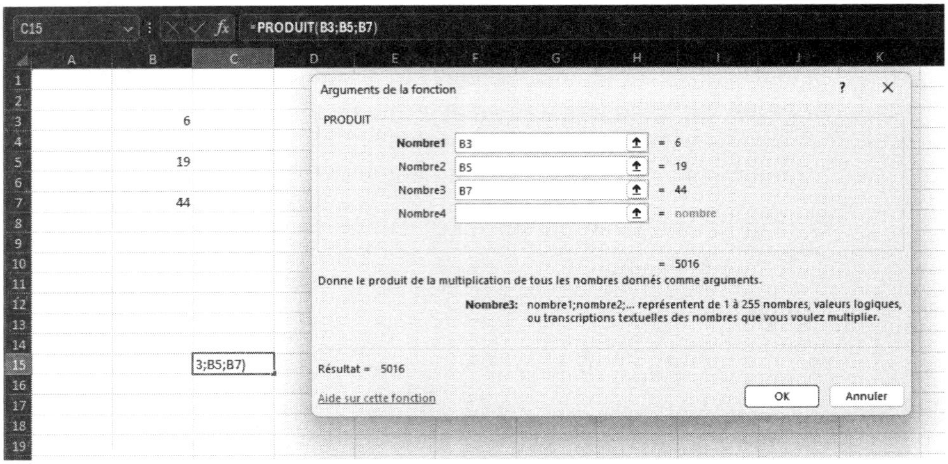

La Figure 1.25 montre le résultat de cette manipulation. La fonction PRODUIT renvoie le résultat de la multiplication de tous les nombres.

Figure 1.25 L'arithmétique pour les nuls !

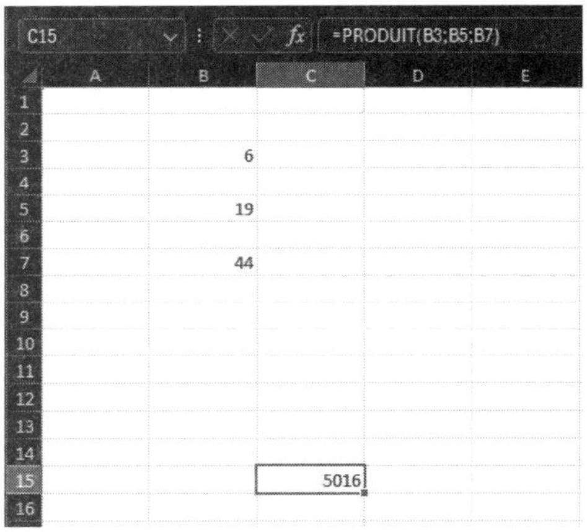

Il n'est pas indispensable d'utiliser la boîte de dialogue Insérer une fonction. Elle n'est proposée que par commodité. Lorsque vous serez à l'aise avec les fonctions, il sera plus rapide de saisir une fonction et ses arguments directement dans la cellule.

Les fonctions imbriquées

Une *fonction imbriquée* est une fonction utilisée comme argument dans une autre fonction. Elle permet d'obtenir des résultats qu'il serait difficile de calculer autrement. Les fonctions imbriquées apparaissent dans divers exemples de ce livre, notamment dans les fonctions NB.SI, MOYENNE et MAX étudiées au Chapitre 9.

La Figure 1.26 montre le cours à la fermeture de la société Soudards et Pôvres en avril 2025. La formule dans la cellule D7 indique le nombre de fois que le cours a excédé la moyenne mensuelle. Pour obtenir ce résultat, il faut d'abord calculer la moyenne puis comparer chacune des valeurs avec cette moyenne. L'imbrication de la fonction MOYENNE dans une autre fonction permet de commencer par calculer la moyenne.

Figure 1.26 Des fonctions imbriquées.

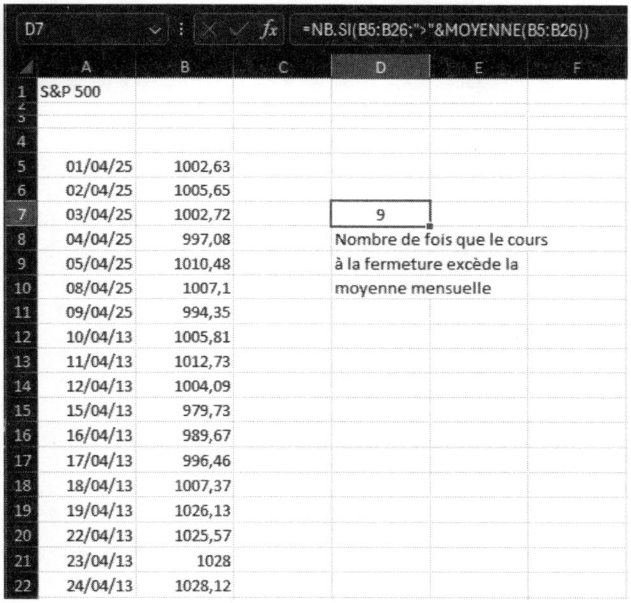

D7 | fx =NB.SI(B5:B26;">"&MOYENNE(B5:B26))

	A	B	C	D	E	F
1	S&P 500					
2						
3						
4						
5	01/04/25	1002,63				
6	02/04/25	1005,65				
7	03/04/25	1002,72		9		
8	04/04/25	997,08		Nombre de fois que le cours		
9	05/04/25	1010,48		à la fermeture excède la		
10	08/04/25	1007,1		moyenne mensuelle		
11	09/04/25	994,35				
12	10/04/13	1005,81				
13	11/04/13	1012,73				
14	12/04/13	1004,09				
15	15/04/13	979,73				
16	16/04/13	989,67				
17	17/04/13	996,46				
18	18/04/13	1007,37				
19	19/04/13	1026,13				
20	22/04/13	1025,57				
21	23/04/13	1028				
22	24/04/13	1028,12				

Quand une fonction est imbriquée dans une autre, celle qui se trouve à l'intérieur est calculée en premier. Le résultat est ensuite utilisé comme argument par la fonction englobante.

La fonction NB.SI compte le nombre de cellules, dans la plage, qui correspond à la condition. En l'occurrence, cette condition stipule que toute valeur supérieure (>) à la moyenne de la plage doit être prise en compte. La formule dans la cellule D7 est la suivante :

```
=NB.SI(B5:B26;">"&MOYENNE(B5:B26))
```

La fonction MOYENNE est évaluée en premier, puis la fonction NB.SI est évaluée en utilisant, comme argument, la valeur renvoyée par la fonction imbriquée.

Il est préférable de saisir les fonctions imbriquées directement dans la cellule, car la boîte de dialogue Insérer une fonction ne facilite pas cette construction de formule. Dans l'exemple suivant, nous utiliserons la fonction MOYENNE pour déterminer la moyenne des valeurs les plus élevées de deux ensembles de nombres. La fonction imbriquée est ici MAX. Elle figure à deux reprises dans les arguments de la fonction MOYENNE.

❶ Entrez quelques nombres dans une colonne.

❷ Entrez quelques nombres dans une autre colonne.

❸ Cliquez dans une cellule vide dans laquelle le résultat doit apparaître.

❹ Saisissez la fonction =MOYENNE(.

❺ Saisissez MAX(.

❻ Cliquez dans la première cellule de la première série de nombres puis, bouton de la souris enfoncé, tirez par-dessus toutes les cellules de cette série.

L'adresse de cette plage est ainsi introduite dans la fonction MAX.

❼ Saisissez une parenthèse fermante pour la fonction MAX.

❽ Saisissez un point-virgule ;.

❾ Saisissez de nouveau MAX(.

❿ Cliquez dans la première cellule de la seconde série de nombres puis, bouton de la souris enfoncé, tirez par-dessus toutes les cellules de cette série.

L'adresse de cette plage est introduite dans la seconde fonction MAX.

⓫ Saisissez une parenthèse fermante pour la seconde fonction MAX.

⓬ **Saisissez une autre parenthèse fermante.**

Elle clôt la fonction MOYENNE.

⓭ Appuyez sur la touche Entrée.

La Figure 1.27 montre le résultat de la fonction imbriquée. La cellule C14 contient la formule suivante :

```
=MOYENNE(MAX(A2:A7); MAX(B2:B7))
```

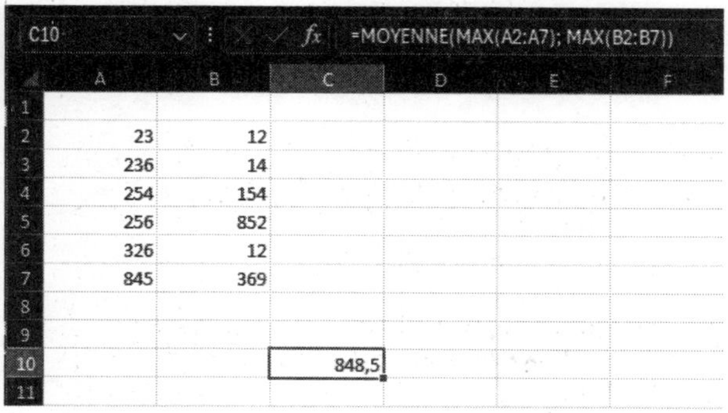

Figure 1.27 Le résultat des fonctions imbriquées.

Quand des fonctions sont imbriquées, la fonction extérieure est précédée par le signe égal (=). En revanche, les fonctions imbriquées à l'intérieur de la formule ne sont jamais précédées de ce signe.

Excel accepte jusqu'à 64 niveaux d'imbrication de fonctions.

DANS CE CHAPITRE

Afficher la boîte de dialogue Insérer une fonction.

Trouver la fonction dont vous avez besoin.

Les fonctions sans argument.

Saisir des formules et des fonctions.

Chapitre 2

Gagner du temps avec les fonctions

Excel est doté de tant de fonctions que c'est à la fois une bénédiction et une malédiction. Elles permettent d'effectuer de nombreux calculs, à condition que l'on sache qu'elles existent. Mais même si vous parvenez à vous souvenir de nombreuses fonctions, mémoriser tous les arguments qu'elles peuvent recevoir n'est pas évident.

Un *argument est un paramètre que la fonction utilise pour effectuer un calcul.*

Excel ne vous laissera cependant jamais démuni face à une fonction. Il vous indiquera toujours comment utiliser une fonction, et avec quels arguments. C'est ce que nous verrons dans ce chapitre.

La boîte de dialogue Insérer une fonction

La boîte de dialogue Insérer une fonction (Figure 2.1) sert à faciliter l'utilisation des fonctions. Elle aide non seulement à trouver la fonction appropriée, mais fournit aussi des informations à propos de ses arguments. Vous n'êtes même pas obligé de saisir la fonction directement dans la cellule car la boîte de dialogue se charge de presque tout.

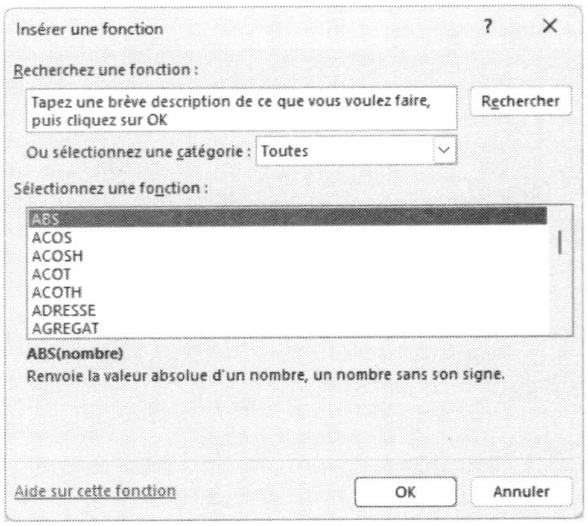

Figure 2.1 Cette boîte de dialogue facilite l'insertion d'une fonction dans une feuille de calcul.

Vous pouvez parcourir l'ensemble des fonctions dans l'ordre alphabétique, ou les parcourir par catégories. Le champ de saisie Rechercher une fonction, en haut de la boîte de dialogue, est fort utile. Saisissez quelques mots décrivant la fonction désirée, cliquez sur le bouton Rechercher – et non sur OK comme l'indique par erreur l'invite présente dans le champ – puis voyez ce que vous obtenez. Quand une fonction est sélectionnée, une brève description est affichée sous la liste. Pour en savoir plus, cliquez sur le lien Aide sur cette fonction, en bas à gauche de la boîte de dialogue.

La boîte de dialogue Insérer une fonction peut être affichée de trois manières en cliquant, au choix, sur :

» **le bouton Insérer une fonction, à gauche dans le ruban Formules ;**

» **le bouton** ***fx à gauche de la barre de formule (en fait, il faudrait lire*** f_{x}***);***

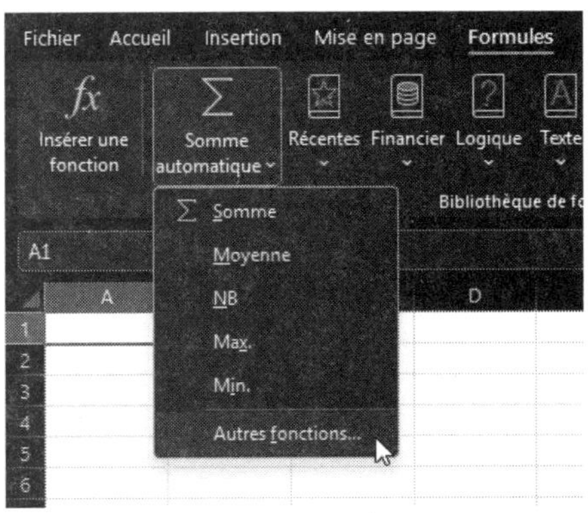

Figure 2.2 La commande Somme automatique contient diverses options de calcul ainsi qu'un accès à la boîte de dialogue Insérer une fonction.

» le petit bouton fléché de la commande Somme automatique, dans le ruban Formules, et en choisissant dans le menu l'option Autres fonctions, comme le montre la Figure 2.2.

Trouver la fonction appropriée

La première étape, pour utiliser une fonction, consiste à trouver celle dont vous avez besoin. La boîte de dialogue Insérer une fonction permet de la découvrir de deux manières :

» **Rechercher :** saisissez un ou plusieurs mots-clés, ou une phrase, dans le champ Rechercher une fonction. Cliquez ensuite sur le bouton Rechercher pour afficher les fonctions correspondant à vos critères. Ou alors, cliquez sur OK pour accéder directement à la fonction préconisée par Excel.

- Si une ou plusieurs occurrences sont trouvées, le menu intitulé Ou sélectionnez une catégorie affiche l'option Recommandé, tandis que la fenêtre Sélectionnez une fonction affiche la liste des fonctions correspondant à votre recherche.

- Si la recherche n'a rien donné, le menu Ou sélectionner une catégorie affiche l'option Les dernières utilisées. Ces fonctions récemment utilisées apparaissent dans la zone Sélectionnez une fonction, et le champ Recherchez une fonction affiche « Veuillez reformuler votre question. ».

» **Parcourir :** cliquez sur le bouton fléché du menu Ou sélectionnez une catégorie. Choisissez ensuite l'option Tous, ou l'une des catégories. Lorsque vous choisissez une catégorie, la zone Sélectionnez une fonction n'affiche que les fonctions propres à cette catégorie. Si vous savez d'ores et déjà dans quelle catégorie se trouve la fonction désirée, cliquez sur son nom, dans le groupe Bibliothèque de fonctions du ruban Formules.

Le Tableau 2.1 montre la liste des catégories telles qu'elles apparaissent dans la boîte de dialogue Insérer une fonction. Trouver la fonction appropriée est une démarche différente du choix d'une fonction. Excel ne demande pas mieux que de vous fournir la fonction adéquate, encore faut-il qu'il sache ce que vous recherchez.

Tableau 2.1 Les catégories de fonction de la boîte de dialogue Insérer une fonction.

Catégorie	Type de fonctions
Les dernières utilisées	Les quelques fonctions que vous avez utilisées récemment.
Tous	La liste de toutes les fonctions, triée alphabétiquement.
Finances	Gestion des prêts et des emprunts, analyser des investissements, etc.

Tableau 2.1 Les catégories de fonction de la boîte de dialogue Insérer une fonction.

Catégorie	Type de fonctions
Date & Heure	Gestion du temps, calcul d'une durée écoulée, d'un intervalle de temps...
Math & Trigo	Nombreuses fonctions mathématiques.
Statistiques	Fonctions de statistiques descriptives et inductives.
Recherche & référence	Recherche ou récupération de données.
Base de données	Sélection et extraction de données dans un ensemble de lignes et de colonnes structuré.
Texte	Recherche et manipulation de chaînes de caractères et de valeurs textuelles.
Logique	Fonctions booléennes (ET, OU, OUX, etc.)
Informations	Informations à propos du contenu des cellules. Détection et gestion des erreurs.
Personnalisées	Fonctions personnalisées créées en langage VBA ou produites par des modules externes. Cette catégorie n'est affichée que si des fonctions personnalisées sont présentes.
Ingénierie	Nombres complexes et conversions. Ces fonctions sont également présentes dans l'Utilitaire d'analyse.
Cube	Fonction à utiliser avec un cube OLAP (*On Line Analytical Processing*)
Compatibilité	Certaines fonctions d'Excel 2010 et d'Excel 2013 ont été mises à jour. Les fonctions de cette catégorie sont les anciennes versions destinées à garantir la compatibilité des formules avec Excel 2007 et les versions antérieures.
Web	Quelques fonctions utiles pour la diffusion des données au travers de services Internet.
Définis par l'utilisateur	Cette option n'est affichée que si des fonctions VBA (Visual Basic pour Applications) ont été créées et ajoutées à Excel.

Insérer des fonctions *via* la boîte de dialogue idoine

Voyons à présent comment utiliser la boîte de dialogue Insérer une fonction. Elle est très commode pour saisir des fonctions dépourvues d'argument ou des fonctions qui n'en reçoivent pas. Dans les deux cas, elle vous guide tout au long de la saisie.

Des arguments ne sont parfois pas des valeurs, mais des références vers des cellules, des plages de cellules, des zones nommées ou des tableaux. Ces particularités sont également gérées efficacement par la boîte de dialogue Insérer une fonction.

Sélectionner une fonction sans argument

Certaines fonctions se contentent de renvoyer une valeur, et c'est tout. Aucun argument n'est requis. De ce fait, elles sont très faciles à utiliser. Nous verrons dans cet exemple comment utiliser la fonction AUJOURDHUI :

❶ Cliquez sur la cellule dans laquelle le résultat doit apparaître.

❷ Cliquez sur le bouton Insérer une fonction (il se trouve à gauche dans le ruban Formules).

❸ Sélectionnez la catégorie Tous, ou mieux, Date & Heure.

❹ Dans la liste des fonctions, cliquez sur AUJOURDHUI (Figure 2.3).

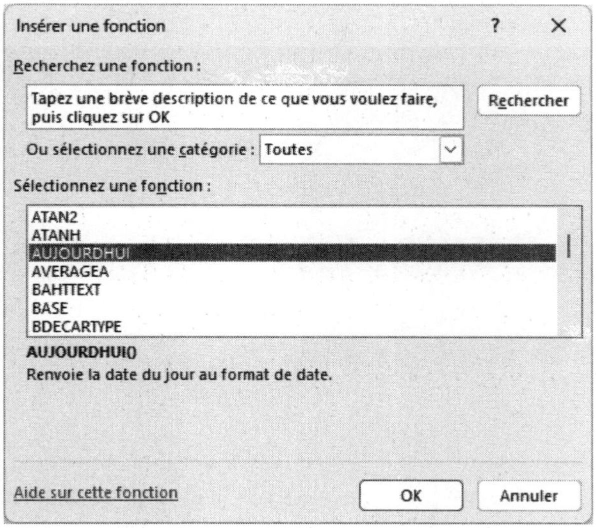

Figure 2.3 Sélection de la fonction AUJOURDHUI.

❺ Cliquez sur le bouton OK.

La boîte de dialogue Insérer une fonction est remplacée par la boîte de dialogue Arguments de la fonction, que montre la Figure 2.4.

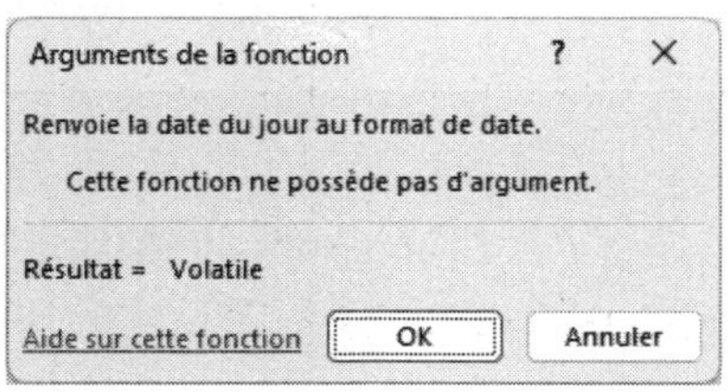

Figure 2.4 La fonction AUJOURDHUI ne possède pas d'argument.

❻ Cliquez sur le bouton OK.

Cette action ferme la boîte de dialogue Arguments de la fonction. La saisie de la fonction est terminée.

Vous avez sans doute remarqué, dans la boîte de dialogue Arguments de la fonction, que le résultat est « volatile ». Cela n'a rien à voir avec les oiseaux ni avec une supposée évaporation. Dans Excel, un résultat volatile est un résultat qui peut différer. Par exemple, le résultat de la fonction AUJOURDHUI sera différent quand vous l'utiliserez demain.

La Figure 2.5 montre le résultat renvoyé par la fonction AUJOURDHUI. Il s'agit de la date à laquelle la fonction a été utilisée pour la rédaction de ce livre. Mais en réalité, cette date est actualisée chaque fois que la feuille de calcul est ouverte. La cellule contenant la fonction AUJOURDHUI indique toujours la date d'aujourd'hui.

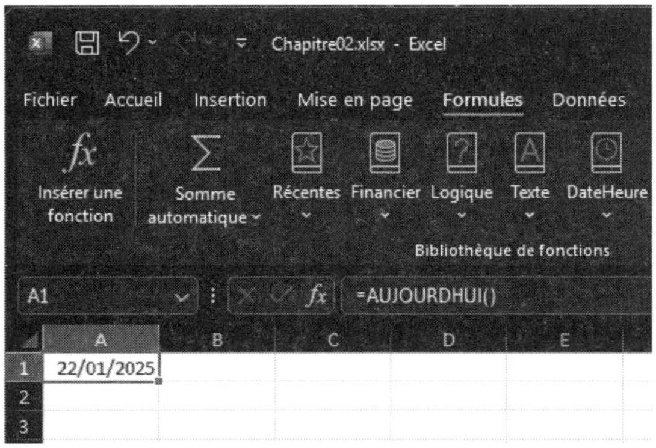

Figure 2.5 La fonction AUJOURDHUI indique toujours la date courante.

La plupart des fonctions reçoivent des arguments. Les quelques fonctions qui n'en ont pas – ALEA, AUJOURDHUI, FAUX, MAINTENANT, NA, PI et VRAI – n'ont besoin d'aucune donnée ou information particulière.

Sélectionner une fonction utilisant des arguments

La plupart des fonctions ont besoin d'un ou plusieurs arguments pour fonctionner. Des fonctions peuvent accepter jusqu'à 255 arguments.

Dans l'exemple qui suit, nous utiliserons la boîte de dialogue Insérer une fonction pour utiliser une fonction nécessitant des arguments : PRODUIT. Voici la procédure à suivre :

❶ Cliquez sur la cellule dans laquelle le résultat doit apparaître.

❷ Cliquez sur le bouton Insérer une fonction.

La boîte de dialogue Insérer une fonction apparaît.

❸ Sélectionnez la catégorie Math & Trigo.

❹ Faites défiler les fonctions puis cliquez sur la fonction PRODUIT (Figure 2.6).

Figure 2.6
Sélectionnez la fonction PRODUIT.

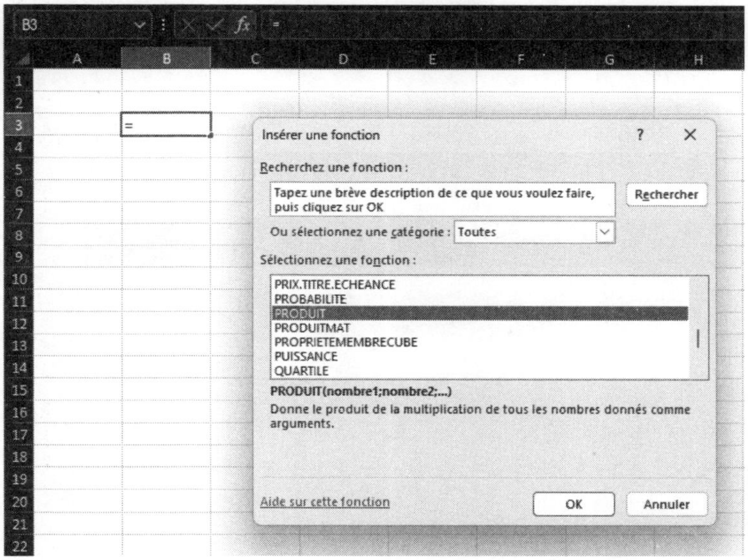

❺ Cliquez sur le bouton OK.

La boîte de dialogue Insérer une fonction est remplacée par la boîte de dialogue Arguments de la fonction (Figure 2.7). Elle nous apprend que la fonction PRODUIT peut recevoir jusqu'à 255 arguments, mais seulement deux champs de saisie sont affichés. En fait, leur nombre augmentera au fur et à mesure des saisies.

❻ Saisissez un nombre dans le champ Nombre1.

❼ Saisissez un autre nombre dans le champ Nombre2.

Vous entrez des valeurs. Une barre de défilement permettra de parcourir les nombreux arguments. Saisissez-en autant que vous le désirez, dans la limite de 255. La Figure 2.8 montre la saisie de huit arguments. Au fur et à mesure que vous ajoutez des arguments, le résultat est recalculé.

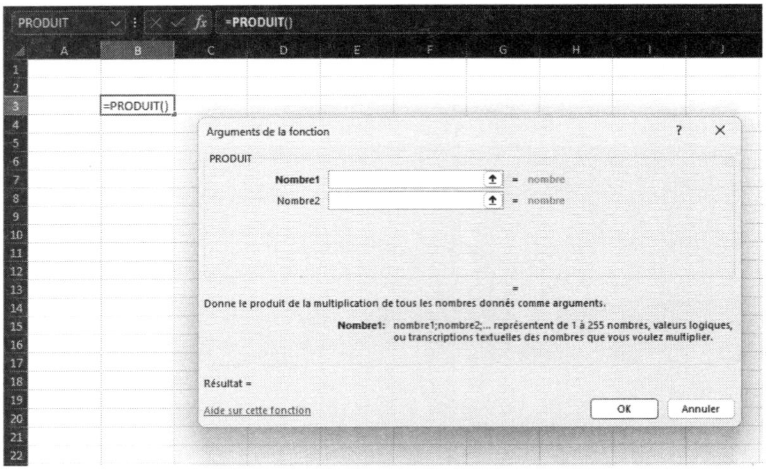

Figure 2.7 Prêt à saisir des arguments pour la fonction PRODUIT.

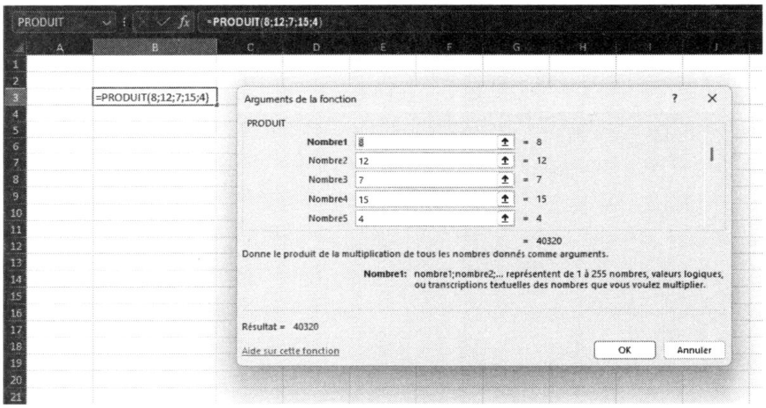

Figure 2.8 Le résultat est recalculé en temps réel au fur et à mesure des saisies.

8. Cliquez sur OK pour terminer la saisie de la fonction.

   La Figure 2.9 montre le résultat dans la feuille de calcul.

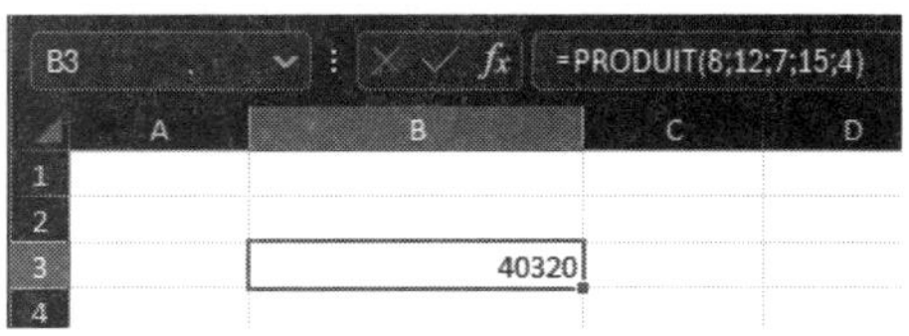

Figure 2.9 La fonction PRODUIT et son résultat.

Utiliser des cellules, des plages, des zones nommées et des tableaux comme arguments

Excel est vraiment sympa. Vous pouvez non seulement utiliser de simples cellules comme arguments, mais aussi des plages de cellules entières, voire le nom d'une zone ou le nom d'un tableau. Mieux : ces arguments peuvent être saisis, soit avec le clavier, soit avec la souris.

Voyons comment utiliser à la fois une référence à une cellule, une référence à une plage et une référence à un tableau comme arguments. Pour cet exemple, nous choisirons la fonction SOMME. Voici comment la configurer cette fonction et ses arguments avec la boîte de dialogue Insérer une fonction :

❶ **Placez quelques nombres dans des cellules contiguës.**

❷ **Sélectionnez les cellules puis, dans le ruban Insertion, cliquez sur Tableau.**

La boîte de dialogue Créer un tableau apparaît.

❸ **Cliquez sur OK pour créer le tableau.**

Le ruban propose des styles de tableau et d'autres options. S'ils ne sont pas visibles, cliquez sur l'onglet Outils de tableau. À gauche du ruban se trouve le nom – Tableau1 – qu'Excel a attribué au tableau. Vous pouvez le modifier.

❹ **Ailleurs dans la feuille de calcul, saisissez quelques nombres dans des cellules contiguës.**

❺ **Sélectionnez ces cellules puis, dans le ruban Formules, cliquez sur Définir un nom.**

La boîte de dialogue Nouveau nom apparaît.

❻ **Dans le champ Nom, saisissez un nom pour la zone sélectionnée. Cliquez ensuite sur OK.**

Pour cet exemple, j'ai choisi comme nom « ZoneA », comme le montre la Figure 2.10.

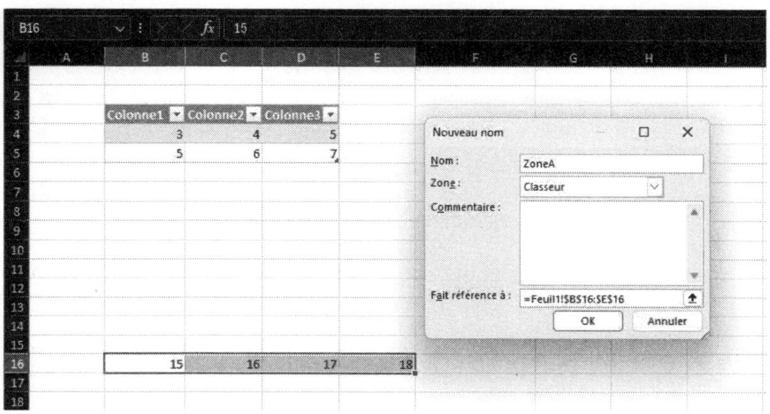

Figure 2.10
Ajout d'un tableau et d'une zone nommée.

7. Saisissez d'autres nombres dans les cellules contiguës, soit dans une ligne, soit dans une colonne.

8. Saisissez un nombre dans la cellule A1.

9. Cliquez dans une cellule vide dans laquelle le résultat doit apparaître.

10. Dans le ruban Formules, cliquez sur le bouton Insérer une fonction.

    La boîte de dialogue Insérer une fonction apparaît.

11. Sélectionnez la fonction SOMME.

    Elle se trouve dans la catégorie Math & Trigo, et peut-être aussi dans la catégorie Les dernières utilisées.

12. Cliquez sur OK.

    La boîte de dialogue Arguments de la fonction apparaît. Le bouton RefEdit, à droite de chaque champ de saisie, permet de sélectionner des cellules directement dans la feuille de calcul, avec la souris.

    Vous pouvez aussi saisir directement les références de cellule, de zone nommée et de tableau dans chaque champ.

13. Cliquez sur le bouton RefEdit du premier champ de saisie.

    La boîte de dialogue se réduit au champ.

14. Cliquez sur la cellule A1, où vous venez de saisir un nombre, et appuyez sur la touche Entrée.

    La boîte de dialogue Arguments de la fonction reprend sa taille habituelle.

15. Dans le deuxième champ de saisie, entrez le nom que vous avez donné à la zone nommée.

    Si vous ne vous souvenez plus du nom – ZoneA, dans notre exemple –, cliquez sur le bouton RefEdit puis sélectionnez la zone directement dans la feuille de calcul (NdT : si le tableau inclut des en-têtes, vous devrez utiliser le bouton RefEdit et ne sélectionner que les chiffres).

16. Dans le troisième champ, saisissez le nom du tableau.

    Là encore, si vous ne vous souvenez pas de son nom (Tableau1, par défaut), utilisez le bouton RefEdit.

17. Dans le quatrième champ, entrez une plage de cellules contenant des nombres.

Peu importe que cette plage appartienne à une zone nommée ou à un tableau. Votre feuille de calcul devrait maintenant ressembler à celle de la Figure 2.11.

Figure 2.11 La saisie des arguments.

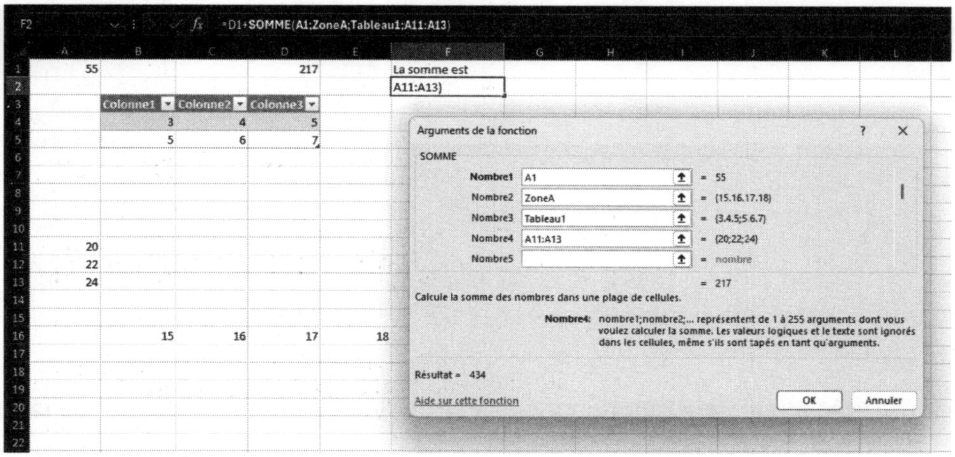

⓲ Cliquez sur le bouton OK.

La somme des différentes parties de la feuille de calcul est affichée dans la cellule contenant la fonction (Figure 2.12).

Figure 2.12 Totalisation des nombres répartis dans diverses cellules et plages.

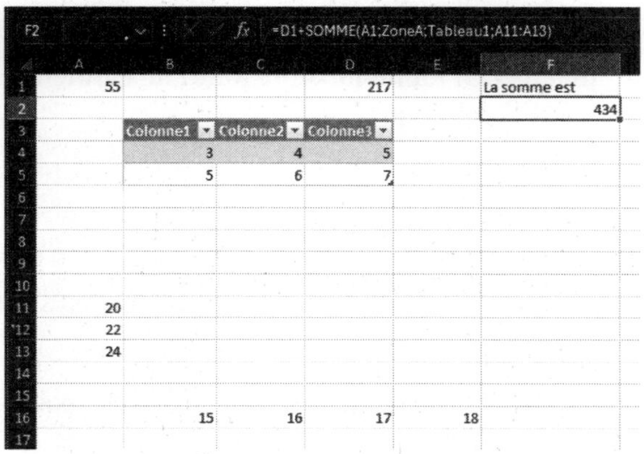

C'est terminé. Vous venez de configurer une fonction dont les arguments sont des références à une cellule, à une plage de cellules, à une zone nommée et à un nom de tableau. Cet exercice démontre l'efficacité d'Excel. Imaginez les possibilités, sachant que vous pouvez saisir jusqu'à 255 arguments.

La boîte de dialogue Insérer une fonction est utilisable à tout moment. Elle est particulièrement commode lorsque la formule utilise des valeurs et des références.

Obtenir de l'aide sur une fonction

En raison de leur nombre et de leurs possibilités, les fonctions permettent d'exécuter quantité de tâches. Encore faut-il les connaître parfaitement. Fort heureusement, toutes les fonctions d'Excel sont documentées.

Les boîtes de dialogue Insérer une fonction ainsi que Arguments de la fonction sont toutes deux dotées d'un lien Aide sur cette fonction, en bas à gauche. Cliquez sur ce lien et vous accéderez à une page d'aide décrivant la fonction et présentant sa syntaxe ainsi que des exemples.

Depuis Excel 20219, ce n'est pas la boîte de dialogue Aide Excel qui s'affiche, mais la page Internet du support Office qui apparaît dans votre navigateur Web.

Modifier une fonction avec la boîte de dialogue Arguments de la fonction

La boîte de dialogue Insérer une fonction facilite la saisie d'une fonction et de ses arguments. Mais comment modifier une fonction d'ores et déjà placée dans une cellule? Rien de plus facile :

1. Cliquez sur la cellule contenant la fonction.
2. Cliquez sur le bouton Insérer une fonction.

   La boîte de dialogue Arguments de la fonction apparaît. Elle contient tous les arguments déjà présents dans la fonction.

3. Modifiez, supprimez ou ajoutez des arguments.
   - Pour modifier un argument, cliquez dessus puis reformulez-le.
   - Pour supprimer un argument, double-cliquez dessus et appuyez sur la touche Supprimer.
   - Pour ajouter un argument (si la fonction le permet), utilisez le bouton RefEdit afin de sélectionner des cellules. Ou alors, cliquez dans le dernier argument de la liste afin qu'un nouveau champ de saisie apparaisse, dans lequel vous pourrez entrer l'argument supplémentaire.
4. Les modifications terminées, cliquez sur OK.

   La fonction est aussitôt mise à jour.

Saisir directement les formules et les fonctions

Lorsque vous maîtriserez Excel, vous serez plutôt enclin à vous dispenser de la boîte de dialogue Insérer une fonction. Vous les saisirez directement dans la barre de formule ou directement dans la cellule.

Saisir des formules et des fonctions dans la barre de formule

Ce que vous saisissez dans la barre de formule est placé dans la cellule active. Comme cette cellule active peut se trouver n'importe où, il est sans doute plus commode de saisir dans la barre de formule. À gauche de cette barre, la zone Nom contient l'adresse de la cellule active. Vous savez ainsi exactement où elle se trouve, même si elle n'est pas visible. Il peut en effet arriver que la cellule en question se trouve en dehors de la partie de la feuille de calcul qui est affichée, ou dans des cellules masquées.

Lorsque vous commencez à saisir une formule, la zone Nom est remplacée par une liste de fonctions. Ce comportement est commode pour créer des fonctions imbriquées. Cliquez sur l'une des fonctions de la liste, et elle est aussitôt placée dans la formule en cours d'élaboration.

La saisie terminée, appuyez sur la touche Entrée pour la valider, ou cliquez sur la coche de validation à gauche de la barre de formule.

La Figure 2.13 illustre le propos. Une formule est saisie dans la barre de formule. La zone Nom contient des fonctions. La saisie est possible même si la cellule active n'est pas visible.

Figure 2.13 La saisie dans la barre de formule présente quelques avantages.

Trois icônes se trouvent entre la zone Nom et la barre de formule. Elles servent à :

» annuler la saisie ;

» valider la saisie ;

» afficher la boîte de dialogue Insérer une fonction.

Les icônes Annuler et Valider ne sont accessibles que si une formule, une fonction ou une valeur se trouve dans la barre de formule, et de ce fait dans la cellule active.

Saisir des formules et des fonctions dans une cellule

La saisie la plus naturelle et la plus facile consiste à taper la formule directement dans une cellule, et appuyer ensuite sur la touche Entrée pour la valider. Essayez avec cet exemple simple :

1. **Cliquez sur la cellule devant recevoir la formule.**
2. **Saisissez une formule toute simple, comme celle-ci :**

```
=6+(9/5)*100
```

3. **Appuyez sur la touche Entrée.**

   Le résultat est 186 (en raison de la priorité des opérateurs arithmétique expliquée au Chapitre 4).

Avec Excel, l'insertion d'une fonction dans une formule peut être effectuée d'un seul clic. Dès que vous commencez à taper un nom de fonction, une liste fonctions commençant par la ou les lettres en question est affichée, comme le montre la Figure 2.14.

Figure 2.14 La saisie des fonctions n'a jamais été aussi facile.

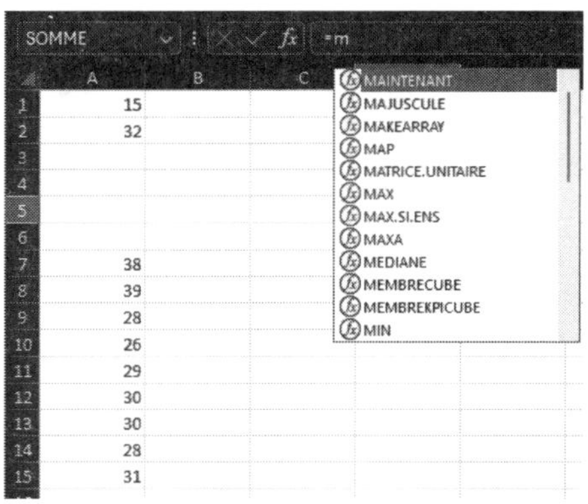

La fonction désirée, dans cet exemple, est MIN, qui renvoie la valeur minimale d'un ensemble de nombres. Dès que vous tapez la lettre M dans une formule, la liste visible dans la Figure 2.14 apparaît. Elle contient toutes les fonctions commençant par cette lettre. Double-cliquez sur MIN, dans la liste, ou saisissez manuellement cette fonction : elle est placée dans la formule et sa syntaxe est indiquée, ce qui vous permet de vous concentrer sur la formule elle-même. La Figure 2.15 montre comment la fonction MIN est utilisée pour trouver la valeur minimum dans la plage A7:A15 (qui est multipliée par la somme des valeurs A1 plus A2). Il suffit alors d'appuyer sur la touche Entrée du clavier pour obtenir 1222.

Figure 2.15 Il ne reste plus qu'à fermer la parenthèse pour terminer la formule.

- A1 = 15
- A2 = 32
- A7 = 38
- A8 = 39
- A9 = 28
- A10 = 26
- A11 = 29
- A12 = 30
- A13 = 30
- A14 = 28
- A15 = 31

La formule dans la cellule D5 est :

```
=(A1+A2)*MIN(A7:A15)
```

Le résultat est 1222 (et non 21).

La capacité d'Excel à proposer une liste de fonction est appelée *saisie semi-automatique.*

La saisie semi-automatique peut être activée ou désactivée dans les options d'Excel :

❶ En haut à gauche d'Excel, cliquez sur l'onglet Fichier.

❷ Cliquez sur la catégorie Options.

Si Options n'est pas visible, cliquez sur Autre puis sur Options dans le menu local qui s'affiche.

❸ Dans la boîte de dialogue Options Excel, cliquez sur la catégorie Formules (colonne de gauche).

❹ À la rubrique Manipulation de formules, cochez ou décochez la case Saisie semi-automatique de formule (voir Figure 2.16).

❺ Cliquez sur le bouton OK.

Figure 2.16
L'emplacement de l'option Saisie semi-automatique de formule.

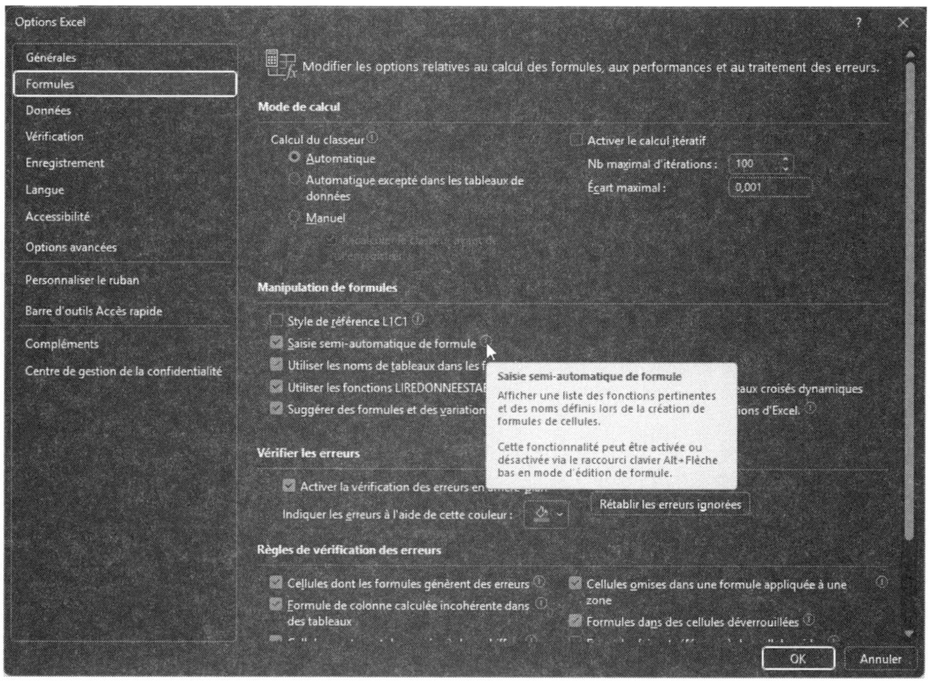

DANS CE CHAPITRE

Comprendre la matrice.

•

Créer des formules matricielles.

•

Utiliser des fonctions renvoyant des données matricielles.

Chapitre 3
Les secrets de la matrice

Parmi les nombreuses fonctions que contient Excel, certaines permettent de traiter des ensembles de valeurs appelées *matrices*, permettant ainsi de procéder à des analyses encore plus fines.

Une matrice est un ensemble de valeurs réparties dans des cellules, voire dans des plages réparties sur plusieurs feuilles de calcul. Certaines fonctions utilisent des matrices comme arguments.

Pourquoi ne pas saisir un ensemble d'arguments, au lieu d'une matrice ? C'est une bonne question. La fonction SOMME pouvant en recevoir jusqu'à 255, ces valeurs n'équivalent-elles pas à une matrice à 255 éléments ? Eh bien, oui et non... Le principe est le même, mais la matrice rationalise considérablement le travail, comme nous le verrons d'ici peu.

Les fonctions matricielles présentent un autre intérêt : la possibilité de renvoyer une matrice. Eh oui ! En général, une fonction ne renvoie qu'une seule valeur dans une seule cellule. Dans ce chapitre, vous découvrirez comment une fonction parvient à renvoyer un ensemble de valeurs dans de multiples cellules.

Découvrir les matrices

Dans Excel, une matrice est un ensemble de valeurs ou de références à des cellules. Elle n'est utilisée que dans des formules et des fonctions. En fait, ces valeurs ne sont groupées de manière structurée que pour produire un groupe de résultats. Une matrice est différente d'une zone nommée (une plage de cellules). Cette dernière devient un élément de la feuille de calcul auquel il peut à tout moment être fait référence par son nom.

Les zones nommées sont des ensembles créés avec la boîte de dialogue Nouveau nom que montre la Figure 3.1. En revanche, il n'existe ni boîte de dialogue ni technique particulière permettant de créer une matrice susceptible d'être référencée depuis une fonction ou une formule. En fait, les matrices sont incorporées à des formules.

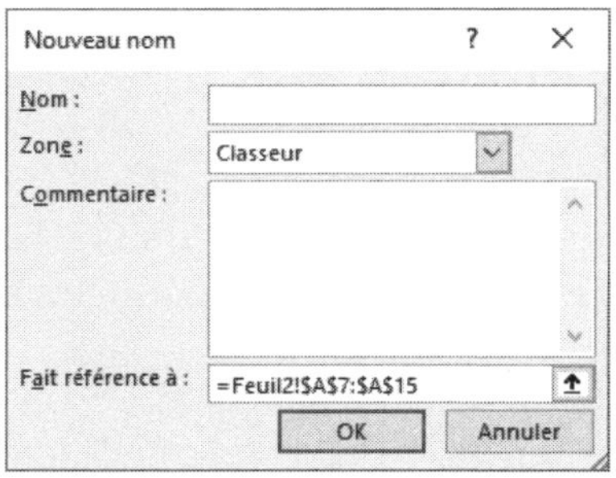

Figure 3.1 Cette boîte de dialogue sert à nommer une zone, et non à produire une matrice.

Les zones nommées sont facilement référencées dans les formules. Par exemple, si un classeur contient une zone nommée Ventes, la totalité des cellules de Ventes peut être additionnée par une formule comme :

```
=SOMME(Ventes)
```

Si la zone nommée Ventes contient trois cellules contenant les valeurs 10, 15 et 20, ces valeurs peuvent aussi être saisies directement dans la fonction SOMME de la manière suivante :

```
=SOMME(10;15;20)
```

C'est en quelque sorte une matrice, mais pas tout à fait. Pour Excel, un ensemble n'est une matrice que s'il se trouve entre des accolades : { et }. C'est pourquoi, une matrice de valeurs doit être saisie sous cette forme :

```
=SOMME({10;15;20})
```

Les accolades indiquent à Excel que le groupe de valeurs est une matrice. Vous vous interrogez peut-être sur l'utilité d'une matrice... Vous la découvrirez dans la prochaine section, où vous apprendrez comment l'utiliser avec des fonctions standard comme SOMME pour obtenir des résultats très élaborés.

Mettez des valeurs entre accolades pour qu'elles soient considérées comme une matrice. Ne confondez pas les accolades et les parenthèses. Sur le clavier, vous devrez appuyer sur les touches Alt Gr+4 pour obtenir une accolade ouvrante, et sur Alt Gr+= pour obtenir l'accolade fermante (la touche Alt Gr est à droite de la barre Espace).

Utiliser des matrices dans des formules

Les matrices peuvent être utilisées dans les formules et dans les fonctions. Les arguments d'une fonction sont entrés d'une manière différente comme nous le verrons d'ici peu. Le recours aux matrices peut dispenser de la phase de saisie et délivrer le résultat dans une seule formule. Ce comportement est utile lorsque des calculs intermédiaires sont requis.

Par exemple, la fonction SOMME sert habituellement à totaliser des valeurs. Cette opération n'exige pas, en soi, de formule matricielle, mais qu'en est-il lorsqu'il faut totaliser les résultats produits par d'autres calculs ? Nous verrons dans le prochain exemple comment une matrice simplifie l'obtention du résultat final.

La Figure 3.2 montre un petit portefeuille boursier. La colonne A contient les symboles des actions, la colonne B contient le nombre de parts par action, et la colonne C contient la dernière valeur de chaque action.

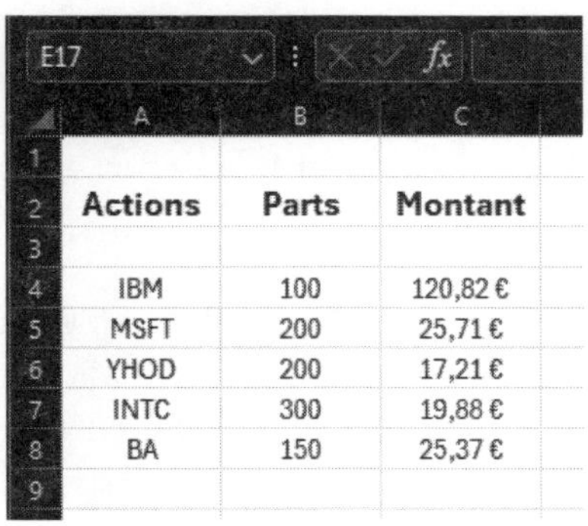

E17

	A	B	C
1			
2	**Actions**	**Parts**	**Montant**
3			
4	IBM	100	120,82 €
5	MSFT	200	25,71 €
6	YHOD	200	17,21 €
7	INTC	300	19,88 €
8	BA	150	25,37 €
9			

Figure 3.2 Un portefeuille boursier rudimentaire.

Il s'agit à présent de calculer la valeur *totale* du portfolio. La manière classique est la suivante :

❶ **Multiplier le nombre de parts de chaque action par sa valeur unitaire.**

❷ **Totaliser les résultats à partir de l'étape précédente.**

La Figure 3.3 montre une manière très courante de procéder. La colonne D contient les formules qui calculent la valeur de chacune des actions du portefeuille, en multipliant le nombre de parts par leur valeur unitaire. Par exemple, la cellule D4 contient la formule `=B4*C4` tandis que la cellule D10 totalise les résultats grâce à la formule `=SOMME(D4:D8)`.

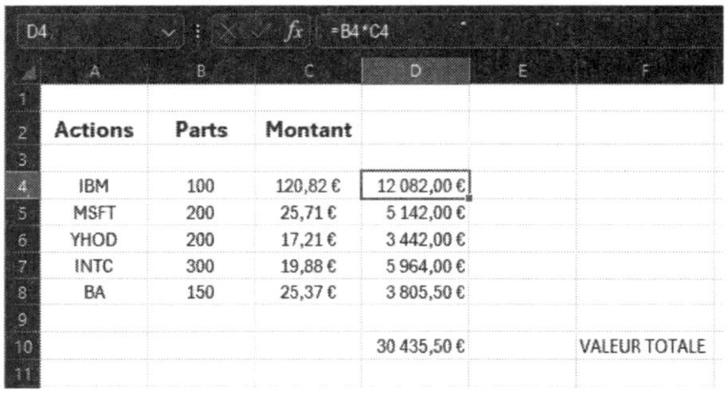

D4 | fx =B4*C4

	A	B	C	D	E	F
1						
2	**Actions**	**Parts**	**Montant**			
3						
4	IBM	100	120,82 €	12 082,00 €		
5	MSFT	200	25,71 €	5 142,00 €		
6	YHOD	200	17,21 €	3 442,00 €		
7	INTC	300	19,88 €	5 964,00 €		
8	BA	150	25,37 €	3 805,50 €		
9						
10				30 435,50 €		VALEUR TOTALE
11						

Figure 3.3
Calcul de la valeur d'un portefeuille par la méthode classique.

La méthode utilisée dans la Figure 3.3 exige des calculs intermédiaires : ceux de la colonne D. Ils sont indispensables si vous désirez connaître la valeur de chacune des actions, mais ils sont superflus si seule la valeur totale du portefeuille d'actions vous intéresse.

Il existe fort heureusement d'autres solutions à cette approche classique. L'une consiste à incorporer les multiplications intermédiaires directement dans la fonction SOMME de la manière suivante :

```
=SOMME(B4*C4;B5*C5;B6*C6;B7*C7;B8*C8)
```

Cette solution fonctionne, mais elle est lourde. Que dire si le portefeuille comprenait 20 actions? Oublions-la.

Une autre solution consiste à utiliser la fonction SOMMEPROD. Elle totalise des produits tout comme l'autre méthode envisagée auparavant. Mais le problème est que cette fonction ne sait que totaliser. Elle est incapable, entre autres, de calculer une moyenne.

Dans une situation comme celle-ci, la meilleure solution est fournie par une fonction matricielle. La Figure 3.4 montre le résultat correct produit par la fonction SOMME utilisée de manière matricielle. Remarquez les accolades au début et à la fin de la formule, dans la barre de formule.

Figure 3.4

Calcul de la valeur d'un portefeuille par une fonction matricielle.

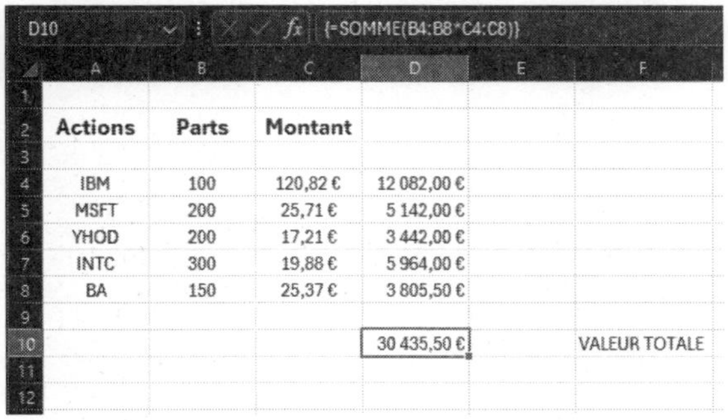

D10 {=SOMME(B4:B8*C4:C8)}

Actions	Parts	Montant			
IBM	100	120,82 €	12 082,00 €		
MSFT	200	25,71 €	5 142,00 €		
YHOD	200	17,21 €	3 442,00 €		
INTC	300	19,88 €	5 964,00 €		
BA	150	25,37 €	3 805,50 €		
			30 435,50 €		VALEUR TOTALE

La syntaxe est très importante. Deux plages ont été introduites dans la fonction : l'une contient les cellules des nombres de parts, l'autre contient les cellules des valeurs unitaires. Ces deux plages sont multipliées avec l'opérateur * (astérisque). Dans un premier temps, vous entrez la formule suivante :

```
=SOMME(B4:B8*C4:C8)
```

Vous la validez ensuite avec les touches Ctrl+Maj+Entrée. Dans la barre de formule, la formule apparaît à présent entre accolades :

```
{=SOMME(B4:B8*C4:C8)}
```

C'est l'appui sur les touches Ctrl+Maj+Entrée qui transforme la formule en formule matricielle. Elle ajoute automatiquement les accolades au début et à la fin de la formule.

Remarquez l'absence des sous-totaux dans les cellules D4:D8 (comparez la Figure 3.4 avec la Figure 3.3).

Mettons tout cela en pratique :

❶ **Saisissez deux colonnes de valeurs.**

Les deux listes doivent être de la même taille.

❷ **Cliquez dans la cellule dans laquelle le résultat doit apparaître.**

❸ **Saisissez =SOMME(.**

L'accolade ne doit pas être saisie. Excel s'en chargera.

❹ Cliquez dans la première cellule de la première liste puis, bouton de la souris enfoncé, tirez jusqu'en bas de la liste. Relâchez ensuite le bouton.

❺ Saisissez le signe de multiplication *.

❻ Cliquez dans la première cellule de la seconde liste puis, bouton de la souris enfoncé, tirez jusqu'en bas de la liste.

❼ Relâchez le bouton de la souris.

❽ Saisissez la parenthèse fermante).

❾ Appuyez sur les touches Ctrl+Maj+Entrée afin de convertir la formule en formule matricielle.

Ne vous contentez pas d'appuyer sur la touche Entrée. Une fonction matricielle doit impérativement être validée avec les touches Ctrl+Maj+Entrée.

Les fonctions matricielles sont commodes pour éviter des étapes superflues dans les opérations arithmétiques. Elles sont de ce fait applicables à bon nombre de fonctions comme MOYENNE, MAX, MIN et bien d'autres.

Passons à un autre exemple. Nous supposons que vous possédez une flotte de taxis et que vous devez déterminer la consommation moyenne par kilomètres parcourus. C'est facile à calculer pour un seul véhicule : il suffit de diviser la quantité totale de carburant consommé par le nombre de kilomètres parcourus. Ce calcul se présente sous cette forme :

```
Coût du carburant par km = consommation ÷ kilométrage
```

Mais comment appliquer ce calcul à toute une flotte de véhicules? La Figure 3.5 montre comment y parvenir. Les véhicules sont listés dans la colonne A, les kilomètres parcourus mensuellement se trouvent dans la colonne B et le coût du carburant se trouve dans la colonne C.

La réponse est fournie par une seule formule, dans la cellule C21. En utilisant la fonction MOYENNE dans la formule matricielle, le résultat est calculé sans étapes intermédiaires. Voici cette formule matricielle :

```
{=MOYENNE(C6:C17/B6:B17)}
```

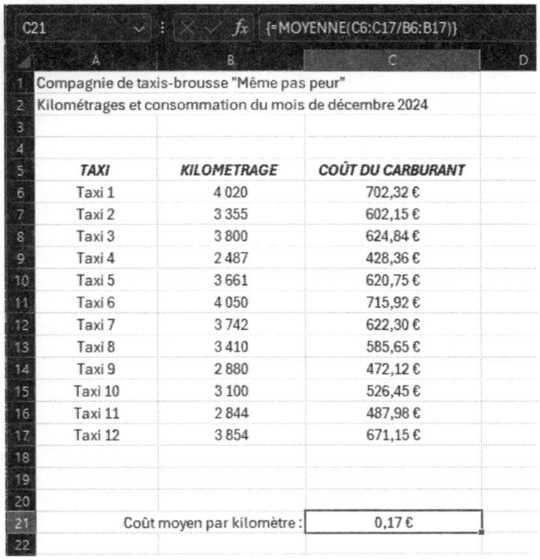

C21 — {=MOYENNE(C6:C17/B6:B17)}

	A	B	C
1	Compagnie de taxis-brousse "Même pas peur"		
2	Kilométrages et consommation du mois de décembre 2024		
3			
4			
5	*TAXI*	*KILOMETRAGE*	*COÛT DU CARBURANT*
6	Taxi 1	4 020	702,32 €
7	Taxi 2	3 355	602,15 €
8	Taxi 3	3 800	624,84 €
9	Taxi 4	2 487	428,36 €
10	Taxi 5	3 661	620,75 €
11	Taxi 6	4 050	715,92 €
12	Taxi 7	3 742	622,30 €
13	Taxi 8	3 410	585,65 €
14	Taxi 9	2 880	472,12 €
15	Taxi 10	3 100	526,45 €
16	Taxi 11	2 844	487,98 €
17	Taxi 12	3 854	671,15 €
18			
19			
20			
21		Coût moyen par kilomètre :	0,17 €
22			

Figure 3.5 Un calcul rapide, facile et élégant exécuté par une formule matricielle.

Utiliser des fonctions renvoyant des matrices

Quelques fonctions retournent des matrices de données. Au lieu de ne fournir qu'un seul résultat, comme la plupart des autres fonctions, elles en retournent plusieurs. Leur nombre dépend des arguments de la fonction et ces résultats sont placés dans une plage de cellules.

Les fonctions matricielles d'Excel acceptent des matrices en tant qu'argument et peuvent renvoyer une matrice de données.

L'intéressante fonction TRANSPOSE, qui réoriente les données, est un bel exemple. Les données réparties dans des colonnes et des lignes sont transposées dans des lignes et des colonnes, comme le montre la Figure 3.6.

La plage de cellules B16 à I18 contient les données transposées. Ce sont les mêmes que dans le tableau d'en haut et leur nombre est identique (24) sauf qu'elles sont à présent réparties sur huit colonnes et trois lignes. En fait, elles sont passées de 3 colonnes sur 8 lignes à 8 colonnes sur 3 lignes.

Notez qu'il n'est pas possible de modifier le rapport colonnes/lignes. Par exemple, vous ne pourrez pas placer les vingt-quatre valeurs dans six colonnes de quatre lignes.

Figure 3.6

Une transposition de données.

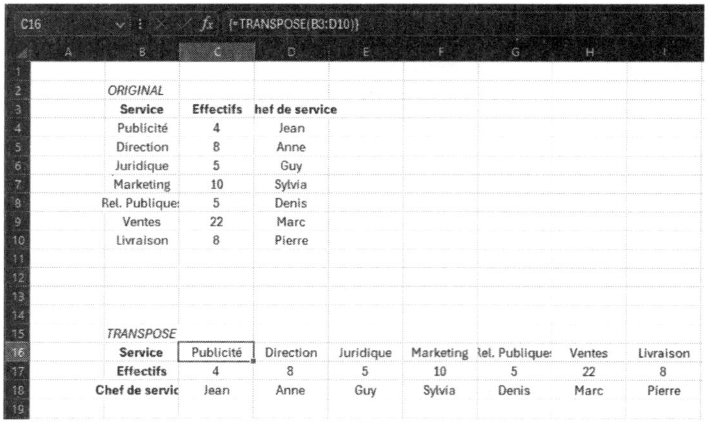
C16 | {=TRANSPOSE(B3:D10)}

ORIGINAL		
Service	**Effectifs**	**hef de service**
Publicité	4	Jean
Direction	8	Anne
Juridique	5	Guy
Marketing	10	Sylvia
Rel. Publique:	5	Denis
Ventes	22	Marc
Livraison	8	Pierre

TRANSPOSE							
Service	Publicité	Direction	Juridique	Marketing	tel. Publique:	Ventes	Livraison
Effectifs	4	8	5	10	5	22	8
Chef de servic	Jean	Anne	Guy	Sylvia	Denis	Marc	Pierre

Dans la plage B16:I18, chaque cellule contient la même formule `{=TRANSPOSE(B3:D10)}` bien qu'elle n'ait été saisie qu'une seule fois.

Voici comment utiliser la fonction TRANSPOSE :

❶ **Saisissez un ensemble de données occupant au moins deux cellules adjacentes.**

Un ensemble un peu plus conséquent démontrera mieux les effets de cette fonction.

❷ **Ailleurs dans la feuille de calcul, sélectionnez une zone couvrant exactement le même nombre de cellules, mais disposées à 90 degrés.**

Figure 3.7

La zone de prélèvement des données (en haut) et la zone de réception des données transposées (en bas).

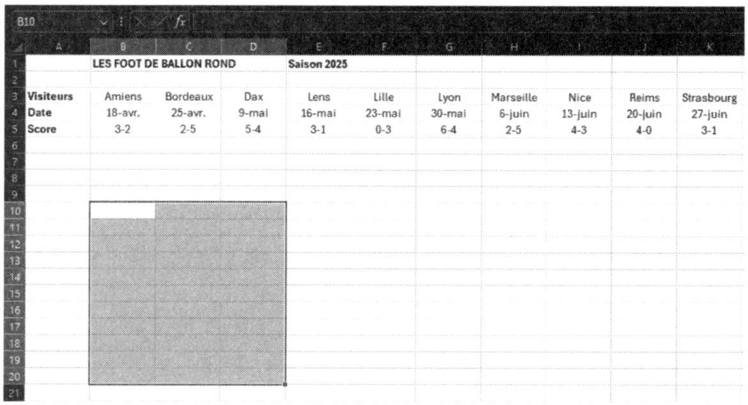
B10

	LES FOOT DE BALLON ROND			**Saison 2025**						
Visiteurs	Amiens	Bordeaux	Dax	Lens	Lille	Lyon	Marseille	Nice	Reims	Strasbourg
Date	18-avr.	25-avr.	9-mai	16-mai	23-mai	30-mai	6-juin	13-juin	20-juin	27-juin
Score	3-2	2-5	5-4	3-1	0-3	6-4	2-5	4-3	4-0	3-1

Cette zone devra compter autant de colonnes que la zone de données compte de lignes, et autant de lignes qu'elle compte de colonnes.

La Figure 3.7 montre une plage de cellules de 11 colonnes et 3 lignes, et la zone prête à recevoir les données transposées. Elle s'étend sur 3 colonnes sur 11 lignes.

❸ Saisissez : =TRANSPOSE(.

Comme les cellules de réception sont d'ores et déjà sélectionnées, les données seront introduites à partir de la première cellule de la plage.

❹ Cliquez dans la première cellule des données originales puis, bouton de la souris enfoncé, tirez le pointeur par-dessus toutes les données afin de les sélectionner. Relâchez ensuite le bouton de la souris.

La fonction encadre la zone de données originale. La Figure 3.8 montre la feuille de calcul à cette étape.

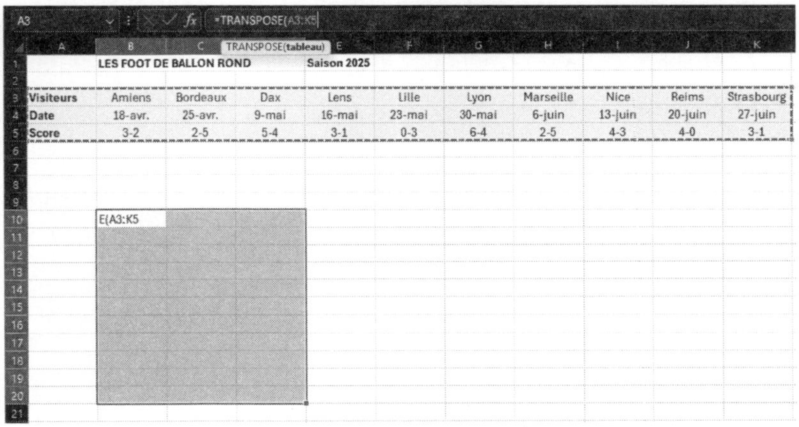

Figure 3.8
La saisie de la fonction TRANSPOSE.

❺ Saisissez la parenthèse fermante).

❻ Appuyez sur les touches Ctrl+Maj+Entrée afin d'appliquer la fonction matricielle.

Remarque : Les données transposées ne conservent pas nécessairement la mise en forme de la plage d'origine. Vous devrez sans doute la refaire manuellement. La Figure 3.9 montre le résultat obtenu avec la fonction TRANSPOSE suivie de la mise en forme des données transposées (NdT : les dates sont remplacées par un nombre – leur numéro de série –. Quant aux scores, ils sont remplacés par des zéros sauf si, dans le tableau d'origine, ils sont précédés d'une apostrophe qui préserve leur mode Texte. Exemples : '3-2 ou '2-5 ou encore '5-4).

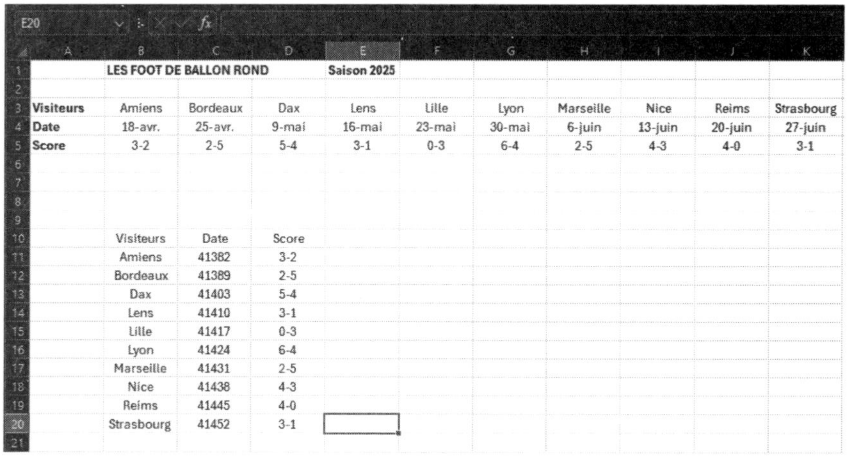

Figure 3.9 Les données transposées après la mise en forme.

Cette nécessité de remettre les données en forme n'est-elle pas une perte de temps ? En fait, Excel peut facilement transposer les données à l'aide de la boîte de dialogue Collage spécial.

La Figure 3.10 montre la boîte de dialogue Collage spécial dans laquelle la case Transposé a été cochée. Vous n'avez même plus à sélectionner le nombre correct de colonnes et de lignes devant recevoir les données. Elles sont transposées à partir de la cellule active.

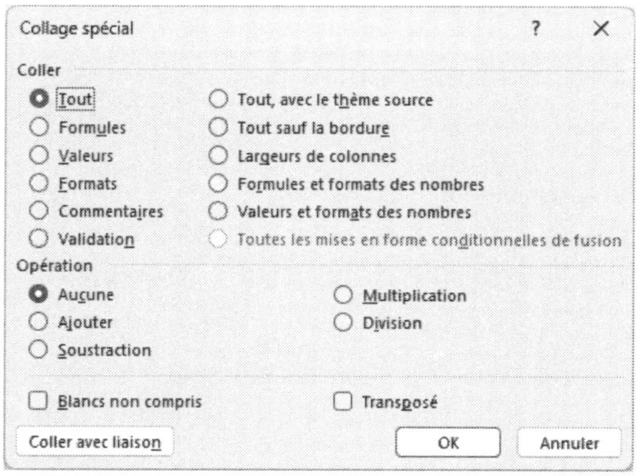

Figure 3.10 Des données peuvent être transposées avec la boîte de dialogue Collage spécial.

Les données transposées avec la boîte de dialogue Collage spécial sont *copiées* dans la nouvelle plage, alors que la fonction TRANSPOSE colle un ensemble de formules qui font référence aux données d'origine. Cette différence est notable. Lorsque des données changent dans la plage d'origine, ces changements ne sont pris en compte par les cellules transposées que si la fonction TRANSPOSE a été utilisée.

Il existe deux manières de transposer des données. La plage contenant la fonction TRANSPOSE dans chacune de ses cellules est liée aux données d'origine et est actualisée chaque fois qu'une donnée originale est modifiée. En revanche, la transposition par un Collage spécial produit des valeurs qui ne sont pas actualisées lorsque les données d'origine changent.

N'oubliez pas qu'une formule matricielle doit toujours être validée avec les touches Ctrl+Maj+Entrée.

Chapitre 4

Corriger les formules

DANS CE CHAPITRE

Éviter les erreurs dans les formules.

Suivre le flux des références de cellules et de plages vers et depuis des formules.

Effectuer un suivi des modifications avec la fenêtre Espion.

Décomposer un calcul pas à pas pour trouver l'erreur.

Les messages d'erreur.

Excel ne serait rien sans la possibilité de créer des formules. Car après tout, les formules sont la véritable raison d'être des feuilles de calcul. C'est grâce à elles que l'on peut trouver des solutions à des problèmes ou à des besoins spécifiques. Sans formules, Excel ne serait qu'un ennuyeux lieu de stockage pour des informations.

Excel accepte des formules d'une longueur maximale de 8192 caractères. Autant dire qu'elle peut être monstrueusement complexe. Elle peut même faire référence à des cellules qui se réfèrent à d'autres cellules contenant des formules qui se réfèrent à… Bref, vous voyez où je veux en venir… On est très loin des quatre opérations.

Cette complexité pose bien évidemment la question de la détection des erreurs. Et aussi de la manière de les éviter dès la conception de la formule. Nous verrons dans ce chapitre qu'Excel vous prévient lorsqu'une formule est erronée, et aussi comment vous corrigerez une formule dont la syntaxe est correcte, mais qui ne fonctionne pas de la manière voulue.

Détecter les erreurs lors de la saisie

Excel supervise les formules que vous saisissez. Toutes les formules commencent par un signe « égal ». Lorsque vous la terminez en appuyant sur la touche Entrée ou en cliquant sur la coche de validation, ou encore en cliquant dans une autre cellule, Excel analyse ce que vous venez de taper. S'il trouve le signe « égal », il sait qu'il s'agit d'une formule et il recherche aussitôt ces trois types d'erreur :

» **Des parenthèses manquantes : une parenthèse ouvrante doit toujours être appariée à une parenthèse fermante.**

» **La référence d'une cellule à elle-même : par exemple, si la cellule A1 contient la formule `=A1*5`, cette formule produit une référence circulaire. C'est un peu le serpent qui se mord la queue.**

» **La référence à une cellule inexistante.**

Chacun de ces problèmes est géré différemment. Excel propose de corriger une parenthèse manquante, mais il se contente de vous prévenir lorsqu'il détecte une erreur de référencement. Lorsqu'une référence est faite à une cellule inexistante, Excel vous demande où la trouver. Il affiche la boîte de dialogue intitulée Mettre à jour les valeurs – qui ressemble à la classique boîte de dialogue Ouvrir un fichier –, car il estime que la référence introuvable se trouve dans un autre classeur Excel. Si ce n'est pas le cas, l'apparition de cette boîte de dialogue est sans fondement. Vous devrez la fermer puis modifier la formule.

L'appariement des parenthèses

Dans une formule mathématique, chaque parenthèse ouvrante doit être associée à une parenthèse fermante. C'est le premier point qu'Excel vérifie dans une formule. La Figure 4.1 montre des opérations simples exigeant des parenthèses. Le calcul porte sur le prix unitaire d'un article multiplié par le nombre d'articles vendus, auquel s'ajoutent un surcoût et un rabais, après quoi une taxe est appliquée.

Voici comment la formule se décompose d'un point de vue arithmétique :

```
(Articles vendus x prix unitaire + surcoût) x rabais x (1 + taux de la
taxe)
```

Figure 4.1 Des parenthèses dans une formule.

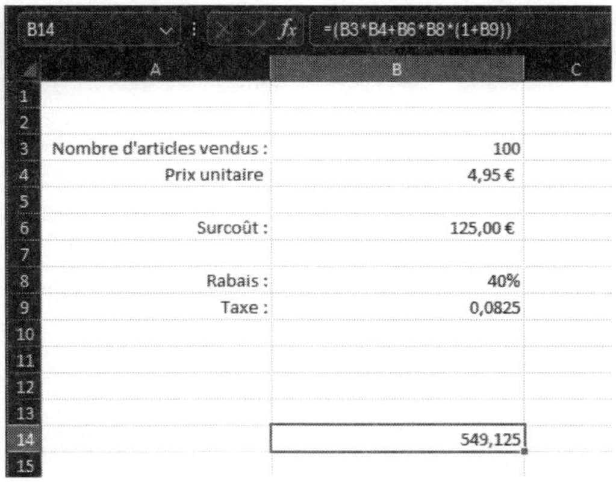

Le placement des parenthèses est crucial pour que la formule fonctionne. Excel ne détectera aucune erreur si des parenthèses sont mal placées, dès lors qu'elles sont appariées. Le Tableau 4.1 montre plusieurs formules dont la syntaxe est correcte, mais dont le résultat est faux :

Tableau 4.1 Quelques formules valides mais erronées.

Formule	Résultat
`=B3*(B4+B6)*B8*(1+B9)`	5 626,84
`=B3*B4+(B6*B8)*(1+B9)`	549,13
`=(B3*B4+B6*B8)*(1+B9)`	589,96
`=(B3*B4+B6)*(B8*1+B9)`	299,15

Un placement correct des parenthèses et une connaissance sans faille des règles de priorité des opérateurs arithmétiques sont indispensables pour obtenir un résultat exact. Au besoin, révisez vos notions de mathématiques. Nous y reviendrons au Chapitre 18.

Voici un moyen mnémotechnique pour retenir l'ordre des priorités des opérations : *Prendre Enfin Mes Dix Années Sabbatiques :* Parenthèse, Exposants, Multiplication, Division, Addition, Soustraction.

Que se passe-t-il lorsqu'il manque une parenthèse? Lorsque vous validez la saisie, Excel affiche un message d'erreur et propose une correction. Dans cet exemple, la première parenthèse fermante a été délibérément omise :

```
=(B3*B4+B6*B8*(1+B9)
```

La Figure 4.2 montre la détection de l'erreur par Excel et la solution qu'il suggère.

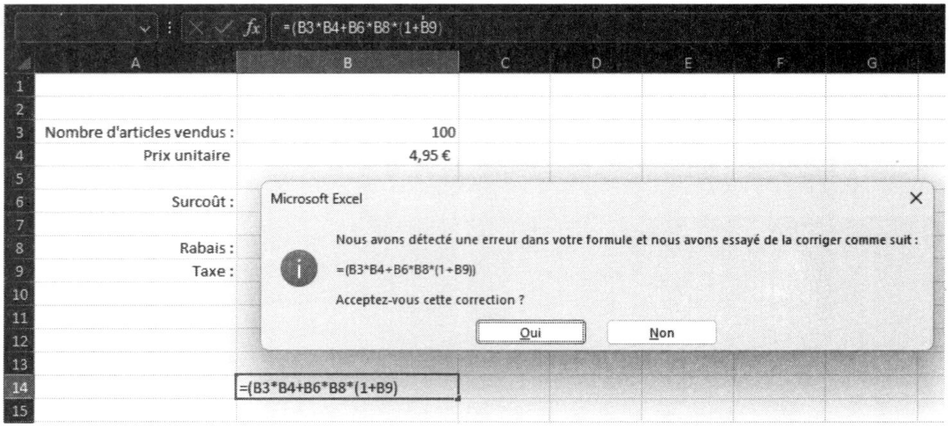

Figure 4.2 La détection d'une parenthèse manquante par Excel et la solution qu'il propose.

Ne vous précipitez pas ! La solution proposée par Excel corrige certes la parenthèse manquante, mais elle ne correspond pas forcément à la formule correcte. Observez attentivement la correction proposée par Excel :

```
=(B3*B4+B6*B8*(1+B9))
```

Elle est différente de la formule correcte :

```
=(B3*B4+B6)*B8*(1+B9)
```

Excel s'est contenté d'ajouter la parenthèse manquante à la fin de la formule. Si cette correction est acceptée, le résultat est 549,125 alors que le résultat correct est 268,46. Dans ce cas de figure, vous devez rejeter la correction proposée par Excel et corriger la formule vous-même.

Ne partez jamais du principe que la correction proposée par Excel convient systématiquement. Étudiez-la attentivement puis acceptez-la ou rejetez-la en toute connaissance de cause.

Éviter les références circulaires

Une référence circulaire se produit lorsqu'une cellule se réfère à elle-même, soit directement, comme lorsque la formule `=100+A2` est saisie dans la cellule A2, soit indirectement lorsque des cellules se réfèrent à d'autres, jusqu'au moment où l'une d'elles se réfère à la première. Par exemple, une formule dans la cellule A1 se réfère à la cellule A2 qui se réfère à A3 qui se réfère à A1. La boucle est ainsi bouclée.

La Figure 4.3 contient une référence circulaire. La cellule D10 est censée totaliser les valeurs qui se trouvent au-dessus d'elle, mais par mégarde, elle s'inclut d'elle-même dans le calcul : `=SOMME(D4:D10)`. Excel signale aussitôt le problème par un message d'erreur.

Figure 4.3 Détection et correction d'une référence circulaire.

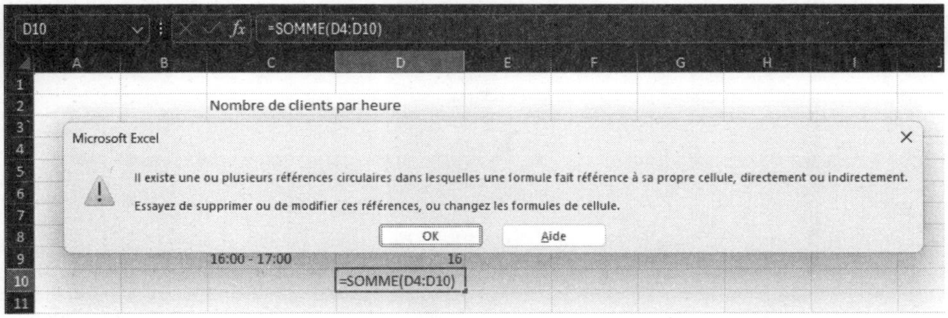

Lorsque le calcul automatique est désactivé, une référence circulaire n'est pas détectée tant que le calcul manuel n'est pas effectué (en appuyant sur la touche de fonction F9).

Lorsque le message d'erreur représenté dans la Figure 4.3 apparaît, vous avez le choix entre les options suivantes :

» **Cliquer sur le bouton OK. La saisie de la formule est acceptée, mais le résultat n'est pas correct. En fait, la cellule contient tout simplement la valeur zéro.**

» **Cliquer sur le bouton Aide. Vous obtenez des informations sur le principe de la référence circulaire.**

La Figure 4.4 montre la catégorie Formules de la boîte de dialogue Options Excel. C'est là, dans la rubrique Mode de calcul, que vous choisissez entre le calcul manuel ou automatique. Remarquez la case Activer le calcul itératif. Lorsqu'elle est cochée, les références circulaires sont autorisées. Le calcul de la valeur dépend du Nombre maximal d'itérations qui a été défini ainsi que de l'Écart maximal.

Activer le calcul itératif, dans les options d'Excel, permet d'utiliser des références circulaires dans les formules. Elles sont utiles pour certains calculs avancés qui sont hors du propos de ce livre. Reportez-vous à l'aide d'Excel pour en savoir plus.

Depuis sa version 2019, Excel est doté d'une commande permettant de détecter les références circulaires. Elle se trouve dans le menu Vérification des erreurs, dans le groupe Vérification des formules. Dans la Figure 4.5, elle mentionne la référence circulaire que nous avons créée pour notre exemple.

Figure 4.4

Réglez ici le mode de calcul du classeur Excel : manuel ou automatique, avec ou sans itération.

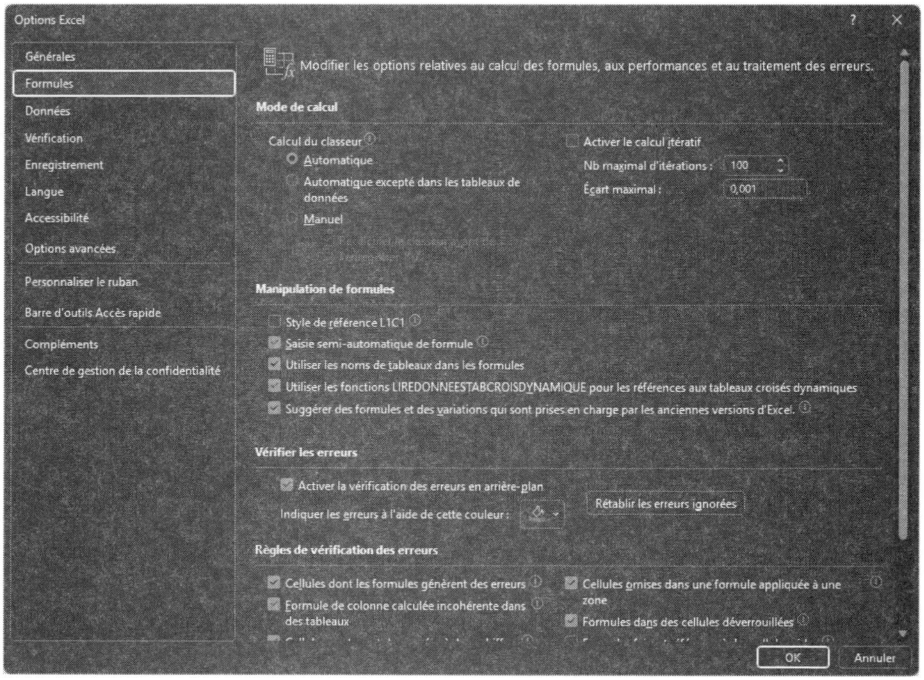

Figure 4.5

La cellule D10 contient une référence circulaire.

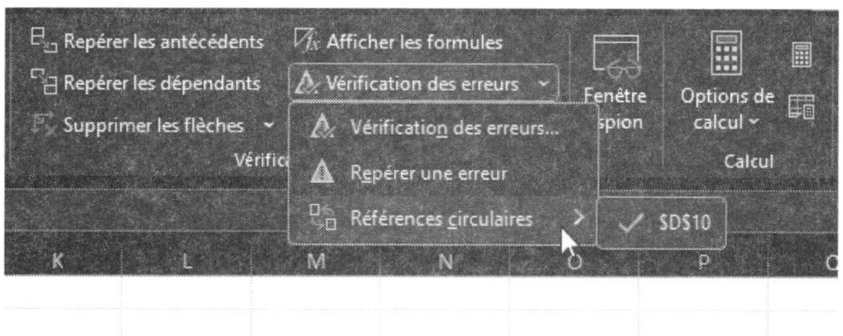

Cliquer sur une référence circulaire, dans le menu Vérification des erreurs, active aussitôt la cellule incriminée. Il vous est ainsi plus facile et plus rapide d'y accéder que d'être obligé d'examiner chacune de vos formules.

Réparer une liaison rompue

Les formules peuvent faire référence à d'autres classeurs Excel. C'est le cas de la formule suivante :

```
='C:\Inventaire\[Inventaire.xlsx]Pièces détachées'!$D$8
```

La formule utilise une valeur qui se trouve dans le classeur Inventaire.xlsx. Que se passe-t-il lorsque ce classeur est introuvable?

Lorsqu'une formule se réfère à un classeur introuvable, Excel affiche une boîte de dialogue vous permettant de naviguer jusqu'au classeur en question.

Si cette boîte de dialogue n'apparaît pas, vérifiez en haut des cellules, l'éventuelle présence d'un bandeau portant la mention Avertissement de sécurité : La mise à jour automatique des liens a été désactivée. Cliquez ensuite sur le bouton Activer le contenu.

La Figure 4.6 montre la boîte de dialogue affichée par Excel lorsqu'il ne parvient pas à trouver le classeur auquel la formule se réfère.

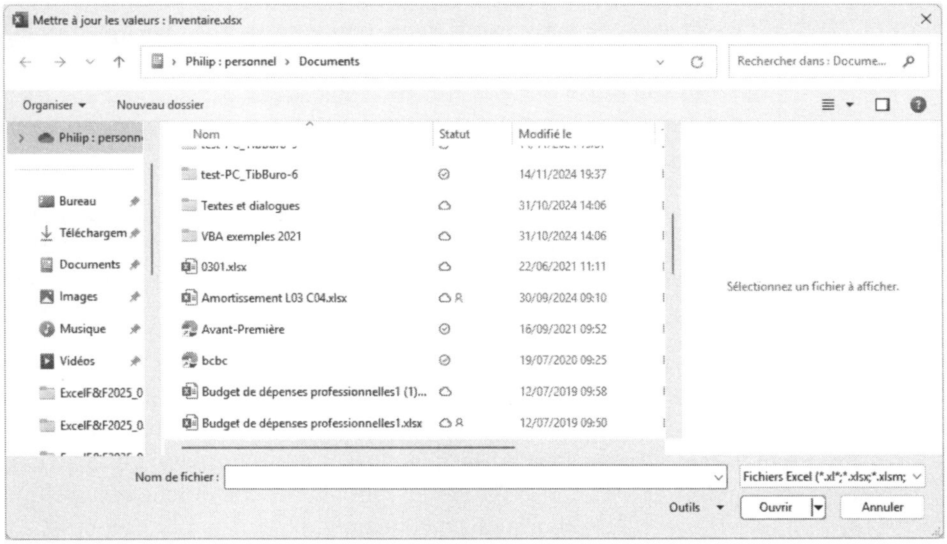

Figure 4.6 Excel n'a pas trouvé le classeur auquel la formule se réfère.

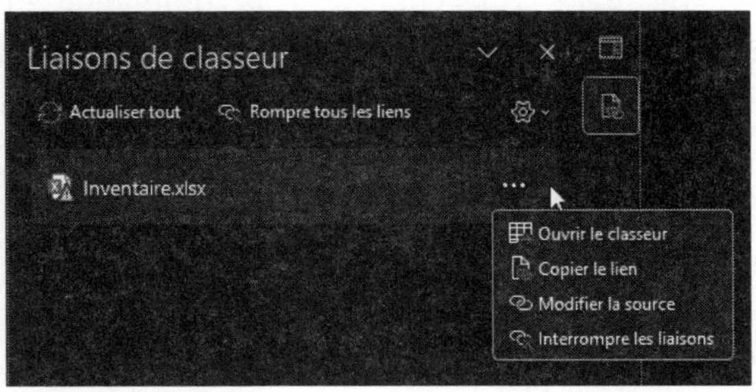

Figure 4.7 Cette boîte de dialogue permet de corriger des références externes.

Le volet Liaisons de classeur permet de gérer les liaisons rompues. Pour y accéder, cliquez sur l'onglet Données du ruban puis, dans le groupe Requêtes et connexions, cliquez sur Liaisons du classeur. Le volet éponyme apparaît, avec le nom du classeur manquant. Cliquez sur les trois points pour ouvrir un menu local qui propose les commandes suivantes :

Voici à quoi servent les boutons à droite de la boîte de dialogue Modifier les liaisons :

» **Ouvrir le classeur :** lorsqu'une liaison est rompue, cette option ne produit rien, car la source – le classeur externe – est introuvable, ce que confirme un message d'erreur. Lorsque la liaison existe, le classeur lié est ouvert.

» **Actualiser tout :** située en haut du volet (et non dans ce menu local), cette commande extrait les valeurs de ces classeurs et les cellules qui les utilisent sont recalculées. Si des liaisons sont rompues, un message apparaît au-dessus de la barre de formules pour vous inviter à Gérer les classeurs, ce qui vous ramène au volet Liaisons de classeur. Vous devez alors cliquer sur les trois points à droite du nom du classeur manquant puis, dans le menu local qui apparaît, cliquez sur Modifier la source.

» **Modifier la source :** cette option ouvre une boîte de dialogue du type « ouvrir un fichier » permettant de choisir le classeur Excel à utiliser. Sélectionner un classeur avec cette commande modifie la formule. C'est la solution à retenir pour corriger définitivement une liaison rompue.

» **Rompre tous les liens :** également située en haut du volet Liaisons de classeur, cette option convertit en valeurs calculées les formules contenant des liaisons externes. Autrement dit, les formules contenant des liaisons externes sont remplacées par des valeurs (les formules n'existent plus). Cette action est irréversible et peut causer de sérieux problèmes lorsqu'elle est appliquée par inadvertance. C'est pourquoi Excel demande confirmation (Figure 4.8).

Vous obtiendrez le même résultat si vous cliquez sur la commande Interrompre les liaisons du menu local.

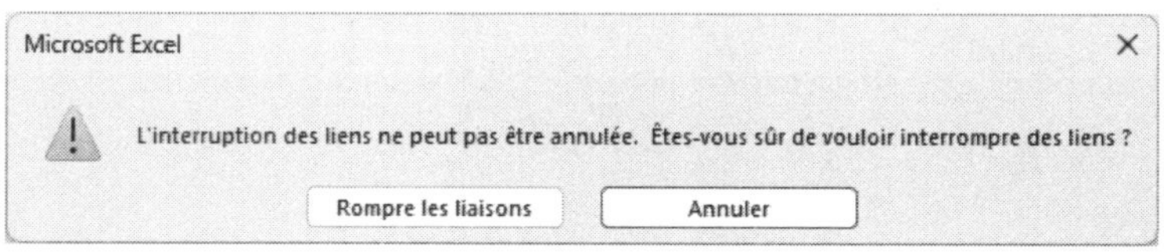

Figure 4.8 Vous devez confirmer la rupture d'une liaison.

Utiliser le vérificateur de formule

Certaines erreurs, comme l'absence d'une parenthèse, sont immédiatement décelées. Mais pour d'autres saisies, l'erreur n'est pas flagrante. Dans ce cas, Excel signale l'éventualité d'un problème et vous laisse décider.

La Figure 4.9 contient quelques chiffres et leur somme. La formule dans la cellule B10 est : `=SOMME(B4:B9)`. Rien ne semble faux ou erroné.

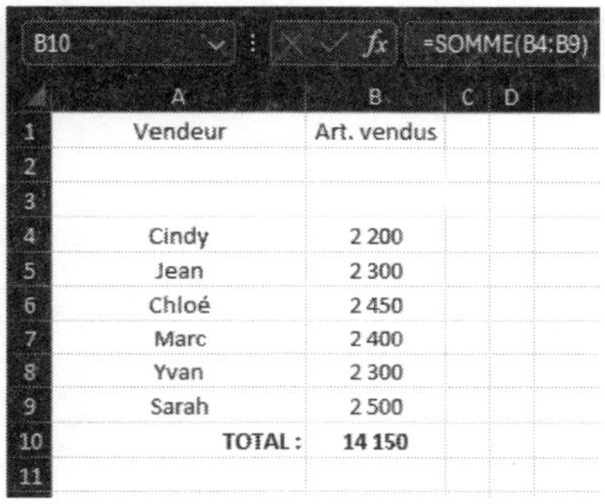

	A	B	C	D
1	Vendeur	Art. vendus		
2				
3				
4	Cindy	2 200		
5	Jean	2 300		
6	Chloé	2 450		
7	Marc	2 400		
8	Yvan	2 300		
9	Sarah	2 500		
10	TOTAL :	14 150		
11				

Figure 4.9 Pas d'erreur possible dans une formule aussi simple.

Remarquez, dans la Figure 4.9, que les cellules d'en-têtes ne sont pas contiguës aux cellules contenant les données. Elles en sont séparées par les lignes 2 et 3. Cette mise en page n'est pas rare car elle est très aérée.

Mais observez ce qui se passe si une valeur est placée par mégarde entre les en-têtes et les données. La formule de la cellule B10 ne calcule les valeurs qu'à partir de la ligne 4. Si une valeur était placée dans la cellule B3, Excel vous signalerait *qu'il risque d'y avoir une erreur,* comme le révèle la Figure 4.10. Un petit triangle vert est à présent visible dans le coin supérieur gauche de la cellule B10, celle qui contient la formule.

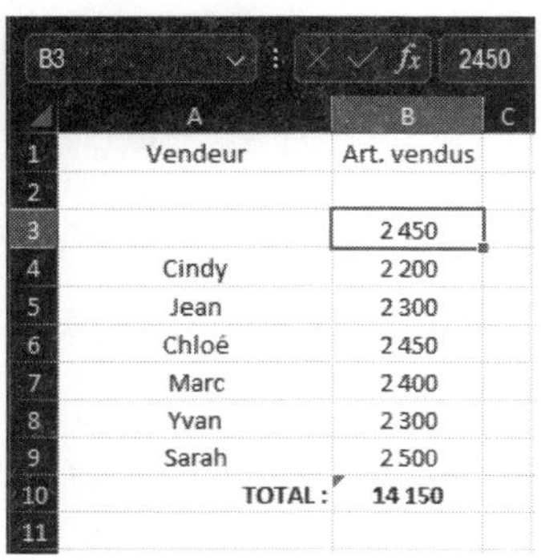

	A	B	C
1	Vendeur	Art. vendus	
2			
3		2 450	
4	Cindy	2 200	
5	Jean	2 300	
6	Chloé	2 450	
7	Marc	2 400	
8	Yvan	2 300	
9	Sarah	2 500	
10	TOTAL :	14 150	
11			

Figure 4.10 Excel a détecté une erreur possible.

Cliquer sur la cellule B10 fait apparaître une petite icône jaune en losange avec un point d'exclamation, à gauche de la cellule. Cliquer sur l'icône jaune déroule le menu que montre la Figure 4.11.

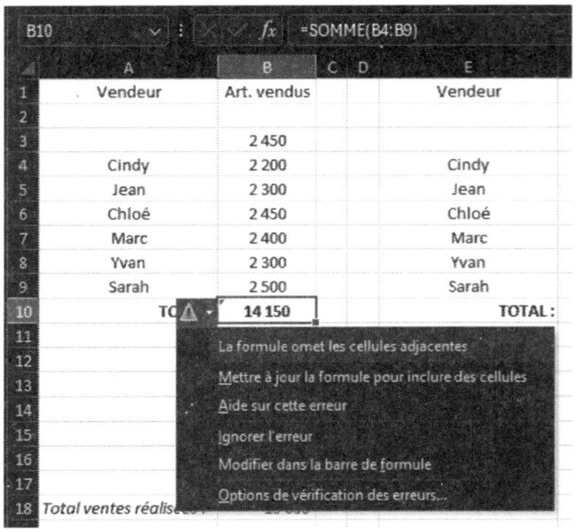

Figure 4.11
Excel signale les erreurs possibles.

Une erreur est représentée par un triangle dans le coin supérieur gauche de la cellule. Ce triangle est différent de celui de la balise active, en bas à droite d'une cellule. Une balise active contient des options utiles fondées sur le contenu de la cellule. Reportez-vous à l'aide d'Excel pour en savoir plus sur cette fonctionnalité.

Le premier élément du menu, La formule omet les cellules adjacentes, expose le problème. C'est bien de cela qu'il s'agit. Mais est-ce véritablement d'une erreur ? Devait-elle vraiment appartenir à la liste des valeurs déjà saisie ? Elle a peut-être été placée là pour une toute autre raison...

Les autres options du menu sont les suivantes :

» **La formule omet les cellules adjacentes :** signifie que votre formule fait référence à une plage de cellules, mais qu'il y a des cellules supplémentaires adjacentes à cette plage qui ne sont pas prises en compte par la formule. Cela peut entraîner des résultats incorrects si vous souhaitiez inclure ces cellules supplémentaires.

» **Mettre à jour la formule pour inclure des cellules :** la formule est automatiquement modifiée afin d'inclure la cellule supplémentaire. La formule de la cellule B10 devient ainsi `=SOMME(B3:B9)`. Et bien sûr, le résultat est actualisé.

» **Aide sur cette erreur :** affiche l'aide d'Excel.

» **Ignorer l'erreur :** ferme le menu. Le triangle vert disparaît de la cellule. Vous avez indiqué à Excel que vous saviez ce que vous faites et que ce n'est pas une erreur.

» **Modifier dans la barre de formule :** le curseur est placé dans la barre de formule afin que vous puissiez modifier la formule.

» **Options de vérification des erreurs :** affiche la catégorie Formules, dans les options d'Excel (voir Figure 4.12). Vous y trouvez toutes les options de gestion des erreurs.

Figure 4.12 Les options de gestion des erreurs se trouvent dans les deux dernières rubriques.

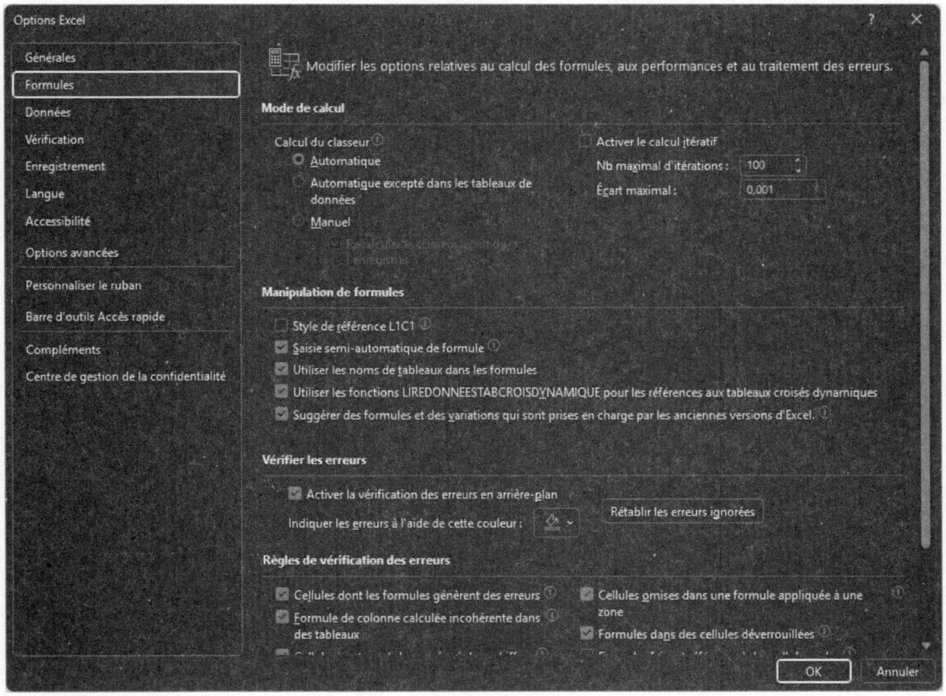

L'audit des formules

Excel permet d'élaborer des solutions complexes, voire compliquées. La formule présente dans une cellule peut utiliser des valeurs provenant d'une multitude d'autres cellules ou plages de cellules. L'analyse de formules complexes, pour déceler d'éventuelles erreurs, peut s'avérer très fastidieux. Mais Excel peut fort heureusement s'en charger.

Une formule peut contenir des antécédents et être dépendante d'autres formules :

- » Les *antécédents* sont les cellules ou les plages qui agissent sur la valeur présente dans la cellule active.
- » Les *dépendants* sont les cellules ou les plages affectées par la cellule active.

Tout est relatif! Une cellule peut être simultanément un antécédent et un dépendant. La Figure 4.13 montre une feuille de calcul simple contenant des valeurs et quelques calculs. La cellule B10 contient la formule `=SOMME(B4:B9)` et la cellule F10 contient la formule `=SOMME(F4:F9)`. La cellule B18 contient la formule `=B10-F10`.

B18 =SOMME(B10-F10)

	A	B	C	D	E	F
1	Vendeur	Art. vendus			Vendeur	Retours
2						
3						
4	Cindy	2 200			Cindy	0
5	Jean	2 300			Jean	100
6	Chloé	2 450			Chloé	350
7	Marc	2 400			Marc	50
8	Yvan	2 300			Yvan	0
9	Sarah	2 500			Sarah	0
10	TOTAL :	14 150			TOTAL :	500
11						
12						
13						
14						
15						
16						
17						
18	*Total ventes réalisées :*	13 650				
19						

Figure 4.13 Comprendre les antécédents et les dépendants.

- » Les cellules B4:B9 sont les antécédents de B10, mais la cellule B10 est un dépendant des cellules B4:B9.
- » Les cellules F4:F9 sont les antécédents de F10, mais la cellule F10 est un dépendant des cellules F4:F9.
- » Les cellules B10 et F10 sont les antécédents de B18, mais la cellule B18 est un dépendant des cellules B10 et F10.

Pour suivre les formules et les corriger, Excel est doté d'outils d'audit de formules. Dans l'onglet Formules du ruban, le groupe Vérification des formules contient trois boutons d'audit des formules. La Figure 4.14 montre la feuille de calcul de la Figure 4.13 après avoir mis en évidence les antécédents et les dépendants.

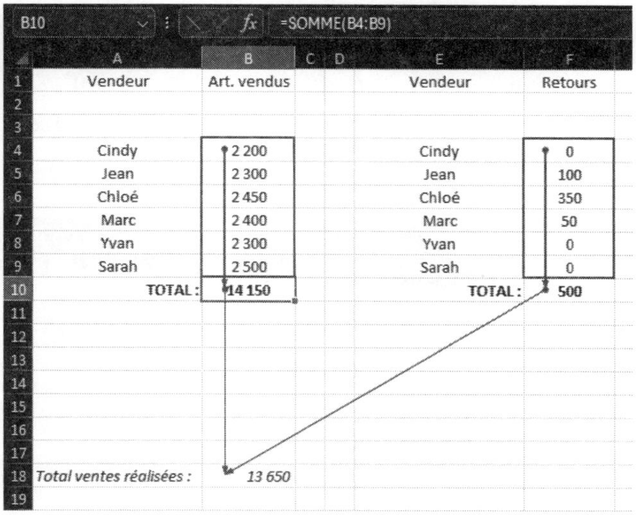

Figure 4.14 Le traçage des antécédents et des dépendants.

Antécédents et dépendants sont toujours déterminés par rapport à la cellule active :

» **Pour voir les cellules auxquelles la formule fait référence, cliquez sur le bouton Repérer les antécédents.**

» **Pour voir les cellules contenant une référence à la cellule active, cliquez sur le bouton Repérer les dépendants.**

Le menu du bouton Supprimer les flèches contient trois options :

» **Supprimer les flèches.**

» **Supprimer les flèches des antécédents.**

» **Supprimer les flèches des dépendants.**

Dans la Figure 4.14, les cellules B10 et F10 sont pointées par des flèches provenant des cellules en haut. Ces flèches montrent le flux des antécédents vers les cellules en question. La pointe de la flèche se trouve sur la cellule dont la formule contient les références vers les antécédents.

Par ailleurs, les cellules B10 et F10 sont à l'origine de flèches pointant vers la cellule B18. En d'autres termes, la cellule B18 est un dépendant des cellules B10 et F10.

Double-cliquer sur une flèche de repérage active la cellule vers laquelle elle pointe. Double-cliquer de nouveau active la cellule à l'autre extrémité.

Tracer les antécédents et les dépendants permet de tirer d'intéressantes conclusions de la feuille de calcul. Les formules complexes deviennent immédiatement plus claires. La Figure 4.15 montre une feuille comptable. La cellule H2 contient une formule simple, mais pas forcément limpide. Les flèches montrent les antécédents que mouline la formule.

Figure 4.15

Grace au traçage des antécédents, la formule de la cellule H2 est limpide.

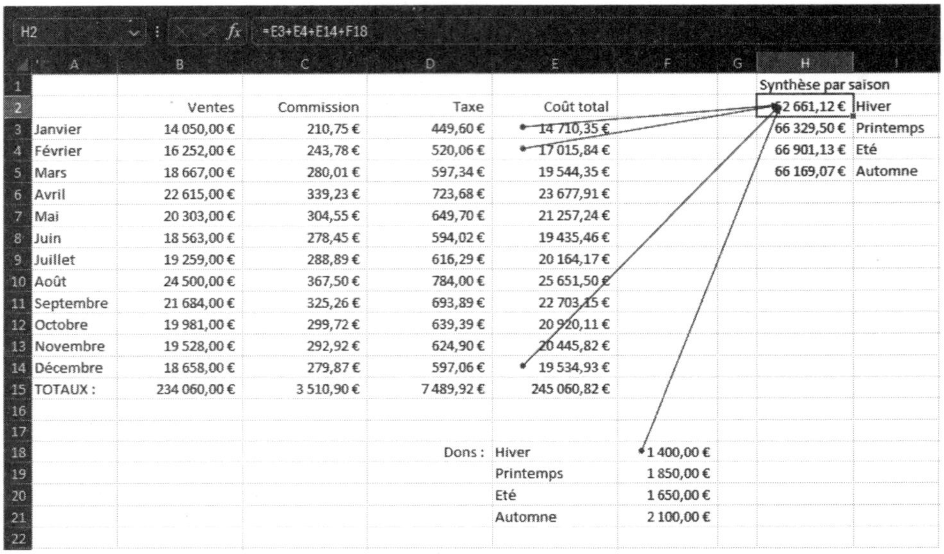

H2 | =E3+E4+E14+F18

	A	B	C	D	E	F	G	H	I
1								Synthèse par saison	
2		Ventes	Commission	Taxe	Coût total			52 661,12 €	Hiver
3	Janvier	14 050,00 €	210,75 €	449,60 €	14 710,35 €			66 329,50 €	Printemps
4	Février	16 252,00 €	243,78 €	520,06 €	17 015,84 €			66 901,13 €	Eté
5	Mars	18 667,00 €	280,01 €	597,34 €	19 544,35 €			66 169,07 €	Automne
6	Avril	22 615,00 €	339,23 €	723,68 €	23 677,91 €				
7	Mai	20 303,00 €	304,55 €	649,70 €	21 257,24 €				
8	Juin	18 563,00 €	278,45 €	594,02 €	19 435,46 €				
9	Juillet	19 259,00 €	288,89 €	616,29 €	20 164,17 €				
10	Août	24 500,00 €	367,50 €	784,00 €	25 651,50 €				
11	Septembre	21 684,00 €	325,26 €	693,89 €	22 703,15 €				
12	Octobre	19 981,00 €	299,72 €	639,39 €	20 920,11 €				
13	Novembre	19 528,00 €	292,92 €	624,90 €	20 445,82 €				
14	Décembre	18 658,00 €	279,87 €	597,06 €	19 534,93 €				
15	TOTAUX :	234 060,00 €	3 510,90 €	7 489,92 €	245 060,82 €				
16									
17									
18				Dons :	Hiver	1 400,00 €			
19					Printemps	1 850,00 €			
20					Eté	1 650,00 €			
21					Automne	2 100,00 €			
22									

Lorsqu'une cellule référencie des cellules qui se trouvent dans d'autres feuilles de calcul, une icône en forme de feuille apparaît à l'extrémité de la ligne de l'antécédent. Elle indique que la formule est composée de valeurs provenant d'autres feuilles de calcul que la feuille courante.

Les flèches permettent de savoir où la formule cherche ses valeurs. De ce fait, elles facilitent la résolution des problèmes. Par exemple, si un nombre négatif se trouve dans la cellule H2, rechercher une valeur négative à l'extrémité de chacune des flèches permettra d'identifier la source du problème en un rien de temps.

La Fenêtre Espion

La Fenêtre Espion permet de surveiller les résultats d'une formule même si les cellules qui les contiennent ne sont pas dans la partie d'Excel affichée à l'écran. Cette fonctionnalité est commode lorsque vous utilisez ou corrigez des formules dont les antécédents sont dispersés dans la feuille de calcul ou le classeur.

Voici comment configurer la Fenêtre Espion :

❶ **Cliquez sur le bouton Fenêtre Espion.**

Il se trouve sur le ruban Formules, dans le groupe Vérification des formules.

❷ **Dans la boîte de dialogue Fenêtre Espion, cliquez sur Ajouter un espion.**

La boîte de dialogue Ajouter un espion apparaît.

❸ **Utilisez le bouton RefEdit, à droite du champ de saisie, pour sélectionner la cellule ou la plage de cellules à surveiller. Ou alors, saisissez directement leur adresse.**

❹ **Cliquez sur le bouton Ajouter.**

La cellule ou la plage de cellules apparaît dans la Fenêtre Espion.

La Figure 4.16 montre la Fenêtre Espion qui surveille la cellule C4. La formule est mentionnée dans la colonne de droite. La valeur apparaît juste à côté de la formule. Même si vous faites défiler la feuille de calcul, et que de ce fait la cellule C14 disparaît de la vue, vous saurez ce qui s'y passe en gardant un œil sur sa valeur affichée dans la Fenêtre Espion.

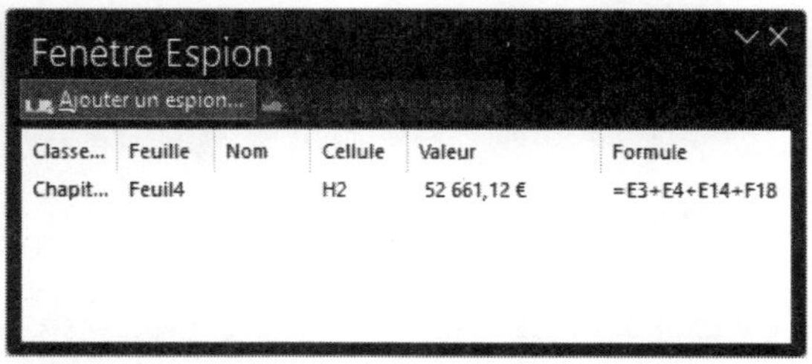

Figure 4.16 La Fenêtre Espion permet de surveiller des cellules en permanence.

De nombreuses cellules peuvent être surveillées par la Fenêtre Espion. Pour supprimer un espion, procédez de la manière suivante :

❶ **Cliquez sur un espion, dans la liste.**

❷ **Cliquez sur l'icône Supprimer un espion.**

Évaluer les erreurs et vérifier les erreurs

La boîte de dialogue Évaluer la formule décompose pas à pas le processus de calcul d'une formule, permettant ainsi de détecter les erreurs dans des formules complexes ou liées à des antécédents. Par exemple, la formule =SI(MAX(Commandes!B2:B29)>200;MAX(Commandes!B2:B29)*Livraisons!C22;Livraisons!C24) fait référence à divers classeurs. Grâce à la boîte de dialogue Évaluer la formule, il est facile de voir comment cette formule est utilisée par Excel en la décomposant pas à pas.

La Figure 4.17 montre la boîte la boîte de dialogue Évaluer la formule au début de l'analyse. Pour l'afficher, cliquez sur le bouton Évaluer la formule, dans le groupe Vérification des formules du ruban Formules. Chaque clic sur le bouton Évaluer affiche un résultat intermédiaire. Les boutons Pas à pas détaillé et Pas à pas sortant ne sont utilisables qu'aux étapes comprenant des antécédents.

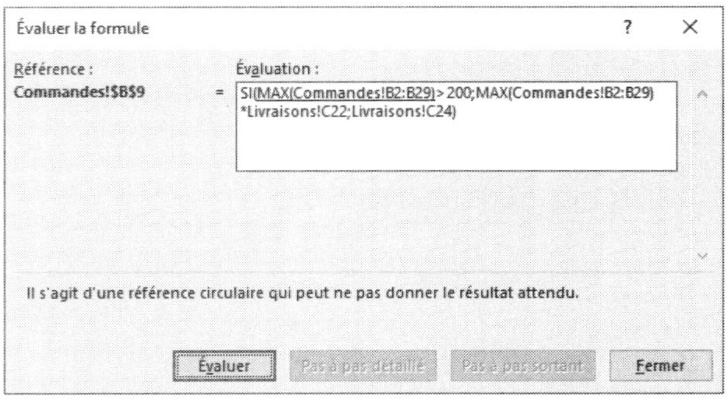

Figure 4.17
L'évaluation d'une formule.

La boîte de dialogue Évaluer la formule est géniale pour voir comment la moindre étape du processus a une incidence sur le résultat final. Elle permet de savoir exactement à quel endroit une formule complexe est erronée.

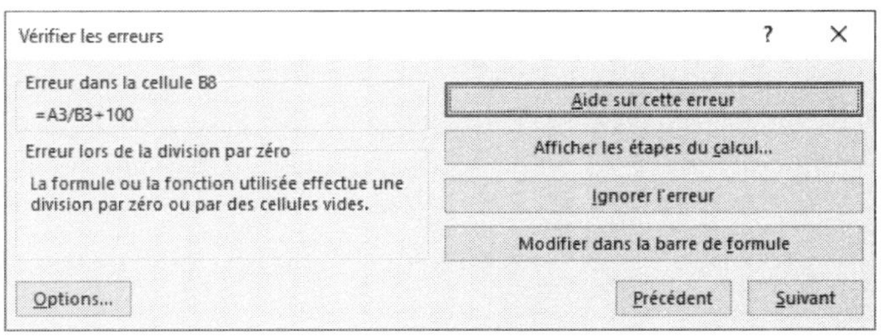

Figure 4.18
Rechercher la cause d'une erreur.

La boîte de dialogue Vérifier les erreurs, que montre la Figure 4.18, a été conçue dans le même esprit (Excel ne manque pas d'outils de ce genre !). Vous l'affichez en cliquant sur le bouton Vérification des erreurs, dans le ruban Formule.

La boîte de dialogue est truffée de boutons permettant d'analyser l'erreur et de prendre la décision qui s'impose :

» **Aide sur cette erreur :** démarre le système d'aide d'Excel.

» **Afficher les étapes du calcul :** ouvre la boîte de dialogue Évaluer la formule.

» **Ignorer l'erreur :** Excel ne tient plus compte de l'erreur. Le symbole d'erreur est certes toujours affiché dans la cellule, mais Excel s'en fiche complètement.

» **Modifier dans la barre de formule :** place le curseur dans la barre de formule, où il vous est facile de modifier la formule.

» **Options :** ouvre la boîte de dialogue des options d'Excel.

» **Précédent** et **Suivant :** permet de passer d'une erreur à une autre dans la feuille de calcul, si bien sûr plusieurs cellules en contiennent.

Dans le ruban, le menu de la commande Vérification des erreurs contient une option Repérer une erreur. Seuls les antécédents sont pointés par des flèches. Il est ainsi facile de repérer les cellules qui alimentent une cellule contenant une erreur.

Gérer une erreur

Excel contient une intéressante fonction nommée SIERREUR. Ne la confondez pas avec ESTERREUR, qui est similaire mais moins performante. La Figure 4.19 montre comment la fonction SIERREUR surpasse la fonction ESTERREUR. Dans la figure, la cellule B8 est erronée à cause d'une division par zéro. Le message `#DIV/0!` n'est guère esthétique et, dans une feuille de calcul destinée à être vue par autrui, il fait tache.

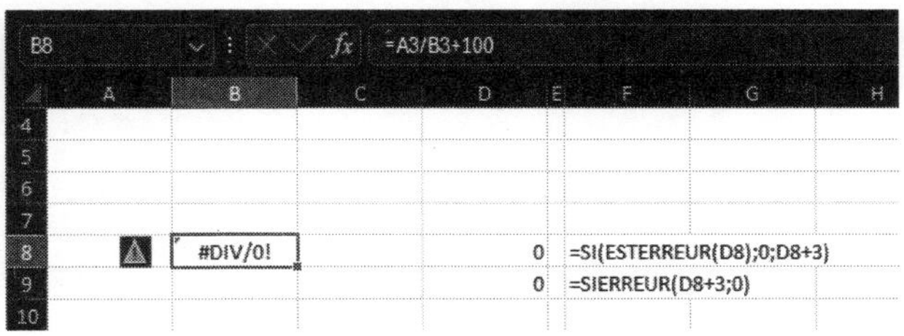

Figure 4.19 Deux manières d'empêcher une erreur.

La cellule D8 contient la fonction qui a fait ses preuves pour qu'une erreur n'apparaisse pas : ESTERREUR est imbriqué dans une fonction SI. De la sorte, les apparences sont sauves. Dans la cellule D9, le résultat est identique avec la seule et nouvelle fonction SIERREUR. Les cellules F8 et F9 montrent les formules utilisées dans les cellules D8 et D9 :

» **Dans la cellule D8 :** `=SI(ESTERREUR(D8);0;D8+3)`

» **Dans la cellule D9 :** `=SIERREUR(D8+3;0)`

La différence principale réside dans le fait que SIERREUR produit ce qui exigeait auparavant deux fonctions. SIERREUR teste le premier argument. Si le test est validé, Excel utilise cet argument. Sinon, il utilise le second argument.

La fonction SIERREUR peut renvoyer du texte. La formule se présente alors sous cette forme :

```
=SIERREUR(D8+3;"Il y a comme une erreur…")
```

Deuxième partie

Des sous et des chiffres

DANS CETTE PARTIE

Un coup d'œil sur vos emprunts.

•

Apprécier une dépréciation

•

Mathématiques élémentaires.

•

Les fonctions pour matheux.

DANS CE CHAPITRE

La mise en forme des valeurs monétaires.

•

Les calculs financiers.

Chapitre 5

Emprunts et taux d'intérêt

Un sou est un sou. Il n'y a pas de petites économies. Les petits ruisseaux font les grandes rivières. Tant va la cruche à l'eau qu'à la fin… Les proverbes et maximes au sujet de l'argent ne manquent pas. C'est dire l'importance du sujet.

Si vous comptez emprunter pour acheter une voiture ou une maison, vous devez savoir combien vous devrez rembourser chaque mois. Et si en plus vous parvenez à comparer différentes offres de prêt, vous pourrez choisir la plus avantageuse.

Les fonctions financières d'Excel vous permettront de mouliner tous les paramètres d'un emprunt. Il vous suffira d'indiquer les chiffres : le capital, le taux d'intérêt, le nombre de mensualités et la durée du prêt. La fonction vous renverra le montant de chaque remboursement.

Le *capital*, appelé aussi « principal », est la somme empruntée. Le *taux d'intérêt* est le pourcentage annuel correspondant à la rémunération du prêteur pour la somme empruntée. Le paiement total est composé du capital et du montant des intérêts.

Comment Excel gère l'argent

Excel est bien plus qu'une calculette. Il est en effet doté de remarquables outils pour jongler avec les valeurs monétaires et représenter les chiffres. Par exemple, Excel facilite l'affichage des montants sur deux décimales. Et vous pouvez utiliser toutes les monnaies et devises du monde.

Les flux de trésorerie

Excel gère les valeurs monétaires sous la forme de flux de trésorerie entrant – l'argent que vous recevez – et sortant : l'argent que vous dépensez. Eh oui, le flux entrant est souvent inférieur au flux sortant, mais Excel n'y est vraiment pour rien !

Excel représente le flux de trésorerie entrant par des nombres positifs et le flux de trésorerie sortant par des nombres négatifs. Par exemple, le calcul d'un emprunt se présente de la manière suivante :

» **Le montant de l'emprunt est saisi en valeur positive, car c'est de l'argent qui rentre.**

» **Les mensualités calculées par Excel sont des valeurs négatives, car c'est de l'argent qui sort.**

La mise en forme monétaire

L'un des points forts d'Excel est sa capacité à manipuler des données monétaires. Il est capable de les présenter dans les règles de l'art – la comptabilité en l'occurrence – en plaçant la virgule et deux décimales, en séparant les milliers par des espaces et en appliquant une mise en forme particulière aux valeurs négatives.

Les gens sont habitués à voir les valeurs monétaires sous une forme très conventionnelle. Dans la zone euro, nous utilisons deux décimales suivies d'une espace et du symbole de l'euro : 199,95 € est de ce fait immédiatement reconnu comme de l'argent, ce qui n'est pas le cas pour 199,950. Voici comment mettre en forme en euros :

1. **Sélectionnez la ou les cellules à mettre en forme.**

❷ **Dans la catégorie Nombre du ruban Accueil, cliquez sur le bouton Format Nombre Comptabilité.**

Cette technique attribue le format monétaire comptable par défaut aux cellules sélectionnées. En France, cette mise en forme est la suivante :

- **nombre calé à droite dans la cellule ;**
- **virgule suivie de deux décimales ;**
- **pour les nombres négatifs : signe « moins » calé à gauche dans la cellule.**

La présentation varie selon la devise. Par exemple, si la mise en forme est faite en dollars, le signe $ est placé à gauche dans la cellule, et le nombre à deux décimales est calé à droite. Le signe « moins » précède immédiatement le nombre.

Supposons que vous ne vouliez pas de la mise en forme monétaire par défaut. Vous travaillez par exemple sur une feuille de calcul destinée à l'Angleterre. Voici comment procéder :

❶ **Sélectionnez la ou les cellules à mettre en forme.**

❷ **Cliquez du bouton droit dans la sélection puis, dans le menu, choisissez Format de cellule.**

❸ **Dans la boîte de dialogue Format de cellule, assurez-vous que l'onglet Nombre est sélectionné, et cliquez sur la catégorie Monétaire, comme le montre la Figure 5.1.**

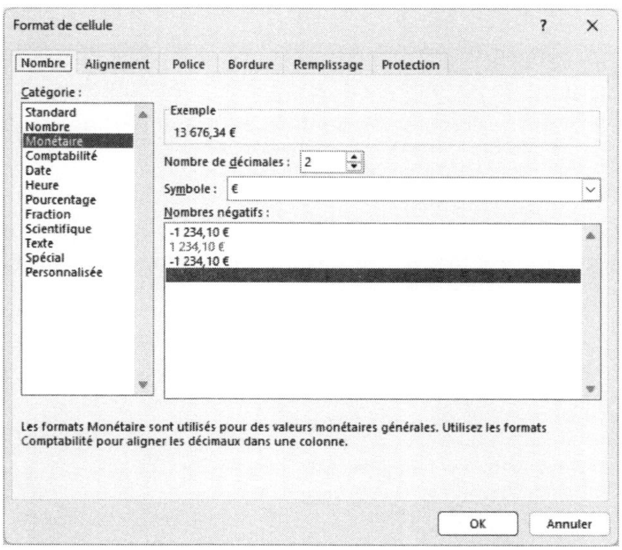

Figure 5.1
Effectuez ici la mise en forme des nombres.

4 **Réglez le champ Nombre de décimales à votre convenance.**

5 **Choisissez la devise désirée dans le menu Symbole.**

6 **Choisissez une mise en forme dans la liste Nombres négatifs.**

7 **Cliquez sur OK pour appliquer la mise en forme.**

Les mises en forme des catégories Monétaire et Comptabilité se ressemblent beaucoup. Elles ne diffèrent que sur deux points : Monétaire permet de choisir la mise en forme des nombres négatifs, et il place le signe « moins » immédiatement à gauche du nombre négatif. Comptabilité place ce signe contre le bord gauche de la cellule.

Séparer les milliers

Lorsque des nombres sont représentés sous forme de devises, deux séparateurs sont classiquement utilisés : l'un pour séparer les décimales, l'autre pour séparer les milliers. En France, la virgule est le séparateur décimal et l'espace est le séparateur de milliers :

```
12345,67 €
```

Dans d'autres pays, les règles diffèrent. Par exemple, aux États-Unis, la virgule est utilisée comme séparateur de milliers et le point comme séparateur décimal :

```
$12,345.67
```

Pour appliquer la présentation en usage, Excel se base sur les options de la rubrique Horloge, langue et région. Le Mac possède des options équivalentes dans les Préférences Système. Voici comment accéder aux paramètres régionaux sous Windows 11 :

1 **Ouvrez le Panneau de configuration en cliquant dans le champ Rechercher de la barre des tâches puis en y tapant Panneau. Cliquez alors sur Panneau de configuration.**

2 **Cliquez sur la rubrique Horloge et région.**

3 **Cliquez sur Région.**

La boîte de dialogue Région (voir Figure 5.2) apparaît.

Figure 5.2

Les paramètres régionaux de Windows 11.

❹ Cliquez sur le bouton Paramètres supplémentaires.

La boîte de dialogue Personnaliser le format apparaît (Figure 5.3).

Figure 5.3

Configurez ici la présentation des valeurs numériques.

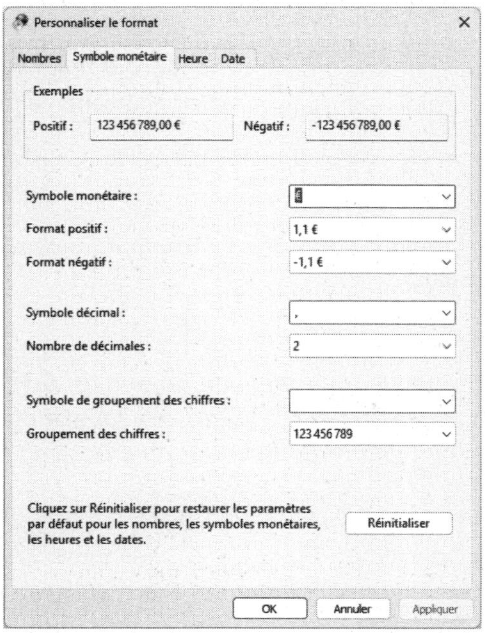

❺ Cliquez sur l'onglet Symbole monétaire.

Le menu Format négatif permet notamment de choisir la mise entre parenthèses des nombres négatifs

❻ Cliquez sur Annuler ou sur OK pour quitter la boîte de dialogue Personnaliser le format.

❼ Cliquez sur Annuler ou sur OK pour quitter la boîte de dialogue Région.

La boîte de dialogue Personnaliser le format permet aussi de mettre en forme les nombres, l'heure et la date.

Calculer un emprunt

Les emprunts font partie de la vie courante pour acheter une voiture ou une maison, ou effectuer des travaux. Les entreprises empruntent également pour pouvoir étendre leurs activités. Quelles que soient les raisons d'un emprunt, Excel saura le calculer.

La plupart des emprunts sont composés de cinq éléments :

» **Le capital :** c'est la somme que vous empruntez. Si vous avez besoin de 5 000 euros, le capital est 5 000 euros.

» **Le taux d'intérêt :** c'est le taux auquel le prêteur est rémunéré. En règle générale – mais pas toujours – il est exprimé sous la forme d'un pourcentage par année.

» **La période :** les versements sont effectués selon une périodicité constante. Elle est généralement mensuelle.

» **Durée de l'emprunt :** c'est le nombre de périodes. Par exemple, la durée d'un emprunt peut être de 36 mensualités.

» **Versement :** le montant à payer à chacune des périodes.

Tous ces paramètres sont liés les uns aux autres. Plus vous empruntez, plus les mensualités sont élevées, comme vous vous en doutez. Lorsque le taux d'intérêt est réduit, vous pourrez rembourser l'emprunt en moins de temps. C'est un détail digne d'intérêt.

Les fonctions servant à calculer des emprunts utilisent les mêmes paramètres, en l'occurrence les cinq que nous venons de citer. Elles acceptent trois ou quatre entrées (données) puis elles calculent la valeur désirée.

Calculer une mensualité

La fonction VPM calcule le montant du remboursement du prêt. Si vous connaissez le capital, le taux d'intérêt et le nombre de versements prévu, la fonction VPM calculera le montant d'un versement. Mais commençons par un mot à propos des taux d'intérêt.

La plupart des taux d'intérêt sont annuels. Excel doit cependant connaître le taux d'intérêt par *périodes* de remboursement. Par exemple, lorsque vous calculez un emprunt remboursé par mensualités, vous devez utiliser un taux d'intérêt mensuel. Vous l'obtenez facilement en divisant le taux annuel par 12. Voici à présent comment calculer le remboursement d'un emprunt :

1. **Saisissez dans trois cellules : le capital, le taux d'intérêt annuel et le nombre de périodes.**

   Pour plus de clarté, placez des légendes dans les cellules à gauche.

2. **Placez le curseur dans la cellule devant afficher la mensualité.**
3. **Saisissez : =VPM(.**

   La syntaxe de la fonction VPM est affichée sous la cellule.

4. **Cliquez dans la cellule contenant le taux d'intérêt (ou saisissez son adresse).**
5. **Saisissez /12 afin que le taux annuel devienne mensuel.**
6. **Saisissez un point-virgule ;.**
7. **Cliquez dans la cellule contenant le nombre de périodes, ou tapez son adresse.**
8. **Saisissez un point-virgule ;.**
9. **Cliquez dans la cellule contenant le capital, ou tapez son adresse.**
10. **Saisissez la parenthèse fermante) puis enfoncez la touche Entrée.**

Un pourcentage est en réalité un centième. C'est pourquoi, dans cet exemple, le taux de 5 % est représenté par la valeur numérique 0,05. Vous pouvez le mettre en forme pour le présenter en tant que pourcentage (5 %) mais vous devez néanmoins le saisir sous sa propre valeur.

La Figure 5.4 montre la mensualité correspondant aux paramètres de l'emprunt. Elle est représentée par une valeur négative car il s'agit d'une sortie d'argent.

Remarquez aussi la couleur rouge que la fonction VPM affecte automatiquement aux valeurs négatives. Les paramètres de calcul sont les suivants :

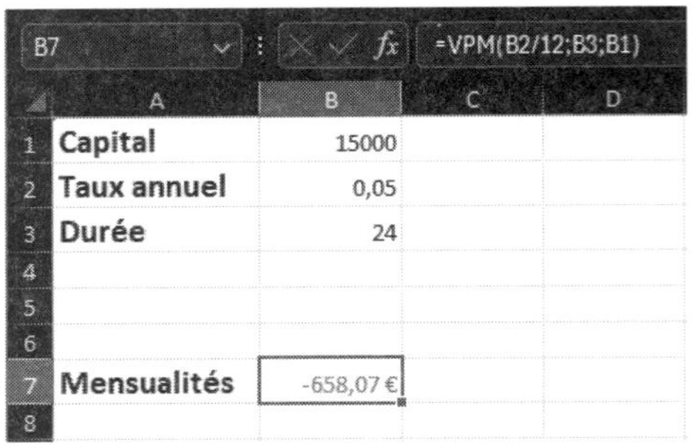

B7 =VPM(B2/12;B3;B1)

	A	B	C	D
1	Capital	15000		
2	Taux annuel	0,05		
3	Durée	24		
4				
5				
6				
7	Mensualités	-658,07 €		
8				

Figure 5.4 La fonction VPM vient de calculer la mensualité d'un emprunt.

» **Prêt de 15 000 euros (le capital).**

» **Taux d'intérêt annuel de 5 pour cent.**

» **Périodicité mensuelle.**

» **Période de remboursement de 24 mensualités.**

Ceux-ci sont les quatre paramètres importants. La fonction VPM détermine le dernier : le versement périodique, qui est la mensualité à débourser chaque mois.

La fonction VPM renvoie une mensualité constante, mais chaque versement est en réalité composé de deux parties. L'une est le capital qui s'amenuise, l'autre est l'intérêt. Eh oui, rien n'est simple !

Vous aurez peut-être remarqué quelques termes nouveaux dans cette fonction. Dans la terminologie financière, la *valeur actuelle* (va) est la valeur de la transaction au moment présent. C'est le montant que vous confie le prêteur, autrement dit : le capital. La *valeur capitalisée* (vc) est la valeur de la transaction à un certain moment dans le futur, comme le montant que vous obtiendrez en économisant 50 euros chaque mois pendant cinq années. L'argument *npm* est le nombre de versements de l'emprunt.

Calculer le versement des intérêts

La fonction INTPER indique les intérêts perçus au cours d'une période donnée. À chaque paiement périodique, une partie est le capital remboursé, ce qui réduit le capital restant dû, tandis que l'autre partie est le paiement des intérêts du capital. Le montant des intérêts varie d'un versement à un autre. Lors d'un emprunt typique, le paiement des intérêts est plus élevé au début, puis il s'amenuise de mensualité en mensualité.

La fonction INTPER reçoit quatre paramètres : le capital, le taux d'intérêt, le nombre de versements de l'emprunt, et la période pour laquelle vous désirez calculer les intérêts. Or, pour certains emprunts, l'intérêt peut être fiscalement déductible. Ce chiffre revêt de ce fait une importance particulière. Voici comment utiliser la fonction INTPER :

❶ Saisissez les informations suivantes dans la feuille de calcul :

- le montant de l'emprunt;
- le taux d'intérêt annuel;
- le nombre de périodes (versements);
- le numéro de la période à laquelle vous désirez calculer les intérêts.

❷ Placez le curseur dans la cellule devant afficher le résultat.

❸ Saisissez =INTPER(.

❹ Cliquez dans la cellule contenant le taux d'intérêt (ou tapez son adresse).

❺ Saisissez /12.

Le taux d'intérêt annuel devient ainsi un taux d'intérêt mensuel.

❻ Saisissez un point-virgule;.

❼ Cliquez dans la cellule contenant le numéro d'ordre du versement à analyser, ou tapez son adresse.

❽ Saisissez un point-virgule;.

❾ Cliquez dans la cellule contenant le nombre de versements, ou tapez son adresse.

❿ Saisissez un point-virgule;.

⓫ Cliquez dans la cellule contenant le capital, ou tapez son adresse.

⓬ Saisissez la parenthèse fermante) et appuyez sur la touche Entrée.

La fonction INTPER renvoie la partie des intérêts correspondant aux versements spécifiés. Ce montant est inférieur à la totalité des versements périodiques. Le restant des versements – la partie qui n'est pas des intérêts – contribue à réduire le capital.

INTPER possède deux arguments facultatifs :

» **Valeur capitalisée :** le montant que vous souhaitez obtenir à la fin de l'emprunt. Sa valeur par défaut est 0.

» **Type :** il indique à la fonction si les versements ont lieu à la fin (valeur 0, par défaut) ou au début (valeur 1) de chaque période.

Lorsqu'ils sont utilisés, ces arguments sont respectivement les cinquième et sixième de la fonction INTPER.

Calculer les versements par rapport au capital

La fonction PRINCPER indique le remboursement du capital au cours d'une période donnée. À chacun des versements, une partie de la mensualité réduit le capital restant dû, tandis qu'une autre partie paye les intérêts. La fonction PRINCPER détermine la partie qui réduit le capital.

La proportion capital-intérêt varie d'un versement à un autre. Classiquement, la partie du versement portant sur les intérêts est plus élevée au début et diminue peu à peu. Par conséquent, le dernier versement ne concerne quasiment plus que le capital.

La fonction PRINCPER reçoit quatre paramètres : le capital, le taux d'intérêt, le nombre de versements de l'emprunt et le numéro d'ordre du versement en question. Par exemple, un emprunt peut être remboursable en 36 mensualités, et vous désirez connaître le capital restant dû à la dernière d'entre elles. Voici comment utiliser cette fonction :

❶ **Dans des cellules distinctes, saisissez le capital, le taux d'intérêt annuel, le nombre de périodes et le numéro de la période pour laquelle l'intérêt doit être calculé.**

Pour plus de clarté, placez des légendes dans les cellules à gauche.

❷ **Placez le curseur dans la cellule devant afficher le résultat.**

❸ Saisissez =PRINCPER(.

4. Cliquez dans la cellule contenant le taux d'intérêt (ou tapez son adresse).

5. Saisissez /12 afin que le taux annuel devienne mensuel.

6. Saisissez un point-virgule ;.

7. Cliquez dans la cellule contenant le numéro d'ordre du versement à analyser, ou tapez son adresse.

8. Saisissez un point-virgule ;.

9. Cliquez dans la cellule contenant le nombre de versements, ou tapez son adresse.

10. **Saisissez un point-virgule ;.**

11. Cliquez dans la cellule contenant le capital, ou tapez son adresse.

12. **Saisissez la parenthèse fermante) et appuyez sur la touche Entrée.**

La fonction PRINCPER renvoie la partie du versement qui diminue le capital. Elle est inférieure à la mensualité périodique. Le restant des versements est bien sûr composé des intérêts.

La fonction VPM indique le montant de chaque versement. La fonction INTPER indique la partie correspondant aux intérêts. La fonction PRINCPER indique la partie correspondant au capital. Pour toute période, la somme des montants renvoyés par INTPER et PRINCPER doit être égale au montant renvoyé par VPM.

PRINCPER possède deux arguments facultatifs :

» **Valeur capitalisée :** le montant que vous souhaitez obtenir à la fin de l'emprunt. Sa valeur par défaut est 0.

» **Type :** il indique à la fonction si les versements ont lieu à la fin (valeur 0, par défaut) ou au début (valeur 1) de chaque période.

Lorsqu'ils sont utilisés, ces arguments sont les cinquième et sixième de la fonction PRINCPER.

Calculer le nombre de versements

La fonction NPM indique le nombre de paiements nécessaires pour rembourser entièrement un emprunt. Elle est utile lorsque vous connaissez le montant que vous pouvez débourser chaque mois, et vous désirez connaître le temps qu'il vous faudra pour rembourser l'emprunt. Les paramètres de cette fonction sont le capital, le taux d'intérêt et le montant de chaque versement périodique.

Voici comment utiliser la fonction NPM :

❶ **Saisissez les informations suivantes dans la feuille de calcul :**

- **le montant de l'emprunt;**
- **le taux d'intérêt annuel;**
- **le montant des versements périodiques (les mensualités que vous pouvez vous permettre) en valeur négative puisqu'il s'agit d'une sortie d'argent.**

Saisissez le versement périodique sous la forme d'un nombre négatif car c'est de l'argent qui sort.

❷ **Placez le curseur dans la cellule devant afficher le résultat.**

❸ **Saisissez =NPM(.**

❹ **Cliquez dans la cellule contenant le taux d'intérêt (ou tapez son adresse).**

❺ **Saisissez /12.**

❻ **Saisissez un point-virgule;.**

❼ **Cliquez dans la cellule contenant la mensualité que vous êtes disposé à payer, ou tapez son adresse.**

❽ **Saisissez un point-virgule;.**

❾ **Cliquez dans la cellule contenant capital, ou tapez son adresse.**

❿ **Saisissez la parenthèse fermante) et appuyez sur la touche Entrée.**

La Figure 5.5 montre une feuille de calcul dans laquelle la fonction NPM indique le nombre de versements nécessaires pour rembourser un emprunt. Dans cet exemple, nous supposons que votre capacité de remboursement est de 200 euros par mois. Le montant de l'emprunt est de 4 000 euros à un taux d'intérêt de 6 %.

Dans cet exemple, la fonction NPM renvoie 21,12 mois, que nous arrondirons à 21 mois. Sachant que l'emprunt sera remboursé en moins de deux ans, vous pouvez envisager d'autres projets. Quelques jours de vacances peut-être ?

Figure 5.5 La fonction NPM calcule le nombre de versements nécessaires pour rembourser un emprunt.

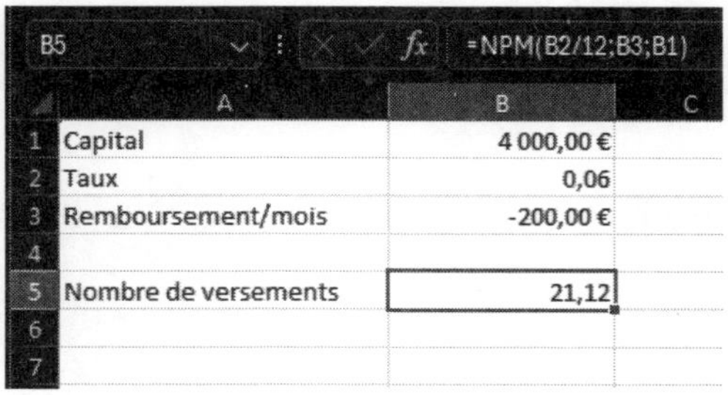

B5 =NPM(B2/12;B3;B1)

	A	B	C
1	Capital	4 000,00 €	
2	Taux	0,06	
3	Remboursement/mois	-200,00 €	
4			
5	Nombre de versements	21,12	
6			
7			

NPM possède deux arguments facultatifs :

» **Valeur capitalisée :** le montant que vous souhaitez obtenir à la fin de l'emprunt. Sa valeur par défaut est 0.

» **Type :** il indique à la fonction si les versements ont lieu à la fin (valeur 0, par défaut) ou au début (valeur 1) de chaque période.

Lorsqu'ils sont utilisés, ces arguments sont les cinquième et sixième de la fonction PRINCPER.

Calculer le nombre de versements avec PDUREE

La fonction PDUREE détermine un nombre de versements en un rien de temps. Au lieu de versements périodiques, elle utilise la valeur actuelle de l'emprunt (la somme empruntée) ainsi que sa valeur future (la totalité de ce que vous aurez remboursé à l'échéance). Ce calcul est utile lorsque vous ne disposez que de ces trois paramètres :

» le capital ;

» le taux d'intérêt annuel ;

» le total remboursé (capital et intérêts).

Voici comment PDUREE calcule le nombre de versements d'après ces trois informations :

1. Saisissez les informations suivantes dans la feuille de calcul :
   - Le montant de l'emprunt.
   - Le taux d'intérêt annuel.
   - La totalité de ce que vous aurez payé à l'échéance de l'emprunt.

2. Placez le curseur dans la cellule devant afficher le résultat.
3. Saisissez =PDUREE(.
4. Cliquez dans la cellule contenant le taux d'intérêt (ou tapez son adresse).
5. Saisissez /12.
6. Saisissez un point-virgule ;.
7. Cliquez dans la cellule contenant le capital, ou tapez son adresse.
8. Saisissez un point-virgule ;.
9. Cliquez dans la cellule contenant le remboursement total (capital et intérêts).
10. **Saisissez la parenthèse fermante) et appuyez sur la touche Entrée.**

La Figure 5.6 montre l'utilisation de la fonction PDUREE dans la feuille de calcul. Dans cet exemple, le remboursement total (capital et intérêts) est de 4400 euros. La somme empruntée est de 4000 euros et le taux d'intérêt annuel est de 5 %.

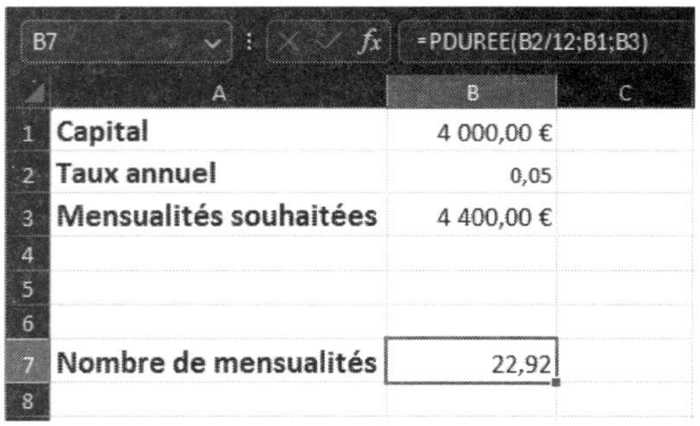

Figure 5.6 La fonction PDUREE calcule le nombre de versements nécessaires pour rembourser le capital et les intérêts d'un emprunt.

Le résultat est 22,92 versements, soit 23 mensualités en arrondissant au chiffre supérieur. C'est un peu moins de deux ans.

Calculer le taux d'intérêt

La fonction TAUX indique le taux d'intérêt d'un emprunt. Elle est parfaite pour comparer des offres de prêts. Bien qu'une proposition d'emprunt indique toujours le taux d'intérêt, il est recommandé de vérifier si d'autres charges, comme des assurances facultatives ou obligatoires, entrent en jeu. Vous pourrez simuler plusieurs cas de figure et déterminer ainsi l'offre dont le véritable taux d'intérêt est le plus bas.

Le TEG (Taux Effectif Global) prend en compte tous les frais annexes : frais de dossier, assurance, frais de notaire... Tenez-en compte lorsque vous comparez des taux d'intérêt.

Les paramètres pour cette fonction sont le capital, le nombre de versements et le montant des versements périodiques. Voici comment utiliser la fonction TAUX :

1. **Saisissez les informations suivantes dans la feuille de calcul :**

   - **Le montant de l'emprunt.**
   - **Le nombre de versements périodiques.**
   - **Le montant de chaque mensualité.**

   Saisissez le montant des mensualités sous la forme d'un nombre négatif, car c'est de l'argent qui sort.

2. **Placez le curseur dans la cellule devant afficher le résultat.**

3. **Saisissez** =TAUX(.

4. **Cliquez dans la cellule contenant le nombre de versements.**

5. **Saisissez un point-virgule ;.**

6. **Cliquez dans la cellule contenant le montant des mensualités, ou tapez son adresse.**

7. **Saisissez un point-virgule ;.**

8. **Cliquez dans la cellule contenant le montant de l'emprunt (le capital).**

9. **Saisissez la parenthèse fermante) et appuyez sur la touche Entrée.**

La fonction TAUX renvoie le taux d'intérêt *par période*, ce qui peut prêter à erreur. Le taux d'intérêt périodique peut en effet être si faible qu'il est représenté par la valeur 0 si la cellule n'est pas mise en forme pour afficher suffisamment de décimales.

La cellule renvoie 0,0 ? Cela tient à son format. Faites un clic-droit dessus et, dans le menu contextuel qui apparaît, choisissez Format de cellule. Dans la boîte de dialogue qui apparaît, optez pour Pourcentage dans la colonne Catégorie. Validez par un clic sur OK.

Pour obtenir le taux d'intérêt annuel de la précédente fonction, il suffit de multiplier le résultat par 12 :

1. **Placez le curseur dans la cellule devant afficher le taux d'intérêt annuel.**

2. **Dans la barre de formule, placez le point d'insertion derrière la dernière parenthèse fermante.**

3. **Appuyez sur la touche *.**

   L'astérisque est l'opérateur de multiplication.

4. **Appuyez sur 12.**

5. **Appuyez sur la touche Entrée.**

Nous supposerons pour l'exemple de la Figure 5.7 que la somme empruntée est de 15000 euros et que le remboursement est effectué par 24 mensualités de 650 euros. Le taux d'intérêt périodique est calculé par la fonction TAUX, puis il est multiplié par 12 pour obtenir le taux d'intérêt annuel : 3,79 %.

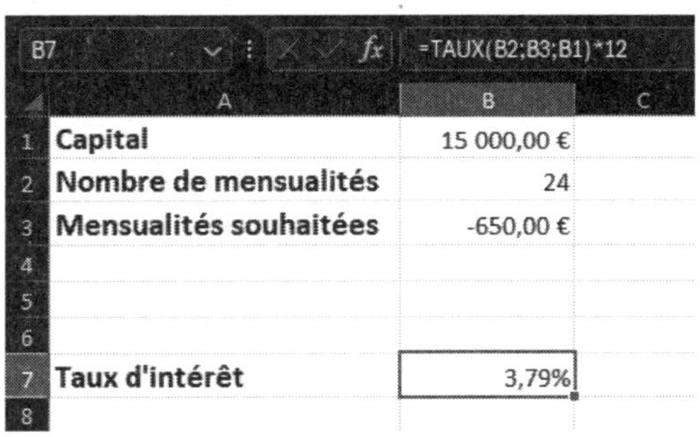

Figure 5.7 La fonction TAUX calcule le taux d'intérêt périodique.

La fonction TAUX possède trois arguments facultatifs :

» **Valeur capitalisée :** le montant que vous souhaitez obtenir à la fin de l'emprunt. Sa valeur par défaut est 0.

» **Type :** il indique à la fonction si les versements ont lieu à la fin (valeur 0, par défaut) ou au début (valeur 1) de chaque période.

» **Estimation :** c'est l'estimation de ce que devrait être la valeur du taux. Il peut arriver que la fonction nécessite cet argument pour déterminer le résultat (reportez-vous à l'aide d'Excel pour les détails). La valeur par défaut est 0,1 (soit 10 %).

Lorsqu'ils sont utilisés, ces arguments sont les quatrième, cinquième et sixième de la fonction TAUX.

Calculer le capital

La fonction VA indique le montant d'un emprunt lorsque vous connaissez les autres paramètres comme le taux d'intérêt et le nombre de versements. Utilisez cette fonction pour déterminer la somme que vous pouvez emprunter lorsque vous connaissez déjà le montant des mensualités que vous pouvez payer et pendant combien de temps.

Pour cette fonction, vous devez saisir le taux d'intérêt, le nombre de versements périodiques et le montant de la mensualité. Le taux d'intérêt utilisé par cette fonction est le taux périodique, et non le taux annuel. Voici comment utiliser la fonction VA :

1. **Saisissez les informations suivantes dans la feuille de calcul :**
   - **Le taux d'intérêt annuel.**
   - **Le nombre de versements périodiques.**
   - **Le montant de chaque mensualité.**

   Saisissez le montant des mensualités sous la forme d'un nombre négatif, car c'est de l'argent qui sort.
2. **Placez le curseur dans la cellule devant afficher le résultat.**
3. **Saisissez =VA(.**
4. **Cliquez dans la cellule contenant le taux d'intérêt annuel.**
5. **Saisissez /12.**

   Vous utilisez ainsi le taux d'intérêt par mensualité.
6. **Saisissez un point-virgule;.**
7. **Cliquez dans la cellule contenant le nombre de versements, ou tapez son adresse.**
8. **Saisissez un point-virgule;.**

❾ Cliquez dans la cellule contenant le montant de la mensualité.

❿ **Saisissez la parenthèse fermante) et appuyez sur la touche Entrée.**

Pour l'exemple de la Figure 5.8, nous supposons que l'emprunt est remboursé par 24 mensualités de 600 euros et que le taux d'intérêt annuel est de 5 %.

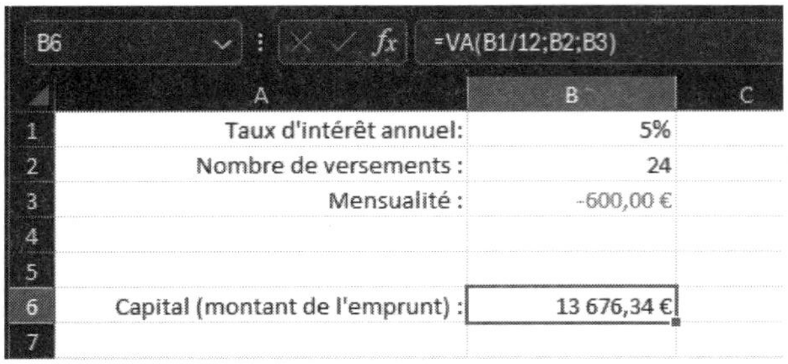

Figure 5.8 La fonction VA calcule le capital d'un emprunt.

À partir des chiffres fournis, le capital – la somme à emprunter – est de 13676 euros. La modification de n'importe lequel des paramètres modifie le capital à emprunter. Par exemple, si le taux d'intérêt passe à 7,5 %, vous ne pourrez plus emprunter que 13333 euros.

La fonction VA possède deux arguments facultatifs :

» **Valeur capitalisée :** le montant que vous souhaitez obtenir à la fin de l'emprunt. Sa valeur par défaut est 0.

» **Type :** il indique à la fonction si les versements ont lieu à la fin (valeur 0, par défaut) ou au début (valeur 1) de chaque période.

Lorsqu'ils sont utilisés, ces arguments sont les cinquième et sixième de la fonction.

DANS CE CHAPITRE

Déterminer la valeur d'un investissement.

Les différents types d'amortissement.

Évaluer les opportunités commerciales.

Chapitre 6

Appréciation, dépréciation

Nous sommes loin de vivre dans une société de spiritualité. Les biens matériels prennent une place considérable dans l'existence de chacun et chacune d'entre nous. Nous observons que, dans les périodes de crise, nous avons tendance à privilégier les dépôts d'argent sur notre Livret A. Et si nous envisageons d'acheter des biens, nous préférons souscrire un emprunt. Sachez que de nombreuses fonctions d'Excel sont capables d'évaluer ce que vaudra un investissement à une date donnée. Tout le monde recherche un bon rendement, mais la fonction VC (valeur capitalisée) fait mieux encore en vous indiquant en permanence ce que vaudra un investissement.

Ainsi, dans le cadre des placements, Excel peut vous aider à calculer la rentabilité d'un investissement grâce à la fonction TRI. Il ne s'agit pas d'une fonction de tri, mais du Taux de Rentabilité Interne permettant de représenter chaque cas de figure par une valeur puis de comparer les opportunités afin d'en retenir la meilleure.

Dans le domaine commercial, Excel propose plusieurs fonctions – AMORLIN, SYD, DB et DDB – permettant de calculer un amortissement. De quoi faire bisquer votre comptable…

AMORLIN calcule un amortissement linéaire. SYD calcule l'amortissement d'un bien sur la base de la règle fiscale américaine Sum-of-Years Digits. Les fonctions DB et DDB sont des variantes de l'amortissement dégressif.

Les amortissements

La fonction VC calcule la valeur future d'un investissement. Elle se base sur un montant initial et prend en compte des versements périodiques constants supplémentaires. Vous pouvez aussi spécifier un taux d'intérêt. La valeur retournée est celle de l'investissement après une période de temps donnée.

Prenons un exemple. Vous commencez avec une somme de, disons, 1000 euros à laquelle vous ajoutez chaque mois 50 euros. La banque rémunère ces dépôts à 5 %. Quelle sera la valeur de vos économies au bout de deux ans?

C'est le genre d'interrogation auquel répond la fonction VC. Elle reçoit cinq arguments :

» **Le taux d'intérêt annuel :** si les versements sont mensuels, il doit être divisé par 12.

» **Le nombre de versements :** ils sont distincts du capital initial. Si des versements sont effectués mensuellement pendant trois années, le nombre de versements est 36.

» **Montant des versements :** c'est le montant constant de chacun des versements.

» **Le capital initial (argument** va**, pour « valeur actuelle ») :** c'est le capital initial. Une valeur 0 est possible, ce qui signifie que seuls des versements sont effectués, sans aucun capital de départ. Cet argument est facultatif. S'il est omis, sa valeur est 0.

» **Le moment des versements :** un versement périodique peut être effectué au début ou à la fin des périodes. Cet argument modifie très légèrement le résultat. Les valeurs admises sont 1 (versement au début de la période) et 0 (versement à la fin de la période). Si cet argument est omis, sa valeur est 0.

Quand vous utilisez la fonction VC, veillez à saisir le capital initial et les versements périodiques sous la forme de valeurs négatives. Bien qu'il s'agisse de sommes que vous investissez, ce n'en sont pas moins des sorties d'argent.

Voici comment utiliser la fonction VC :

❶ Saisissez les informations suivantes dans la feuille de calcul :

- le taux d'intérêt annuel ;
- le nombre de versements périodiques ;
- le montant de chaque versement périodique ;
- le montant du capital initial.

Légendez ces paramètres dans les cellules à gauche afin de vous y retrouver plus facilement.

❷ Placez le curseur dans la cellule devant afficher le résultat.

❸ Saisissez =VC(.

❹ Cliquez dans la cellule contenant le taux d'intérêt annuel, ou tapez son adresse.

❺ Saisissez /12.

Vous utilisez ainsi un taux d'intérêt mensuel.

❻ Saisissez un point-virgule ;.

❼ Cliquez dans la cellule contenant le nombre de versements périodiques, ou tapez son adresse.

❽ Saisissez un point-virgule ;.

❾ Cliquez dans la cellule contenant le montant du versement périodique, ou tapez son adresse.

❿ **Saisissez un point-virgule** ;.

⓫ Cliquez dans la cellule contenant le montant du capital initial, ou tapez son adresse.

⓬ **(Facultatif) Saisissez un point-virgule (;) puis tapez** 0 **ou** 1 **afin d'indiquer si le versement est effectué au début d'une période (1) ou à la fin (0).**

⓭ **Saisissez la parenthèse fermante**) **et appuyez sur la touche Entrée.**

La Figure 6.1 montre le montant d'un investissement après deux années. Le capital initial est de 1000 euros et 50 euros sont ajoutés chaque mois. Le taux d'intérêt annuel est de 5 %. Au bout de deux ans, la valeur de l'investissement est de 2364,24 euros. La mise totale est de 2200 euros, soit 1000 + (24 × 50) et les intérêts acquis sont de 164,24 euros.

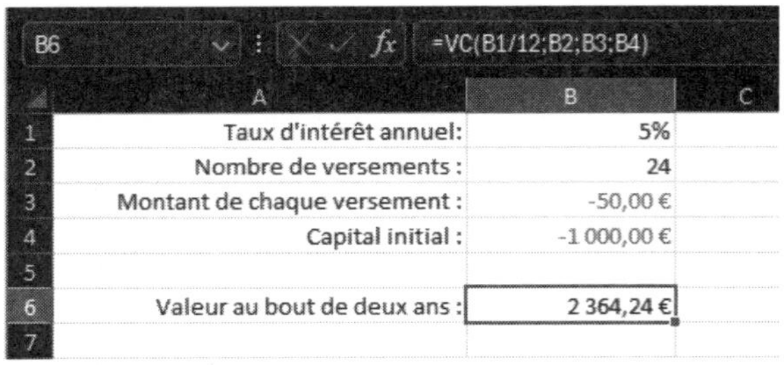

Figure 6.1 Le résultat après deux ans d'économies.

La dépréciation d'un bien

La dépréciation est la diminution progressive de la valeur d'un bien, au cours de sa durée d'utilisation. Dans la comptabilité d'une entreprise, cette dépréciation est prise en compte pour l'amortissement du bien.

Prenons par exemple l'achat d'un camion de livraison au prix de 35000 euros. Il est censé être utilisé pendant 12 ans. Au terme de cette *durée de vie utile*, sa valeur résiduelle est estimée à 8000 euros. Quelques éclaircissements sémantiques s'imposent :

» **Coût :** c'est la valeur d'achat du bien (35000 euros dans notre exemple). Ce coût peut aussi comprendre des frais annexes, comme la livraison ou la mise en service du bien.

» **Valeur résiduelle :** il s'agit de la valeur du bien à la fin de sa durée de vie utile (8000 euros).

» **Durée :** c'est le nombre de périodes pendant laquelle le bien se déprécie. Elle est généralement exprimée en années (12, en l'occurrence).

La dépréciation et l'amortissement sont calculés de diverses manières. Selon l'une des méthodes, l'utilité d'un bien est plus élevée pendant les premières années de sa durée de vie. Dans ce cas, l'amortissement est appliqué *dégressivement* de la première à la dernière période, car la plus grande dépréciation a lieu au cours des premières périodes. Parfois, la dépréciation est plus élevée que la durée de vie du bien. Ou encore, la dépréciation est constante d'une période à une autre. Dans ce cas, l'amortissement est *linéaire* : il est égal à toutes les périodes. Les différentes méthodes d'amortissement sont résumées dans le Tableau 6.1.

La dépréciation est égale au coût moins la valeur résiduelle.

Tableau 6.1 Les méthodes d'amortissement.

Méthode	Commentaires	Fonction Excel
Amortissement linéaire	L'amortissement est identique pour toutes les périodes. La formule utilisée est : (coût - valeur résiduelle)/nombre de périodes.	AMORLIN
Sum of Years Digits	Ce système (littéralement « somme des numéros des années ») est utilisé aux États-Unis. Par exemple, pour un amortissement sur cinq ans, la somme des chiffres des années est 15 (1 + 2 + 3 + 4 + 5 = 15). Ce mode de calcul produit un amortissement accéléré (reportez-vous à l'aide d'Excel pour en savoir plus).	SYD
Amortissement dégressif à double taux	Produit un amortissement accéléré en doublant le taux d'amortissement linéaire, mais l'applique à la valeur déclinante du bien au lieu de l'appliquer à la valeur constante.	DDB, DB

La feuille de calcul de la Figure 6.2 montre les différentes méthodes d'amortissement. Elles reposent sur l'exemple du camion de livraison acheté 35 000 euros, destiné à servir pendant 12 ans, avec une valeur résiduelle de 8 000 euros. Un calcul important, dans toutes ces méthodes, est celui de la dépréciation, c'est-à-dire le coût initial moins la valeur résiduelle. Ici, cette dépréciation est de 27 000 euros.

C9 =AMORLIN($B$2;$B$3;$B$4)

	A	B	C	D	E
1			Les méthodes d'amortissement		
2	Coût du bien :	35 000 €			
3	Valeur résiduelle :	8 000 €			
4	Durée de vie :	12			
5					
6			Linéaire	Somme des chiffres de l'année	Dégressif double taux
7					
8		Années			
9		1	2 250,00 €	4 153,85 €	5 833,33 €
10		2	2 250,00 €	3 807,69 €	4 861,11 €
11		3	2 250,00 €	3 461,54 €	4 050,93 €
12		4	2 250,00 €	3 115,38 €	3 375,77 €
13		5	2 250,00 €	2 769,23 €	2 813,14 €
14		6	2 250,00 €	2 423,08 €	2 344,29 €
15		7	2 250,00 €	2 076,92 €	1 953,57 €
16		8	2 250,00 €	1 730,77 €	1 627,98 €
17		9	2 250,00 €	1 384,62 €	139,88 €
18		10	2 250,00 €	1 038,46 €	0,00 €
19		11	2 250,00 €	692,31 €	0,00 €
20		12	2 250,00 €	346,15 €	0,00 €
21					
22		Dépréciation :	27 000,00 €	27 000,00 €	27 000,00 €

Figure 6.2 Les méthodes d'amortissement d'un bien.

Au terme de chacune des méthodes d'amortissement présentées dans la Figure 6.2 – linéaire, Somme des chiffres de l'année et dégressive à double taux –, la dépréciation finale est égale au coût du bien moins sa valeur résiduelle.

Chaque méthode arrive cependant à ce résultat d'une manière différente. La méthode linéaire cumule simplement des amortissements égaux chaque année. La méthode américaine ainsi que l'amortissement dégressif à double taux accélèrent la dépréciation. En fait, cette dernière accélère à tel point la dépréciation que le bien est amorti bien avant la fin de sa durée de vie.

Calculer un amortissement linéaire

La fonction AMORLIN calcule la dépréciation à chacune des périodes de la durée de vie utile du bien. Les arguments de la fonction sont simples : le coût, la valeur résiduelle et le nombre d'années (périodes). Dans la Figure 6.2, chacune des cellules de la plage C9:C20 contient la même formule :

```
=AMORLIN($B$2;$B$3;$B$4)
```

Comme l'amortissement est égal d'une année à l'autre, il est logique que la formule ne change pas.

Le signe « dollar » avant la lettre de la colonne et le numéro de la ligne rend l'adresse absolue afin qu'elle ne varie pas lorsqu'elle est copiée.

Voici comment utiliser la fonction AMORLIN :

1. **Saisissez les informations suivantes dans la feuille de calcul :**
   - **le coût du bien;**
   - **la valeur résiduelle (elle est toujours inférieure au coût du bien);**
   - **le nombre de périodes au cours de la durée de vie utile du bien (généralement un nombre d'années).**
2. **Saisissez =AMORLIN(.**
3. **Cliquez dans la cellule contenant le coût du bien, ou tapez son adresse.**
4. **Saisissez un point-virgule ;.**
5. **Cliquez dans la cellule contenant la valeur résiduelle, ou tapez son adresse.**

❻ Saisissez un point-virgule ;.

❼ **Cliquez dans la cellule contenant le nombre de périodes, ou tapez son adresse.**

❽ **Saisissez la parenthèse fermante) et appuyez sur la touche Entrée.**

La valeur renvoyée est celle de l'amortissement à chaque période. La dépréciation est constante d'une période à une autre. Grâce à l'adressage absolu, la recopie automatique permet de créer le tableau C9:C20 en un clin d'œil.

Calculer un amortissement dégressif accéléré

La fonction SYD est utilisée aux États-Unis. Comme l'indique son nom, *Sum of Years Digits,* « la somme des numéros des années », elle totalise d'abord la numérotation des années. Par exemple, pour un amortissement sur 5 ans, le calcul est basé sur 1 + 2 + 3 + 4 + 5, soit 15.

Ensuite, la somme des numéros des années est utilisée comme dénominateur dans les calculs avec la valeur réelle pour déterminer un pourcentage par période. Dans les calculs, les chiffres sont pris dans l'ordre inverse des périodes réelles. En d'autres termes, dans une période d'amortissement de 5 ans, l'amortissement de la première année est calculé comme ceci : (5 ÷ 15) × Coût de l'amortissement. Pour la deuxième période, le calcul est : (4 ÷ 15) × Coût de l'amortissement. Le tableau suivant clarifie tout cela sur une hypothèse d'amortissement sur 5 ans avec un coût de 6 000 € et une valeur résiduelle de 0 €.

Tableau 6.2 Le mode de calcul de l'amortissement SYD.

Période	Calcul	Résultat
1	(5/15) × 6000	2000
2	(4/15) × 6000	1600 €
3	(3/15) × 6000	1200 €
4	(2/15) × 6000	800 €
5	(1/15) × 6000	400 €

Il n'est pas nécessaire que vous sachiez exactement comment les choses se déroulent. Excel se charge de tout. La fonction SYD requiert quatre arguments : le coût, la valeur résiduelle, la durée, et la période à calculer.

SYD retourne l'investissement sur une seule période. Plus haut dans ce chapitre, nous avons vu comment la fonction AMORLIN renvoyait aussi le résultat de l'amortissement par période. Mais comme toutes les périodes sont identiques, la fonction AMORLIN n'a pas besoin d'une période réelle dans ses arguments.

La fonction SYD retourne une valeur d'amortissement différente pour chaque période. Par conséquent, la période est un argument indispensable. Sur la Figure 6.2, chaque formule de la plage D9:D20 utilise une période différente comme quatrième argument. Ainsi, la cellule D9 contient la formule `=SYD($B$2;$B$3;$B$4;B9)`, et la D10 la formule `=SYD($B$2;$B$3;$B$4;B10)`.

Voici comment utiliser la fonction SYD pour calculer l'amortissement pour une période :

❶ Entrez trois valeurs dans une feuille de calcul :

- **Coût d'un bien**
- **Valeur résiduelle**
- **Durée de vie du bien (généralement en années)**

❷ Dans la cellule devant afficher le résultat, tapez =SYD(.

❸ Cliquez dans la cellule qui contient le coût du bien, ou bien saisissez son adresse.

❹ Entrez un ;.

❺ Cliquez dans la cellule contenant la valeur résiduelle, ou saisissez son adresse.

❻ Entrez un ;.

❼ Cliquez dans la cellule indiquant la durée de vie, ou saisissez son adresse.

❽ Tapez un ;.

❾ Saisissez un numéro pour la période pour laquelle vous souhaitez calculer l'amortissement.

Il peut aussi s'agir d'une cellule contenant le chiffre en question.

❿ Tapez la parenthèse fermée) et appuyez sur Entrée.

La *valeur retournée* correspond au montant de l'amortissement pour la période indiquée. Pour calculer l'amortissement sur un ensemble de périodes, définissez une fonction SYD dans autant de cellules qu'il existe de périodes. De ce fait, chaque cellule aura un quatrième argument différent des autres. Pour faciliter ce type d'entrée, saisissez les trois premiers arguments sous la forme d'adresses de cellules absolues. Pour cela, faites précéder la colonne et la rangé du signe $. Laissez le quatrième argument relatif donc sans ce signe.

Dans la cellule D9 (Figure 6.2), la formule est `=SYD($B$2;$B$3;$B$4;B9)`. Les trois premiers arguments sont bien fixes grâce au signe $. Il suffit alors d'utiliser la poignée de recopie pour copier cette formule sur la plage de cellule D10:D20.

Calculer un amortissement dégressif à double taux

La méthode d'amortissement dégressif à double taux calcule une dépréciation rapide.

Fondé sur un doublement de l'amortissement linéaire, le calcul de chaque période successive est basé sur la valeur restante du bien après chaque période, et non sur le coût de la dépréciation. Comme cette valeur restante est réduite à chaque période, elle est différente d'une période à une autre.

La fonction DDB accepte cinq arguments. Les quatre premiers sont obligatoires :

» **le coût ;**

» **la valeur résiduelle ;**

» **la durée de vie (nombre de périodes pour amortir le bien) ;**

» **le numéro de la période pour laquelle l'amortissement doit être calculé.**

Le cinquième argument, facultatif, est le facteur. Si sa valeur est 2, la fonction calcule l'amortissement dégressif à double taux. D'autres valeurs sont utilisables, comme 1,5. Le facteur est le taux de l'amortissement dégressif. Une valeur inférieure à 2 prolonge la durée de l'amortissement. Lorsque cet argument est omis, la valeur 2 est utilisée par défaut.

La fonction DDB calcule un montant différent pour chaque période. C'est pourquoi chacune d'elle doit être saisie en tant qu'argument. Dans la Figure 6.2, chacune des formules dans la plage E9:E20, la période est différente dans le quatrième argument. Par exemple, la cellule E9 contient la formule suivante :

```
=DDB($B$2;$B$3;$B$4;B9)
```

Dans la cellule E10, juste en dessous, cette formule devient :

```
=DDB($B$2;$B$3;$B$4;B10)
```

Le dernier argument, qui fait référence à la colonne B, produit une valeur différente. Comme le révèle la Figure 6.2, l'amortissement dégressif à double taux est accéléré (bien plus que la méthode américaine SYD). En fait, le bien est amorti bien avant qu'il ait atteint sa fin de vie utile.

Voici comment calculer la dépréciation à une période donnée avec la fonction DDB :

❶ Saisissez les informations suivantes dans la feuille de calcul :

- **le coût du bien ;**
- **la valeur résiduelle (elle est toujours inférieure au coût du bien) ;**
- **le nombre de périodes au cours de la durée de vie utile du bien (généralement un nombre d'années).**

❷ Saisissez =DDB(.

❸ Cliquez dans la cellule contenant le coût du bien, ou tapez son adresse.

❹ Saisissez un point-virgule ;.

❺ Cliquez dans la cellule contenant la valeur résiduelle, ou tapez son adresse.

❻ Saisissez un point-virgule ;.

❼ Cliquez dans la cellule contenant le nombre de périodes, ou tapez son adresse.

❽ Saisissez un point-virgule ;.

❾ Entrez le numéro de la période pour laquelle l'amortissement doit être calculé.

❿ Si une variation doit être appliquée à l'amortissement dégressif à double taux, saisissez un point-virgule (;) puis une valeur numérique autre que 2.

⓫ Saisissez la parenthèse fermante) et appuyez sur la touche Entrée.

La valeur renvoyée est le montant de la dépréciation pour la période saisie. Pour obtenir un tableau d'amortissement couvrant l'ensemble des périodes, vous devez saisir une formule comprenant la fonction DDB dans autant de cellules qu'il y a de périodes, comme à la Figure 6.2, où les trois premiers arguments sont des références absolues et la quatrième, le numéro de période, une référence relative. Ainsi, après avoir saisi la formule pour la première période, il suffit d'effectuer une recopie automatique vers le bas, jusqu'à la ligne de la dernière période, pour obtenir le tableau d'amortissement.

Calculer un amortissement commençant en cours d'année

La plupart des biens ne sont pas achetés, livrés et mis en service le 1er janvier. C'est pourquoi Excel est doté d'une fonction d'amortissement, DB, qui prend en compte des périodes commençant n'importe quand dans l'année. La fonction DB possède cinq arguments. Les quatre premiers sont classiques : le coût, la valeur résiduelle, la durée de vie (nombre de périodes) et la période pour laquelle l'amortissement est calculé. Le cinquième et dernier argument, facultatif, est le numéro du mois de la première année. S'il est omis, la valeur par défaut est 12.

Pour ce dernier argument, une valeur 3 signifie que le tableau d'amortissement commence en octobre (c'est en effet le troisième mois à rebours à partir de décembre). De ce fait, la dépréciation la première année est faible. Une valeur de 11 fait que l'amortissement est calculé à partir de février.

La Figure 6.3 montre un tableau d'amortissement créé avec la fonction DB. La durée de vie utile du bien est de 12 ans (cellule B4) mais la formule est appliquée à 13 périodes. Il est en effet nécessaire d'ajouter une 13e année parce que la première est incomplète. Les mois restant pour achever la première année doivent être reportés dans l'année supplémentaire. Les périodes de dépréciation et les années calendaires sont de ce fait décalées.

C9 =DB($B$2;$B$3;$B$4;B9;5)

	A	B	C	D
1				
2	Coût du bien :	35 000 €		
3	Valeur résiduelle :	8 000 €		
4	Durée de vie :	12		
5				
6			Tableau d'amortissement	
7				
8		Année		
9		1	1 691,67 €	
10		2	3 863,77 €	
11		3	3 415,57 €	
12		4	3 019,36 €	
13		5	2 669,12 €	
14		6	2 359,50 €	
15		7	2 085,80 €	
16		8	1 843,85 €	
17		9	1 629,96 €	
18		10	1 440,88 €	
19		11	1 273,74 €	
20		12	1 125,99 €	
21		13	580,63 €	
22				
23	Amortissement total :		26 999,83 €	

Figure 6.3 Un tableau d'amortissement à mois décalés.

Dans l'exemple de la Figure 6.3, le bien a été mis en service au mois d'août. La cellule C9 contient la formule suivante :

```
=DB($B$2;$B$3;$B$4;B9;5)
```

Le dernier argument, 5, indique que la première année du tableau couvre cinq mois : août, septembre, octobre, novembre, décembre.

Voici comment utiliser la fonction DB pour calculer un amortissement commençant en cours d'année :

❶ **Saisissez les informations suivantes dans la feuille de calcul :**

- **le coût du bien ;**
- **la valeur résiduelle (elle est toujours inférieure au coût du bien) ;**
- **le nombre de périodes au cours de la durée de vie utile du bien (généralement un nombre d'années).**

❷ **Saisissez** =DB(.

❸ **Cliquez dans la cellule contenant le coût du bien, ou tapez son adresse.**

❹ **Saisissez un point-virgule** ;.

❺ **Cliquez dans la cellule contenant la valeur résiduelle, ou tapez son adresse.**

❻ **Saisissez un point-virgule** ;.

❼ **Cliquez dans la cellule contenant le nombre de périodes, ou tapez son adresse.**

❽ **Saisissez un point-virgule** ;.

❾ **Saisissez le numéro de la période pour laquelle l'amortissement doit être calculé.**

❿ **Saisissez un point-virgule** ;.

⓫ **Saisissez le nombre de mois de la première année pour lesquels l'amortissement du bien doit être calculé.**

⓬ **Saisissez la parenthèse fermante**) **et appuyez sur la touche Entrée.**

La valeur renvoyée est l'amortissement pour la période en question. Pour calculer le tableau d'amortissement pour l'ensemble des périodes, vous devez saisir une formule comprenant la fonction DB dans autant de cellules qu'il y a de périodes, sans oublier la période supplémentaire.

Pour cette formule comme pour les autres formules d'amortissement, saisissez les arguments pointant vers des constantes sous forme d'adresses absolues, en faisant précéder la lettre et/ou le chiffre par le signe dollar ($). Il sera ainsi facile de copier la formule dans les autres cellules avec la poignée de recopie automatique.

Calculer le taux de rentabilité interne

Qu'est-ce qui est le plus sage? Dépenser son argent ou investir dans la nouvelle entreprise de casiers à lapins de l'oncle Tom? Ou encore, vous envisagez d'acheter une voiture. Est-il plus rentable de la payer comptant, ou vaut-il mieux l'acheter à crédit et investir le reste? Comment prendre la bonne décision vis-à-vis de toutes ces options financières?

Le taux de rentabilité interne permet de répondre à ce genre de questions. Elle analyse le flux de trésorerie d'un investissement et calcule le taux d'intérêt le plus intéressant qui en découle. En d'autres termes, tous les flux de trésorerie sont pris en compte et un seul taux d'intérêt est renvoyé. Vous comparez ensuite ce chiffre avec les autres opportunités financières.

L'entreprise de l'oncle Tom est censée produire un retour sur investissement de 10 % que vous mettrez sur votre compte. Mais la banque prélève 12 % du solde. Dans ce cas de figure, dépenser son argent est plus sage car, à quoi bon réaliser un gain de 10 % quand vous perdrez 12 % par ailleurs? L'oncle Tom peut comprendre cela.

La fonction TRI (Taux de Rentabilité Interne) possède deux arguments. Le premier est requis, le second est facultatif dans certains cas et obligatoire dans d'autres.

Le premier est une matrice de valeurs. Selon la règle de trésorerie standard, l'argent qui entre est représenté par des valeurs positives, l'argent qui sort par des valeurs négatives. Comme des flux de trésorerie entrants et sortants doivent se trouver sur la feuille de calcul, le premier argument de la fonction TRI est une plage de cellules.

Le second argument est une estimation de ce que le résultat devrait être. Cela peut paraître bizarre, mais Excel peut en quelques rares occasions avoir besoin de votre aide. La fonction TRI commence par estimer le résultat puis il calcule la valeur se rapprochant le plus de cette donnée. Puis il ajuste l'estimation en plus ou en moins et répète l'opération par itérations jusqu'à ce qu'il arrive au résultat correct. S'il n'y parvient pas au bout de vingt itérations, l'erreur `#NOMBRE!` est renvoyée. Dans ce cas, vous devez utiliser l'argument Estimation pour aider Excel. Par exemple, 0,05 correspond à une estimation de 5 % tandis que 0,15 correspond à une estimation de 15 %, et ainsi de suite. Vous pouvez aussi saisir un nombre négatif. Par exemple, -0,05 indique à la fonction que vous vous attendez à une perte de 5 %. Si l'argument Estimation est omis, Excel utilise la valeur 0,1 (soit 10 %).

La Figure 6.4 montre l'évaluation d'une entreprise avec la fonction TRI. Le projet analysé est l'édition d'un vinyle de musique et sa mise sur le marché. Les coûts associés, comme la location du studio d'enregistrement, sont des sorties de trésorerie représentées par des nombres négatifs. La seule valeur positive, dans la cellule B7, est le revenu attendu.

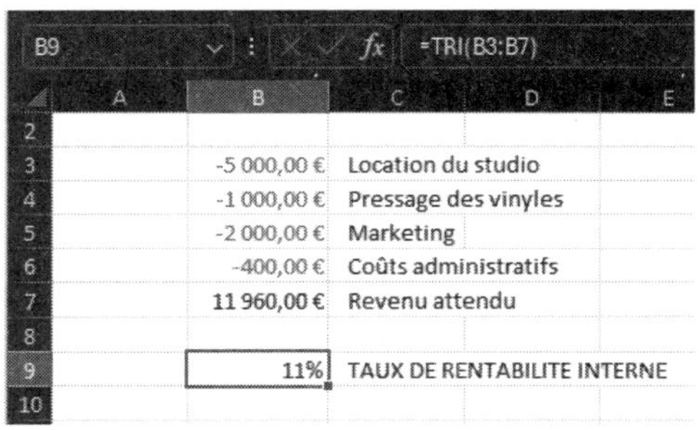

Figure 6.4 Calcul du taux de rentabilité d'un projet.

La fonction TRI a été utilisée pour calculer le taux de rentabilité attendu. La formule dans la cellule B9 est :

```
=TRI(B3:B7)
```

La plage de cellules comprend tous les flux de trésorerie, aussi bien sortants qu'entrants.

Le taux de rentabilité interne de ce projet est de 11 %. Soit dit en passant, le montant de l'investissement est la somme de tous les flux sortants, soit 8 400 euros. Obtenir en retour un gain de 11 960 euros en fait un bon placement. Le revenu est en effet notablement supérieur aux dépenses.

Même si une opportunité commerciale semble intéressante après l'avoir analysée avec la fonction TRI, vous devez tenir compte d'autres facteurs. Par exemple, vous devrez peut-être emprunter la somme à investir dans le projet. Le véritable chiffre à prendre en considération est le TRI du projet moins les coûts financiers de l'emprunt.

Le projet peut néanmoins être comparé, à présent, à d'autres possibilités d'investissement. Le taux de rentabilité interne d'un autre projet peut être plus élevé. Dans ce cas, il est assurément plus intéressant. N'oubliez pas le facteur « plaisir » : la réalisation d'un vinyle de musique peut mériter quelques sacrifices.

Quand vous comparez des TRI, la valeur la plus élevée est un meilleur résultat que la valeur la moins élevée.

Dans la Figure 6.5, le projet de la figure précédente est comparé avec une autre opportunité d'investissement. Cette dernière est une nouvelle entreprise de tournage vidéo pour les mariages ou pour les entreprises. Les frais de matériel et de marketing sont assez conséquents. Un taux de rentabilité interne est calculé pour la première année, puis pour la première et la seconde année ensemble. La cellule G8 contient la formule `=TRI(G3:G5)` et la cellule G9 contient la formule `=TRI(G3:G6)`. Il est clair que dès la première année, le second projet surpasse le premier.

Figure 6.5 Comparaison de deux projets d'investissement.

G8 fx =TRI(G3:G5)

	A	B	C	D	E	F	G	H	I	J
1		**Projet 1**					**Projet 2**			
2										
3		-5 000,00 €	Location du studio				-9 000,00 €	Matériel vidéo		
4		-1 000,00 €	Pressage des vinyles				-6 500,00 €	Marketing		
5		-2 000,00 €	Marketing				**26 000,00 €**	Revenu attendu pour la 1ère année		
6		-400,00 €	Coûts administratifs				**54 000,00 €**	Revenu attendu pour la 2ème année		
7		**11 960,00 €**	Revenu attendu							
8							38%	TRI après la première année		
9		11%	TAUX DE RENTABILITE INTERNE				107%	TRI après la seconde année		
10										

Voici comment utiliser la fonction TRI :

1. **Saisissez les informations suivantes dans la feuille de calcul :**
   - **les dépenses, sous forme de valeurs négatives ;**
   - **les revenus, sous forme de valeurs positives.**
2. Saisissez =TRI(.

❸ Tirez le pointeur de la souris par-dessus la plage des dépenses et des revenus, ou saisissez cette plage au clavier.

❹ (Facultatif) Saisissez une estimation afin d'aider la fonction à trouver le résultat.

Pour cela, saisissez un point-virgule (;) puis entrez une valeur décimale à utiliser comme pourcentage, comme 0,2 pour 20 %. Vous pouvez saisir une valeur positive ou négative.

❺ Saisissez la parenthèse fermante) et appuyez sur la touche Entrée.

Comme le taux de rentabilité interne est basé sur des flux de trésorerie entrants et sortants, il est prudent d'inclure les salaires ainsi que les investissements provenant de l'extérieur. Les salaires sont des flux sortants, les investissements sont des flux entrants.

Dans la Figure 6.6, le projet d'entreprise vidéo est beaucoup plus détaillé. Les flux entrants et sortants sont plus nombreux et plus diversifiés (investissements supplémentaires, règlements de travaux effectués, charges, salaires…).

Figure 6.6 Calcul du taux de rentabilité d'un projet à nombreux flux de trésorerie.

E1 =TRI(B4:B25;-0,2)

	A	B	C	D	E
1				Taux de rentabilité interne : **mars avril mai 2025** :	-6%
2					
3	Date	Montant		Libellé	
4	02/03/2025	13 000,00 €		Investissement initial	
5	05/03/2025	-9 000,00 €		Matériel vidéo	
6	18/03/2025	-325,00 €		Matériel de bureau	
7	20/03/2025	-700,00 €		Publicité	
8	20/03/2025	-450,00 €		Frais professionnels	
9	24/03/2025	1 800,00 €		Règlement	
10	28/03/2025	2 400,00 €		Règlement	
11	31/03/2025	-3 000,00 €		Salaires	
12	04/04/2025	500,00 €		Invest. supplém.	
13	12/04/2025	1 295,00 €		Règlement	
14	14/04/2025	1 600,00 €		Règlement	
15	20/04/2025	-350,00 €		Matériel vidéo	
16	16/04/2025	-225,00 €		Assurance	
17	21/04/2025	-140,00 €		Téléphone	
18	24/04/2025	2 650,00 €		Règlement	
19	27/04/2025	1 725,00 €		Règlement	
20	28/04/2025	-1 000,00 €		Publicité	
21	30/04/2025	-4 500,00 €		Salaires	
22	12/05/2025	2 000,00 €		Règlement	
23	20/05/2025	-140,00 €		Téléphone	
24	20/05/2025	1 700,00 €		Règlement	
25	31/05/2025	-4 000,00 €		Salaires	

Le taux de rentabilité interne des trois premiers mois est affiché dans la cellule E1. La formule est :

```
=TRI(B4:B25;-0,2)
```

Remarquez l'utilisation de l'argument Estimation, fixé à -0,2. Le taux de rentabilité interne de ce projet, -6 %, laisse à penser que le tournage de vidéos lors d'événements n'est guère rentable au début, mais c'est vrai pour beaucoup de nouvelles entreprises.

Notez que l'exemple de la Figure 6.6 comprend des dates. La fonction TRI présume que les flux de trésorerie sont périodiques, ce qui n'est pas le cas ici. Une autre fonction, TRI.PAIEMENTS, gère les dates dans le calcul du taux de rentabilité interne.

DANS CE CHAPITRE

Somme, arrondi et troncature.

•

Le signe de la valeur dans une fonction.

•

Ôter le signe d'un nombre.

Chapitre 7

Les fonctions mathématiques élémentaires

Excel est très doué pour les mathématiques et les calculs complexes. À tel point que l'on finit par oublier qu'en vertu du bon vieux principe « qui fait le plus fait le moins », on oublie qu'il est aussi très performant pour des calculs élémentaires.

Vous avez besoin de la somme d'une série de nombres ? Pas de problème. Vous devez arrondir un nombre ? Pas de problème non plus. Nous verrons tout cela dans ce chapitre.

Totaliser avec la fonction SOMME

Excel fait mieux qu'une simple calculette. Quand vous additionnez des chiffres avec une calculette et que vous vous trompez, il faut tout recommencer. Mais avec Excel, il suffit de corriger le chiffre erroné.

Si cette fonction moulinait les communes de France, on pourrait l'utiliser pour calculer Troyes Foix Sète Autun, ce qui donnerait Vains.

Voici comment utiliser la fonction SOMME :

1. **Saisissez des nombres dans une feuille de calcul.**

   Ces nombres peuvent être des nombres entiers ou des nombres réels (avec des décimales).

2. **Placez le curseur dans la cellule où le résultat doit apparaître.**
3. **Saisissez =SOMME(.**
4. **Cliquez dans une cellule contenant un nombre.**
5. **Saisissez un point-virgule ;.**
6. **Cliquez dans une autre cellule contenant un nombre.**
7. **Répétez les Étapes 5 et 6 autant de fois que vous désirez totaliser des nombres.**
8. **Saisissez la parenthèse fermante) et appuyez ensuite sur la touche Entrée.**

La Figure 7.1 montre la totalisation de cellules qui ne sont pas adjacentes. La cellule F6 contient la somme des valeurs présentes dans les cellules C2, E2, G2 et I2.

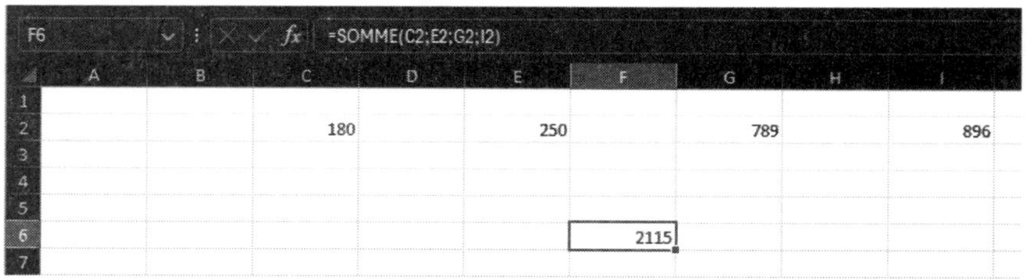

Figure 7.1 Totalisation de cellules non contiguës avec la fonction SOMME.

La fonction SOMME est encore plus facile à utiliser lorsque les nombres se trouvent les uns après les autres dans une colonne ou dans une ligne. Il suffit en effet d'indiquer la plage de cellules, comme ceci :

1. **Saisissez une série de nombres dans une feuille de calcul.**

   Veillez à ce qu'ils se suivent dans une colonne ou dans une ligne.

2. **Placez le curseur dans la cellule où le résultat doit apparaître.**

❸ Saisissez =SOMME(.

❹ Saisissez la plage de cellules contenant les nombres.

Ou alors, cliquez sur la première cellule puis tirez le pointeur de la souris jusqu'à la dernière cellule de la plage de chiffres.

❺ Saisissez la parenthèse fermante) et appuyez ensuite sur la touche Entrée.

Saisir une plage d'adresses de cellules fait véritablement gagner du temps. La Figure 7.2 montre une plage de nombres. La barre de formule révèle la syntaxe de la fonction : `=SOMME(B6:B12)` .

Figure 7.2 Totalisation d'une plage de cellules.

B14 — =SOMME(B6:B12)

	A	B	C	D
1	**Frais de déplacement**			
2				
3				
4	Dépenses	Montant		
5				
6	Billets d'avion	255,50 €		
7	Hôtel	315,80 €		
8	Repas	115,42 €		
9	Téléphone	18,35 €		
10	Taxi	29,00 €		
11	On n'est pas de bois	60,00 €		
12	Petits cadeaux	24,45 €		
13				
14	TOTAL :	818,52 €		
15				

Vous pouvez totaliser de multiples plages dans une seule cellule. C'est extrêmement pratique lorsque de multiples colonnes de chiffres doivent figurer dans un total général, comme le montre la Figure 7.3.

Figure 7.3 Totalisation de plusieurs plages de cellules.

E16 — =SOMME(B6:B12;E6:E12;H6:H12)

	A	B	C	D	E	F	G	H
4	Dépenses	Montant		Dépenses	Montant		Dépenses	Montant
5								
6	Billets d'avion	255,50 €		Billets d'avion	176,88 €		Billets d'avion	255,50 €
7	Hôtel	315,80 €		Hôtel	315,80 €		Hôtel	315,80 €
8	Repas	115,42 €		Repas	122,65 €		Repas	101,45 €
9	Téléphone	18,35 €		Téléphone	16,70 €		Téléphone	17,35 €
10	Taxi	29,00 €		Taxi	26,50 €		Taxi	28,25 €
11	On n'est pas de bois	60,00 €		Esthéticienne	80,00 €		Machines à sous	94,00 €
12	Petits cadeaux	24,45 €		Petits cadeaux	20,95 €		Petits cadeaux	- €
13								
14								
15								
16				TOTAL DES FRAIS DE VOYAGE :	2 390,35 €			
17								

Voici comment totaliser les valeurs réparties dans plusieurs plages de cellules :

1. **Saisissez une série de nombres dans une feuille de calcul.**

   Vous pouvez ajouter des légendes dans les cellules voisines, si vous le désirez.

2. **Placez le curseur dans la cellule où le résultat doit apparaître.**

3. **Saisissez =SOMME(.**

4. **Cliquez sur la première cellule de la première plage puis, bouton de la souris enfoncé, tirez le curseur par-dessus cette première plage, puis relâchez le bouton de la souris.**

5. **Saisissez un point-virgule ;.**

6. **Cliquez sur la première cellule d'une autre plage puis, bouton de la souris enfoncé, tirez le curseur par-dessus cette plage, puis relâchez le bouton de la souris.**

7. **Répétez les Étapes 5 et 6 jusqu'à ce que toutes les plages aient été introduites dans la fonction.**

8. **Saisissez la parenthèse fermante) et appuyez ensuite sur la touche Entrée.**

La formule devrait ressembler à celle qui se trouve dans la barre de formule de la Figure 7.3. Chaque plage est séparée d'une autre par un point-virgule. Le résultat est le total général de toutes les plages.

Quand vous saisissez des plages de cellules dans une formule, vous pouvez le faire au clavier ou en tirant le pointeur de la souris par-dessus la plage.

Excel est doté d'un bouton spécial, Somme automatique, qui facilite l'utilisation de la fonction SOMME. Il se trouve à la fois dans le groupe Édition du ruban Accueil et dans le groupe Bibliothèque de fonction du ruban Formules. Somme automatique fonctionne mieux avec des séries de chiffres disposés dans une même colonne ou dans une même ligne. Il détermine au mieux une plage de références pour la fonction SOMME. Mais il peut parfois se tromper dans la sélection des cellules. Vous devrez dans ce cas corriger la formule.

Pour utiliser la fonction Somme automatique, il suffit de cliquer sur son bouton ou d'appuyer sur la touche Entrée. La Figure 7.4 un clic est appliqué sur le bouton Somme automatique, sur le ruban Formules. Excel, qui n'est pas la moitié d'un cancre (cancre/2+Σ) a judicieusement sélectionné la plage B6:B13. Mais l'opération n'est pas complète : appuyez sur Entrée pour la terminer.

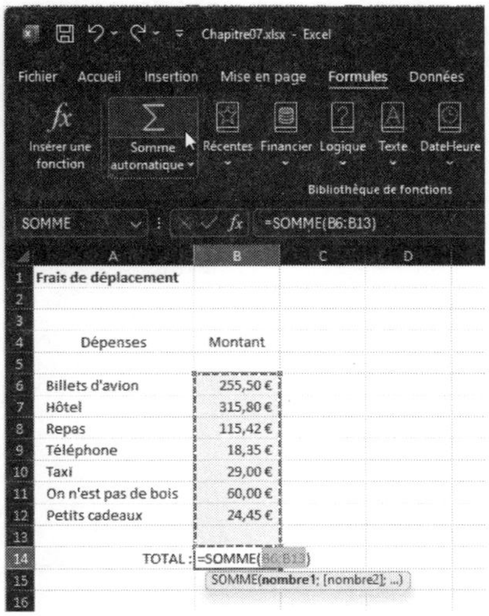

Figure 7.4 Le bouton Somme automatique sélectionne lui-même la plage de cellules contenant des nombres.

Voici comment utiliser le bouton Somme automatique :

1. **Saisissez une série de nombres dans une feuille de calcul.**

   Vous pouvez ajouter des légendes dans les cellules voisines, si vous le désirez.

2. **Placez le curseur dans la cellule où le résultat doit apparaître.**

3. **Dans l'onglet Formules, cliquez sur le bouton Somme automatique du groupe Bibliothèque de fonctions.**

   La commande Somme automatique sélectionne aussitôt une plage de cellules.

4. **Si nécessaire, modifiez la plage suggérée par Somme automatique (soit au clavier, soit en tirant le pointeur de la souris par-dessus la plage de cellules correcte).**

5. **Terminez la fonction, soit en appuyant sur la touche Entrée, soit en cliquant sur la coche de validation à gauche de la barre de formule.**

Il est facile de sélectionner plusieurs plages de cellules avec Somme automatique. Au lieu de terminer la fonction en appuyant sur la touche Entrée, cliquez et tirez par-dessus une autre plage de cellules. Cette action peut être répétée pour d'autres plages encore. Ceci fait, validez la formule en appuyant sur Entrée.

J'allais oublier : le bouton Somme automatique n'est pas limité à l'addition. Cliquer sur le petit bouton fléché, à droite de la commande, déroule un menu contenant d'autres fonctions arithmétiques, comme le montre la Figure 7.5.

Figure 7.5
Le bouton Somme automatique contient d'autres options.

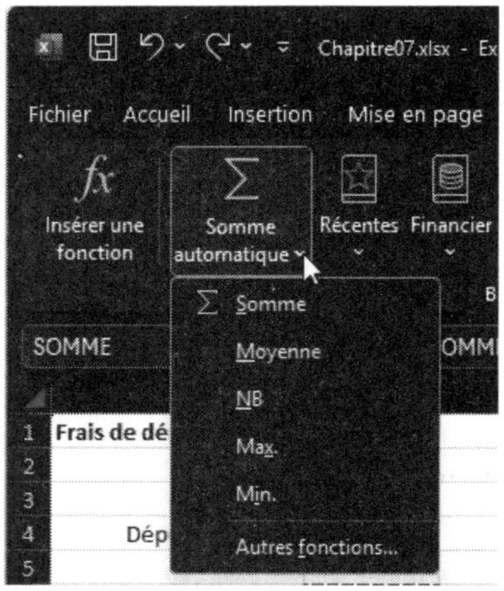

Arrondir des chiffres

Excel affiche jusqu'à 30 décimales. Mais sauf si vous avez besoin de lire un résultat avec une extrême précision, cet affichage est superflu. Plusieurs fonctions permettent d'arrondir un nombre.

Les fonctions d'arrondi d'Excel sont très utiles. L'autre jour mon fils avait invité deux de ses copains. J'ai alors commandé une grande pizza pour leur déjeuner. Or, il y avait huit parts pour trois garçons très affamés. Combien de parts pour chacun d'eux ? Facile ! J'ai allumé mon ordinateur, ouvert Excel, et j'ai tapé cette formule élémentaire : = 8/3.

Excel m'a alors indiqué que chacun avait droit à 2,66667 parts. Avez-vous déjà essayé de couper 66,667/100000e d'une pizza ? Pas facile croyez-moi ! C'est dans ce genre de circonstance que les fonctions d'arrondi d'Excel vous seront d'un grand secours. Pour vous dire la vérité, j'ai coupé deux parts pour chaque garçon, et j'ai mangé les deux dernières qui étaient copieusement couvertes de champignons.

L'arrondi classique

Facile à utiliser, la fonction ARRONDI est fondée sur la bonne vieille méthode de l'arrondi d'un nombre. Elle comprend deux arguments : le chiffre à arrondir – c'est généralement une référence à une cellule – et le nombre de décimales à utiliser.

La fonction arrondit au chiffre supérieur ou inférieur, selon le nombre à arrondir. Si la valeur du dernier chiffre est plus proche du chiffre significatif le plus élevé, l'arrondi augmente la valeur, sinon, si le dernier chiffre est plus proche du chiffre significatif le plus faible, il la diminue :

» **10,4 est arrondi à 10 ;**

» **10,6 est arrondi à 11 ;**

» **10,5 est également arrondi à 11.**

Le Tableau 7.1 montre quelques exemples de la fonction ARRONDI.

Tableau 7.1 La fonction ARRONDI.

Exemples	Résultats	Commentaires
`=ARRONDI(12,3456;1)`	12,3	Le second argument est 1. Le résultat ne comprend qu'une seule décimale.
`=ARRONDI(12,3456;2)`	12,35	Le second argument est 2. Le résultat est arrondi à deux décimales. Remarquez que l'ensemble des décimales (,3456) est réduit à, 35. C'est parce que la partie ,0456 des décimales est arrondie à la seconde décimale, qui est ,05.
`=ARRONDI(12,3456;3)`	12,346	Le second argument est 2. Le résultat est arrondi à trois décimales. Remarquez que l'ensemble des décimales (,3456) est réduit à ,346. C'est parce que la partie ,0056 des décimales est arrondie à la seconde décimale, qui est ,006.
`=ARRONDI(12,3456;4)`	12,3456	Le second argument est 4. Comme le chiffre comprend quatre décimales, aucun arrondi n'est effectué.
`=ARRONDI(12,3456;0)`	12	Lorsque le second argument est 0, le premier est arrondi au nombre entier le plus proche. Comme 12,3456 est plus proche de 12 que de 13, ce nombre est arrondi à 12.
`=ARRONDI(12,3456;-1)`	10	Lorsqu'une valeur négative est utilisée comme second argument, l'arrondi est effectué à gauche de la virgule, sur la partie entière. Le second argument −1 indique à la fonction qu'elle doit arrondir la à la valeur la plus proche de 10. Dans cet exemple, cette valeur est 10 parce que 12 est plus proche de 10 que de 20.

Voici comment utiliser la fonction ARRONDI :

❶ **Saisissez un nombre réel (un nombre avec des décimales) dans une cellule de votre choix.**

❷ **Placez le curseur dans la cellule devant afficher le résultat.**

3. Saisissez =ARRONDI(.

4. Cliquez sur la cellule contenant le nombre.

5. Saisissez un point-virgule ;.

6. Saisissez le nombre de décimales à utiliser.

7. Saisissez la parenthèse fermante) et appuyez sur la touche Entrée.

Les fonctions d'arrondi sont surtout utiles lorsque le premier argument est une référence de cellule, et non un nombre. En effet, à quoi bon recourir à une formule si vous saisissez directement un nombre et ses décimales ?

Arrondir dans une direction

Plusieurs fonctions permettent d'arrondir vers une valeur supérieure ou vers une valeur inférieure. Elles sont utiles lorsqu'il n'est pas question de laisser la fonction ARRONDI dicter le sens dans lequel l'arrondi est effectué.

Quelques-unes de ces fonctions permettent non seulement d'arrondir dans la direction désirée, mais aussi d'arrondir d'autres manières. Par exemple, les fonctions PAIR et IMPAIR arrondissent respectivement au nombre entier pair ou impair le plus proche. Les fonctions PLAFOND et PLANCHER arrondissent un nombre au multiple le plus proche. Nous reviendrons d'ici peu sur ces quatre fonctions.

L'arrondi directionnel pur et dur

Les fonctions ARRONDI.SUP et ARRONDI.INF sont similaires à la fonction ARRONDI. Le premier argument est la référence de cellule à arrondir. Le second argument est le nombre de décimales. Mais contrairement à la fonction ARRONDI, la direction de l'arrondi ne dépend pas de la proximité du prochain chiffre significatif, mais de la fonction utilisée.

Par exemple, `=ARRONDI(4,22;1)` renvoie 4,2. En revanche, `=ARRONDI.SUP(4,22;1)` renvoie 4,3. Mais si `=ARRONDI.INF` est utilisé, le résultat est 4,2 parce que cette valeur est inférieure à 4,22. Le Tableau 7.2 montre quelques exemples de ARRONDI.SUP et ARRONDI.INF.

Tableau 7.2 Les fonctions ARRONDI.SUP et ARRONDI.INF

Exemples	Résultats	Commentaires
=ARRONDI.SUP(150,255;0)	151	Le second argument est 0. Le résultat est arrondi au prochain nombre entier supérieur, bien que la partie décimale laisserait penser que l'arrondi serait effectué vers le prochain entier inférieur.
=ARRONDI.SUP(150,255;1)	150,3	Le second argument est 1. Le résultat est réduit à une seule décimale. Remarquez que l'ensemble des décimales est arrondi au chiffre 3. C'est ce qui se produirait aussi avec la fonction ARRONDI.
=ARRONDI.SUP(150,255;2)	150,26	Le second argument est 2. Le résultat est réduit à deux décimales. Remarquez que les décimales 255 ont été arrondies au chiffre 26. C'est ce qui se produirait aussi avec la fonction ARRONDI.
=ARRONDI.SUP(150,255;3)	150,255	Le second argument étant 3, comme le nombre de décimales, aucun arrondi n'est effectué.
=ARRONDI.INF(155,798;0)	155	Le second argument est 0. Le résultat est arrondi au prochain nombre entier inférieur, bien que la partie décimale laisserait penser que l'arrondi serait effectué vers le prochain entier supérieur.
=ARRONDI.INF(155,798;1)	155,7	Le second argument est 1. Le résultat est réduit à une seule décimale. Remarquez que l'ensemble des décimales est arrondi au chiffre 7. Avec la fonction ARRONDI, cette décimale aurait été 7.
=ARRONDI.INF(155,798;2)	155,79	Le second argument est 2. Le résultat est réduit à deux décimales. Remarquez que les décimales 798 ont été arrondies au chiffre 79. Avec la fonction ARRONDI, cette décimale aurait été 8.
=ARRONDI.INF(155,798;3)	155,798	Le second argument étant 3, comme le nombre de décimales, aucun arrondi n'est effectué.

Voici comment utiliser la fonction ARRONDI.SUP ou ARRONDI.INF :

1. Saisissez un nombre réel (un nombre avec des décimales) dans une cellule de votre choix.
2. Placez le curseur dans la cellule devant afficher le résultat.
3. Saisissez =ARRONDI.SUP(ou =ARRONDI.INF(.
4. Cliquez sur la cellule contenant le nombre.
5. Saisissez un point-virgule ;.
6. Saisissez le nombre de décimales à utiliser.

❼ Saisissez la parenthèse fermante) et appuyez sur la touche Entrée.

Arrondir au multiple de votre choix

Les fonctions PLAFOND et PLANCHER sont des variantes encore plus perfectionnées de l'arrondi. Le second argument est en effet un multiple auquel il faut arrondir. Qu'est-ce que cela signifie exactement ?

Eh bien, supposez que vous êtes un directeur des ressources humaines et que vous devez préparer un rapport sur le salaire du personnel. Vous n'êtes pas obligé de fournir des chiffres au centime près, mais seulement arrondis au 250 euros les plus proches. Vous recourrez aux fonctions PLAFOND ou PLANCHE. Pour notre exemple, PLANCHER arrondira au multiple de 250 euros directement inférieur au salaire, à moins que vous n'optiez pour PLAFOND qui arrondira au multiple de 250 euros plus élevé que le salaire. La Figure 7.6 montre les valeurs renvoyées par les fonctions PLANCHER et PLAFOND.

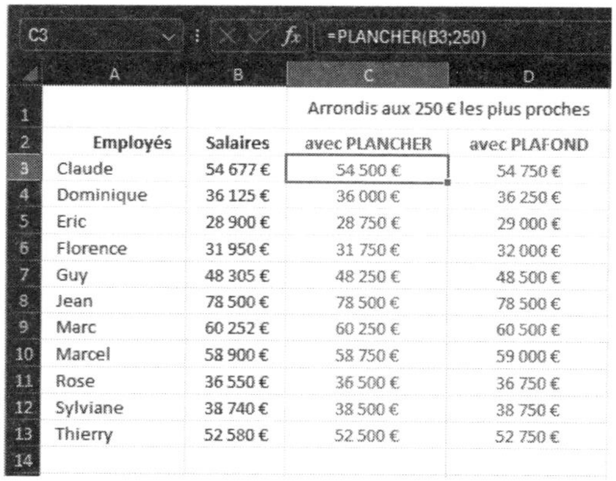

	A	B	C	D
1			Arrondis aux 250 € les plus proches	
2	Employés	Salaires	avec PLANCHER	avec PLAFOND
3	Claude	54 677 €	54 500 €	54 750 €
4	Dominique	36 125 €	36 000 €	36 250 €
5	Eric	28 900 €	28 750 €	29 000 €
6	Florence	31 950 €	31 750 €	32 000 €
7	Guy	48 305 €	48 250 €	48 500 €
8	Jean	78 500 €	78 500 €	78 500 €
9	Marc	60 252 €	60 250 €	60 500 €
10	Marcel	58 900 €	58 750 €	59 000 €
11	Rose	36 550 €	36 500 €	36 750 €
12	Sylviane	38 740 €	38 500 €	38 750 €
13	Thierry	52 580 €	52 500 €	52 750 €
14				

Figure 7.6 Arrondi aux multiples de 250 avec les fonctions PLANCHER et PLAFOND.

Les capacités d'arrondi de PLANCHER et PLAFOND sont supérieures à celles d'ARRONDI, ARRONDI.INF et ARRONDI.SUP. Ces trois dernières fonctions peuvent arrondir sur un certain nombre de chiffres : par exemple, `=ARRONDI(B4;-3)` arrondit aux milliers. Mais PLANCHER et PLAFOND peuvent arrondir exactement au multiple spécifié.

La fonction PLANCHER arrondit vers zéro en renvoyant le multiple à la fois le plus proche du second argument et inférieur à cet argument.

La fonction PLANCHER agit dans la direction opposée. Elle arrondit en s'éloignant de zéro et renvoie le multiple à la fois le plus proche du second argument et supérieur à ce dernier.

Quelques exemples éclairciront quelque peu ces notions. Le Tableau 7.3 montre différentes utilisations de PLANCHER et de PLAFOND.

Tableau 7.3 Les arrondis sophistiqués avec PLANCHER et PLAFOND

Exemples	Résultats	Commentaires
=PLANCHER(30,17;0,05)	30,15	Le second argument arrondi au prochain multiple de 0,05 vers zéro.
=PLANCHER(30,17;0,1)	30,1	Le second argument arrondi au prochain multiple de 0,1 vers zéro.
=PLANCHER(-30,17;-0,1)	-30,1	Le second argument arrondi au prochain multiple de 0,1 vers zéro.
=PLAFOND(30,17;0,05)	30,2	Le second argument arrondi au prochain multiple de 0,05 en s'éloignant de zéro.
=PLAFOND(30,17;0,1)	30,2	Le second argument arrondi au prochain multiple de 0,1 en s'éloignant de zéro.
=PLAFOND(-30,17;-0,1)	-30,2	Le second argument arrondi au prochain multiple de 0,1 en s'éloignant de zéro.

PLANCHER et PLAFOND peuvent arrondir des nombres négatifs. La fonction PLANCHER arrondit vers zéro; elle diminue de ce fait un nombre positif, mais réduit également un nombre négatif en allant vers zéro, en termes absolus. Mais en réalité, PLANCHER augmente la valeur d'un nombre négatif. Vous suivez?

La fonction PLAFOND fait le contraire. Elle augmente un nombre positif en s'éloignant de zéro, mais augmente également un nombre négatif en s'éloignant de zéro, ce qui signifie qu'en termes absolus, le nombre devient plus petit.

Dans PLANCHER et dans PLAFOND, les signes du premier et du second argument doivent concorder. Appliquer un multiple négatif à une valeur positive, ou l'inverse, produit une erreur.

Voici comment utiliser la fonction PLANCHER ou PLAFOND :

1. **Saisissez un nombre réel (un nombre avec des décimales) dans une cellule de votre choix.**
2. **Placez le curseur dans la cellule devant afficher le résultat.**
3. **Saisissez =PLANCHER(ou =PLAFOND(.**
4. **Cliquez sur la cellule contenant le nombre.**
5. **Saisissez un point-virgule ;.**

6. Saisissez le prochain multiple auquel il faut arrondir le nombre.

   Par exemple, pour utiliser l'unité comme valeur plancher, saisissez **1** comme second argument. Le premier argument doit bien sûr être un nombre réel supérieur à 1, comme dans `=PLANCHER(19,77;1)`. Cette formule renvoie 19.

7. Saisissez la parenthèse fermante) et appuyez sur la touche Entrée.

Arrondir au prochain nombre pair ou impair

Les fonctions PAIR et IMPAIR arrondissent en s'éloignant de zéro. La fonction PAIR arrondit au prochain nombre entier pair. La fonction IMPAIR arrondit au prochain entier impair. Le Tableau 7.4 montre quelques exemples :

Tableau 7.4 Les arrondis aux nombres entiers pairs ou impairs

Exemples	Résultats	Commentaires
=PAIR(3)	4	Arrondit au prochain nombre entier pair, en s'éloignant de zéro.
=PAIR(4)	4	Comme 4 est déjà un nombre entier, aucun arrondi n'est appliqué. Le nombre 4 est renvoyé.
=PAIR(4,01)	6	Arrondit au prochain entier pair, en s'éloignant de zéro.
=PAIR(-3,5)	-4	Arrondit au prochain entier pair, en s'éloignant de zéro.
=IMPAIR(3)	3	Comme 3 est déjà un nombre entier, aucun arrondi n'est appliqué. Le nombre 3 est renvoyé.
=IMPAIR(4)	5	Arrondit au prochain entier impair, en s'éloignant de zéro.
=IMPAIR(4,01)	7	Arrondit au prochain entier impair, en s'éloignant de zéro.
=IMPAIR(-3,5)	-5	Arrondit au prochain entier impair, en s'éloignant de zéro.

La fonction PAIR est utile dans des calculs dépendant de multiples de 2. Supposons que vous préparez un voyage scolaire. Vous devez déterminer le nombre de places d'autocar pour chaque classe. Un siège peut recevoir deux élèves. Si une classe compte un nombre impair d'élèves, il faudra néanmoins compter un siège entier pour celui qui sera seul.

Supposons que la classe compte 17 élèves. La formule suivante indique le nombre de sièges nécessaires :

```
=PAIR(17)/2
```

La fonction PAIR renvoie 18, c'est-à-dire le prochain nombre entier supérieur. Le résultat est divisé par 2 car deux élèves occupent chaque siège. Il faudra donc prévoir 9 sièges pour une classe de 17 élèves.

Voici comment utiliser la fonction PAIR ou IMPAIR :

1. **Placez le curseur dans la cellule devant afficher le résultat.**
2. **Saisissez =PAIR(ou =IMPAIR(.**
3. **Cliquez sur la cellule contenant le nombre, ou saisissez un nombre.**
4. **Saisissez la parenthèse fermante) et appuyez sur la touche Entrée.**

Supprimer toutes les décimales avec ENT

La fonction ENT réduit un nombre réel à son entier. La partie décimale est purement et simplement supprimée. Cette suppression est d'ailleurs le principal usage de cette fonction.

Cette fonction est commode lorsque vous ne devez tenir compte que de la partie entière d'un nombre dans des calculs. Par exemple, vous voulez estimer un coût de fabrication. Vous avez les prix de toutes les fournitures, mais vous ne désirez qu'un total approximatif.

La Figure 7.7 montre un projet en cours. La colonne A contient le nom des articles et la colonne B leur prix unitaire. Les colonnes C et D contiennent les paramètres du projet : le nombre de chaque article et le coût total de chacun d'eux.

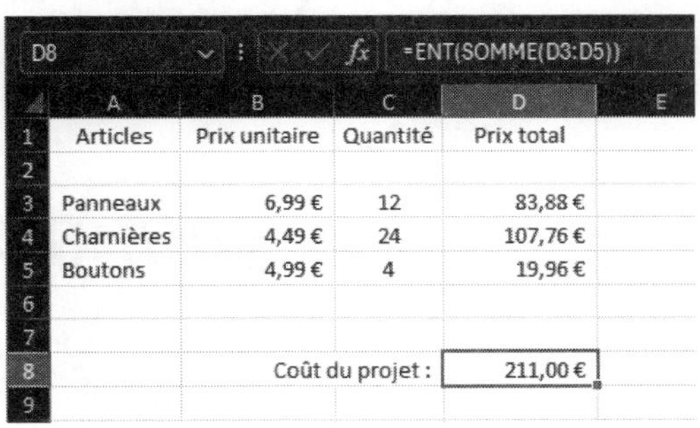

D8 =ENT(SOMME(D3:D5))

	A	B	C	D	E
1	Articles	Prix unitaire	Quantité	Prix total	
2					
3	Panneaux	6,99 €	12	83,88 €	
4	Charnières	4,49 €	24	107,76 €	
5	Boutons	4,99 €	4	19,96 €	
6					
7					
8		Coût du projet :		211,00 €	
9					

Figure 7.7 Suppression des décimales superflues avec la fonction ENT.

La somme à prévoir est calculée dans la cellule D8. Elle est de 211,60 euros. Mais la fonction ENT a supprimé les décimales – 60 centimes –, ce qui donne 211 euros. Ce chiffre est produit par la formule suivante :

```
=ENT(SOMME(D3:D5))
```

La fonction ENT ne possède qu'un seul argument, qui peut être positif ou négatif. Elle agit un peu différemment avec des valeurs négatives car, non seulement elle supprime les décimales, mais elle arrondit au prochain entier inférieur et elle soustrait aussi 1. Le résultat est un nombre entier plus éloigné de zéro : l'entier de -25,25 est alors -26.

Voici quelques exemples de la fonction ENT :

`=ENT(25,25)` **renvoie 25**

`=ENT(25,75)` **renvoie 25**

`=ENT(-25,25)` **renvoie -26**

`=ENT(-25,25)` **renvoie -26**

Voici comment utiliser la fonction ENT :

1. **Saisissez un nombre réel (un nombre avec des décimales) dans une cellule de votre choix.**
2. **Placez le curseur dans la cellule devant afficher le résultat.**
3. **Saisissez =ENT(.**
4. **Cliquez sur la cellule contenant le nombre.**
5. **Saisissez la parenthèse fermante) et appuyez sur la touche Entrée.**

La fonction ENT peut aussi servir à ne renvoyer que la partie décimale d'un nombre. Il faut pour cela soustraire la partie entière du nombre réel. Par exemple, le résultat de la formule `=10,95-ENT(10,95)` est 0,95.

Réduire les décimales avec TRONQUE

La fonction TRONQUE supprime une partie du chiffre. Elle comprend deux arguments : le premier est le nombre sur lequel elle agit, le second indique le nombre de décimales à conserver.

TRONQUE n'arrondit pas le nombre. Voici quelques exemples :

`=TRONQUE(212,65;2)` **renvoie 212,65**

`=TRONQUE(212,65;1)` renvoie 212,6

`=TRONQUE(212,65;0)` renvoie 212

Il est même possible de supprimer une partie de l'entier en saisissant une valeur négative comme second argument :

`=TRONQUE(212,65;-1)` renvoie 210

`=TRONQUE(212,65;-2)` renvoie 200

Les fonctions ENT et TRONQUE agissent exactement de la même manière sur les nombres positifs. C'est seulement au niveau des nombres négatifs que le résultat change. L'arrondi de la fonction ENT est en effet différent de la troncature produite par la fonction TRONQUE.

Afficher le signe

La fonction SIGNE indique si un nombre est positif ou négatif. Elle ne modifie en rien ce nombre et se contente simplement d'afficher une valeur qui rend compte de l'information. SIGNE retourne en effet l'un de ces nombres qui n'ont aucun effet sur la valeur testée :

» 1 si le nombre testé est positif ;

» -1 s'il est négatif ;

» 0 si le nombre testé est zéro.

Voici ce que cela donne en pratique :

`=SIGNE(5)` renvoie 1

`=SIGNE(-5)` renvoie -1

`=SIGNE(0)` renvoie 0

Utilisée conjointement avec d'autres fonctions, la fonction SIGNE est un moyen de traitement très sophistiqué d'une information. Supposons que vous vouliez faire le décompte de la recette de la journée. Vous voulez totaliser la valeur des marchandises vendues et celle des marchandises retournées. Les ventes sont des montants positifs, les retours des montants négatifs.

La Figure 7.8 montre une feuille de calcul contenant ces chiffres. La colonne A contient les montants. La plupart sont des ventes, donc des nombres positifs. Quelques retours, dans la journée, sont des montants négatifs.

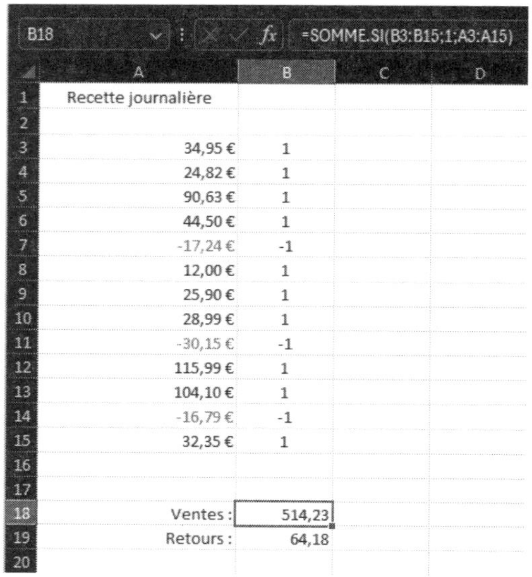

B18 =SOMME.SI(B3:B15;1;A3:A15)

	A	B	C	D
1	Recette journalière			
2				
3	34,95 €	1		
4	24,82 €	1		
5	90,63 €	1		
6	44,50 €	1		
7	-17,24 €	-1		
8	12,00 €	1		
9	25,90 €	1		
10	28,99 €	1		
11	-30,15 €	-1		
12	115,99 €	1		
13	104,10 €	1		
14	-16,79 €	-1		
15	32,35 €	1		
16				
17				
18	Ventes :	514,23		
19	Retours :	64,18		
20				

Figure 7.8 Discriminer des chiffres avec la fonction SIGNE.

Totaliser tous les chiffres ne donnerait que le chiffre d'affaires de la journée, mais une entreprise a parfois besoin d'une information plus détaillée, comme le total des ventes et celui des retours.

Pour chacun des nombres dans la colonne A, il existe une valeur dans la colonne B. Cette valeur est renvoyée par la fonction SIGNE. Par exemple, dans la cellule B3, la formule est la suivante :

```
=SIGNE(A3)
```

Comme le montre la Figure 7.8, les valeurs dans la colonne B sont égales à 1 lorsque le nombre associé est positif, et à -1 lorsque le nombre associé est négatif. Ces informations sont ensuite utilisées par la fonction SOMME.SI qui totalise sélectivement les informations de la colonne A. Dans la cellule B18 (ventes), la formule est :

```
=SOMME.SI(B3:B15;1;A3:A15)
```

Dans la cellule B19 (retours), la formule est :

```
=ABS(SOMME.SI(B3:B15;-1;A3:A15))
```

La fonction SOMME.SI permet d'utiliser un critère de discrimination indiquant les valeurs à totaliser. Pour la somme des ventes, dans la cellule B18, c'est la valeur 1, dans la colonne B, qui détermine les valeurs à totaliser présentes dans la colonne A. Pour la somme des retours, dans la cellule B19, c'est la valeur -1, dans la colonne B, qui détermine les valeurs à totaliser.

Dans la cellule B19, la fonction ABS convertit le résultat en valeur absolue (positive). Cette cellule contient la somme des marchandises retournées. Le montant de ces retours est de 64,18 euros (et non « -64,18 »).

La fonction SOMME.SI est étudiée au Chapitre 8. La fonction ABS l'est à la fin de celui-ci.

Voici comment utiliser la fonction SIGNE :

1. **Placez le curseur dans la cellule devant afficher le résultat.**
2. **Saisissez =SIGNE(.**
3. **Cliquez sur la cellule contenant le nombre.**
4. **Saisissez la parenthèse fermante) et appuyez sur la touche Entrée.**

Ignorer le signe

La fonction ABS renvoie la valeur absolue d'un nombre. Ce nombre absolu est toujours un nombre positif. L'absolu d'un nombre négatif est ce nombre dont le signe est devenu positif. Par exemple, `=ABS(100)` renvoie 100, mais =ABS(-100) renvoie également 100.

La fonction ABS est commode dans de nombreuses situations (et pas que dans le freinage d'urgence). Par exemple, des données peuvent être importées sous la forme de valeurs négatives qui doivent être converties en valeurs positives. Dans le cas des flux financiers évoqués au Chapitre 3, la fonction ABS peut servir à présenter tous les flux par des nombres positifs.

Une utilisation courante de la fonction ABS est le calcul de la différence entre deux nombres dont vous ne savez pas, au début, lequel est le plus élevé. Supposons que vous deviez calculer la différence entre les scores de deux compétiteurs. Le Score 1 se trouve dans la cellule A5, et le Score 2 juste à droite, dans la cellule B5. Le résultat est affiché dans la cellule C5. La formule, dans cette cellule, est :

```
=A5-B5
```

Il se trouve que le Score 1 est de 90 points, et le Score 2 de 75 points. La différence est 15. Jusque là, pas de problème. Mais que se passe-t-il lorsque le score est inversé ? Il est alors de -15. Ce résultat est arithmétiquement correct, mais la présentation sur le tableau des scores n'est pas satisfaisante. Grâce à la fonction ABS, le score sera toujours représenté par un chiffre positif. La formule devient donc :

```
=ABS(A5-B5)
```

Désormais, quel que soit l'ordre des scores, la différence est affichée de manière correcte.

Voici comment utiliser la fonction ABS :

1. **Placez le curseur dans la cellule devant afficher le résultat.**
2. **Saisissez =ABS(.**
3. **Cliquez sur la cellule contenant le nombre.**
4. **Saisissez la parenthèse fermante) et appuyez sur la touche Entrée.**

DANS CE CHAPITRE

Calculer le diamètre, la circonférence et la surface d'un cercle.

Obtenir des nombres aléatoires.

Combinaisons et permutations.

Les multiplications sophistiquées.

Tester des valeurs numériques avec la fonction MOD.

Totaux arithmétiques et statistiques avec la fonction SOUS.TOTAL.

Les totalisations sélectives avec SOMME.SI et SOMME.SI.ENS.

Déterminer un angle avec les fonctions trigonométriques.

Chapitre 8

Maths sup'

Dans ce chapitre vous découvrirez quelques fonctions mathématiques qui vous rappelleront vos années de scolarité. Vous ne les utiliserez peut-être pas quotidiennement, mais il est bon de savoir qu'elles existent si vous en avez un jour besoin.

Calculer la circonférence et le diamètre avec PI

Pi, qui est représenté par la lettre grecque π, est le rapport entre la circonférence d'un cercle et son diamètre. Sa valeur est approximativement 3,14159.

Pi possède un nombre infini de décimales qui ne se répètent jamais. Il est de ce fait un *nombre irrationnel*. Dix mille milliards de décimales ont déjà été calculées – la recherche de décimales supplémentaires se poursuit inlassablement – mais vous n'aurez bien sûr jamais à en utiliser autant. La valeur 3,14159 est suffisante pour la plupart des calculs courants et Excel parvient à faire même mieux que cela avec ses 14 décimales. La fonction PI ne possède aucun argument. Sa syntaxe est donc des plus simples :

```
pi()
```

Dans Excel, `=PI()` renvoie toujours 3,14159265358979. Si toutes les décimales ne sont pas affichées, élargissez la largeur de la cellule et/ou modifiez le format de cellule. Choisissez la catégorie Nombre et mettez l'option Nombre de décimales à 14.

Lorsque vous connaissez la circonférence d'un cercle, la formule suivante vous donne son diamètre :

```
diamètre = circonférence ÷ p
```

Si vous connaissez le diamètre d'un cercle, la formule suivante vous donne sa circonférence :

```
circonférence = diamètre × p
```

Quand vous connaissez le diamètre du cercle – ou son rayon –, vous pouvez calculer sa surface avec cette formule :

```
surface = (diamètre × 0,5)^2 × p
```

où ^2 est la puissance de 2.

Générer et utiliser des nombres aléatoires

Un nombre aléatoire est par définition imprévisible. Quand vous générez une série de nombres aléatoires, il est impossible de connaître le nombre qui suivra en se basant sur ceux qui précèdent. Ils peuvent être utiles pour simuler aléatoirement des données que l'on ne possède pas encore.

Par exemple, un statisticien désire tester des calculs portant sur la répartition d'une population active majeure par âges. Il utilisera des nombres aléatoires entre 18 et 65, automatiquement générés par la fonction ALEA.

La fonction ALEA

La fonction ALEA ne possède pas d'argument et renvoie une valeur décimale *entre* 0 et 1. Elle ne retourne jamais ni 0, ni 1. Elle est saisie sous la forme suivante :

```
=ALEA()
```

La fonction ALEA renvoie un résultat comme 0,136852731, 0,856104058 ou 0,009277161. Que faire avec ce genre de nombres quand vous avez besoin, comme dans notre exemple, de chiffres comme 18 et 65 ? Une petite formule y pourvoira. Voici la formule permettant générer automatiquement des nombres aléatoires dans une fourchette s'étendant du nombre minimal (nbMin) au nombre maximal (nbMax) :

```
=ALEA()*(nbMax-nbMin)+ nbMin
```

Pour la fourchette entre18 et 65, la formule est :

```
=ALEA()*(65-18)+18
```

Elle produit des résultats de ce genre :

51,71777896

27,20727871

24,61657068

55,27298686

49,93632709

43,60069745

Ces nombres sont presque exploitables. « Presque », car personne ne dira qu'il a 27,2 ans. Il faudra dont arrondir le résultat avec la fonction ARRONDI ou supprimer ses décimales avec la fonction TRONQUE.

La syntaxe de la formule avec la fonction ARRONDI est la suivante :

```
=ARRONDI(ALEA()*(nbMax-nbMin)+ nbMin;0)
```

La syntaxe avec la fonction ENT est différente :

```
=ENT((nbMax-nbMin+1)*ALEA()+nbMin)
```

Le Tableau 8.1 montre les nombres aléatoires obtenus avec les fonctions ARRONDI et ENT.

Tableau 8.1 Les nombres aléatoires obtenus avec ARRONDI et ENT.

Valeur	Avec ENT	Avec ARRONDI
51,71777896	51	52
27,20727871	27	27
24,61657068	24	25
55,27298686	55	55
49,93632709	49	50
43,60069745	43	44

Le Tableau 8.1 met en évidence les résultats différents produits par les fonctions ENT et ARRONDI. Par exemple, avec arrondi, le résultat 51,71777896 est mieux arrondi à 52. N'oubliez pas que le second argument de cette fonction, 0 en l'occurrence, indique à la fonction qu'elle doit arrondir à l'entier le plus proche, que ce soit vers le haut ou vers le bas.

Les valeurs aléatoires sont volatiles. Chaque fois que la feuille de calcul est recalculée, les valeurs aléatoires changent. Ce comportement peut être évité en saisissant la formule directement dans la barre de formule et en appuyant sur les touches F9 puis Entrée.

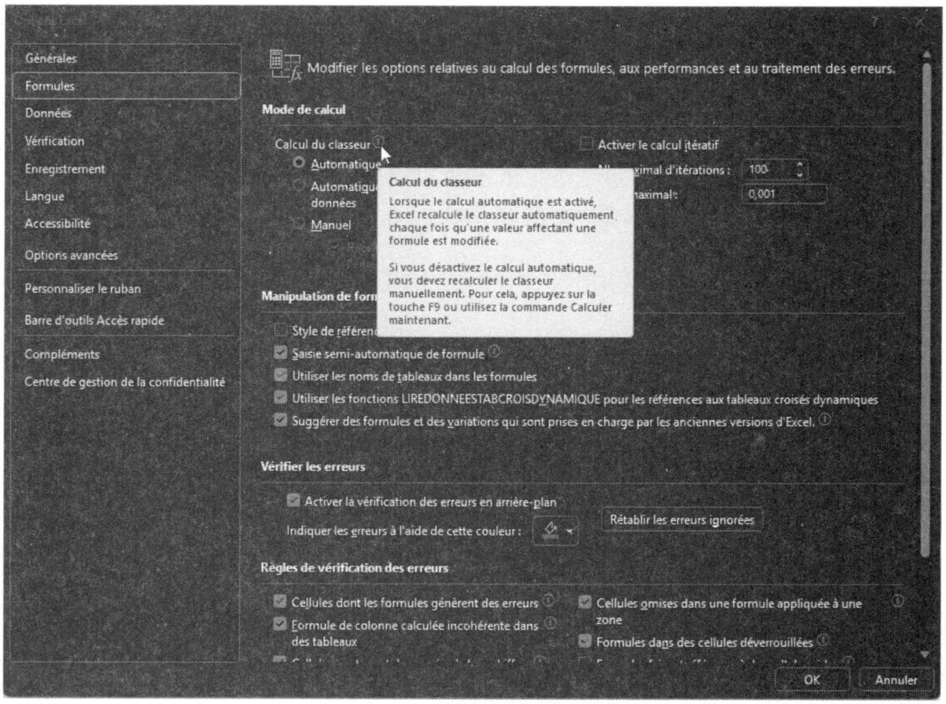

Figure 8.1 Les options de calcul d'Excel.

Un dernier point important à propos de la fonction ALEA : elle est liée au recalcul de la feuille. Chaque fois qu'un recalcul est effectué, la fonction affiche un nouveau nombre aléatoire. Par défaut, le recalcul automatique des feuilles de calcul est actif. Vous pouvez le désactiver dans les options d'Excel que montre la Figure 8.1.

Il est parfaitement possible de générer un nombre aléatoire et de le conserver quel que soit le mode de calcul actif (automatique ou manuel). La technique consiste à insérer la fonction ALEA dans une formule plus vaste, directement dans la barre de formule. Ceci fait, appuyez sur F9 puis sur Entrée. Ainsi, Excel calcule la formule et renvoie le nombre aléatoire sous la forme d'un chiffre qui ne changera plus. Mais si vous appuyez sur Entrée en omettant de taper sur la touche de fonction, le résultat sera différent à chaque utilisation de la feuille de calcul.

Le hasard précis avec ALEA.ENTRE.BORNES

La fonction ALEA renvoie une valeur entre 0 et 1. Il est possible d'obtenir un nombre dans une fourchette donnée en l'utilisant avec une autre fonction, comme ARRONDI. Or, il est possible d'obtenir directement cette fourchette entre des nombres entiers grâce à la fonction ALEA.ENTRE.BORNES.

ALEA.ENTRE.BORNES possède deux arguments : le nombre maximal et le nombre minimal. Seuls des entiers sont acceptés. Vous pouvez saisir des nombres réels, mais le résultat sera néanmoins un entier.

Voici comment utiliser ALEA.ENTRE.BORNES :

1. **Placez le curseur dans la cellule où le résultat doit apparaître.**

2. **Saisissez =ALEA.ENTRE.BORNES(.**

3. **Cliquez sur la cellule contenant la valeur minimale à prendre en compte, ou saisissez la valeur.**

4. **Saisissez un point-virgule ;.**

5. **Cliquez sur la cellule contenant la valeur maximale à prendre en compte, ou saisissez la valeur.**

6. **Saisissez la parenthèse fermante) et appuyez ensuite sur la touche Entrée.**

Par exemple, `=ALEA.ENTRE.BORNES(10;20)` renvoie un nombre aléatoire entre 10 et 20.

Les permutations

Vous connaissez sans doute les Beatles. Les quatre musiciens du groupe étaient John, Paul, George et Ringo. À moins que ce soit Ringo, John, George et Paul. À vrai dire, peu importe... C'est un simple exemple de permutation, une opération qui consiste à modifier l'ordre d'une liste d'éléments. Plus la liste est longue, plus le nombre de permutations est élevé.

La fonction PERMUTATION possède deux arguments : le nombre total d'éléments, et le nombre d'éléments à prendre en compte dans la permutation. Le résultat est un nombre entier. Voici la syntaxe de la fonction :

```
=PERMUTATION(nbÉlements;nbÉlements à utiliser)
```

Recourez à la permutation quand l'ordre des éléments est important.

Le nombre total d'éléments doit être égal ou supérieur que le nombre d'éléments à utiliser dans la permutation. Autrement, une erreur est générée.

Vous vous demandez peut-être pourquoi la fonction PERMUTATION utilise deux arguments. À première vue, il semblerait que le premier argument soit suffisant. Eh bien, pas tout à fait. Revenons aux Beatles – les subversives initiales du fabuleux *Lucy in the Sky with Diamonds...* – et voyons ce que donne la valeur 4 utilisée pour les deux arguments :

```
=PERMUTATION(4;4)
```

Selon le résultat, indique que 24 permutations sont possibles :

- John Paul George Ringo
- John Paul Ringo George
- John George Paul Ringo
- John George Ringo Paul
- John Ringo Paul George
- John Ringo George Paul

George John Paul Ringo
George John Ringo Paul
George Paul John Ringo
George Paul Ringo John
George Ringo John Paul
George Ringo Paul John

» Paul John George Ringo	Ringo John Paul George
» Paul John Ringo George	Ringo John George Paul
» Paul George John Ringo	Ringo Paul John George
» Paul George Ringo John	Ringo Paul George John
» Paul Ringo John George	Ringo George John Paul
» Paul Ringo George John	Ringo George Paul John

Si la fonction est modifiée de manière à ne permuter que 2 éléments à la fois sur un total de 4, elle ne renvoie que 12 permutations :

» John Paul	George John
» John George	George Paul
» John Ringo	George Ringo
» Paul John	Ringo John
» Paul George	Ringo Paul
» Paul Ringo	Ringo George

Si la valeur 2 avait été utilisée pour chacun des arguments, comme dans `=PERMUTATION(2;2)`, deux éléments seulement auraient été retournés. C'est pourquoi il est important, avec cette fonction, d'utiliser les valeurs correctes pour les deux arguments. Autrement, le résultat serait faux sans vous vous rendiez compte de l'erreur. C'est à vous de veiller à la validité des nombres utilisés.

Les combinaisons

La combinaison est similaire à la permutation, mais avec cependant une différence notable : l'ordre des éléments est intrinsèque aux permutations. La combinaison regroupe des éléments sans que leur ordre soit déterminant. Par exemple, « John Paul George Ringo » et « Ringo George Paul John » sont deux permutations distinctes mais sont aussi deux combinaisons identiques.

La *combinaison* est un regroupement d'éléments, indépendamment de leur ordre.

Les combinaisons sont régies par la fonction COMBIN, dont voici la syntaxe :

```
=COMBIN(nombreÉlements;nombreÉlements à utiliser)
```

Le premier argument est le nombre total d'éléments. Le second argument est le nombre d'éléments à utiliser pour déterminer les combinaisons. La fonction renvoie un seul nombre entier. Les arguments de COMBIN sont les mêmes que ceux de PERMUTATION. Le premier doit être égal ou supérieur au second.

Utiliser la valeur 4 dans les deux arguments, comme dans `=COMBIN(4;4)`, renvoie la valeur 1. Eh oui, il n'existe qu'une seule combinaison pour quatre éléments sélectionnés dans un total de quatre. Toujours à propos des Beatles, il n'existe qu'une seule combinaison pour ces quatre musiciens, car l'ordre de leurs prénoms n'a aucune importance.

Mais si vous ne retenez que deux éléments parmi quatre, comme dans `=COMBIN(4;2)`, le résultat est 6. Et bien sûr, sélectionner deux éléments parmi deux – `=COMBIN(2;2)` – renvoie 1. En fait, chaque fois que les deux arguments de COMBIN sont égaux, le résultat est 1.

Mettre à la puissance

Une légende raconte qu'un roi qui aimait jouer aux échecs décida de récompenser l'inventeur de ce jeu. Il lui demanda ce qui lui ferait plaisir. L'inventeur demanda que l'on place un grain de blé sur la première case du jeu puis, le jour suivant, deux grains de blé sur la case voisine. Au troisième jour il faudrait placer quatre grains, puis le jour d'après, huit grains. Bref, le principe consistait à doubler chaque jour le nombre de grains jusqu'à la 64e case. Le roi crut qu'il s'agissait d'une bien modeste demande. Mais en réalité, les réserves de blé du royaume n'y suffirent pas.

Au quinzième jour, la case correspondait à 16 384 grains de blé. Au vingtième jour, il y en avait 524 000. Et à la dernière case, ce sont exactement 9 223 372 036 854 780 000 grains qui s'ajoutèrent aux grains déjà donnés. Les réserves du royaume étaient cependant déjà vides la semaine précédente.

Ce spectaculaire accroissement est le résultat d'une succession de mises à la puissance. Cette puissance, en l'occurrence, est le nombre de fois qu'un nombre est multiplié par lui-même. La notation classique de la puissance est la mise en exposant : 2^3, par exemple. Une autre manière d'indiquer la puissance est l'accent circonflexe : 2^3. Ces deux exemples montrent ce que l'on appelle : 2 *puissance* 3.

Reprenons la légende du roi et de l'inventeur du jeu d'échecs. Le Tableau 8.2 montre la mise à la puissance et le résultat pour les dix premières cases de l'échiquier.

Tableau 8.2 La mise à la puissance d'un nombre.

Jour (case)	Puissance	Notation	Représentation arithmétique	Résultat
1	0	2^0	1	1
2	1	2^1	2	2
3	2	2^2	2 × 2	4
4	3	2^3	2 × 2 × 2	8
5	4	2^4	2 × 2 × 2 × 2	16
6	5	2^5	2 × 2 × 2 × 2 × 2	32
7	6	2^6	2 × 2 × 2 × 2 × 2 × 2	64
8	7	2^7	2 × 2 × 2 × 2 × 2 × 2 × 2	128
9	8	2^8	2 × 2 × 2 × 2 × 2 × 2 × 2 × 2	256
10	9	2^9	2 × 2 × 2 × 2 × 2 × 2 × 2 × 2 × 2	512

Le principe est assez simple. À chaque fois que la puissance est augmentée de 1, le résultat double. Remarquez qu'à la première ligne, 2 est mis à la puissance 0. N'est-ce pas étrange ? Pas vraiment, car tout nombre mis à la puissance 0 est égal à 1. Remarquez aussi que tout nombre mis à la puissance 1 est égal à lui-même.

Excel est doté de la fonction PUISSANCE dont la syntaxe est :

```
=PUISSANCE(nombre;puissance)
```

Les deux arguments peuvent être des nombres entiers ou réels, et les nombres négatifs sont autorisés.

Dans une feuille de calcul, la fonction PUISSANCE ou l'accent circonflexe sont utilisables. Par exemple, dans une cellule, vous pouvez aussi bien saisir `=PUISSANCE(4;3)` que `=4^3` ; dans les deux cas, le résultat est identique. Notez que l'accent circonflexe à utiliser n'est pas obtenu avec la touche morte utilisée pour accentuer une voyelle, mais avec les touches Alt Gr+9.

Multiplier de multiples nombres

La fonction PRODUIT sert à multiplier jusqu'à 255 nombres entre eux. Sa syntaxe est :

```
=PRODUIT(nombre1;nombre2;...)
```

Des références de cellules peuvent être utilisées comme arguments ainsi que des nombres, et bien sûr, un mélange des deux. Ces formules sont donc parfaitement valides :

```
=PRODUIT(A2;B15;C20)
=PRODUIT(5;8;22)
=PRODUIT(A10;5;B9)
```

Vous pouvez même utiliser des plages de cellules, comme ici :

```
=PRODUIT(B85:B88;C85:C88;D86:D88)
```

Voici comment utiliser la fonction PRODUIT :

1. **Saisissez des valeurs dans une feuille de calcul.**

   Peu importe où elles se trouvent. Vous pouvez aussi les disposer dans une colonne ou sur une ligne.

2. **Placez le curseur dans la cellule où le résultat doit apparaître.**

3. **Saisissez =PRODUIT(.**

4. **Cliquez sur une cellule contenant un nombre.**

   Ou alors, cliquez au début d'une plage de cellules puis, bouton de la souris enfoncé, tirez jusqu'à l'autre extrémité de la plage.

5. **Saisissez un point-virgule ;.**

6. **Répétez les Étapes 4 et 5 jusqu'à 254 fois.**

   Soit un maximum de 255 arguments.

7. **Saisissez la parenthèse fermante) et appuyez ensuite sur la touche Entrée.**

Le résultat est celui de la multiplication de tous les arguments entre eux. Avec une calculette, vous auriez sans doute des ampoules aux doigts…

La Figure 8.2 montre la fonction PRODUIT à l'œuvre.

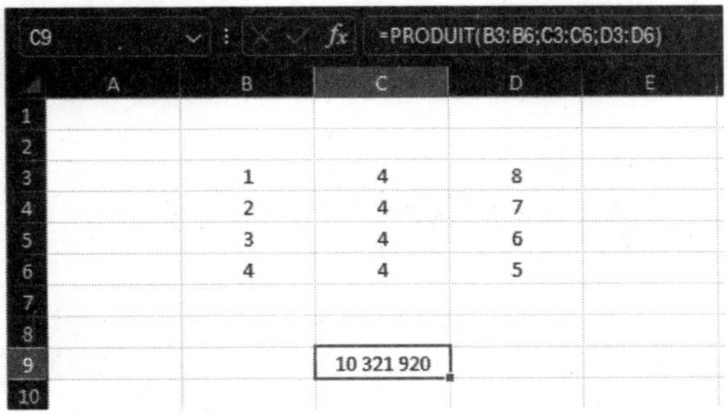

Figure 8.2
La multiplication entre eux de tous les chiffres de trois plages de cellules.

Utiliser le reste avec la fonction MOD

La fonction MOD – pour *modulo* – renvoie le reste d'une division. Elle possède deux arguments : le nombre à diviser et le diviseur. Sa syntaxe est :

```
=MOD(nombre;diviseur)
```

Voici quelques exemples d'utilisation de la fonction MOD :

`=MOD(12;6)` **renvoie 0**

`=MOD(14;5)` **renvoie 4**

`=MOD(27;7)` **renvoie 6**

`=MOD(25;10)` **renvoie 5**

`=MOD(-25;-10)` **renvoie -5**

`=MOD(15,675;8,25)` **renvoie 7,425**

Le signe de la valeur renvoyée est toujours le même que le signe du diviseur.

La fonction MOD peut servir à déterminer si un nombre est pair ou impair. En utilisant 2 comme second argument, la valeur renvoyée est 0 lorsque le premier argument est pair, et 1 lorsqu'il est impair.

Mais à quoi peut bien servir cette fonction ? Eh bien, entre autres à vérifier si un nombre est pair ou impair. La puissance de MOD apparaît lorsque vous testez une référence ou une formule comme `=MOD(D12-G15;2)`. Dans une feuille de calcul complexe, truffée de formules, il n'est pas toujours facile de savoir quand le nombre d'une cellule est pair ou impair.

La fonction MOD peut aussi servir à identifier les cellules qui sont des multiples du diviseur, comme le montre la Figure 8.3.

Figure 8.3 Utiliser MOD pour trouver des valeurs spécifiques.

C4 | =MOD(A4;10)

	A	B	C
1	Données	=MOD(*valeur*;4)	=MOD(*valeur*;10)
2	39	3	9
3	16	0	6
4	10	2	0
5	14	2	4
6	55	3	5
7	93	1	3
8	68	0	8
9	70	2	0
10	44	0	4
11	40	0	0
12	32	0	2
13	38	2	8
14	77	1	7
15	90	2	0
16	45	1	5

Dans la Figure 8.3, la première ligne contient les exemples de formules utilisées dans les colonnes B et C, à partir de la Ligne 2. La colonne A contient les nombres qui seront évalués avec la fonction MOD. S'il s'agit de rechercher des multiples de 4, cette valeur sera utilisée comme second argument. Le résultat sera 0 pour chacun des nombres qui sont des multiples de 4. C'est parfaitement évident en comparant les chiffres de la colonne A avec les résultats de la colonne B.

La même approche est utilisée dans la colonne C, sauf qu'ici, le diviseur est 10. Cette colonne indique les multiples de 10 parmi les nombres de la colonne A. C'est le cas lorsque le résultat est 0.

C'est là un exemple d'utilisation dans une feuille de calcul.

NdT : la fonction MOD est également utile pour déterminer les minutes dans un calcul de temps. Supposons que vous ayez totalisé un nombre d'heures dans une cellule, et un nombre de minutes dans la cellule juste à côté. Pour que le total des minutes affiché s'étende uniquement de 0 à 59, vous utiliserez la formule suivante :

```
=MOD(plage_minutes;60)
```

De ce fait, si le total est 75, par exemple, la cellule contenant la fonction MOD affichera 15. Dans la cellule contenant le total des heures, un test ajoutera 1 au total, afin de prendre en compte les 60 minutes restantes.

On totalise tout

Nous avons vu comment totaliser des nombres avec la fonction SOMME. C'est vraiment un jeu d'enfant. Mais Excel peut faire beaucoup mieux.

Les quelques fonctions que nous étudierons à présent sont vraiment sympas et portent des noms aussi poétiques que SOUS.TOTAL, SOMMEPROD, SOMME.SI et SOMME.SI.ENS.

Calculer un sous-total

La fonction SOUS.TOTAL est performante. Au lieu de n'effectuer qu'un seul calcul, elle en fait jusqu'à 11 selon vos besoins. Mieux : ces calculs peuvent être effectués sur des plages comptant jusqu'à 255 chiffres. Ceci permet d'obtenir exactement le type de sommaire que vous désirez sans recourir à des ensembles de formules compliqués. La syntaxe de SOUS.TOTAL est :

```
=SOUS.TOTAL(numéro_de_fonction;plage1;plage2;...)
```

Le premier argument indique la fonction à utiliser pour calculer les sous-totaux. Il peut avoir n'importe lequel des chiffres représentés dans le Tableau 8.3. Les autres arguments sont les plages de cellules contenant les nombres à utiliser dans le calcul.

Tableau 8.3 Les numéros de fonction de SOUS.TOTAL.

Numéro de fonction (premier argument)	Fonction	Description
1	MOYENNE	Renvoie la valeur moyenne d'un ensemble de nombres.
2	NB	Renvoie le nombre de cellules contenant des nombres, et aussi les nombres dans la liste des arguments.
3	NBVAL	Renvoie le nombre de cellules non vides, et seulement les valeurs non vides dans la liste des arguments.
4	MAX	Renvoie la valeur maximale d'un ensemble de nombres.
5	MIN	Renvoie la valeur minimale d'un ensemble de nombres.
6	PRODUIT	Renvoie le produit d'un ensemble de nombres.
7	ECARTYPE	Renvoie la dispersion standard d'un échantillon de valeurs.
8	ECARTYPEP	Renvoie la dispersion standard d'une population entière, y compris les valeurs textuelles et logiques.

Tableau 8.3 Les numéros de fonction de SOUS.TOTAL.

Numéro de fonction (premier argument)	Fonction	Description
9	SOMME	Renvoie la somme d'un ensemble de nombres.
10	VAR	Renvoie la variance en se basant sur un échantillon.
11	VAR.P	Renvoie la variance en se basant sur la totalité d'une population.

La Figure 8.4 montre quelques utilisations de la fonction SOUS.TOTAL. Les données brutes se trouvent dans la colonne A. Les résultats des fonctions utilisées en premier argument apparaissent dans la colonne C. Les formules utilisées se trouvent dans la colonne E.

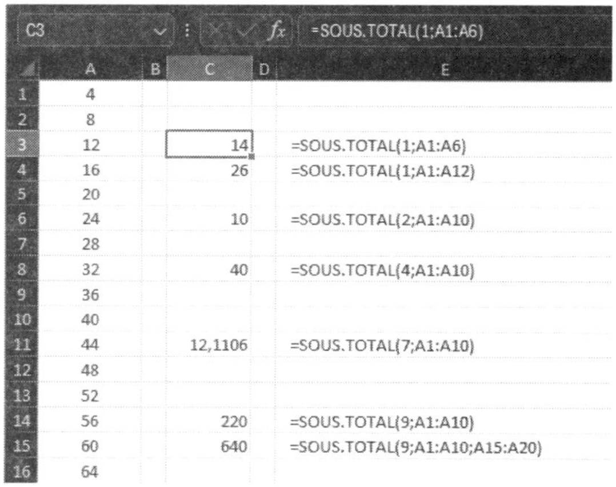

C3 =SOUS.TOTAL(1;A1:A6)

	A	B	C	D	E
1	4				
2	8				
3	12		14		=SOUS.TOTAL(1;A1:A6)
4	16		26		=SOUS.TOTAL(1;A1:A12)
5	20				
6	24		10		=SOUS.TOTAL(2;A1:A10)
7	28				
8	32		40		=SOUS.TOTAL(4;A1:A10)
9	36				
10	40				
11	44		12,1106		=SOUS.TOTAL(7;A1:A10)
12	48				
13	52				
14	56		220		=SOUS.TOTAL(9;A1:A10)
15	60		640		=SOUS.TOTAL(9;A1:A10;A15:A20)
16	64				

Figure 8.4 Quelques variantes de la fonction SOUS.TOTAL.

Nommer les plages est très utile avec la fonction SOUS.TOTAL. Par exemple, une formule comme celle qui suit est particulièrement limpide lorsqu'il s'agit de calculer la moyenne des ventes du dernier trimestre :

```
=SOUS.TOTAL(1;Ventes_oct;Ventes_nov;Ventes_dec)
```

D'autres nombres peuvent être utilisés comme numéro de fonction, c'est-à-dire comme premier argument de SOUS.TOTAL. Ils commencent à 101 et se suivent comme dans le Tableau 8.3. Par exemple, 101 correspond à la fonction MOYENNE, 102 à la fonction NB et ainsi de suite.

Pour les numéros de fonction 1 à 11, toutes les valeurs sont des plages. Les numéros de fonction 101 à 111 demandent à la fonction d'ignorer les valeurs qui se trouvent dans des colonnes ou dans des lignes masquées. La Figure 8.5 montre la fonction SOUS.TOTAL utilisée avec les deux types de numéros de fonction. Dans la Figure 8.5, la partie gauche n'a pas changé par rapport à la figure précédente. Par exemple, dans la cellule C3, le résultat, 14, est toujours la moyenne de la plage A1:A6. En revanche, dans la cellule G3 qui se réfère à la même plage de cellules, le résultat est 15,2 parce que la ligne 2 est masquée et que de ce fait, le contenu de la cellule A2 n'a pas été pris en compte par la fonction SOUS.TOTAL.

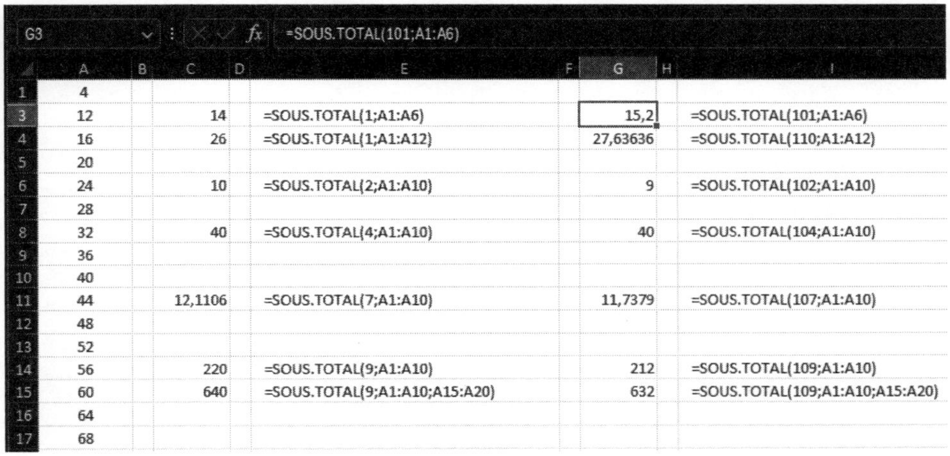

G3 =SOUS.TOTAL(101;A1:A6)

	A	B	C	D	E	F	G	H	I
1	4								
3	12		14		=SOUS.TOTAL(1;A1:A6)		15,2		=SOUS.TOTAL(101;A1:A6)
4	16		26		=SOUS.TOTAL(1;A1:A12)		27,63636		=SOUS.TOTAL(110;A1:A12)
5	20								
6	24		10		=SOUS.TOTAL(2;A1:A10)		9		=SOUS.TOTAL(102;A1:A10)
7	28								
8	32		40		=SOUS.TOTAL(4;A1:A10)		40		=SOUS.TOTAL(104;A1:A10)
9	36								
10	40								
11	44		12,1106		=SOUS.TOTAL(7;A1:A10)		11,7379		=SOUS.TOTAL(107;A1:A10)
12	48								
13	52								
14	56		220		=SOUS.TOTAL(9;A1:A10)		212		=SOUS.TOTAL(109;A1:A10)
15	60		640		=SOUS.TOTAL(9;A1:A10;A15:A20)		632		=SOUS.TOTAL(109;A1:A10;A15:A20)
16	64								
17	68								

Figure 8.5 Dans la colonne G, la fonction SOUS.TOTAL ignore les valeurs masquées.

La fonction SOMMEPROD

La fonction SOMMEPROD multiplie les valeurs présentes au même emplacement dans plusieurs plages, puis elle effectue la somme de ces produits. Sa syntaxe est :

```
=SOMMEPROD(plage1;plage2;...)
```

Les arguments de SOMMEPROD doivent être des plages, bien qu'une plage puisse n'être qu'une simple valeur. En revanche, toutes les plages doivent être de même taille (même nombre de lignes et même nombre de colonnes). Jusqu'à 255 plages sont autorisées, et le minimum est de 2 plages.

La fonction SOMMEPROD commence par multiplier les éléments selon leur emplacement dans les plages, puis elle totalise tous les résultats. Pour vous faire une idée du fonctionnement, jetez un coup d'œil à la Figure 8.6. Pour faciliter les explications, des lettres ont été placées dans les plages au lieu de nombres. Nous supposerons que la formule suivante à été placée dans la feuille de calcul :

```
=SOMMEPROD(B2:C4;E2:F4;H2:I4)
```

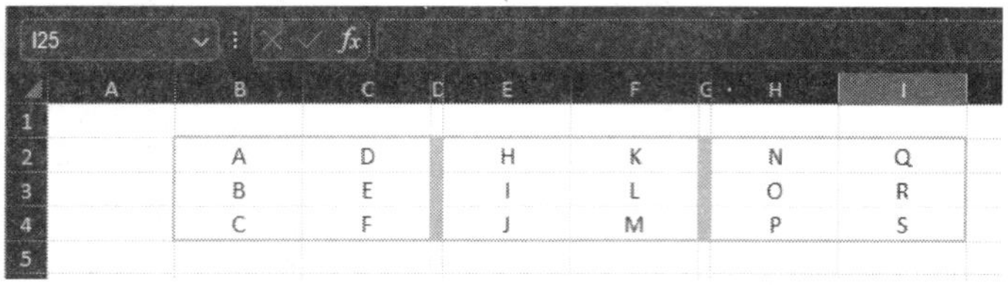

Figure 8.6 Les étapes de calcul de SOMMEPROD. Trois plages ont été définies.

SOMMEPROD obtient le résultat au terme d'une série d'étapes au cours desquelles elle multiplie le contenu des cellules puis totalise les résultats :

1. **[A] fois [H] fois [N] puis mémorisation du résultat.**
2. **[D] fois [K] fois [Q] puis mémorisation du résultat.**
3. **[B] fois [I] fois [O] puis mémorisation du résultat.**
4. **[E] fois [L] fois [R] puis mémorisation du résultat.**
5. **[C] fois [J] fois [P] puis mémorisation du résultat.**
6. **[F] fois [M] fois [S] puis mémorisation du résultat.**
7. **Totalisation des six résultats pour obtenir la somme finale.**

Soyez très prudent lorsque vous utilisez la fonction SOMMEPROD. Il est en effet facile de présumer que la fonction totalisera les produits de chacune des plages, ce qui n'est pas le cas. SOMMEPROD multiplie en effet les données occupant le même emplacement dans chacune des plages.

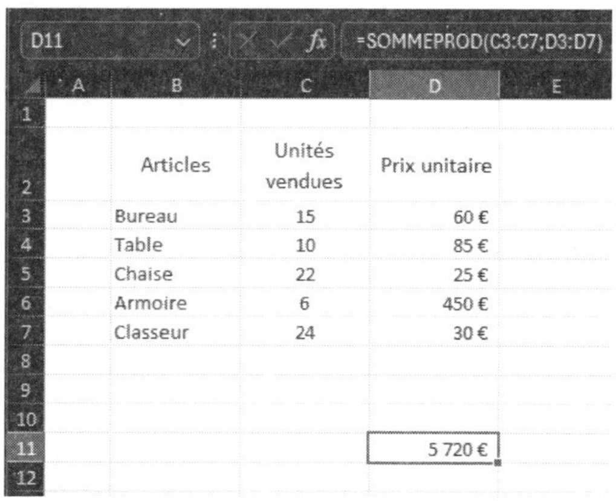

Figure 8.7 Le total général délivré sans étape intermédiaire.

La fonction SOMMEPROD peut certes paraître déroutante, mais elle n'en est pas moins très performante. Supposons que vous disposiez d'une liste de nombre d'articles vendus et d'une autre contenant les prix. Vous voulez connaître le total des ventes (nombre d'unités vendues fois prix unitaire).

Auparavant, vous auriez ajouté une colonne supplémentaire afin de multiplier chaque article vendu par son prix. Puis vous auriez fait la somme de ces valeurs intermédiaires. Aujourd'hui, avec SOMMEPROD, vous obtenez le résultat final d'un seul coup. La Figure 8.7 montre comment une seule cellule affiche le total général, sans aucune étape intermédiaire.

Calculer avec SOMME.SI

SOMME.SI est l'une des fonctions très appréciables d'Excel. Dans une plage de valeurs, elle ne totalise que les valeurs répondant à certains critères. Ce critère peut se trouver dans la même colonne que la totalisation, ou dans une colonne adjacente.

Supposons que vous ayez concocté une feuille de calcul pour suivre le chiffre d'affaires de plusieurs boutiques que vous gérez. Pour chacune d'elle, vous saisissez la date du relevé dans colonne A, le chiffre d'affaires dans la colonne B et le nom de la boutique dans la colonne C. Vous utiliserez ensuite la fonction SOMME.SI pour indiquer à Excel qu'il ne doit totaliser que les chiffres de la boutique « Perlimpinpin ».

	A	B	C	D
1	DATE	CHIFFRE D'AFFAIRE	BOUTIQUE	
2				
3	12 avril 2013	1 504,00 €	Perlimpinpin	
4	15 avril 2013	2 690,65 €	Bibip-Coincoin	
5	16 avril 2013	4 225,05 €	Perlimpinpin	
6	17 avril 2013	1 210,70 €	Bouff'room	
7	22 avril 2013	2 695,10 €	Perlimpinpin	
8	30 avril 2013	5 600,30 €	Boissansoif	
9	4 mai 2013	2 025,05 €	Bouff'room	
10	5 mai 2013	1 855,00 €	Bibip-Coincoin	
11	9 mai 2013	795,00 €	Bouff'room	
12	15 mai 2013	3 510,10 €	Perlimpinpin	
13	18 mai 2013	3 880,45 €	Bibip-Coincoin	
14	22 mai 2013	4 235,50 €	Boissansoif	
15	26 mai 2013	4 375,90 €	Perlimpinpin	
16				
17				
18	Chiffre d'affaire de Perlimpinpin :		16 310,15 €	
19				

Figure 8.8 Une totalisation sélective opérée avec la fonction SOMME.SI.

La Figure 8.8 illustre cet exemple : les dates des relevés, les chiffres et les noms de boutique sont répartis dans les trois colonnes. SOMME.SI calcule le chiffre d'affaires total de la boutique Perlimpinpin avec cette formule :

```
=SOMME.SI(C3:C15;"Perlimpinpin";B3:B15)
```

Notez bien ces deux points importants à propos de la fonction SOMME.SI :

- **Le deuxième argument accepte de nombreuses expressions, notamment les opérateurs logiques > (supérieur à) et < (inférieur à). Par exemple, si une colonne contient des noms de régions comme Nord, Sud, Est et Ouest, un critère pourrait être <>Nord, ce qui renvoie le total de toutes les régions excepté la région Nord.**
- **Des résultats imprévisibles peuvent se produire lorsque les plages des deuxième et troisième arguments ne sont pas de la même taille.**

Voici comment utiliser la fonction SOMME.SI :

1. **Saisissez deux plages de valeurs dans une feuille de calcul.**

   L'une au moins doit contenir des valeurs numériques. Veillez à ce que les plages soient exactement de la même taille.

2. **Placez le curseur dans la cellule où le résultat doit apparaître.**
3. **Saisissez =SOMME.SI(.**
4. **Sélectionnez la plage de cellules ne contenant pas les valeurs numériques.**

   Dans notre exemple, c'est une liste de noms de boutiques.

5. **Saisissez un point-virgule ;.**
6. **Sélectionnez une cellule dans la première plage.**

   C'est le critère.

7. **Saisissez un point-virgule ;.**
8. **Sélectionnez la plage de cellules contenant les valeurs numériques.**

   Dans notre exemple, ce sont les chiffres d'affaires.

9. **Saisissez la parenthèse fermante) et appuyez ensuite sur la touche Entrée.**

Le résultat renvoyé par la fonction SOMME.SI est la somme des valeurs numériques correspondant, dans la liste de noms, à chaque occurrence du critère.

Par exemple, dans la Figure 8.8, SOMME.SI n'a totalisé que les chiffres d'affaires de la boutique Perlimpinpin, mais sans utiliser les dates. Comment ferions-nous pour ne calculer que les sommes du mois d'avril pour cette même boutique ? Pour ce genre de calcul, Excel nous propose une autre fonction : SOMME. SI.ENS. Elle permet d'appliquer des conditions à la totalisation.

La syntaxe de SOMME.SI.ENS est un peu différente de celle que nous venons d'étudier. Voici sa structure :

```
=SOMME.SI.ENS(plage_à_totaliser;plage_de_critères1;critère1; plage_de_
critères2;critère2)
```

La plage de valeurs numériques doit être entrée en premier, suivie par des paires composées d'une plage de critères et du critère lui-même. Dans la Figure 8.9, la formule est :

```
=SOMME.SI.ENS(B3:B15;A3:A15;"<1 mai 2013";C3:C15;"Perlimpinpin")
```

Figure 8.9

Un filtrage de date opéré avec la fonction SOMME. SI.ENS.

C18 =SOMME.SI.ENS(B3:B15;A3:A15;"<1 mai 2025";C3:C15;"Perlimpinpin")

	A	B	C	D	E	F
1	DATE	CHIFFRE D'AFFAIRE	BOUTIQUE			
2						
3	12 avril 2025	1 504,00 €	Perlimpinpin			
4	15 avril 2025	2 690,65 €	Bibip-Coincoin			
5	16 avril 2025	4 225,05 €	Perlimpinpin			
6	17 avril 2025	1 210,70 €	Bouff'room			
7	22 avril 2025	2 695,10 €	Perlimpinpin			
8	30 avril 2025	5 600,30 €	Boissansoif			
9	4 mai 2025	2 025,05 €	Bouff'room			
10	5 mai 2025	1 855,00 €	Bibip-Coincoin			
11	9 mai 2025	795,00 €	Bouff'room			
12	15 mai 2025	3 510,10 €	Perlimpinpin			
13	18 mai 2025	3 880,45 €	Bibip-Coincoin			
14	22 mai 2025	4 235,50 €	Boissansoif			
15	26 mai 2025	4 375,90 €	Perlimpinpin			
16						
17						
18	Chiffre d'affaire de Perlimpinpin :		8 424,15 €			
19						

La fonction prélève les valeurs sources dans la plage B3:B15. Les cellules A1:A15 contiennent la première plage de critères. Le texte « 1 mai 2013 » est le critère. La formule demande à la fonction SOMME.SI.ENS de rechercher toutes les dates inférieures au 1er mai 2013, ce qui est une manière de filtrer les données afin de ne retenir que les dates du mois d'avril. Une seconde plage de critères est ensuite mentionnée, C3:C15, dans laquelle la formule doit rechercher « Perlimpinpin ». Le résultat final est la somme des trois nombres répondant au critère : 1504,00 + 4225,05 + 2695,10. Ce sont en effet les trois seules valeurs du mois d'avril pour Perlimpinpin.

Un peu de trigonométrie

La trigonométrie n'est pas le genre de matière qui épouvante Excel. Les cosinus et les tangentes l'amusent beaucoup. Oui bien, sûr, ce n'est pas le cas de tout le monde....

Les trois fonctions trigonométriques élémentaires

Le sinus, le cosinus et la tangente sont les valeurs les plus communément utilisées dans les calculs trigonométriques. Elles définissent les relations entre les angles et les côtés d'un triangle.

Dans la Figure 8.10, la colonne A contient des angles. Les colonnes B, C et D contiennent respectivement les sinus, cosinus et tangentes.

Figure 8.10 Un tableau utilisant les fonctions SIN, COS et TAN.

B3 =SIN(RADIANS(A3))

	A	B	C	D
1	Angle (en degrés)	Sinus	Cosinus	Tangente
2				
3	23	0,390731128	0,920504853	0,424474816
4	45	0,707106781	0,707106781	1
5	60	0,866025404	0,5	1,732050808
6	90	1	6,12574E-17	1,63246E+16
7	129	0,777145961	-0,629320391	-1,234897157
8	180	1,22515E-16	-1	-1,22515E-16
9	200	-0,342020143	-0,939692621	0,363970234
10	360	-2,4503E-16	1	-2,4503E-16
11				

Les fonctions SIN, COS et TAN n'ont qu'un seul argument : l'angle. Elles renvoient la valeur correspondante. Lorsque l'angle est exprimé en radians, la syntaxe est la suivante :

```
=SIN(angle)
=COS(angle)
=TAN(angle)
```

En revanche, si les angles sont exprimés en degrés, une conversion est nécessaire à l'aide de la fonction RADIANS :

```
=SIN(RADIANS(angle))
=COS(RADIANS(angle))
=TAN(RADIANS(angle))
```

Ce qui nous amène aux...

Degrés et radians

Un angle est exprimé en degrés ou en radians. Le degré est une unité qui nous est familière. Chacun sait qu'un cercle compte 360 degrés, qu'un demi-tour s'effectue à 180 degrés et qu'un angle droit est un angle à 90 degrés.

Le radian est égal à $180/\pi$ tandis que le degré est égal à $\pi/180$. Un radian est aussi égal à environ 57,3 degrés.

Le nombre π est approximativement égal à 3,14159.

Excel est doté de deux fonctions de conversion : RADIANS, qui convertit des degrés en radians, et DEGRES, qui convertit des radians en degrés. Chacune de ces fonctions possède un seul argument :

```
=RADIANS(angle_en_degrés)
=DEGRES(angle_en_radians)
```

Par exemple, nous pouvons vérifier que 90 degrés équivalent à 1,5707963267949 radians, tandis que 1.5707963267949 radians équivalent à 90 degrés.

Rien à voir avec un gros rouge qui titre 13 degrés d'alcool… Le convertir en radians ne le bonifiera pas.

Troisième partie

Les statistiques

DANS CETTE PARTIE…

S'initier aux statistiques.

•

Estimer une tâche.

•

Simuler et déterminer des probabilités

DANS CE CHAPITRE

La terminologie des statistiques.

Déterminer les tendances dans un échantillon de données.

Analyser la distribution dans un échantillon de données.

Rechercher des similarités entre deux échantillons de données.

Analyser par intervalles et centiles.

Compter des éléments dans un échantillon de données.

Chapitre 9

La courbe des statistiques

Ouvrez un journal ou regardez la télévision, et vous serez bombardé de chiffres : un indice de confiance de 3 pour la météo du lendemain, une hausse de 1,25 point du CAC40, une baisse des accidents de la route de 7 %, le club de foot local qui l'emporte par 2 à 0...

Les statistiques révèlent le cours du monde. Mais elles peuvent aussi mentir, masquer, omettre, semer le doute et la confusion. Si toute votre famille a aimé le restaurant où vous avez déjeuné, 100 % en ont une appréciation favorable. Mais cette statistique est-elle pour autant applicable à tous les habitants de la ville?

Les statistiques sont classiquement divisées en deux catégories : les statistiques *descriptives,* couvertes dans ce chapitre, aident à synthétiser et comprendre les données. Les statistiques *inductives,* couvertes au Chapitre 10, servent à tirer des conclusions à partir de comparaisons de données.

MOYENNE, MEDIANE et MODE

Êtes-vous de taille moyenne ? Votre revenu est-il dans la moyenne ? Les résultats scolaires de vos enfants sont-ils au-dessus de la moyenne ? Il existe plusieurs manières de déterminer la valeur moyenne à partie d'un ensemble de valeurs. Trois fonctions d'Excel permettent de calculer la moyenne, la médiane et le mode, c'est-à-dire la valeur qui apparaît le plus souvent dans une liste.

Le terme *population* désigne tous les points ou données mesurables, alors que le terme *échantillon* se rapporte aux mesures, ou points de données, dont vous disposez. Par exemple, lorsque vous étudiez un vote politique, par exemple, la population est l'ensemble des électeurs inscrits de la circonscription, tandis que l'échantillon est l'ensemble des votants qui se sont exprimés.

Techniquement, le terme *moyen* se rapporte à une valeur moyenne. Mais dans le langage courant, il est souvent employé à la place de *médiane* ou à la place de *mode*. Ceci conduit à toutes sortes d'affirmations clamées haut et fort par des publicitaires désireux de prouver que leur campagne est une réussite.

Il est important de bien comprendre la différence entre moyenne, médiane et mode :

» **Moyenne :** la moyenne est valeur calculée. Elle est le résultat de l'addition d'une liste ou d'un ensemble de valeurs dont le résultat est ensuite divisé par le nombre de valeurs. Par exemple, la moyenne de 1, 2, 3 est égale à 2. On obtient ce résultat par (1 + 2 + 3) ÷ 3 ou par 6 ÷ 3.

» **Médiane :** la médiane est la valeur située au milieu dans une liste de valeurs triée. Si la liste triée compte un nombre impair de valeurs, la valeur médiane se trouve exactement au milieu. Si la liste comprend un nombre pair de valeurs, il n'existe pas de valeur du milieu. Dans ce cas, la valeur médiane est la moyenne des deux valeurs du milieu. Par exemple, dans la liste impaire 1, 2, 3, 4, 5, la valeur médiane est 3. En revanche, dans la liste paire 1, 2, 3, 4, 5, 6, la valeur médiane est 3,5 (la moyenne des deux valeurs 3 et 4 situées au milieu de la liste).

» **Mode :** c'est la valeur qui apparaît le plus souvent dans une liste. Elle peut ne pas exister. Par exemple, la liste de valeurs 1, 2, 3, 4, ne comprend aucun mode car chaque chiffre apparaît le même nombre de fois. Mais dans la liste 1, 2, 3, 3, 4, le mode est 3 car il apparaît deux fois alors que les autres nombres n'apparaissent qu'une fois.

Moyenne, médiane et mode sont parfois appelées *mesures des tendances centrales* car elles servent à réduire un échantillon de données à une seule statistique.

Passons à la pratique. Les étapes qui suivent produisent trois résultats dans la feuille de calcul grâce aux fonctions MOYENNE, MEDIANE et MODE :

1. **Saisissez une liste de nombres.**
2. **Placez le curseur dans la cellule devant afficher la moyenne des nombres.**
3. **Saisissez** =MOYENNE(.
4. **Tirez le pointeur par-dessus la liste de nombres ou saisissez l'adresse de sa plage de cellules.**
5. **Saisissez la parenthèse fermante) afin de terminer la fonction MOYENNE.**
6. **Placez le curseur dans la cellule devant afficher la valeur médiane des nombres.**
7. **Saisissez** =MEDIANE(.
8. **Tirez le pointeur par-dessus la liste de nombres ou saisissez l'adresse de sa plage de cellules.**
9. **Saisissez la parenthèse fermante) afin de terminer la fonction MEDIANE.**
10. **Placez le curseur dans la cellule devant afficher le mode des nombres.**
11. **Saisissez** =MODE.SIMPLE(.
12. **Tirez le pointeur par-dessus la liste de nombres ou saisissez l'adresse de sa plage de cellules.**
13. **Saisissez la parenthèse fermante) afin de terminer la fonction MODE.**

Selon les nombres que vous avez saisis, les trois résultats peuvent être identiques (mais c'est très peu probable), presque pareils ou vraiment différents. La fonction MODE renvoie `#N/A` s'il n'y pas de valeurs répétitives parmi les données.

Supposons que trois personnes testent une nouvelle pâte dentifrice pendant six mois, après quoi elles vont chez le dentiste. Deux ne présentent aucune carie. La pâte dentifrice est géniale ! La troisième en a trois. Bon ben euh…

Personne	Caries
A	0
B	0
C	3

Le nombre moyen de caries pour ce groupe est 1. Ce n'est pas un bon chiffre pour la pâte dentifrice car cela présume que chaque personne qui l'utilisera aura une dent cariée. Par ailleurs, la valeur médiane est 0 car elle correspond à la valeur située au milieu de la liste. Le mode est aussi égal à 0 car ce chiffre apparaît le plus souvent. Comme vous le constatez, les statistiques prouvent que la nouvelle pâte dentifrice est très protectrice.... à condition de choisir le calcul le plus favorable.

Prenons un autre exemple. La Figure 9.1 montre la moyenne, la médiane et le mode appliqués aux résultats d'un test.

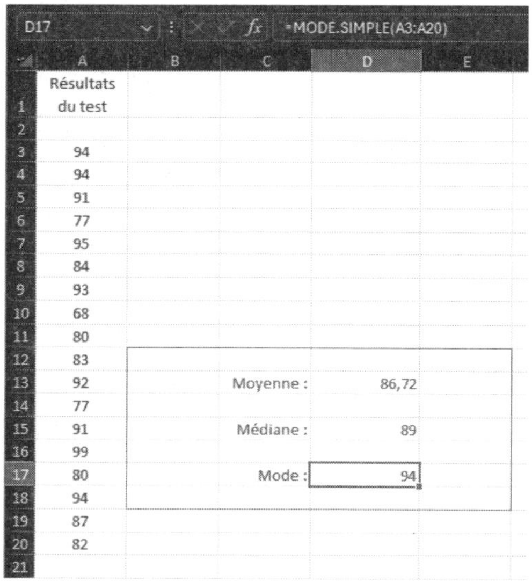

Figure 9.1 Définir les tendances centrales des résultats d'un test.

Comme presque toujours, les trois résultats sont différents. La moyenne des tests est 86,72. Mais la personne qui a conduit ces tests tient à mettre en avant de bons résultats. Elle soulignera donc que les résultats les plus fréquents sont 94. Certes, ce chiffre apparaît à trois reprises. Mais est-il véritablement représentatif de l'ensemble? Probablement pas.

Utiliser les trois fonctions MOYENNE, MEDIANE et MODE qui produisent des tendances centrales peut donner des résultats intéressants, mais aussi trompeurs. Cet exemple montre la disparité des résultats à partir de données identiques. Voici à présent les données de six clients, autrement dit ce qu'ils ont dépensé dans le magasin :

Client	Ses achats
A	300 €
B	90 €
C	2 600 €
D	850 €
E	28 400 €
F	300 €

La moyenne de leurs achats est de 5423,33 euros. La valeur médiane est de 575 € et le mode de 300 €. Ces trois résultats sont très disparates. Lequel représente le mieux la somme qu'un client a dépensée au cours de l'année?

Le problème, dans cet ensemble de données, est qu'une valeur – 28400 euros – est si élevée par rapport aux autres qu'elle fausse le résultat. Elle laisse à penser que chaque client achète pour environ 5423 euros de marchandises. Mais en examinant les données, l'on se rend compte qu'en réalité, un seul client a beaucoup acheté. Aucun des clients A, B, C, D et F n'a dépensé une somme approchant de 5423 euros. Comment, alors, déterminer leur moyenne?

La Figure 9.2 montre un cas où l'une des valeurs notablement différente des autres fausse la moyenne. Dans la même figure, le calcul est répété, mais sans le client exceptionnel. Si vous modifiez les dépenses d'un autre client, comme F qui dépenserait 1000 euros, la moyenne ne changerait pas beaucoup.

Dans le cas de figure 2, le client E a été supprimé. La moyenne et la médiane sont plus proches l'une de l'autre : respectivement 968 et 850 euros. Chacun de ces chiffres représente de manière crédible ce que les clients ont dépensé.

Mais est-il élégant d'éliminer ainsi un client (et surtout un gros client)? N'est-il pas possible d'envisager des solutions créatives, comme exploiter la médiane ou utiliser une moyenne pondérée, c'est-à-dire un calcul dans lequel la pertinence de chaque valeur est évaluée? La Figure 9.3 montre le résultat de chacune de ces deux approches.

Figure 9.2 Gérer une valeur exceptionnelle.

B14 : =MOYENNE(B7:B12)

Cas de figure 1		Cas de figure 2	
Ensemble des clients		moins le client E	
Clients	Achats	Clients	Achats
A	300 €	A	300 €
B	90 €	B	90 €
C	2 600 €	C	2 600 €
D	850 €	D	850 €
E	28 400 €	F	1 000 €
F	1 000 €		
Moyenne :	5 540 €	Moyenne :	968 €
Médiane :	925 €	Médiane :	850 €

Figure 9.3 Une moyenne calculée de manière plus réaliste.

F15 : =SOMMEPROD(F6:F11;G6:G11)/SOMME(G6:G11)

Cas de figure 1		Cas de figure 2		
Rien que les chiffres		Application d'un coeffficent de pondération au client E		
Clients	Achats	Clients	Achats	Coefficient de pondération
A	300 €	A	300 €	18
B	90 €	B	90 €	18
C	2 600 €	C	2 600 €	18
D	850 €	D	850 €	18
E	28 400 €	E	28 400 €	10
F	1 000 €	F	1 000 €	18
TOTAL :	33 240 €			
Moyenne :	5 540 €	Moyenne :	3 711 €	
Médiane :	925 €	Médiane :	925 €	

Le cas de figure 1 montre la moyenne et la médiane pour l'ensemble des achats des clients. La médiane est la meilleure représentation de la tendance centrale du groupe.

Lorsque vous présentez des résultats fondés sur des calculs atypiques, il est recommandé d'ajouter une note de bas de page expliquant comment ils ont été obtenus. Par exemple, si vous écrivez que le montant des achats par client est de 925 euros, vous devez préciser qu'il s'agit de la médiane et non d'une moyenne.

Dans la Figure 9.3, le cas de figure 2 est un peu plus complexe, car un coefficient de pondération rend les valeurs plus ou moins agissantes dans le calcul.

Par exemple, les achats exceptionnels du client E pèseront moins lourd dans le résultat final.

La moyenne pondérée est obtenue en appliquant un coefficient de pondération à chacune des valeurs utilisées dans le calcul de la moyenne. Dans notre exemple, le coefficient est 18 pour tous les clients, excepté le client E dont le coefficient est 10. Lorsqu'une pondération est appliquée à une moyenne, la somme des coefficients doit être 100. Lorsque aucune pondération n'est appliquée, le coefficient de chaque client est ici 16,667 (leur nombre divisé par cent). En appliquant une pondération plus faible (10) au client E et une pondération plus élevée (18) à tous les autres, la somme des coefficients est 100 (c'est-à-dire 18 × 5 + 10). Les valeurs 18 et 10 ont été choisies subjectivement. Quand vous utilisez des coefficients de pondération, vous devez le signaler à ceux qui liront vos résultats.

Dans le cas de figure 2, la moyenne est 3711 euros. Ce chiffre est nettement supérieur à la médiane et même à la moyenne des clients moins le client E (qui est, rappelons-le, de 968 euros). Mais cette moyenne est inférieure à celle, non pondérée, du cas de figure 1. Bref, elle correspond nettement mieux à la réalité.

Soit dit en passant, la moyenne du cas de figure 2 n'a pas été calculée avec la fonction MOYENNE, car elle ne peut pas tenir compte de coefficients. C'est pourquoi la fonction SOMMEPROD a été utilisée. La formule dans la cellule F15 est la suivante :

```
=SOMMEPROD(F6:F11;G6:G11)/SOMME(G6:G11)
```

Le montant des achats de chaque client est multiplié par le coefficient correspondant, puis la somme de ces produits est calculée avec SOMMEPROD.

Les écarts à la moyenne

La vie est pleine de singularités ! Or, calculer la moyenne d'un groupe ne peut pas refléter ces singularités. Supposons que vous deviez faire une étude sur les salaires des différents services d'une entreprise. Le salaire moyen annuel du service A est de 75 000 euros, et c'est aussi celui du service B. Cela signifie-t-il pour autant que ces deux groupes sont identiques ? Pas forcément. Par exemple, dans le groupe A, la fourchette des salaires peut s'étendre de 65 000 à 85 000 euros tandis que dans le groupe B, elle peut s'étendre de 35 000 à 115 000 euros. C'est cette dispersion des valeurs par rapport à la moyenne qui est appelée « *variance* ». Plusieurs fonctions d'Excel permettent de calculer et d'évaluer la variance, une notion importante dans beaucoup de comptes rendus statistiques.

Mesurer la variance

La variance est la mesure des écarts d'un ensemble de données par rapport à la moyenne. Elle est calculée en additionnant les carrés des écarts à la moyenne.

Le calcul manuel

Voici le processus permettant de calculer la variance sans recourir à une fonction spécialisée d'Excel. C'est de l'arithmétique pure et dure :

1. **Calcul de la moyenne d'un ensemble de valeurs.**
2. **Calcul de l'écart à la moyenne de chacune des valeurs.**
3. **Mise au carré de chaque écart.**
4. **Totalisation des carrés.**
5. **Division de la somme des carrés par le nombre d'éléments moins 1 dans l'échantillon.**

Un *échantillon* est un ensemble de valeurs prélevées dans la population. Il est plus facile de travailler sur un échantillon. Par exemple, tous les résultats statistiques trouvés dans une transaction de 1000 ventes renverront probablement un résultat identique, ou proche, s'ils proviennent d'une population totale de 10 000 transactions.

Notez que la dernière étape diffère selon que la fonction VAR.S ou VAR.P.N est utilisée. VAR.S utilise le nombre d'éléments moins 1 comme dénominateur. VAR.P.N utilise le nombre d'éléments.

La Figure 9.4 montre les étapes du calcul de la variance sans recourir à la fonction d'Excel. La colonne B contient une série de valeurs. La colonne C montre l'écart de chacune des valeurs par rapport à la moyenne de toutes les valeurs. Cette moyenne de 7,8 n'est jamais affichée, mais elle est prise en compte par la formule qui détermine l'écart. Par exemple, la cellule C8 contient la formule suivante :

```
=B8-MOYENNE($B$3:$B$8)
```

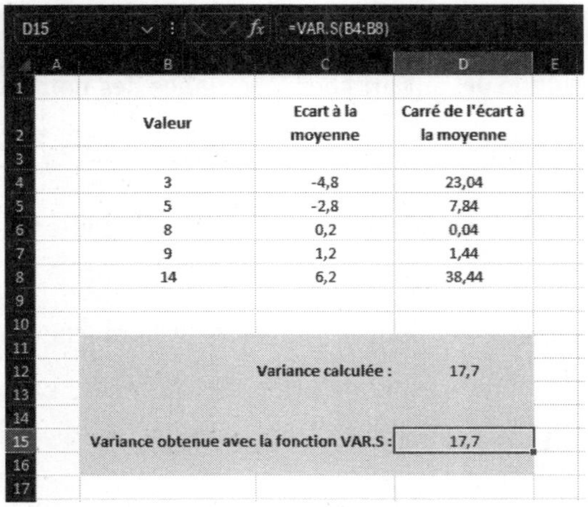

D15 =VAR.S(B4:B8)

Valeur	Ecart à la moyenne	Carré de l'écart à la moyenne
3	-4,8	23,04
5	-2,8	7,84
8	0,2	0,04
9	1,2	1,44
14	6,2	38,44
	Variance calculée :	17,7
	Variance obtenue avec la fonction VAR.S :	17,7

Figure 9.4 Calcul de la variance manuel, et avec la fonction VAR.S.

Dans la colonne D, les valeurs de la colonne C sont mises au carré. C'est un calcul facile ; la cellule D4 contient la formule `=C4^2`, recopiée vers le bas. Enfin, la somme des carrés des écarts est divisée par le nombre des éléments moins 1 grâce à la formule de la cellule D12 :

```
=SOMME(D4:D8)/(NB(B4:B8)-1)
```

Le calcul avec les fonctions VAR.S et VAR.P.N

Maintenant que vous savez calculer une variance « à la main », vous pouvez oublier tout cela, car nous verrons à présent comment les fonctions VAR.S et VAR.P.N d'Excel se chargeront de cette tâche. Calculer manuellement la variance n'aura cependant pas été vain, car vous comprenez à présent mieux son principe.

NdT : dans Excel 2007 et les versions antérieures, la fonction VAR.P.N s'appelle VAR.P (la syntaxe et les fonctionnalités des deux versions sont identiques). Nous utiliserons dans ce livre VAR.P.N d'Excel 2016. En fait, pour des raisons de compatibilité ascendante, Excel 2010, 2013, 2016, 2019 et 2024 acceptent aussi bien VAR.P.N que VAR.P.

Dans la Figure 9.4, la cellule D15 montre la variance calculée directement par une fonction VAR.S :

```
=VAR.S(B4:B8)
```

Voici comment l'utiliser :

❶ Saisissez une liste de nombres.

❷ Placez le curseur dans la cellule devant afficher la variance des nombres.

❸ Saisissez =VAR.S(.

❹ Tirez le pointeur par-dessus la liste de nombres ou saisissez l'adresse de la plage de cellules.

❺ Saisissez la parenthèse fermante) et appuyez ensuite sur la touche Entrée.

La variance est calculée, soit pour une population de données, soit pour un échantillon de la population :

» La fonction VAR.S calcule la variance d'un échantillon d'une population de données.

» La fonction VAR.P.N (et la fonction VAR.P selon la version d'Excel) calcule la variance sur la totalité d'une population.

Le calcul est légèrement différent dans la mesure où le dénominateur de la variance d'une population est le nombre d'éléments. Le dénominateur de la variance d'un échantillon est le nombre d'éléments moins un. La Figure 9.5 montre comment VAR.S et VAR.P sont utilisés sur un échantillon et sur la totalité d'une population. La plage de cellules A4:A43 contient le nombre d'heures passées chaque jour à regarder la télévision, par chacun des 40 individus.

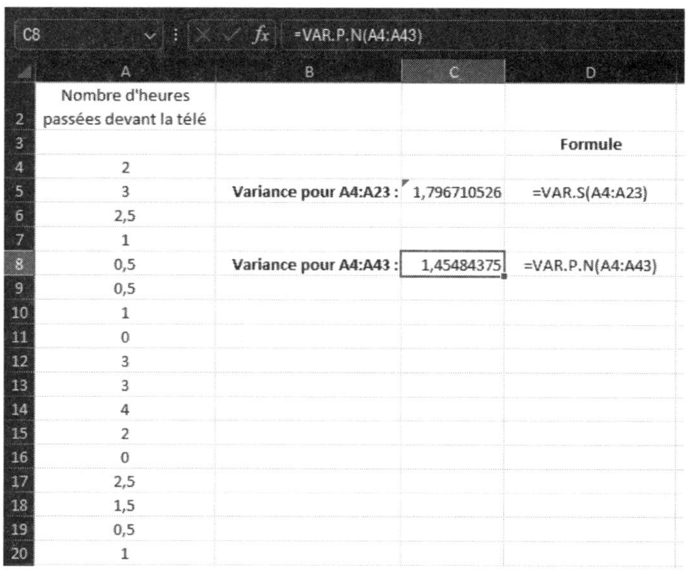

Figure 9.5

Calcul de la variance par rapport à la moyenne.

Dans la Figure 9.5, la fonction VAR.S calcule la variance d'un échantillon de 20 valeurs. La fonction VAR.P.N (ou VAR.P) calcule la variance de la totalité de la population de 40 valeurs. Les deux fonctions sont saisies de la même manière. Voici comment :

❶ **Saisissez une liste de nombres.**

❷ **Placez le curseur dans la cellule devant afficher la variance des nombres.**

❸ Saisissez =VAR.P.N(

Ou =VAR.P(si la fonction précédente n'est pas reconnue par votre version d'Excel.

❹ **Tirez le pointeur par-dessus la liste de nombres ou saisissez l'adresse de la plage de cellules.**

❺ **Saisissez la parenthèse fermante) et appuyez ensuite sur la touche Entrée.**

Analyser les écarts

Parfois, connaître la moyenne est d'un échantillon de données est suffisant. Mais parfois aussi, cette information n'est pas suffisante : vous avez aussi besoin de connaître l'*écart* moyen de la moyenne. Autrement dit, vous voulez savoir dans quelle mesure des valeurs diffèrent de la moyenne de l'échantillon. Par exemple, vous voulez connaître le score moyen d'un test et aussi de combien les résultats, en moyenne, s'écartent de la moyenne. L'écart moyen est une autre manière d'indiquer la variance.

Voici un exemple :

Score	Écart par rapport à la moyenne de 84,83
78	6,83
92	7,17
97	12,17
80	4,83
72	12,83
90	5,17

La moyenne de l'échantillon de valeurs – les scores – est de 84,83. Chacune de ces valeurs s'écarte quelque peu de la moyenne. Par exemple, 92 s'écarte de la moyenne de 7,17 (un calcul élémentaire le confirme : 92 - 84,83 = 7,17).

Quand vous calculez la moyenne des écarts avec la fonction MOYENNE, vous obtenez un écart moyen. Il y a encore plus simple : la fonction ECART.MOYEN sert précisément à cela. Elle fournit tout à la fois la moyenne ainsi que les moyennes des écarts.

Voici comment utiliser la fonction ECART.MOYEN :

1. **Saisissez une liste de nombres.**

2. **Placez le curseur dans la cellule devant afficher l'écart moyen des nombres.**

3. **Saisissez =ECART.MOYEN(.**

4. **Tirez le pointeur par-dessus la liste de nombres ou saisissez l'adresse de la plage de cellules.**

5. **Saisissez la parenthèse fermante) et appuyez ensuite sur la touche Entrée.**

La fonction ECART.MOYEN effectue la moyenne des écarts *absolus*. Autrement dit les *écarts négatifs* – ceux pour lesquels les points de données sont inférieurs à la moyenne – sont convertis en valeurs positives pour le calcul. Par exemple, l'écart d'une valeur 10 par rapport à une moyenne de 50 est de -40, tout simplement parce que 10 (la valeur) - 50 (la moyenne) = -40 (l'écart). Toutefois, ECART.MOYEN utilise la valeur absolue de l'écart, qui est 40.

La variance sert de base de calcul pour une valeur statistique appelée *écart type*, qui est en fait la racine carrée de la variance. La variance est calculée en mettant les écarts au carré.

La variance et l'écart type sont tous deux des mesures valides de la dispersion. La variance peut cependant être quelque peu déroutante. Dans la Figure 9.4, elle était de 17,7 pour un groupe dont l'intervalle des valeurs est de 11 (c'est-à-dire, dans la colonne B, du minimum de 3 au maximum de 14). Comment une variance de 17,7 peut-elle se produire sur un intervalle de valeurs de seulement 11 ? Eh bien, il se trouve qu'elle se produit, comme le prouve la Figure 9.4. Voilà tout.

Cette bizarrerie disparaît en recourant aux écarts type. Inverser la mise au carré replace le résultat dans l'intervalle des valeurs. L'écart type s'inscrit dans la plage des valeurs de l'échantillon. De plus, vous découvrirez que dans les analyses statistiques, l'écart type est beaucoup plus communément utilisé que la variance. Excel possède une fonction nommée ECARTYPE.PEARSON (NdT : appelée ECARTYPEP dans les anciennes versions d'Excel) qui s'utilise de la manière suivante :

1. **Saisissez une liste de nombres.**

2. **Placez le curseur dans la cellule devant afficher l'écart type des nombres.**

3. **Saisissez =ECARTYPE.PEARSON(.**

   ou, avec Excel 2007 ou une version antérieure : =ECARTYPEP(.

4. **Tirez le pointeur par-dessus la liste de nombres ou saisissez l'adresse de la plage de cellules.**

5. **Saisissez la parenthèse fermante) et appuyez ensuite sur la touche Entrée.**

La Figure 9.6 reprend les données et la variance de la Figure 9.4 et ajoute l'écart type. Sa valeur – 3,762977544 – s'inscrit dans la plage des échantillons.

Figure 9.6 Calcul de l'écart type.

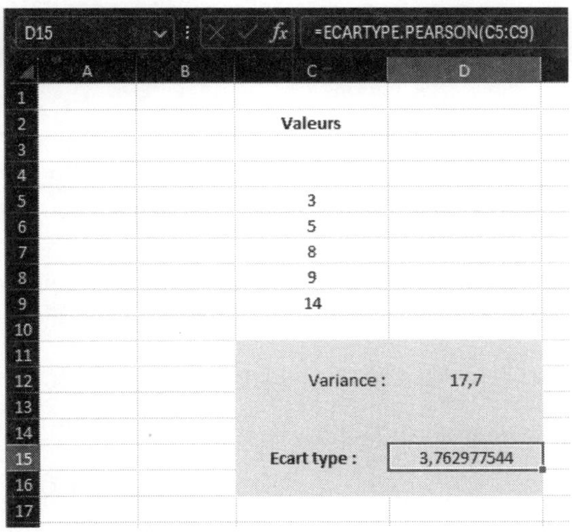

La distribution normale

L'écart type est l'une des mesures les plus largement utilisées dans les calculs statistiques. Elle sert souvent à analyser l'écart au sein d'une distribution normale. La *distribution* est la fréquence des occurrences de certaines valeurs dans une population ou dans un échantillon. Une distribution *normale* se produit souvent dans de vastes ensembles de données possédant un attribut *naturel,* ou aléatoire. Par exemple, mesurer la taille d'un millier d'enfants de dix ans produit une distribution normale. La plupart des tailles seront regroupées de part et d'autre de la moyenne et certaines s'en écarteront plus ou moins. Quelques tailles seront extrêmes : beaucoup plus grandes que la moyenne, ou beaucoup plus petites.

La courbe de distribution

Une distribution normale (voir Figure 9.7) est souvent représentée sous la forme d'une courbe en forme de cloche ou de chapeau de gendarme, appelée aussi du nom d'un mathématicien allemand : *courbe de Gauss.*

Figure 9.7 La courbe d'une distribution normale.

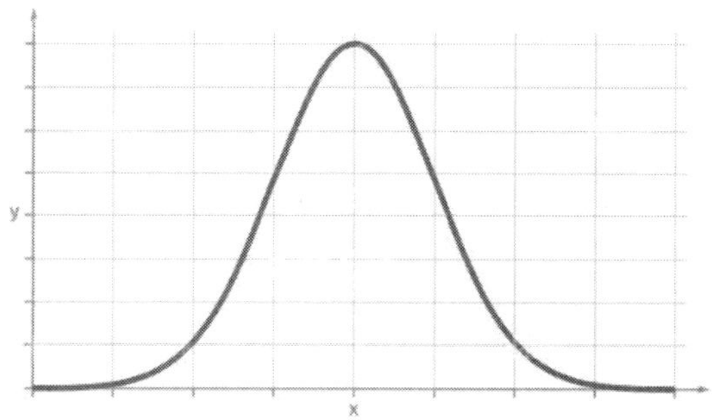

Une distribution normale présente quelques caractéristiques importantes :

- La courbe est symétrique de part et d'autre de la moyenne. La moitié des mesures et supérieure à la moyenne et moitié est inférieure à la moyenne.
- La moyenne, la médiane et le mode sont tous identiques.
- Le point le plus élevé de la courbe est la moyenne.
- La largeur et la hauteur sont déterminées par l'écart type. Plus l'écart type est élevé, plus la courbe est large et aplanie. Deux distributions normales peuvent avoir la même moyenne mais des écarts types différents.
- 68,2 % de l'aire sous la courbe se trouve à l'intérieur de l'écart type de part et d'autre de la moyenne. 95,44% de l'aire sous la courbe se trouve à l'intérieur de l'écart type, et 99,72% de l'aire sous la courbe se trouve à l'intérieur des trois écarts types standards.

» **Les valeurs extrêmes se trouvent aux deux extrémités de la courbe. Par exemple, sur une courbe des hauteurs, les moins élevées se trouvent à l'extrémité gauche, les plus élevées à l'extrémité droite.**

Des ensembles de données différents produisent toujours des moyennes différentes ainsi que des écarts types différents. Par conséquent, la forme de la courbe sera différente. La Figure 9.8 montre deux distributions normales. Chacune est parfaitement valide, mais chacune à sa propre moyenne et son propre écart type. La courbe la plus étroite est celle dont l'écart type est le plus faible.

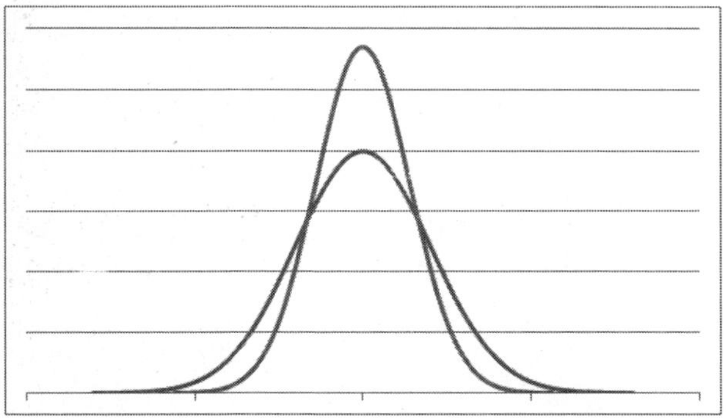

Figure 9.8 La hauteur et la largeur d'une courbe de distribution normale peuvent varier.

Dans une analyse de données, les écarts types servent souvent à déterminer les probabilités. Par exemple, quelles sont les probabilités pour qu'un enfant de dix ans mesure 1,30 m ? Quelque part sur la courbe, un point discret représente cette taille. D'autres calculs, qui sont hors du propos de cet ouvrage, renvoient la probabilité. Quelle est la probabilité qu'un enfant de dix ans mesure 1,30 m *ou davantage*? Dans ce cas, c'est l'aire sous la courbe qui est prise en compte. C'est le genre de questions et de réponses qui sont du ressort des distributions normales.

Bon nombre d'analyses des distributions normales portent sur les valeurs situées aux extrémités de la courbe.

Toutes les distributions normales possèdent une moyenne et un écart type. En revanche, la *distribution normale standard* est caractérisée par une moyenne égale à 0 et un écart type égal à 1.

Un tableau de valeurs permet de trouver les probabilités pour les aires situées sous la courbe standard normale. Il est utile pour travailler sur des données qui ont été modifiées afin de correspondre à une distribution normale standard. Ce tableau figure souvent en annexe dans les ouvrages de statistique.

Utiliser la fonction CENTREE.REDUITE

Pour utiliser ce tableau de probabilités de courbes normales standard, les données à analyser doivent être standardisées. À cette fin, Excel fournit la fonction CENTREE.REDUITE. Elle possède trois arguments : le point de donnée, la moyenne et l'écart type. La valeur renvoyée est celle du point de donnée lorsque la moyenne est 0 et l'écart type 1.

Une valeur de distribution normale standard est dite *x*. Une valeur de distribution normale standard est dite *z*.

La Figure 9.9 montre comment la fonction CENTREE.REDUITE change les valeurs brutes en valeurs standards. L'écart des valeurs brutes est de 7,438637452 mais l'écart type des valeurs centrées et réduites est 1. La moyenne des valeurs centrées réduites est 0.

La colonne B contient une longue liste de 1200 valeurs aléatoires. La moyenne est de 50,794191 ainsi que le révèle la cellule C2. Dans la cellule C3, l'écart type est 28,9652783. Pour chaque point de donnée dans la colonne B, la valeur centrée et réduite est affichée dans la colonne E. Les valeurs de la colonne E sont celles renvoyées par la fonction CENTREE.REDUITE.

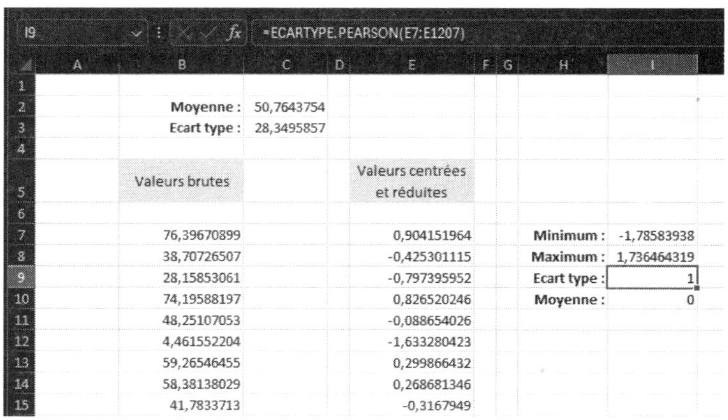

I9 =ECARTYPE.PEARSON(E7:E1207)

	A	B	C	D	E	F	G	H	I
1									
2		Moyenne :	50,7643754						
3		Ecart type :	28,3495857						
4									
5		Valeurs brutes			Valeurs centrées et réduites				
6									
7		76,39670899			0,904151964			Minimum :	-1,78583938
8		38,70726507			-0,425301115			Maximum :	1,736464319
9		28,15853061			-0,797395952			Ecart type :	1
10		74,19588197			0,826520246			Moyenne :	0
11		48,25107053			-0,088654026				
12		4,461552204			-1,633280423				
13		59,26546455			0,299866432				
14		58,38138029			0,268681346				
15		41,7833713			-0,3167949				

Figure 9.9 Centrage et réduction d'une distribution de données.

Les trois arguments de la fonction CENTREE.REDUITE sont :

» le point de donnée ;

» la moyenne de la distribution ;

» l'écart type de la distribution.

Dans notre exemple, la formule dans la cellule E7 est :

```
=CENTREE.REDUITE(B7;C$2;C$3)
```

Remarquez le petit nombre de propriétés clés de la distribution qui ont changé après le centrage et la réduction :

» **L'écart type centré et réduit est 1.**

» **LA moyenne est 0.**

» **LES valeurs centrées et réduites se trouvent dans la plage s'étendant de -1,753 à 1,698.**

Ce troisième point est déterminé à l'aide des fonctions MIN et MAX, dans les cellules I7 et I8. Le fait que les valeurs se situent, en les arrondissant, de -1,7 à 1,7 permet de les analyser avec le tableau de distribution normale standard mentionné précédemment : la propriété des normales standards est que toutes ses valeurs se trouvent dans cette plage.

Voici comment utiliser la fonction REDUITE.CENTREE :

1. **Saisissez une liste de nombres.**

   Il est recommandé d'utiliser un ensemble de données observables, comme des hauteurs, des poids ou la pluviosité mensuelle.

2. **Calculez la moyenne et l'écart type.**

   La fonction CENTREE.REDUITE utilise ces valeurs. La moyenne est bien évidemment calculée avec la fonction MOYENNE tandis que l'écart type est calculé avec la fonction ECARTYPE.PEARSON (NdT : ou avec la fonction ECARTYPEP avec Excel 2007 ou une version antérieure). La fonction ECARTYPE.STANDARD – ou ECARTYPE, pour d'anciennes versions d'Excel – n'a pas été utilisée car l'ensemble de la population de données est pris en compte.

3. **Placez le curseur dans une cellule située à côté du premier des points de donnée saisis à l'Étape 1.**

4. **Saisissez =CENTREE.REDUITE(.**

5. **Cliquez sur la cellule contenant le premier point de donnée.**

6. **Saisissez un point-virgule ;.**

7. **Cliquez sur la cellule contenant la moyenne des points de données.**

8. Saisissez un point-virgule ;.

9. Cliquez sur la cellule contenant l'écart type.

10. **Saisissez la parenthèse fermante) et appuyez ensuite sur la touche Entrée.**

    La formule de la fonction CENTREE.REDUITE est terminée. Il faut cependant la modifier afin de corriger les références à la moyenne et à l'écart type. Ces deux arguments doivent en effet être rendus absolus afin qu'ils ne changent pas lorsque la formule sera recopiée vers le bas à l'aide de la poignée de recopie automatique.

11. Double-cliquez sur la cellule contenant la formule afin de la rendre modifiable.

12. **Placez un signe dollar ($) avant le numéro de la ligne du deuxième argument (celui faisant référence à la moyenne).**

13. **Placez un signe dollar ($) avant le numéro de la ligne du dernier argument (celui faisant référence à l'écart type).**

14. Appuyez sur la touche Entrée pour valider la modification.

15. Cliquez sur la poignée de recopie automatique, en bas à droite de la cellule, puis tirez la formule afin qu'elle figure en regard de chacun des points de données.

Il est important que les références de ligne vers la moyenne et l'écart type des points de données soient absolues, afin que la formule ne change pas lors de la recopie automatique. La référence de colonne n'a pas besoin d'être absolue, car elle ne varie pas. La formule à saisir sera donc :

```
= CENTREE.REDUITE(B7;C$2;C$3)
```

S'écarter de la norme

Un écart peut se produire dans une distribution, mais elle n'est pas forcément uniforme de part et d'autre de la moyenne. Toutes les distributions ne sont pas normales : certaines sont *asymétriques* lorsqu'un plus grand nombre de valeurs sont regroupées au-dessus ou en dessous de la moyenne :

- » Lorsqu'un plus grand nombre de valeurs se trouvent en dessous de la moyenne, l'asymétrie de la distribution est *positive.*
- » Lorsqu'un plus grand nombre de valeurs se trouvent au-dessus de la moyenne, l'asymétrie de la distribution est *négative.*

Le Tableau 9.1 exemples de symétrie et d'asymétries :

Tableau 9.1 Distributions symétriques et asymétriques.

Valeurs	Moyenne	Commentaires
1, 2, 3, 4, 5	3	Distribution symétrique. Un nombre pair de valeurs se trouvent de part et d'autre de la moyenne.
1, 2, 3, 6, 8	4	Distribution asymétrique positive. Un plus grand nombre de valeurs se trouvent en dessous de la moyenne.
1, 2, 8, 9, 10	6	Distribution asymétrique négative. Un plus grand nombre de valeurs se trouvent au-dessus de la moyenne.

La Figure 9.10 montre un graphique dans lequel 1000 valeurs entre 1 et 100 sont distribuées. Elles sont synthétisées dans un tableau de fréquences (étudié plus loin dans ce chapitre). Ce tableau est la source des données du graphique.

Figure 9.10 Des données asymétriquement distribuées.

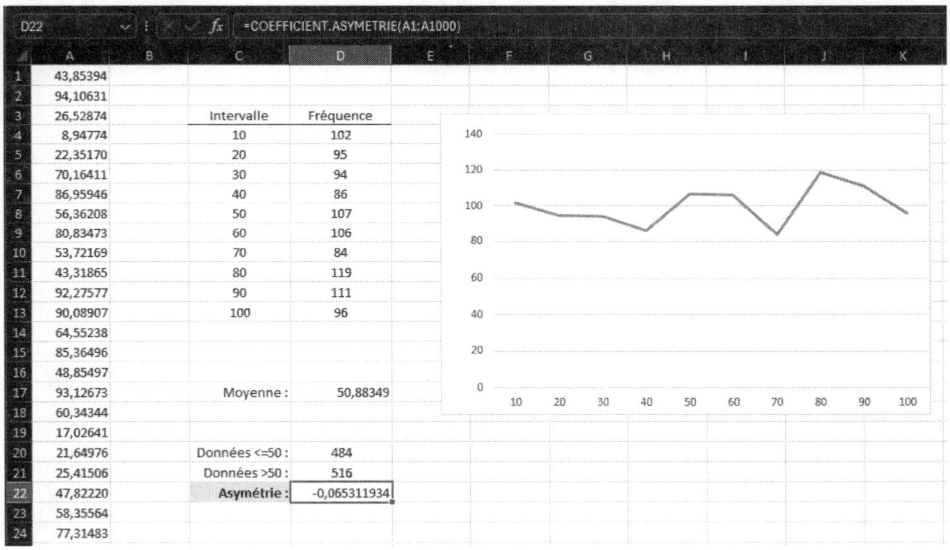

La moyenne de la distribution indiquée dans la cellule D17 est 50,88349. Les cellules D20 et D21 montrent le nombre de cellules au-dessus et en dessous de la moyenne. Comme le nombre de données au-dessus de la moyenne est le plus élevé, l'asymétrie est négative.

Le coefficient d'asymétrie est -0,065311934. La formule de la cellule D22 est la suivante :

```
=COEFFICIENT.ASYMETRIE(A1:A1000)
```

Le graphique visualise l'asymétrie. Globalement, les valeurs sont plus élevées dans la partie droite.

L'asymétrie d'une distribution peut aider à identifier un écart dans des données. Par exemple, lorsqu'une donnée est censée se trouver dans une distribution normale, non asymétrique – des tailles d'enfants de dix ans, par exemple –, et que cette donnée est asymétrique, vous devez vous demander si un élément n'a pas faussé les données. Par exemple, des enfants de 14 ans ont été mesurés par erreur et leurs tailles se sont retrouvées dans les données des enfants plus jeunes. Bien sûr, une asymétrie ne signifie pas du tout que les données sont biaisées. Certaines distributions sont asymétriques par nature.

Le coefficient d'asymétrie

Voici comment déterminer l'asymétrie d'une distribution avec la fonction COEFFICIENT.ASYMETRIE :

1. **Saisissez une liste de nombres.**
2. **Placez le curseur dans la cellule devant afficher le coefficient d'asymétrie.**
3. **Saisissez =COEFFICIENT.ASYMETRIE(.**
4. **Tirez le pointeur de la souris par-dessus la liste de nombres, ou saisissez l'adresse de la plage de cellules.**
5. **Saisissez la parenthèse fermante) et appuyez ensuite sur la touche Entrée.**

Kurtosis

Le kurtosis caractérise l'aspect pointu ou aplani d'une distribution, par rapport à une distribution normale. Il indique aussi la taille des extrémités de la courbe. La fonction KURTOSIS renvoie une valeur positive lorsque la distribution est relativement pointue avec des extrémités courtes. Un résultat négatif est caractéristique d'une répartition relativement plane avec des extrémités étendues.

La Figure 9.11 montre la courbe de deux distributions. Le kurtosis de celle de gauche, relativement plane, est de -0,82096. La distribution à droite est supérieure à 1, d'où une distribution en pic et des extrémités plus courtes.

Figure 9.11

Le kurtosis de deux distributions.

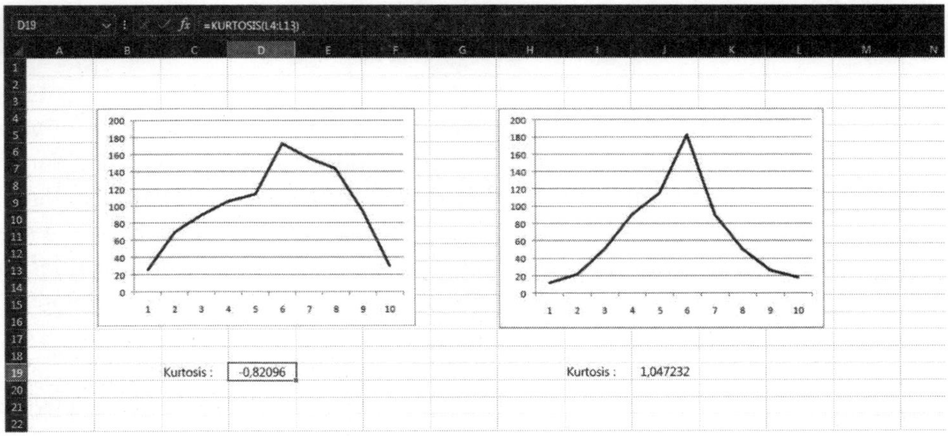

Voici comment utiliser la fonction KURTOSIS :

❶ Saisissez une liste de nombres.

❷ Placez le curseur dans la cellule devant afficher le kurtosis.

❸ Saisissez =KURTOSIS(

❹ Tirez le pointeur de la souris par-dessus la liste de nombres, ou saisissez l'adresse de la plage de cellules.

❺ Saisissez la parenthèse fermante) et appuyez ensuite sur la touche Entrée.

Comparer des ensembles de données

Il peut vous arriver de devoir comparer deux ensembles de données pour établir d'éventuelles relations entre les chiffres. Par exemple, est-ce que les précipitations neigeuses ont un effet sur le nombre de clients visitant la boutique ? Est-ce que le budget alloué à la campagne publicitaire amène de nouveaux clients ? Les réponses à ces questions découlent de la corrélation entre deux ensembles de données.

Excel est doté, à cette fin, de plusieurs fonctions : COVARIANCE.STANDARD et COVARIANCE.PEARSON (NdT : dans Excel 2007 et les versions antérieures, il n'existe qu'une seule fonction COVARIANCE, qui n'est spécialisée ni pour une population, ni pour un échantillon) et aussi COEFFICIENT.CORRELATION. Ces fonctions renvoient la covariance et le coefficient de corrélation issus de la comparaison de deux ensembles de données.

COVARIANCE.STANDARD et COVARIANCE.PEARSON

Chacune de ces fonctions utilise deux matrices comme arguments et renvoie une seule valeur. La valeur peut être positive ou négative. Une valeur positive signifie que les deux matrices de données tendent à aller dans la même direction. Si l'ensemble de données A augmente (ou diminue), l'ensemble de données B augmente (ou diminue) lui aussi. Une valeur négative signifie que les deux ensembles de données tendent à aller dans des directions opposées : lorsque A augmente, B diminue, et inversement. La valeur absolue de la covariance indique la force de la relation.

Quand COVARIANCE.STANDARD ou COVARIANCE.PEARSON renvoie 0, cela signifie qu'il n'existe aucune relation entre les deux ensembles de données.

La vente de pain favorise la vente de beurre. Il existe en effet une relation entre les deux. Autrement dit, la quantité de beurre vendue par le magasin dépend plus ou moins de la quantité de pain qu'il vend : plus de pain, donc plus de beurre.

Jour	Pains vendus	Mottes de beurre vendues
Lundi	62	12
Mardi	77	15
Mercredi	95	26

Lorsque les ventes de pain augmentent, les ventes de beurre en font autant. Les ventes de beurre sont donc positivement liées aux ventes de pain. Ces articles sont complémentaires. En revanche, le pain et la brioche se concurrencent. Quand du pain a été acheté, la vente des brioches aura tendance à en pâtir parce que les gens choisissent l'un ou l'autre. Vous n'avez pas besoin d'Excel pour vous rendre compte que les ventes de pain et de beurre vont dans une même direction tandis que les ventes de pain et de brioche vont dans des directions opposées. Mais dans quelle mesure?

La Figure 9.12 montre la corrélation entre les précipitations neigeuses et le nombre de clients qui entrent dans la boutique. Deux calculs de covariance sont effectués : l'un pour une épaisseur de neige de 0 à 3 cm, l'autre pour une épaisseur de neige entre 0 et 8 cm.

La première covariance, dans la cellule F5, mesure le rapport entre le nombre de visiteurs et une épaisseur de neige de 0 à 3 cm. La formule dans cette cellule est :

```
=COVARIANCE.PEARSON(B3:B6;D3:D6)
```

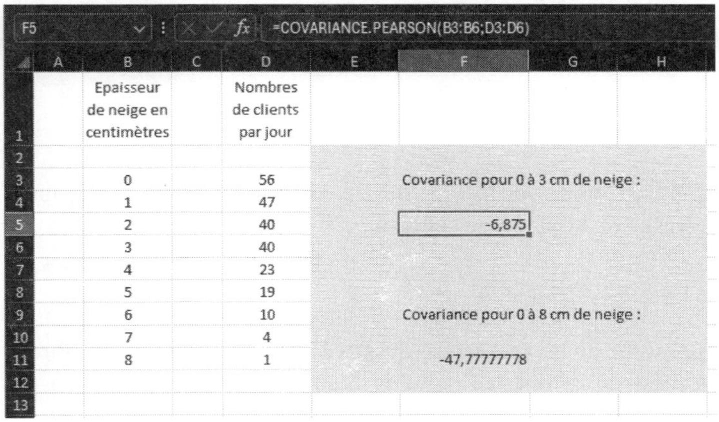

Figure 9.12
Mise en évidence de la relation entre deux ensembles de données avec la fonction COVARIANCE.PEARSON.

La réponse est -6,875. Cela signifie que plus le tapis de neige est épais, moins il y a de clients. Les deux ensembles de données divergent. Lorsqu'un paramètre augmente, l'autre diminue. Ceci est confirmé par le résultat négatif.

Dans la cellule F11, la formule est :

```
=COVARIANCE.PEARSON(B3:B11;D3:D11)
```

La plage de cellules couvre l'épaisseur de neige de 0 à 8 cm. La covariance est -47,7778. Ce chiffre aussi confirme que plus il neige, plus les clients sont découragés de venir (ce que ne contredit pas le vigile posté à l'entrée du magasin).

Remarquez cependant que la covariance du premier calcul, pour 0 à 3 cm de neige, n'est pas aussi élevée que pour le second calcul, de 0 à 8 cm de neige. S'il n'y a que trois centimètres de neige au sol, assez peu de clients s'abstiennent de venir. En revanche, avec 8 cm de neige, le client est rarissime. La première covariance est comparativement moindre que la seconde : -6,875 contre -47,778. Le premier chiffre est plus proche de 0, ce qui indique que quelques centimètres de neige n'ont que peu d'effet. Le second chiffre, notablement plus éloigné de 0, révèle que quand il neige trop, les clients préfèrent rester chez eux.

Notez que COVARIANCE.PEARSON est utilisé pour les données des lignes 3 à 6 car ces points de données sont considérés comme une population et non comme un échantillon de population.

Voici comment utiliser la fonction COVARIANCE.PEARSON :

❶ Saisissez deux listes de nombres.

Elles doivent être de la même taille.

❷ Placez le curseur dans la cellule devant afficher la covariance.

❸ Saisissez =COVARIANCE.PEARSON(.

❹ Tirez le pointeur de la souris par-dessus la première liste de nombres, ou saisissez l'adresse de la plage de cellules.

❺ Saisissez un point-virgule ;.

❻ Tirez le pointeur de la souris par-dessus la seconde liste de nombres, ou saisissez l'adresse de la plage de cellules.

❼ Saisissez la parenthèse fermante) et appuyez ensuite sur la touche Entrée.

Le coefficient de corrélation

La fonction COEFFICIENT.CORRELATION agit de la même manière que COVARIANCE, mais le résultat est toujours entre -1 et 1. Il est en effet réduit et centré. Ensuite, le résultat d'une corrélation peut être comparé à un autre.

Un résultat négatif révèle une *corrélation inverse*. L'un des ensembles de données augmente, l'autre diminue. La valeur du nombre négatif indique le degré de la corrélation inverse. Une valeur de -1 signifie que les deux ensembles de données s'éloignent exactement à l'opposé l'un de l'autre. Une valeur de -0,5 indique que les deux ensembles divergent dans une certaine mesure.

La fonction COEFFICIENT.CORRELATION renvoie une valeur entre -1 et 1. Une valeur positive indique que les deux ensembles de données vont dans la même direction. Une valeur négative indique une divergence. Une valeur 0 indique qu'il n'existe aucune corrélation entre les deux ensembles de données.

La Figure 9.13 montre trois corrélations. Elles révèlent comment les clients réagissent – par pourcentage d'augmentation des ventes – à des campagnes de publicité sur trois supports différents. Toutes présentent une corrélation positive. Plus l'investissement dans la publicité est élevé, plus la réactivité des clients augmente. Ou du moins, elle n'inverse pas la tendance.

Figure 9.13

Comparaison des résultats de trois campagnes de publicité.

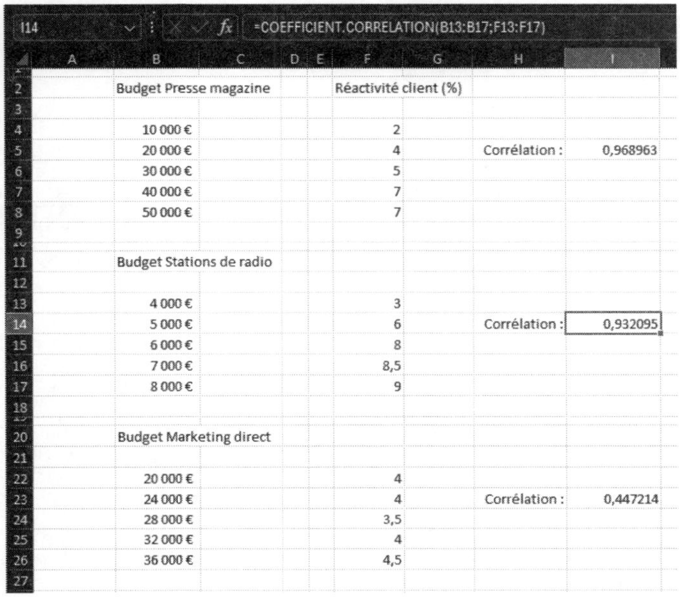

Les trois corrélations sont dans la fourchette allant de 0 à 1 et, de fait, faciles à comparer entre elles. Une chose est claire : le marketing direct n'est pas aussi performant que la publicité dans la presse magazine ou à la radio. Ces deux derniers supports affichent des scores élevés : les valeurs renvoyées sont proches de 1. Le marketing direct n'obtient que 0,4472. Une corrélation positive existe toutefois : le client réagit favorablement au marketing direct. Mais la corrélation n'est pas aussi forte que celle de la publicité dans les magazines ou à la radio. Le budget affecté au marketing direct serait plus judicieusement utilisé ailleurs.

Voici comment utiliser la fonction COEFFICIENT.CORRELATION :

❶ Saisissez deux listes de nombres.

Elles doivent être de la même taille.

❷ Placez le curseur dans la cellule devant afficher la corrélation.

❸ Saisissez =COEFFICIENT.CORRELATION(.

❹ Tirez le pointeur de la souris par-dessus la première liste de nombres, ou saisissez l'adresse de la plage de cellules.

❺ Saisissez un point-virgule ;.

6. Tirez le pointeur de la souris par-dessus la seconde liste de nombres, ou saisissez l'adresse de la plage de cellules.

7. Saisissez la parenthèse fermante) et appuyez ensuite sur la touche Entrée.

Analyser des données avec des centiles et des intervalles

L'*intervalle* se rapporte ici à l'analyse des données afin de déterminer combien de points de données se trouvent dans les plages spécifiées (c'est-à-dire dans des intervalles donnés). Les *centiles* sont une technique d'analyse des données consistant à déterminer de quelle manière des valeurs se rapportent, en termes de pourcentage, à la totalité d'un ensemble de données.

Prenons l'exemple suivant : un laboratoire pharmaceutique teste un nouveau médicament destiné à réduire le taux de cholestérol. Les données sont 500 taux obtenus à partir des patients formant l'échantillon. Dans la Figure 9.14, ces taux de cholestérol se trouvent dans la colonne A. Il est intéressant de voir le nombre de taux correspondant à 25 %, 50 % et 75 %. Ou pour être plus précis, combien de taux de cholestérol sont supérieurs à ceux de 25 % des patients, et de ce fait inférieurs à ceux de 75 % des patients. Combien de taux correspondent 50 % ? Ces mesures sont appelées *quartiles*, car elles divisent l'échantillon en quatre quarts.

Figure 9.14 Découvrir des valeurs par quarts de centiles.

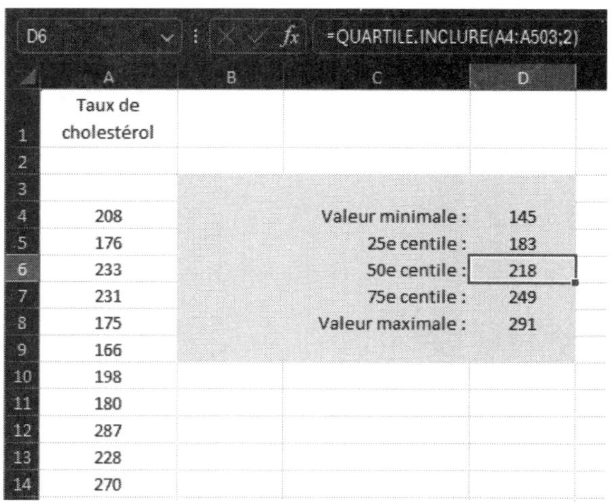

QUARTILE.INCLURE et QUARTILE.EXCLURE

Les fonctions QUARTILE ont été conçues spécialement pour cette sorte d'analyses. Elles possèdent deux arguments : l'un est la plage des données de l'échantillon, l'autre indique le quartile à calculer. Ce second argument peut avoir une valeur 0, 1, 2, 3 ou 4 pour QUARTILE.INCLURE, et 1, 2 ou 3 pour QUARTILE. EXCLURE. La version « exclure » est utilisée lorsque des valeurs minimales ou maximales doivent être exclues. C'est pourquoi elle n'accepte pas les arguments numéro 0 et 4.

NdT : Excel 2007 et les versions antérieures ont uniquement une fonction QUARTILE dont la syntaxe est la même que QUARTILE.INCLURE.

Voici les effets des formules appliquées aux cellules D4, D5, D6, D7 et D8, dans la feuille de calcul que montre la Figure 9.14 :

Formule	Résultat
`=QUARTILE.INCLURE(A4:A503;0)`	Donnée de la valeur la plus faible
`=QUARTILE.INCLURE(A4:A503;1)`	Valeurs au 25e centile
`=QUARTILE.INCLURE(A4:A503;2)`	Valeurs au 50e centile
`=QUARTILE.INCLURE(A4:A503;3)`	Valeurs au 75e centile
`=QUARTILE.INCLURE(A4:A503;4)`	Donnée de la valeur la plus élevée

La fonction QUARTILE.INCLURE (ou QUARTILE, pour les anciennes versions d'Excel) fonctionne sur des données en ordre, mais vous n'avez pas besoin de les trier. Dans la Figure 9.14, les quartiles ont été calculés. Les valeurs minimales et maximales ont été renvoyées en utilisant 0 et 4, respectivement, comme deuxième argument.

Voici comment utiliser la fonction quartile :

❶ **Saisissez une liste de nombres.**

❷ **Placez le curseur dans la cellule devant afficher un quartile.**

❸ **Saisissez** =QUARTILE.INCLURE(.

❹ **Tirez le pointeur de la souris par-dessus la liste de nombres, ou saisissez l'adresse de la plage de cellules.**

❺ **Saisissez un point-virgule** ;.

❻ Utilisez un nombre entier de 0 à 4 comme second argument.

❼ Saisissez la parenthèse fermante) et appuyez ensuite sur la touche Entrée.

CENTILE.INCLURE et CENTILE.EXCLURE

La fonction CENTILE est similaire à la fonction QUARTILE, sauf que vous pouvez spécifier le centile à utiliser. Vous n'êtes pas obligé de n'utiliser que les centiles 25, 50 ou 75.

NdT : Excel 2007 et les versions antérieures n'ont qu'une fonction CENTILE dont la syntaxe est la même que CENTILE.INCLURE.

Les fonctions CENTILE possèdent deux arguments :

» **La plage d'échantillons.**

» **Une valeur entre 0 et 1 (mais ni 0, ni 1).**

La valeur indique à la fonction le centile à utiliser. Par exemple : 0,1 est le dixième centile, 0,2 est le vingtième centile, et ainsi de suite.

Utilisez la fonction QUARTILE.INCLURE pour analyser les données au 25e, 50e et 75e centiles fixes. Utilisez la fonction CENTILE.INCLURE pour analyser des données à n'importe quel centile. La fonction CENTILE.EXCLURE est utilisée lorsque le second argument est compris entre 0 et 1, mais n'est ni 0 ni 1.

La Figure 9.15 montre un échantillon de scores obtenus à des tests scolaires. Mais quels sont les scores qui se situent au-dessus du 90e centile ? Les élèves les plus doués méritent d'être distingués. Notez que des scores dans le 90e centile ne sont pas des scores de 90. Les valeurs au 90e centile et plus sont ceux qui se trouvent dans les 90 % ou plus de l'échantillon.

Il se trouve que dans notre exemple, le score situé au 90e centile est 80. Dans la cellule F4, la formule est :

```
=CENTILE.INCLURE(B3:B27;0,9)
```

La plage de cellules C3:C27 contient les formules qui testent si dans la cellule à gauche, le score est égal ou supérieur au 90e centile. Par exemple, la cellule C3 contient cette formule :

```
=SI(B3>=CENTILE.INCLURE(B$3:B$27;0,9);"Niveau élevé";"")
```

Figure 9.15

Mise en évidence des scores les plus élevés avec la fonction CENTILE.

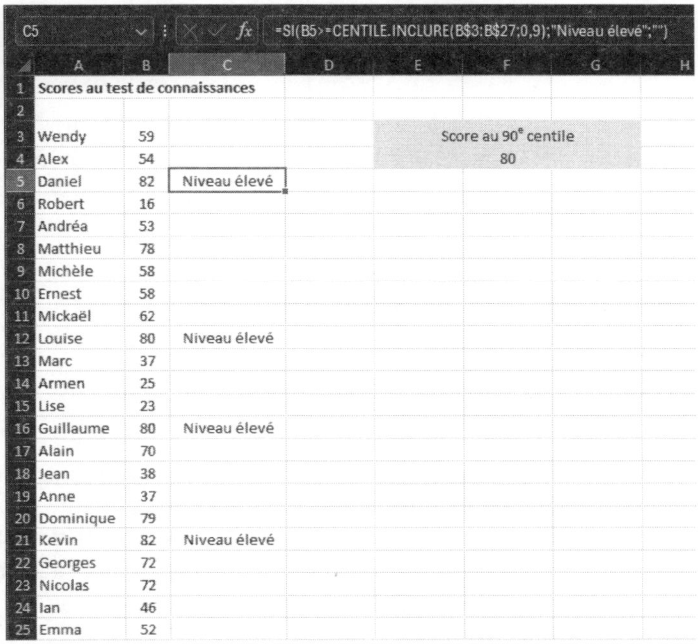
C5 =SI(B5>=CENTILE.INCLURE(B$3:B$27;0,9);"Niveau élevé";"")

	A	B	C	D	E	F	G	H
1	Scores au test de connaissances							
2								
3	Wendy	59				Score au 90e centile		
4	Alex	54				80		
5	Daniel	82	Niveau élevé					
6	Robert	16						
7	Andréa	53						
8	Matthieu	78						
9	Michèle	58						
10	Ernest	58						
11	Mickaël	62						
12	Louise	80	Niveau élevé					
13	Marc	37						
14	Armen	25						
15	Lise	23						
16	Guillaume	80	Niveau élevé					
17	Alain	70						
18	Jean	38						
19	Anne	37						
20	Dominique	79						
21	Kevin	82	Niveau élevé					
22	Georges	72						
23	Nicolas	72						
24	Ian	46						
25	Emma	52						

Si la valeur dans la cellule B3 est égale ou supérieure à la valeur du 90e centile, la cellule B3 affiche le texte « Niveau élevé ». Comme la valeur que contient la cellule B3 est inférieure au test, rien n'est affiché. En revanche, le contenu de la cellule B5 étant supérieur à 80, le message « Niveau élevé » est affiché.

Voici comment utiliser la fonction CENTILE.INCLURE :

1. Saisissez une liste de nombres.
2. Placez le curseur dans la cellule devant afficher le résultat.
3. Saisissez =CENTILE.INCLURE(.

   ou, pour une très ancienne version d'Excel : **=CENTILE(**.
4. Tirez le pointeur de la souris par-dessus la liste de nombres, ou saisissez l'adresse de la plage de cellules.
5. Saisissez un point-virgule ;.
6. Utilisez un nombre entre 0 et 1 comme second argument.

   Il indique à la fonction le centile à utiliser.
7. Saisissez la parenthèse fermante) et appuyez ensuite sur la touche Entrée.

RANG

Les fonctions EQUATION.RANG et MOYENNE.RANG indiquent le rang d'un nombre, c'est-à-dire le positionnement d'une valeur à l'intérieur d'une distribution. Par exemple, dans un échantillon de dix valeurs, un nombre peut être le plus petit (rang = 1) ou le plus grand (rang = 10), ou se trouver quelque part entre ces extrêmes. La fonction reçoit trois arguments :

» **Le nombre dont on veut connaître le rang :** s'il n'est pas trouvé parmi les données, Excel renvoie une erreur.

» **La plage à examiner :** vous utilisez comme argument une référence à une plage de cellules.

» **Une valeur 0 ou 1 indiquant l'ordre de tri :** la valeur 0 – ou son omission – demande à la fonction de trier les valeurs dans l'ordre décroissant. La valeur 1 produit un tri ascendant. L'ordre de tri a une incidence sur l'interprétation du résultat : le nombre en question doit-il être comparé par rapport à la valeur supérieure des données, ou par rapport à la valeur inférieure?

La différence entre les fonctions EQUATION.RANG et MOYENNE.RANG est que si plusieurs valeurs sont au même rang, EQUATION.RANG utilisera la valeur la plus élevée alors que MOYENNE.RANG utilisera la moyenne des valeurs.

La Figure 9.16 contient une liste d'employés et leurs salaires. Supposons que vous soyez l'employé payé 4 800 € et que vous désiriez savoir à quel rang vous vous placez dans la fourchette des salaires. La cellule G4 contient la formule suivante :

```
=EQUATION.RANG(C9;C3:C20)
```

Pour la valeur dans la cellule C9, la fonction renvoie le rang 4. Remarquez l'absence du troisième argument. De ce fait, le positionnement de la valeur est opéré dans l'ordre décroissant, ce qui est logique pour déterminer la valeur par rapport au chiffre le plus élevé.

Procédez comme suit pour utiliser la fonction RANG :

1. **Saisissez une liste de nombres.**

2. **Placez le curseur dans la cellule devant afficher le résultat.**

3. Saisissez =EQUATION.RANG(.

Figure 9.16

Détermination du rang d'une valeur.

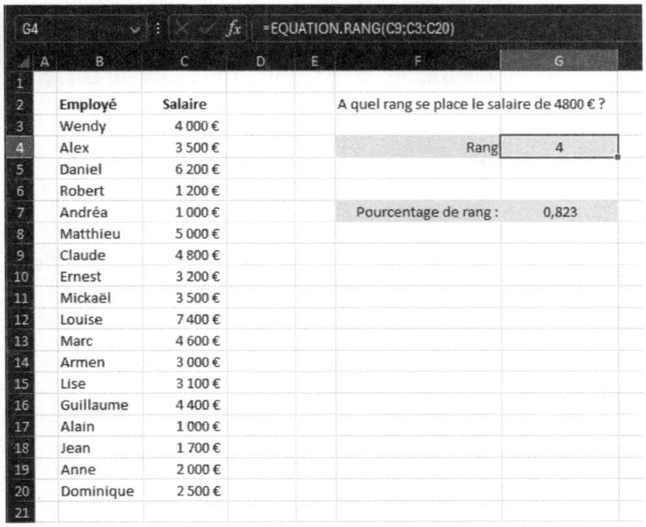

G4 =EQUATION.RANG(C9;C3:C20)

	A	B	C	D	E	F	G
1							
2		Employé	Salaire			A quel rang se place le salaire de 4800 € ?	
3		Wendy	4 000 €				
4		Alex	3 500 €			Rang	4
5		Daniel	6 200 €				
6		Robert	1 200 €				
7		Andréa	1 000 €			Pourcentage de rang :	0,823
8		Matthieu	5 000 €				
9		Claude	4 800 €				
10		Ernest	3 200 €				
11		Mickaël	3 500 €				
12		Louise	7 400 €				
13		Marc	4 600 €				
14		Armen	3 000 €				
15		Lise	3 100 €				
16		Guillaume	4 400 €				
17		Alain	1 000 €				
18		Jean	1 700 €				
19		Anne	2 000 €				
20		Dominique	2 500 €				
21							

❹ Cliquez sur la cellule contenant le nombre dont vous voulez connaître le rang, ou saisissez son adresse.

Ou alors, vous pouvez aussi saisir sa valeur.

❺ Saisissez un point-virgule ;.

❻ Tirez le pointeur de la souris par-dessus la liste de nombres, ou saisissez l'adresse de la plage de cellules.

❼ Si le positionnement du nombre doit être déterminé selon un ordre croissant, saisissez un point-virgule (;) puis 1.

L'ordre décroissant étant l'ordre par défaut, il est superflu de saisir l'argument correspondant.

❽ Saisissez la parenthèse fermante) et appuyez ensuite sur la touche Entrée.

RANG.POURCENTAGE

Les fonctions RANG.POURCENTAGE.INCLURE et RANG.POURCENTAGE.EXCLURE renvoient elles aussi le rang d'une valeur, mais l'indiquent sous la forme d'un pourcentage. Elles indiqueront par exemple si une valeur est positionnée à 20 % dans la distribution ordonnée. RANG.POURCENTAGE accepte trois arguments :

» La plage de l'échantillon.

- Le nombre à évaluer par rapport à l'échantillon.
- L'indication du nombre de décimales. Cet argument est facultatif. S'il est omis, le résultat est affiché avec trois décimales.

RANG.POURCENTAGE est utilisé pour obtenir un rang entre 0 et 100 %. Il s'agit en fait d'une valeur entre 0 et 1, mais qui n'est ni 0, ni 1. Dans la Figure 9.16, le pourcentage de rang du salaire de 4 800 € est 0,823. Par conséquent, ce salaire se trouve à 82,3 % sur l'échantillon. La formule dans la cellule G7 est :

```
=RANG.POURCENTAGE(C3:C20;C9)
```

Dans la fonction EQUATION.RANG, la valeur à évaluer est le premier argument et la plage des valeurs de l'échantillon est le deuxième argument. Dans RANG.POURCENTAGE, cet ordre est inversé.

Voici comment utiliser la fonction RANG.POURCENTAGE.INCLURE :

1. **Saisissez une liste de nombres.**
2. **Placez le curseur dans la cellule devant afficher le résultat.**
3. **Saisissez =RANG.POURCENTAGE.INCLURE(.**
4. **Tirez le pointeur de la souris par-dessus la liste de nombres, ou saisissez l'adresse de la plage de cellules.**
5. **Saisissez un point-virgule ;.**
6. **Cliquez sur la cellule contenant le nombre dont vous voulez connaître le rang, ou saisissez son adresse.**

   Ou alors, vous pouvez aussi saisir sa valeur.
7. **Si vous voulez afficher plus ou moins de décimales que les trois par défaut, saisissez un point-virgule (;) puis le nombre désiré de décimales.**
8. **Saisissez la parenthèse fermante) et appuyez ensuite sur la touche Entrée.**

FREQUENCE

La fonction FREQUENCE compte le nombre de valeurs d'un échantillon se trouvant dans des *intervalles* donnés. Un intervalle est une plage de valeurs, comme 0 à 1, ou encore 20 à 29. Classiquement, les intervalles utilisés los d'une analyse sont tous de la même taille et couvrent l'ensemble de la plage de valeurs. Par exemple, si valeurs des données s'étendent de 1 à 100, vous pourriez créer dix intervalles de dix unités chacun. Le premier contiendrait les valeurs de 1 à 10, le second les valeurs de 11 à 20, et ainsi de suite.

La Figure 9.17 illustre cette notion. La feuille de calcul contient 300 valeurs aléatoires, de 1 à 100, réparties dans la plage B3:B302. Les cellules D3 à D12 sont les dix intervalles. Remarquez que pour chaque intervalle, le chiffre est à la valeur la plus élevée de la plage en question. Par exemple, l'intervalle 30 indique la quantité de nombres, dans la liste, dont la valeur est de 21 à 30.

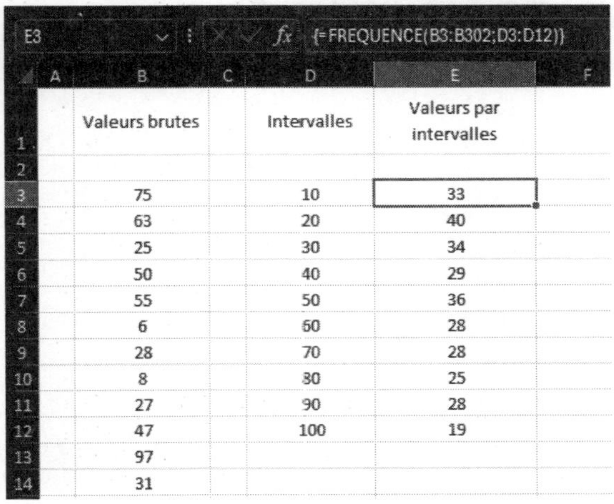

E3 fx {=FREQUENCE(B3:B302;D3:D12)}

	A	B	C	D	E	F
1		Valeurs brutes		Intervalles	Valeurs par intervalles	
2						
3		75		10	33	
4		63		20	40	
5		25		30	34	
6		50		40	29	
7		55		50	36	
8		6		60	28	
9		28		70	28	
10		8		80	25	
11		27		90	28	
12		47		100	19	
13		97				
14		31				

Figure 9.17 Décompte de valeurs par intervalles à l'aide de la fonction FREQUENCE.

FREQUENCE est une fonction matricielle qui exige une manipulation particulière pour être utilisée correctement. La voici :

1. **Saisissez une liste de nombres.**

   Cette liste peut être très longue et représenter des données issues d'une observation, comme l'âge des lecteurs abonnés à une bibliothèque publique, ou le nombre de kilomètres parcourus professionnellement. En fait, n'importe quel type de données observables peut être utilisé.

2. **Déterminez les valeurs maximales et minimales des données.**

   Utilisez les fonctions MAX et MIN.

3. **Déterminez l'intervalle.**

   Cette notion est subjective. Par exemple, si les données s'étendent de 1 à 100, vous opterez pour 10 intervalles contenant chacun 10 valeurs. Ou alors, vous pouvez définir 20 intervalles de 5 valeurs. Ou encore, 5 intervalles de 20 valeurs.

❹ Créez la liste d'intervalles en utilisant à chaque fois la valeur la plus élevée pour chaque plage, comme pour les cellules D3 à D12, dans la Figure 9.17.

❺ Cliquez dans la première cellule devant contenir la fonction FREQUENCE.

❻ Effectuez une recopie automatique vers le bas.

Une plage de cellules est à présent sélectionnée. Sa taille doit être identique à celles de la plage des intervalles, ainsi que le montre la Figure 9.18.

Figure 9.18

Préparation pour la fonction matricielle FREQUENCE.

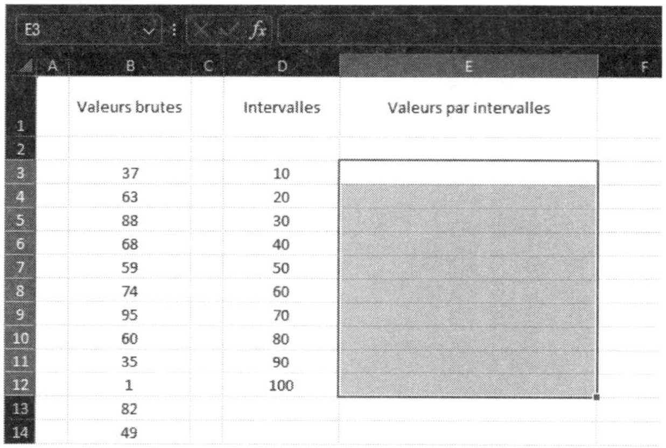

	A	B	C	D	E	F
1		Valeurs brutes		Intervalles	Valeurs par intervalles	
2						
3		37		10		
4		63		20		
5		88		30		
6		68		40		
7		59		50		
8		74		60		
9		95		70		
10		60		80		
11		35		90		
12		1		100		
13		82				
14		49				

❼ Saisissez =FREQUENCE(.

❽ Tirez le pointeur de la souris par-dessus la liste de nombres, ou saisissez l'adresse de la plage de cellules.

❾ Saisissez un point-virgule ;.

❿ Tirez le pointeur de la souris par-dessus la liste des intervalles, ou saisissez l'adresse de la plage de cellules.

La Figure 9.19 montre où en est la manipulation à ce point.

⓫ **Saisissez la parenthèse fermante**).

Mais n'appuyez surtout pas sur la touche Entrée !

⓬ Appuyez ensuite sur les touches Ctrl+Maj+Entrée.

La fonction est à présent matricielle. Toutes les cellules de la plage contenant la fonction FREQUENCE contiennent exactement la même formule. Les valeurs renvoyées indiquent le nombre de valeurs correspondant à chaque intervalle. C'est ce que l'on appelle une *distribution de fréquences.*

Figure 9.19
La saisie de la fonction matricielle FREQUENCE.

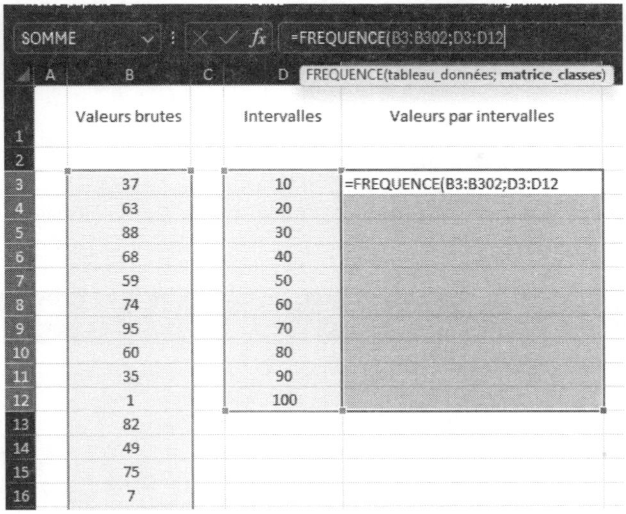

Nous allons maintenant tracer une courbe à partir de cette distribution :

❶ Sélectionnez la plage des valeurs par intervalles.

Dans notre exemple, c'est la plage E3:E12.

Figure 9.20
Choisissez un style d'histogramme.

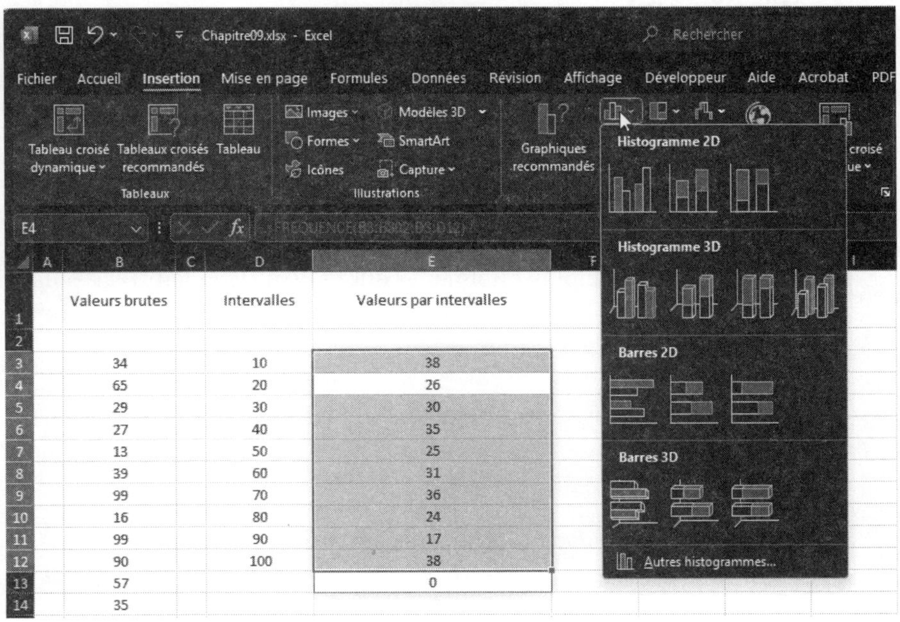

❷ Sur le ruban, cliquez sur l'onglet Insertion.

❸ Dans le groupe Graphiques, cliquez sur l'icône Histogramme afin d'accéder aux différents styles d'histogrammes.

Voir Figure 9.20.

❹ Cliquez sur un type d'histogramme.

Le graphique est créé. Dans la Figure 9.21, nous avons choisi l'option Histogramme 3D groupé.

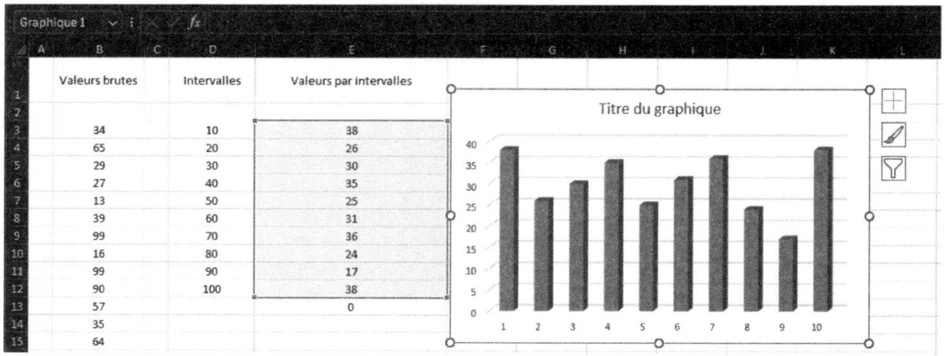

Figure 9.21 La représentation graphique de la distribution de fréquences.

MIN et MAX

Deux fonctions d'Excel, MIN et MAX, renvoient la valeur la plus faible et la valeur la plus élevée d'un ensemble de données. Elles sont faciles à utiliser. Chacune de ces fonctions accepte jusqu'à 255 arguments qui peuvent être des cellules, des plages ou des valeurs.

La Figure 9.22 montre une liste de biens immobiliers. Quelle est la valeur la plus élevée et la valeur la plus faible ? La cellule F4 affiche le prix le plus faible grâce à la formule suivante `=MIN(C4:C1000)`. La cellule F6 affiche le prix le plus élevé grâce à la formule `=MAX(C4:C1000)`.

Voici comment utiliser les fonctions MIN ou MAX :

❶ **Saisissez une liste de nombres.**

❷ **Placez le curseur dans la cellule devant afficher le résultat.**

❸ Saisissez =MIN(ou =MAX(.

❹ **Tirez le pointeur de la souris par-dessus la liste de nombres, ou saisissez l'adresse de la plage de cellules.**

❺ Saisissez la parenthèse fermante) et appuyez ensuite sur la touche Entrée.

Figure 9.22 Trouver les valeurs les plus élevées et les valeurs les plus faibles.

F6 fx =MAX(C4:C1000)

	A	B	C	D	E	F
1		Ventes immobilières				
2						
3		Adresse	Prix de vente			
4		2, rue des Vignes	411 100 €		Minimum :	143 339 €
5		114, avenue Jean Jaurès	316 300 €			
6		27, rue du Vieux chêne	418 400 €		Maximum :	568 400 €
7		45, rue Principale	197 600 €			
8		8, impasse du Cimetière	422 000 €			
9		15, place des Fêtes	263 900 €		Les 5 plus chères :	
10		56, rue d la Mer	169 300 €		n°1	568 400 €
11		12, avenue du Sud	271 200 €		n°2	497 491 €
12		12, boulevard de Metz	159 000 €		n°3	497 458 €
13		3, rue Silbermann	393 600 €		n°4	496 523 €
14		2, résidence La voie du Sud	148 500 €		n°5	496 234 €
15		24, rue Sibuet	351 900 €			
16		29q, rue Raspail	215 000 €			
17		22 place Aristide Briand	218 400 €		Les cinq moins chères :	
18		48, rue de la Clémenterie	176 600 €		n°56	144 188 €
19		84, route d'Epernon	148 300 €		n°57	143 718 €
20		35, place Kléber	152 100 €		n°58	143 666 €
21		26, rue des Rabières	327 300 €		n°59	143 418 €
22		45, place de la République	260 800 €		n°60	143 339 €
23		67, avenue Charles de Gaulle	278 200 €			

MIN et MAX renvoient respectivement la valeur la plus faible de la liste, ou la valeur la plus élevée. Mais comment ferez-vous pour connaître la deuxième valeur la plus faible ou la plus élevée, ou la troisième valeur, et ainsi de suite? C'est que nous verrons dès à présent.

GRANDE.VALEUR et PETITE.VALEUR

Les fonctions GRANDE.VALEUR et PETITE.VALEUR permettent de trouver les valeurs positionnées à un certain classement dans la liste des données. GRANDE. VALEUR calcule ce classement pour les valeurs à partir de la plus élevée et PETITE.VALEUR le calcule pour les valeurs à partir de la plus basse.

La Figure 9.22 montre les cinq prix d'immobilier les plus élevés ainsi que les cinq prix les plus bas. Les deux fonctions GRANDE.VALEUR et PETITE.VALEUR possèdent deux arguments : la plage des données de laquelle il faut extraire la valeur, et la position de la valeur par rapport à la plus élevée ou par rapport à la plus basse.

Les cinq biens immobiliers les plus chers sont trouvés avec la fonction GRANDE. VALEUR. Le plus coûteux, dans la cellule F10, est renvoyé par cette fonction :

```
=GRANDE.VALEUR(C$4:C$1000;1)
```

Comme c'est la fonction GRANDE.VALEUR et que le second argument est 1, la valeur renvoyée est la plus élevée. Il va de soi que la même valeur serait renvoyée par la fonction MAX.

Pour trouver le deuxième prix le plus élevé, le second argument est 2. La cellule F11 contient de ce fait la formule suivante :

```
=GRANDE.VALEUR(C$4:C$1000;2)
```

Pour les troisième, quatrième et cinquième positions, l'argument 3, 4 et 5 est utilisé.

Les cinq ventes les moins chères sont trouvées de la même manière, mais en utilisant la fonction PETITE.VALEUR. Dans la cellule F22, qui contient la moins chère de toutes les offres, la formule est :

```
=PETITE.VALEUR(C$4:C$1000;1)
```

La valeur renvoyée, 143 339 €, serait celle trouvée avec la fonction MIN. Juste au-dessus, la cellule F21 contient cette formule :

```
=PETITE.VALEUR(C$4:C$1000;2)
```

Vous avez peut-être remarqué que la fonction porte jusqu'à la ligne 1000. Or, le listing ne contient que 60 éléments. Un point intéressant à noter est que ces deux fonctions agissent jusqu'à la ligne 1000, mais cela ne signifie pas que toutes ces cellules doivent contenir des données. En fait, cette énorme plage vide a été prévue pour pouvoir ajouter de nouveaux biens immobiliers à la liste sans devoir redéfinir les références dans toutes les formules.

Les étiquettes dans la plage de cellules E10:E14 – n° 1, n° 2... – ont été créées telles qu'elles. Il suffit de saisir la première puis de tirer la poignée de recopie automatique pour obtenir les étiquettes n° 2, n° 3, n° 4 et n° 5.

Mais dans la plage E18:E22, les étiquettes n° 56, n° 57, etc. ont été obtenues par des formules. La fonction NB compte le nombre total d'éléments dans la liste. Même si cette dernière s'étend jusqu'à la ligne 1000, la numérotation dans les cellules s'arrête à 60, le nombre d'éléments existant. Cette mise à jour automatique de la longueur du listing est obtenue par les formules suivantes, dans les cellules E22 (tout en bas), E21, E20, E19 puis, tout en haut, E18 :

```
="n°"&NB(C$4:C$1000)
="n°"&NB(C$4:C$1000)-1
="n°"&NB(C$4:C$1000)-2
```

```
="n°"&NB(C$4:C$1000)-3
="n°"&NB(C$4:C$1000)-4
```

Voici comment utiliser les fonctions GRANDE.VALEUR et PETITE.VALEUR :

❶ Saisissez une liste de nombres.

❷ Placez le curseur dans la cellule devant afficher le résultat.

❸ Saisissez =GRANDE.VALEUR(ou =PETITE.VALEUR(.

❹ Tirez le pointeur de la souris par-dessus la liste de nombres, ou saisissez l'adresse de la plage de cellules.

❺ Saisissez un point-virgule ;.

❻ Saisissez le nombre correspondant à la position à renvoyer.

❼ Saisissez la parenthèse fermante) et appuyez ensuite sur la touche Entrée.

Utilisez GRANDE pour trouver la position d'une valeur relativement à la valeur la plus élevée. Utilisez PETITE pour trouver la position d'une valeur relativement à la valeur la moins élevée.

Les bons comptes

Les fonctions NB et NB.SI n'ont rien de commun avec celles d'une calculette. Elles servent en effet à compter, un peu comme si Excel comptait sur les doigts.

NB

La fonction NB compte le nombre d'éléments numériques dans une plage de valeurs. Mais attention : elle ne tient pas compte des cellules contenant du texte, ni des cellules vides.

NBVAL fonctionne comme NB, sauf que cette fonction compte toutes les cellules non vides, y compris celles contenant du texte.

Pour utiliser la fonction NB :

❶ Saisissez une liste de nombres.

❷ Placez le curseur dans la cellule devant afficher le résultat.

❸ Saisissez =NB(.

❹ Tirez le pointeur de la souris par-dessus la liste de nombres, ou saisissez l'adresse de la plage de cellules.

❺ Saisissez la parenthèse fermante) et appuyez ensuite sur la touche Entrée.

La Figure 9.23 contient une liste de films de Woody Allen avec le nombre d'entrées en France et l'année du film. La cellule E5 indique le nombre de films, obtenu avec la fonction NB. La formule dans la cellule E5 est :

```
=NB(B5:B104)
```

Remarquez que la colonne utilisée pour compter les films est celle du nombre d'entrées, et non celle des titres. Comme NB ne compte pas les cellules contenant du texte – le résultat aurait été 0 –, il a fallu utiliser des cellules contenant des nombres.

Figure 9.23
Compter des cellules avec et sans critères.

E9 =NB.SI(B5:B31;">1000000")

	A	B	C	D	E
1					
2					
3	**Films**	**Nb d'entrées en France**	**Année**		
4					
5	Alice	1 245 000	1990	Nombre de films :	27
6	Annie Hall	1 344 539	1977		
7	Bananas	1 225 323	1971	Nombre de films en 1993 :	2
8	Comédie érotique d'une nuit d'été	1 131 000	1982		
9	Coups de feu sur Broadway	1 018 000	1993	Fims ayant totalisé plus de	
10	Escrocs mais pas trop	1 023 000	2000	1 million d'entrées :	17
11	Hannah et ses soeurs	1 402 000	1986		
12	Harry dans tous ses états	1 286 000	1997	Fims ayant totalisé plus de	
13	Hollywood Ending	813 000	2002	1,5 million d'entrées en 2005 :	1
14	La rose pourpre du Caire	1 801 000	1985		
15	La Vie et tout le reste	474 000	2003		
16	Le Rêve de Cassandre	420 089	2007		

NB.SI

La fonction NB.SI offre l'avantage de compter des éléments devant correspondre à certains critères. Dans la Figure 9.23, la cellule E7 contient le nombre de films américains réalisés en 1993. La formule est :

```
=NB.SI(C5:C31;1993)
```

La fonction NB.SI possède deux arguments :

» **la plage de cellules de la liste à compter;**

» **le critère de sélection.**

Le Tableau 9.2 présente quelques critères de la fonction NB.SI :

Tableau 9.2 Utiliser NB.SI avec des critères.

Exemple	Commentaire
=NB.SI(C5:C104;"=1993")	Renvoie le nombre de films réalisés en 1993.
=NB.SI(C5:C104;1993)	Renvoie le nombre de films réalisés en 1993. Remarquez qu'il s'agit de l'unique critère ne nécessitant pas d'être placé entre des guillemets.
=NB.SI(C5:C104;"<1993")	Renvoie le nombre de films réalisés avant 1993.
=NB.SI(C5:C104;">=1993")	Renvoie le nombre de films réalisés en 1993 et après.
=NB.SI(C5:C104;"<>1993")	Renvoie le nombre de films qui n'ont pas été réalisés en 1993.

Le critère peut aussi être du texte. Par exemple, NB.SI peut compter le nombre d'occurrences de Lyon dans une liste de déplacements d'affaires. Les caractères de substitution sont utilisables. L'astérisque (*) représente n'importe quel nombre de caractères et le point d'interrogation (?) ne représente qu'un seul caractère.

Les critères peuvent être saisis dans une cellule plutôt que directement dans la fonction NB.SI. Vous n'utiliserez que l'adresse de la cellule dans la fonction. Par exemple, vous saisirez **Ma*** dans la cellule A1. Ensuite, la fonction `=NB.SI(A5:A31;A1)` donnera le même résultat que l'exemple précédent.

Dans la Figure 9.23, la cellule E9 renvoie le nombre de films ayant totalisé plus d'un million d'entrées. La formule est :

```
=NB.SI(B5:B31;">1000000")
```

Comment faire pour utiliser deux critères à la fois? La cellule E12 indique le nombre de films réalisés en 2005 et ayant totalisé plus de 1,5 million d'entrées. Pour ce calcul, nous devons utiliser une autre fonction : SOMMEPROD. La cellule E12 contient la formule suivante :

```
=SOMMEPROD((B5:B31>1500000)*(C5:C31=2005))
```

Bien que la formule paraisse multiplier le nombre de films ayant totalisé plus d'un million et demi d'entrées avec le chiffre de l'année, elle renvoie en réalité le nombre de films répondant aux deux conditions.

Procédez comme suit pour utiliser la fonction NB.SI

1. **Saisissez une liste de nombres.**

2. **Placez le curseur dans la cellule devant afficher le résultat.**

3. **Saisissez =NB.SI(.**

4. **Tirez le pointeur de la souris par-dessus la liste de nombres, ou saisissez l'adresse de la plage de cellules.**

5. **Saisissez un point-virgule ;.**

6. **Saisissez une condition en la mettant entre guillemets.**

   Vous pouvez utiliser les opérateurs logiques et caractères de substitution suivants :

   = égal à

   > supérieur à

   < inférieur à

   * caractère de substitution multiple

   ? caractère de substitution unique

   <> différent de

7. **Saisissez la parenthèse fermante) et appuyez ensuite sur la touche Entrée.**

Le résultat renvoyé est le nombre de cellules correspondant à la condition.

Il existe aussi une fonction NB.SI.ENS qui permet de compter dans de multiples plages et critères. Elle ressemble beaucoup à la fonction SOMME.SI étudiée au Chapitre 8.

DANS CE CHAPITRE

Les statistiques d'estimation.

Les fonctions de test de la distribution de Student.

L'analyse des probabilités et des résultats avec les fonctions Khi.

Chapitre 10

Les tests de signification

Lorsque vous disposez de données sur une population, vous pouvez en tirer un échantillon et opérer une analyse statistique sur ce dernier. Cette analyse peut être appliquée à la population elle-même. La moyenne des données de l'échantillon est-elle la même que la moyenne de toute la population ? Ces deux moyennes peuvent être calculées, ce qui permet de savoir avec précision jusqu'à quel point l'échantillon est représentatif de la population. Les deux moyennes sont-elles identiques ? Ou un peu différentes ? Si oui, de combien ?

Le problème est qu'obtenir en premier lieu les données d'une population tout entière n'est pas toujours faisable. En moyenne, combien de kilomètres au litre parcourra une Toyota Yaris après cinq années sur les routes ? Il est impossible d'apporter une réponse précise parce qu'il est impossible de tester toutes les 308 actuellement en service.

Nous allons donc procéder par déduction. Tester un certain nombre de Yaris est sans doute possible. Ensuite, l'autonomie du groupe formant l'échantillon représentera le kilométrage par litre consommé de toutes les Yaris de cinq ans d'âge. La moyenne du groupe échantillon ne concordera pas forcément avec la moyenne de la population, mais c'est la meilleure valeur que nous pouvons obtenir.

Ce type de statistique est appelée *statistique d'estimation* ou *statistique inductive*. Dans ce chapitre, vous découvrirez les fonctions utilisant la distribution-T de Student, utile pour obtenir un aperçu des propriétés d'une population inconnue. C'est la méthode de prédilection pour travailler sur des échantillons de petite taille, disons 30 points de données ou moins.

Les tests présentés dans ce chapitre sont liés aux probabilités. Si le résultat d'un test – par exemple, un test T – s'inscrit dans une certaine plage de probabilités, le résultat est considéré comme significatif. Hors de cette plage, le résultat est considéré comme non significatif. Selon une règle largement admise, les probabilités inférieures à 5 %, ou à 0,05 sont significatives, mais il existe des exceptions.

Le test T

La fonction T.TEST renvoie la probabilité pour que deux échantillons proviennent d'une population ayant la même moyenne. Par exemple, une comparaison des salaires des directeurs des ressources humaines (DRH) et des chefs de publicité est en cours. Les salaires, dans l'ensemble (en moyenne) sont-ils les mêmes pour ces deux groupes? Chacun de ces groupes est une population distincte, mais si les moyennes sont identiques, les salaires moyens sont alors les mêmes.

NdT : dans Excel 2007 et dans les versions antérieures, la fonction T.TEST s'appelle TEST.STUDENT. La syntaxe est la même.

Comme il n'est pas possible d'effectuer un sondage auprès de tous les DRH et de tous les chefs de publicité d'une multinationale, un échantillon de chacune de ces professions est créé. Vingt-cinq personnes choisies au hasard divulguent leur salaire. La Figure 10.1 montre les salaires des deux groupes ainsi que le résultat obtenu avec la fonction T.TEST.

Le test T de Student est généralement appliqué à des échantillons de 30 éléments ou moins.

La fonction T.TEST renvoie 10,3 % (0,1390653) selon les arguments de la fonction qui ont été utilisés. Ce chiffre indique une probabilité de 10,3 % pour que la moyenne des deux populations soit la même. Autrement dit, il représente les chances que la moyenne de tous les salaires des DRH corresponde à la moyenne des salaires de chefs de la multinationale. Dans la cellule E8, la formule est :

```
=T.TEST(A2:A26;B2:B26;2;2)
```

Le Tableau 10.1 montre les arguments de la fonction T.TEST.

Tableau 10.1 Les arguments de la fonction T.TEST.

Argument	Commentaire
Matrice 1	Référence à la première plage de cellules.
Matrice 2	Référence à la seconde plage de cellules.
Latéralité	1 pour une distribution unilatérale, ou 2 pour une distribution bilatérale.
Type	C'est le type de test T à exécuter. Le choix est 1 (test par paire), 2 (test sur deux échantillons de variance égale) ou 3 (test sur deux échantillons de variances différentes).

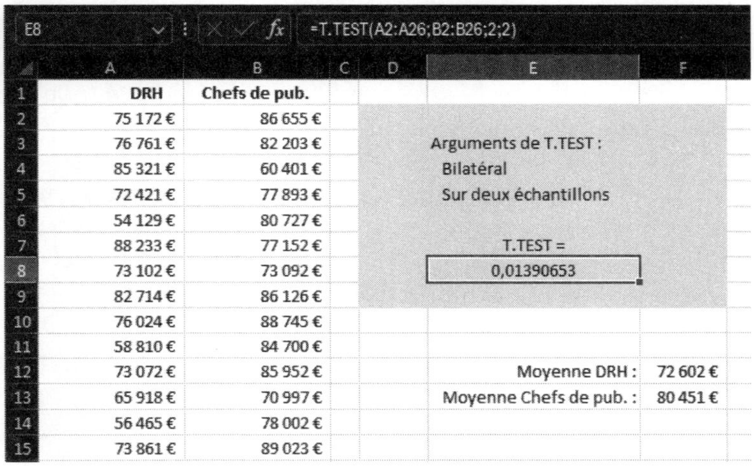

Figure 10.1 Une comparaison de salaires.

Le troisième argument de T.TEST indique si le test doit être conduit de manière unilatérale ou bilatérale. Un test unilatéral est utilisé si la question se pose d'un ensemble de données significativement plus grand ou plus petit que l'autre. Le test bilatéral est utilisé lorsque les deux ensembles sont un peu différents l'un de l'autre, mais pas de manière significative.

Les deux premiers arguments de T.TEST sont les plages de cellules contenant les valeurs à tester. Il est intéressant de voir comment les deux ensembles de données sont liés. Ils peuvent comprendre des éléments ayant un élément correspondant dans chaque ensemble. Par exemple, un ensemble peut contenir des données « avant » et l'autre ensemble des données « après ».

Ce type de données est utilisé dans la fonction *par paire*, car chaque donnée dans le premier échantillon a son correspondant dans le second échantillon. Ici, le lien dépend du fait que des valeurs sont des mesures *avant* et *après* des mêmes semis agricoles. Des données peuvent être appariées d'autres manières. Par exemple, dans l'étude sur les salaires, chaque DRH peut être apparié à un chef de publicité du même âge afin de s'assurer que l'ancienneté dans l'entreprise ne fausse pas les résultats. Dans ce cas, vous procéderez aussi à un test T par paires.

Semis	Hauteur à la semaine 1	Hauteur à la semaine 2
N° 1	10 cm	13 cm
N° 2	9,5 cm	13 cm
N° 3	11,5 cm	14 cm
N° 4	13 cm	13 cm

Quand vous utilisez la fonction T.TEST pour des échantillons appariés, les deux plages de cellules du premier et du second argument doivent être de la même taille. Quand vous comparez deux échantillons indépendants (non appariés), il n'est pas nécessaire que leurs plages aient la même taille.

La fonction T.TEST sert à déterminer la probabilité que deux échantillons proviennent de la même population.

Voici comment utiliser la fonction T.TEST :

1. **Saisissez deux ensembles de données.**
2. **Placez le curseur dans la cellule devant afficher le résultat.**
3. **Saisissez =T.TEST(**
4. **Tirez le pointeur de la souris par-dessus la première liste de nombres, ou saisissez l'adresse de la plage de cellules.**
5. **Saisissez un point-virgule ;.**
6. **Tirez le pointeur de la souris par-dessus la première liste de nombres, ou saisissez l'adresse de la plage de cellules.**
7. **Saisissez un point-virgule ;.**
8. **Saisissez 1 pour un test unilatéral, ou 2 pour un test bilatéral.**
9. **Saisissez un point-virgule ;.**
10. **Saisissez l'un de ces paramètres :**

1. pour un test par paires ;
2. pour un test sur deux échantillons de variance égale ;
3. pour un test sur deux échantillons de variances inégales.

❹ **Saisissez la parenthèse fermante) et appuyez ensuite sur la touche Entrée.**

Vous avez peut-être appris qu'un test T renvoie une *valeur T* qu'il vous suffit de rechercher dans une table pour déterminer la probabilité associée. La fonction T.TEST d'Excel combine ces deux étapes. Elle calcule la valeur T en interne et détermine la probabilité. Vous ne voyez jamais la valeur T elle-même, mais seulement la probabilité, ce qui est en fait le chiffre qui vous intéresse.

La fonction LOI.STUDENT renvoie la probabilité pour une valeur T et des degrés de liberté. Cette fonction est utilisée lorsque vous disposez d'une valeur T calculée et que vous désirez déterminer la probabilité associée. Notez que la fonction T.TEST ne renvoie pas la valeur T, mais directement la probabilité. Vous n'utiliserez donc pas LOI.STUDENT avec un résultat renvoyé par T.TEST. En revanche, vous utiliserez LOI.STUDENT si vous avez une ou plusieurs valeurs T provenant d'ailleurs, et que vous désirez déterminer les probabilités associées.

LOI.STUDENT.N possède trois arguments :

» **la valeur T ;**

» **le nombre de degrés de liberté ;**

» **la latéralité (1 ou 2).**

Une distribution T est similaire à une distribution normale. Sa courbe est en forme de chapeau de gendarme. La distribution T diffère notamment par l'épaisseur de ses extrémités, en fonction des degrés de liberté. Un degré de liberté se rapporte grossièrement au nombre d'éléments de l'échantillon, moins 1. Toutes les distributions T sont symétriques autour de 0, car c'est la distribution normale. Mais en pratique, vous travaillez toujours avec la partie droite de la courbe : les valeurs T positives.

Voici comment utiliser la fonction LOI.STUDENT :

❶ **Placez le curseur dans la cellule devant afficher le résultat.**

❷ **Saisissez =LOI.STUDENT(.**

NdT : ne choisissez pas par mégarde LOI.STUDENT.N, comme pourraient le suggérer les versions récentes d'Excel, car cette fonction n'accepte que les deux premiers arguments et retourne un résultat différent.

❸ Saisissez une valeur pour T, ou cliquez sur la cellule contenant cette valeur.

❹ Saisissez un point-virgule ;.

❺ Saisissez le nombre de degrés de liberté.

❻ Saisissez un point-virgule ;.

❼ Saisissez l'un de ces paramètres :

1. pour un test unilatéral ;
2. pour un test bilatéral.

❽ **Saisissez la parenthèse fermante) et appuyez ensuite sur la touche Entrée.**

Si la valeur T est basée sur un test par paires, les degrés de liberté sont égaux à 1 moins le nombre d'éléments dans chaque échantillon (n'oubliez pas que les échantillons sont de même taille). Quand la valeur T est basée sur deux échantillons indépendants, les degrés de liberté sont égaux à (nombre d'échantillons moins 1 élément) + (nombre d'échantillons moins 2 éléments moins 1).

La fonction LOI.STUDENT.INVERSE possède deux arguments – la probabilité et les degrés de liberté – et renvoie la valeur T. Procédez comme suit pour l'utiliser :

❶ Placez le curseur dans la cellule devant afficher le résultat.

❷ Saisissez =LOI.STUDENT.INVERSE(.

❸ Saisissez la valeur de probabilité, ou cliquez sur la cellule contenant cette valeur.

❹ Saisissez un point-virgule ;.

❺ Saisissez le nombre de degrés de liberté.

❻ Saisissez la parenthèse fermante) et appuyez ensuite sur la touche Entrée.

Comparer les résultats avec une estimation

Le test du khi-deux – χ^2 ou encore khi-carré – est une méthode statistique visant à déterminer si les résultats observés se trouvent dans une plage acceptable comparé à ce que les résultats étaient censés être. Autrement dit, le test khi-deux vérifie ce que vaut une comparaison avant et après : à quel point les résultats obtenus sont-ils proches des résultats attendus pour considérer qu'il n'y a pas réellement de différence? Ou au contraire, à quel point les résultats obtenus s'éloignent-ils des résultats attendus pour considérer qu'il y a vraiment une différence?

Un exemple classique est le lancer – 100 fois – d'une pièce de monnaie. Le résultat attendu est qu'elle tombe 50 fois du côté pile, et 50 fois du côté face. La Figure 10.2 montre le calcul de statistique du khi-deux sans recourir à aucune fonction.

Figure 10.2 Le calcul du khi-deux.

F9 =SOMME(F5:F6)

	A	B	C	D	E	F
1	**Une pièce est lancée 100 fois**					
2						
3		Résultats		Différence	Carré de la	Carré /
4		attendus	observés	(attendus-observés)	différence	attendus
5	**Pile :**	50	44	6	36	0,72
6	**Face :**	50	56	-6	36	0,72
7						
8						
9					**Khi-deux :**	1,44
10						

Les cellules B5 et B6 contiennent les résultats attendus : la pièce doit tomber 50 fois du côté pile et 50 fois du côté face. Les cellules C5 et C6 montrent les résultats obtenus par le lancer : la pièce est tombée 44 fois du côté pile et 56 fois du côté face. À partir de ces données, voici comment le khi-deux est calculé :

❶ **Calcul de la différence entre chaque résultat attendu et observé.**

❷ **Mise au carré de chacune des différences.**

❸ **Division de chacun des carrés par sa valeur attendue.**

❹ **Somme des résultats de l'étape précédente.**

Les trois premières étapes peuvent bien sûr être exprimées par une formule Excel :

```
=(attendus-observés)^2/attendus
```

Pour notre exemple, le résultat est 1,44. Ce nombre – la valeur du khi-deux – est ensuite recherché dans un tableau des valeurs de distribution du khi-deux. Ce tableau est une matrice de degrés de liberté et de niveaux de confiance. La position du khi-deux pour les degrés de liberté appropriés (soit 1 moins le nombre de points de données) indique la probabilité si la différence entre les valeurs attendues et les valeurs observées est significative. Cela permet de savoir si cette différence s'inscrit dans une erreur d'estimation raisonnable, ou si elle est réelle, causée par exemple par une pièce de monnaie défectueuse.

Les tableaux des degrés de liberté et des niveaux de confiance se trouvent souvent dans l'annexe des ouvrages de statistique. Vous les trouverez aussi sur l'Internet.

La fonction TEST.KHIDEUX renvoie la valeur de probabilité (p) dérivée des plages attendues et observées. La fonction possède deux arguments : la plage des valeurs observées (en réalité) et la plage des valeurs attendues. Ces deux plages doivent bien sûr contenir le même nombre de valeurs, et ces dernières doivent concorder ; le premier élément de la liste *Attendus* est associé au premier élément de la liste *Observés*, et ainsi de suite. La fonction prend en compte les degrés de liberté, détermine la valeur statistique du khi-deux puis calcule la probabilité.

Utilisez la fonction TEST.KHIDEUX de la manière suivante :

1. **Saisissez deux plages de valeurs, l'une contenant les résultats attendus, l'autre contenant les résultats observés.**

2. **Placez le curseur dans la cellule devant afficher le résultat.**

3. **Saisissez** =TEST.KHIDEUX(.

4. **Tirez le curseur par-dessus la plage des valeurs observées (en réalité), ou saisissez l'adresse de cette plage.**

5. **Saisissez un point-virgule** ;.

6. **Tirez le curseur par-dessus la plage des valeurs attendues, ou saisissez l'adresse de cette plage.**

❼ **Saisissez la parenthèse fermante) et appuyez ensuite sur la touche Entrée.**

La Figure 10.3 montre un ensemble de données attendues et de données réellement obtenues. Dans la cellule F12, la statistique de test khi-deux calculée manuellement, sans recourir à une fonction, donne 1,594017. Dans la cellule E14, la fonction TEST.KHIDEUX renvoie la valeur 0,953006565 qui est la probabilité associée. N'oubliez pas que TEST.KHIDEUX ne fournit pas la statistique khi-deux, mais sa probabilité associée.

Figure 10.3

Détermination d'une probabilité.

E14 =TEST.KHIDEUX(C4:C10;B4:B10)

	A	B	C	D	E	F
1		Exemplaires à imprimer		Différence	Carré	Carré /
2		attendus	prêts	(attendus-prêts)	de la différence	attendu
3						
4	Lundi	15	18	-3	9	0,6
5	Mardi	18	20	-2	4	0,222222222
6	Mercredi	19	19	0	0	0
7	Jeudi	24	20	4	16	0,666666667
8	Vendredi	26	25	1	1	0,038461538
9	Samedi	24	24	0	0	0
10	Dimanche	15	16	-1	1	0,066666667
11						
12					Total :	1,594017094
13						
14				TEST.KHIDEUX :	0,953006565	
15						
16				LOI.KHIDEUX.DROITE :	0,953006565	
17						
18				LOI.KHIDEUX.INVERSE.DROITE :	1,594017094	
19						

Établissons à présent la relation entre le khi-deux calculé et la valeur renvoyée par TEST.KHIDEUX. Si vous recherchez la valeur khi-deux calculée manuellement dans un tableau de degrés de liberté 6 – soit 1 moins le nombre d'observations – vous verrez qu'elle est associée à une valeur de probabilité de 0,95. La fonction TEST.KHIDEUX se charge bien sûr de cette tâche et renvoie cette probabilité. C'est bien ce que vous vouliez. Mais supposons que vous ayez calculé manuellement les valeurs du khi-deux et vous vouliez maintenant les probabilités associées. Vous avez un tableau sous la main ? Non ? Pas de problème, car la fonction LOI.KHIDEUX.DROITE va vous tirer d'affaire. Et en plus, si vous avez la probabilité et que vous désirez connaître la valeur de khi-deux qui lui est associée, vous utiliserez la fonction LOI.KHIDEUX.INVERSE.DROITE.

Dans les fonctions LOI.KHIDEUX.DROITE et LOI.KHIDEUX.INVERSE.DROITE, le suffixe DROITE se rapporte à l'extrémité droite de la distribution.

La Figure 10.3 montre les résultats des deux fonctions LOI.KHIDEUX.DROITE et LOI.KHIDEUX.INVERSE.DROITE. La première possède deux arguments : la valeur à évaluer pour la distribution – en l'occurrence, le khi-deux : 1,59 – et les degrés de liberté : 6 dans notre exemple. La cellule E16 affiche 0,953006565. C'est la même probabilité que celle fournie par la fonction TEST.KHIDEUX, comme cela doit être le cas. La formule dans la cellule E16 est :

```
=LOI.KHIDEUX.DROITE(F12;6)
```

Les deux fonctions TEST.KHIDEUX et LOI.KHIDEUX.DROITE renvoient chacune la même valeur de probabilité mais calculent le résultat avec des arguments différents. TEST.KHIDEUX utilise les véritables valeurs Attendu et Observé et effectue en interne la statistique de test qui renvoie la probabilité. Cette opération s'effectue en coulisses; seule la probabilité est renvoyée. En revanche, pour LOI.KHIDEUX.DROITE, la statistique de test doit être introduite en tant qu'argument.

Pour utiliser la fonction LOI.KHIDEUX.DROITE :

1. **Placez le curseur dans la cellule devant afficher le résultat.**
2. **Saisissez** =LOI.KHIDEUX.DROITE(.
3. **Cliquez sur la cellule contenant la statistique de test khi-deux.**
4. **Saisissez un point-virgule ;.**
5. **Saisissez le degré de liberté.**
6. **Saisissez la parenthèse fermante) et appuyez ensuite sur la touche Entrée.**

Pour une probabilité et des degrés de liberté donnés, la fonction LOI.KHIDEUX.INVERSE.DROITE renvoie la statistique de test khi-deux.

Dans la Figure 10.3, la cellule E18 contient la formule suivante :

```
=LOI.KHIDEUX.INVERSE.DROITE(E14;6)
```

Elle renvoie la valeur du khi-deux : 1,594017094. La fonction LOI.KHIDEUX.INVERSE.DROITE est utile lorsque vous connaissez la probabilité et les degrés de liberté, mais que vous devez déterminer la valeur de la statistique de test khi-deux.

Utilisez la fonction LOI.KHIDEUX.INVERSE.DROITE de la manière suivante :

1. **Placez le curseur dans la cellule devant afficher le résultat.**
2. **Saisissez** =LOI.KHIDEUX.INVERSE.DROITE(.

3. Cliquez sur la cellule contenant la probabilité.

4. Saisissez un point-virgule ;.

5. Saisissez le degré de liberté.

6. Saisissez la parenthèse fermante) et appuyez ensuite sur la touche Entrée.

DANS CE CHAPITRE

Les tendances linéaires et exponentielles.

Utiliser PENTE et ORDONNEE.ORIGINE pour décrire des données linéaires.

Prédire des données futures à partir des données existantes.

Utiliser des distributions de Poisson et des distributions normales.

Chapitre 11

Prédictions et probabilités

L'une des plus importantes phases, lors d'une analyse de données, est de déterminer le *modèle mathématique* qui s'ajuste le mieux aux données ou, si vous préférez, la *formule* décrivant ces données. Cette question du modèle est applicable à toutes les données formant des paires X-Y comme pour :

» la comparaison de poids et de tailles ;

» le salaire comparé au niveau d'étude ;

» la quantité de nourriture pour un élevage selon l'heure de la journée ;

» le nombre d'arrêts-maladie selon le jour de la semaine.

La modélisation

Supposons que vous ayez tracé tous les points de données sur un graphique, un *graphique en nuage de points* dans Excel : à quoi ce nuage ressemble-t-il ? Si les données sont linéaires, elles se répartissent plus ou moins le long d'une ligne droite. Si elles se trouvent sur une courbe plutôt que sur une droite, elles sont exponentielles. Ces deux modèles, *linéaire* et *exponentiel,* sont les modèles les plus communément utilisés. Excel est doté de fonctions pour les exploiter.

Dans un modèle linéaire, la formule mathématique qui modélise les données est :

```
Y = mX + b
```

Selon cette formule, pour toute valeur X, vous calculez la valeur Y en multipliant X par la constante *m* et en ajoutant ensuite une autre constante *b.* La valeur *m* est la *pente* et *b* est l'*intercept* de Y (la valeur de Y quand X est égal à 0). Cette formule produit une ligne parfaitement droite ; les données du monde réel ne tombent pas exactement dessus. Le fait est que cette ligne, appelée « régression linéaire », est le meilleur ajustement pour les données. Les constantes *m* et *b* sont différentes pour chaque ensemble de données.

Le modèle exponentiel

Dans un modèle exponentiel, la formule suivante modélise les données :

```
Y = bmX
```

Figure 11.1

Une courbe exponentielle.

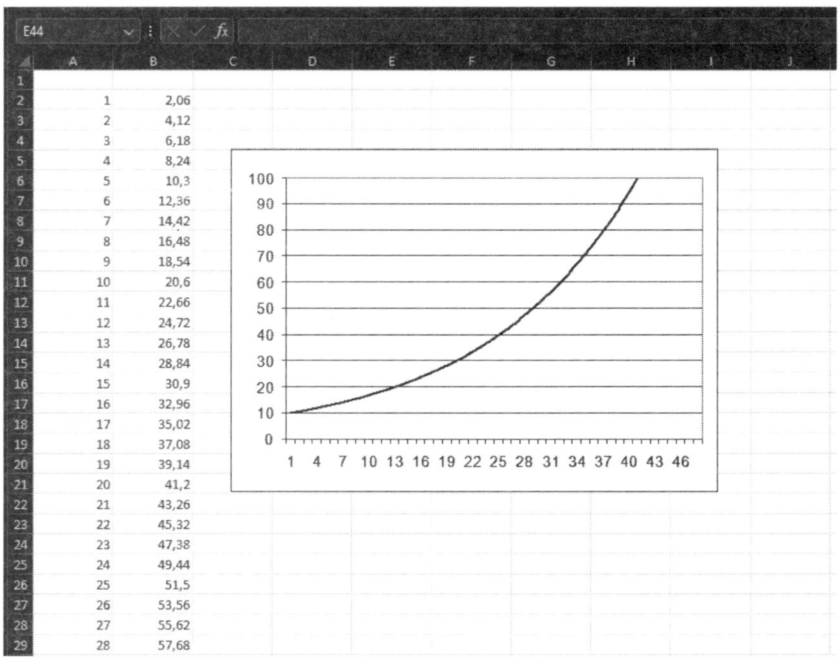

	A	B
1		
2	1	2,06
3	2	4,12
4	3	6,18
5	4	8,24
6	5	10,3
7	6	12,36
8	7	14,42
9	8	16,48
10	9	18,54
11	10	20,6
12	11	22,66
13	12	24,72
14	13	26,78
15	14	28,84
16	15	30,9
17	16	32,96
18	17	35,02
19	18	37,08
20	19	39,14
21	20	41,2
22	21	43,26
23	22	45,32
24	23	47,38
25	24	49,44
26	25	51,5
27	26	53,56
28	27	55,62
29	28	57,68

Les valeurs *b* et *m* sont là encore des constantes. Beaucoup de processus naturels, comme la multiplication des bactéries ou les changements de température, sont modélisés par des courbes exponentielles. La Figure 11.1 en montre une. Elle est produite par la formule précédente lorsque $b = 2$ et $m = 1{,}3$.

Là aussi, *b* et *m* sont des constantes différentes pour chaque ensemble de données.

Décrire des données linéaires avec PENTE et ORDONNEE.ORIGINE

Comme nous l'avons vu précédemment, beaucoup d'ensembles de données peuvent être modélisés par une ligne droite parce que les données sont linéaires. Cette régression linéaire est caractérisée par sa pente et par son intercept Y. Pour calculer ces deux éléments, Excel est doté des fonctions PENTE et ORDONNEE.ORIGINE. Les deux fonctions PENTE et ORDONNEE.ORIGINE acceptent les mêmes arguments :

- **Le premier argument est une plage ou une matrice contenant les valeurs Y de l'ensemble de données.**
- **Le second argument est une plage ou une matrice contenant les valeurs X de l'ensemble de données.**

Les deux plages doivent contenir le même nombre de valeurs; autrement, une erreur est produite. Procédez comme suit pour utiliser l'une ou l'autre de ces fonctions :

1. **Dans une feuille de calcul vierge, saisissez =PENTE(ou =ORDONNEE.ORIGINE(.**
2. **Tirez le pointeur par-dessus la liste contenant les valeurs Y ou saisissez l'adresse de sa plage de cellules.**
3. **Saisissez un point-virgule ;.**
4. **Tirez le pointeur par-dessus la liste contenant les valeurs X ou saisissez l'adresse de sa plage de cellules.**
5. **Saisissez la parenthèse fermante) et appuyez sur la touche Entrée.**

Connaître la pente et l'intercept Y d'une régression linéaire permet de calculer les valeurs prédites de Y pour n'importe quel X à l'aide de la formule Y = *m*X + *b* où *m* est la pente et *b* l'intercept Y. Mais les fonctions PREVISION et TENDANCE peuvent également faire ce calcul.

Sachant ce que sont la pente et l'intercept d'une régression linéaire, que peut-on en faire ? Vous pourriez commencer par tracer la régression linéaire ainsi que les points de données. Cette représentation graphique est très courante. Elle permet de voir à quel point les données s'ajustent au modèle.

Pour vous en faire une idée, jetez un coup d'œil à la feuille de calcul de la Figure 11.2. Les colonnes A et B contiennent les données X et Y représentées dans le graphique en nuage de points.

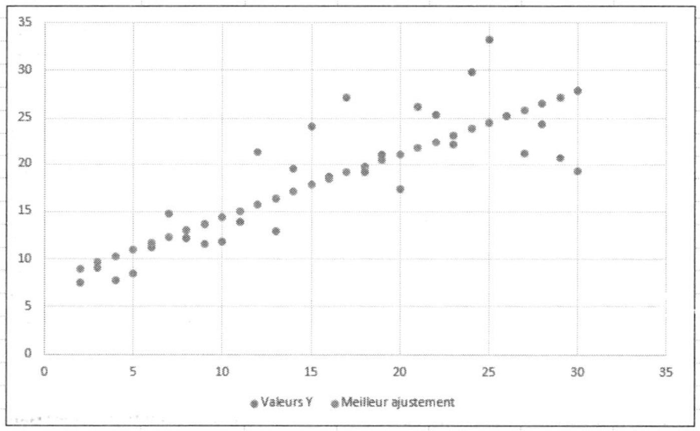

Figure 11.2 Le graphique en nuage de points révèle que les données X et Y sont linéaires.

Il semble clair que les données sont linéaires et qu'il est possible d'utiliser avec elles les fonctions PENTE et ORDONNEE.ORIGINE. La première phase est d'introduire ces fonctions dans la feuille de calcul comme expliqué ci-dessous. N'importe quelle feuille de calcul contenant des données linéaires X-Y convient.

1. **Saisissez le mot Pente dans une cellule.**

   Il servira d'étiquette.

2. **Dans la cellule à droite, saisissez =PENTE(.**

3. **Tirez le pointeur par-dessus la liste contenant les valeurs Y ou saisissez l'adresse de sa plage de cellules.**

4. **Saisissez un point-virgule ;.**

❺ Tirez le pointeur par-dessus la liste contenant les valeurs X ou saisissez l'adresse de sa plage de cellules.

❻ Saisissez la parenthèse fermante).

❼ Appuyez sur la touche Entrée pour valider la formule.

❽ Dans la cellule sous l'étiquette Pente, saisissez Intercept.

C'est une autre étiquette.

❾ Dans la cellule à droite, saisissez =ORDONNEE.ORIGINE(.

❿ Tirez le pointeur par-dessus la liste contenant les valeurs Y ou saisissez l'adresse de sa plage de cellules.

⓫ **Saisissez un point-virgule** ;.

⓬ Tirez le pointeur par-dessus la liste contenant les valeurs X ou saisissez l'adresse de sa plage de cellules.

⓭ **Saisissez la parenthèse fermante) et appuyez sur la touche Entrée.**

La feuille de calcul affiche à présent la pente et l'intercept de la régression linéaire des données. Il faut maintenant représenter cette régression sur un graphique :

❶ Au besoin, ajoutez une nouvelle colonne vide à droite de la colonne contenant les valeurs Y.

Pour ce faire, cliquez dans la colonne immédiatement à droite de la colonne contenant les valeurs Y puis, dans le groupe Cellules du ruban Accueil, cliquez sur le bouton Insérer et, dans le menu, choisissez Insérer des colonnes dans la feuille.

❷ Placez le curseur dans cette nouvelle colonne, sur la même ligne que la première valeur X.

❸ Saisissez le signe =.

❹ Cliquez sur la cellule contenant la fonction PENTE afin d'introduire son adresse dans la formule.

❺ Appuyez sur la touche F4 pour convertir l'adresse en référence absolue.

Un signe $ est placé avant la lettre de colonne et un autre avant le numéro de ligne.

❻ Saisissez l'opérateur de multiplication *

❼ Cliquez sur la cellule contenant la valeur X située sur la même ligne.

❽ Saisissez l'opérateur d'addition +.

❾ Cliquez sur la cellule contenant la fonction ORDONNEE.ORIGINE afin d'introduire son adresse dans la formule.

❿ Appuyez sur la touche F4 pour convertir l'adresse en référence absolue.

Des signes $ sont placés dans l'adresse de cellule.

⓫ Appuyez sur Entrée pour valider la formule.

⓬ Assurez-vous que le curseur se trouve dans la cellule dans laquelle vous venez d'introduire la formule.

⓭ Appuyez sur les touches Ctrl+C pour copier la formule dans le Presse-papiers.

⓮ La touche Maj enfoncée, appuyez sur la touche fléchée Bas jusqu'à ce que la colonne soit sélectionnée jusqu'à la ligne contenant la dernière valeur X.

⓯ Appuyez sur la touche Entrée afin de copier la formule dans toutes les cellules sélectionnées.

À ce point, la colonne de données que vous venez de créer contient les valeurs Y pour la régression linéaire. La phase finale consiste à créer le graphique affichant à la fois les véritables données ainsi que la régression linéaire calculée par l'ordinateur.

❶ Sélectionnez les trois colonnes de données : les valeurs X, les véritables valeurs Y et les valeurs Y calculées par l'ordinateur.

❷ Sur le ruban, cliquez sur l'onglet Insertion.

❸ Cliquez sur le bouton Graphique en nuage de point (voir Figure 11.3).

❹ Sélectionnez le type Nuage de points avec courbes lissées et marqueurs (ou le type Nuage de points avec lignes droites et marqueurs).

La Figure 11.4 montre le graphique. Deux ensembles de points sont visibles : ceux qui sont dispersés sont les données véritables tandis que la ligne droite est la régression linéaire.

Figure 11.3 Création du graphique en nuage de points.

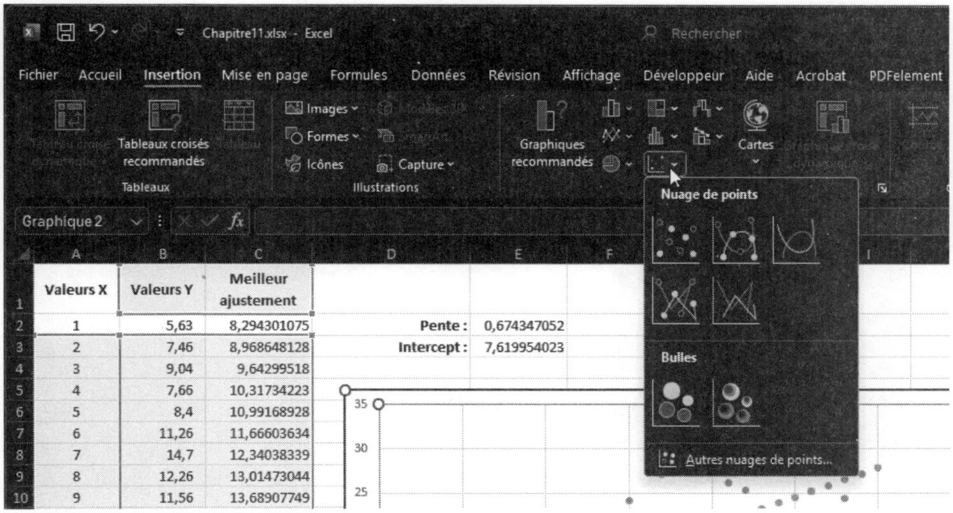

Figure 11.4 Un ensemble de données affiché avec sa régression linéaire.

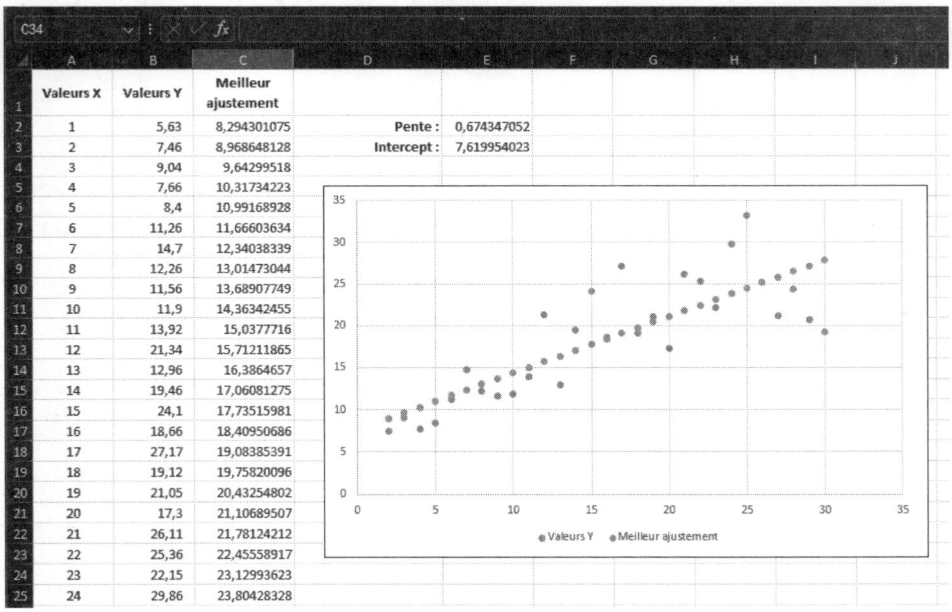

Valeurs X	Valeurs Y	Meilleur ajustement		
1	5,63	8,294301075	Pente :	0,674347052
2	7,46	8,968648128	Intercept :	7,619954023
3	9,04	9,64299518		
4	7,66	10,31734223		
5	8,4	10,99168928		
6	11,26	11,66603634		
7	14,7	12,34038339		
8	12,26	13,01473044		
9	11,56	13,68907749		
10	11,9	14,36342455		
11	13,92	15,0377716		
12	21,34	15,71211865		
13	12,96	16,3864657		
14	19,46	17,06081275		
15	24,1	17,73515981		
16	18,66	18,40950686		
17	27,17	19,08385391		
18	19,12	19,75820096		
19	21,05	20,43254802		
20	17,3	21,10689507		
21	26,11	21,78124212		
22	25,36	22,45558917		
23	22,15	23,12993623		
24	29,86	23,80428328		

Se projeter dans l'avenir avec PREVISION, TENDANCE et CROISSANCE

Plusieurs fonctions permettent de se projeter dans l'avenir et connaître ainsi le devenir d'un ensemble de valeurs. Ces fonctions reposent sur une condition simple mais importante : les données doivent être linéaires.

PREVISION

La fonction PREVISION calcule par paires : à une valeur X correspond une valeur Y. Par exemple, vous voulez déterminer la relation entre la taille des gens et leur poids. Chaque paire de données sera constituée de la taille d'un individu (valeur X) et de son poids (valeur Y). Beaucoup de données se présentent sous cette forme, comme les ventes par mois, ou le revenu selon le niveau d'études.

La fonction COEFFICIENT.CORRELATION détermine le niveau de relation linéaire entre deux ensembles de données. Cette fonction est décrite au Chapitre 9.

Pour utiliser la fonction PREVISION, vous devez disposer d'un ensemble de données X et Y. Vous fournissez ensuite une nouvelle valeur X et la fonction renvoie une valeur Y basée sur les données connues. PREVISION possède trois arguments qui se suivent ainsi :

» **la valeur X pour laquelle vous voulez obtenir la prévision ;**

» **la plage de cellules contenant les valeurs connues Y ;**

» **la plage de cellules contenant les valeurs connues X.**

Notez que les plages X et Y doivent comporter le même nombre de valeurs. Autrement, la fonction renvoie une erreur. Les valeurs X et Y sont présumées former des paires.

N'utilisez pas PREVISION avec des données non linéaires, car le résultat serait erroné.

Supposons que vous soyez le directeur des ventes d'une grande entreprise. Vous avez remarqué que le résultat annuel de chacun de vos vendeurs est lié à son expérience. Vous embauchez un vendeur ayant 16 ans d'expérience. Quel chiffre d'affaires pourrez-vous attendre de lui ?

La Figure 11.5 montre les données existantes pour les vendeurs : leurs années d'expérience et leurs ventes l'an passé. Cette feuille de calcul contient également un graphique à nuage de points afin de montrer que les données sont linéaires : il est clair qu'elles se trouvent assez près de part et d'autre d'une droite imaginaire. Voici comment déterminer cette prévision :

❶ **Dans une cellule vide, saisissez =PREVISION(.**

Dans la Figure 11.5, cette cellule est C18.

Figure 11.5
Prévision de ventes pour un nouvel employé.

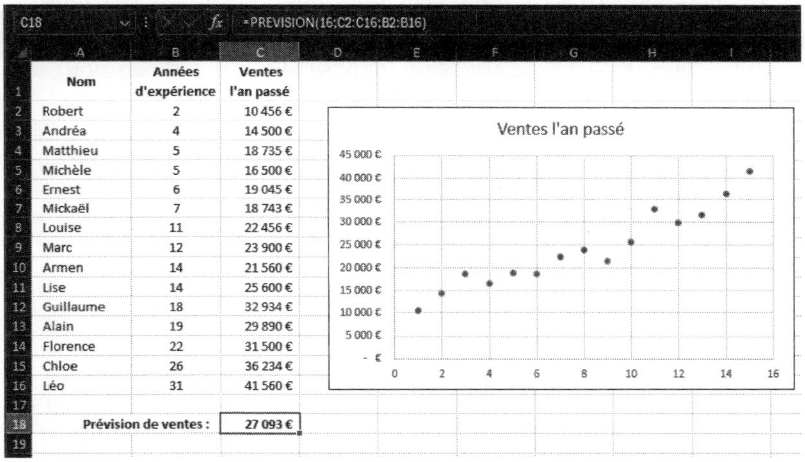

Nom	Années d'expérience	Ventes l'an passé
Robert	2	10 456 €
Andréa	4	14 500 €
Matthieu	5	18 735 €
Michèle	5	16 500 €
Ernest	6	19 045 €
Mickaël	7	18 743 €
Louise	11	22 456 €
Marc	12	23 900 €
Armen	14	21 560 €
Lise	14	25 600 €
Guillaume	18	32 934 €
Alain	19	29 890 €
Florence	22	31 500 €
Chloe	26	36 234 €
Léo	31	41 560 €
	Prévision de ventes :	27 093 €

❷ **Saisissez 16.**

C'est la valeur X de la prévision.

❸ **Saisissez un point-virgule ;.**

❹ **Tirez le pointeur de la souris par-dessus la plage Y, ou saisissez l'adresse de cette plage.**

Dans notre exemple, c'est la plage C2:C16.

❺ **Saisissez un point-virgule ;.**

❻ **Tirez le pointeur de la souris par-dessus la plage X, ou saisissez l'adresse de cette plage.**

Dans notre exemple, c'est la plage B2:B16.

❼ **Saisissez la parenthèse fermante) et appuyez sur la touche Entrée.**

D'après les calculs de la fonction PREVISION, le directeur des ventes peut espérer que le nouveau vendeur fera un chiffre d'affaires de 27 093 euros la première année. Mais ce n'est qu'une prévision, pas une garantie.

TENDANCE

Nous venons de voir comment une fonction peut prévoir une valeur Y pour une valeur X basée sur un ensemble de données linéaires X et Y existantes. La fonction TENDANCE effectue le même calcul, mais pour une matrice de valeurs X.

À l'instar de PREVISION, la fonction TENDANCE est conçue pour des données linéaires. Le résultat serait erroné avec des données non linéaires.

La fonction TENDANCE accepte jusqu'à quatre arguments, dans l'ordre suivant :

- **la plage contenant les valeurs Y connues ;**
- **la plage contenant les valeurs X connues ;**
- **la plage contenant les valeurs X à calculer ;**
- **le quatrième argument est une valeur logique indiquant à la fonction si la constante *b* doit être forcée à 0. Si VRAI a été saisi ou omis, la régression linéaire utilisée pour prédire les valeurs Y est calculée normalement. Si l'argument est FAUX, la régression linéaire est calculée pour passer à travers l'origine, où X et Y valent chacun 0.**

Les plages des valeurs connues X et Y doivent être de la même taille (même nombre de valeurs).

TENDANCE renvoie une matrice de valeurs dont chacune prédit la valeur Y pour chaque valeur X. Il s'agit donc d'une fonction matricielle qui doit être traitée comme telle, ainsi que nous l'avons vu au Chapitre 3. Il faut de ce fait sélectionner la plage dans laquelle la matrice de résultats doit apparaître. Pour cela, la fonction doit être validée avec les touches Ctrl+Maj+Entrée (et non avec la seule touche Entrée).

Voici un exemple d'utilisation de la fonction TENDANCE. Vous vous êtes installé à votre compte et votre revenu a régulièrement augmenté au cours des 12 derniers mois. Cette croissance semble être linéaire et vous voudriez savoir combien vous gagnerez au cours des six prochains mois. La fonction TENDANCE est idéale pour ce genre de calcul. Voici comment la mettre en œuvre :

❶ Dans une feuille de calcul, saisissez le numéro des mois (et non leur nom) dans 12 cellules d'une colonne.

❷ En regard de ces cellules, saisissez le revenu à chacun de ces mois.

❸ (Facultatif) Nommez cette zone Revenus_réels.

❹ Ailleurs dans la feuille de calcul, saisissez les numéros 13 à 18 représentant les six mois à venir.

❺ En regard de ces cellules, sélectionnez six cellules (actuellement vides) en tirant le pointeur de la souris au-dessus d'elles.

❻ Saisissez =TENDANCE(.

❼ Tirez le pointeur de la souris par-dessus la plage de cellules Y connues, ou saisissez son adresse.

Les valeurs Y connues sont les revenus saisis à l'Étape 2.

❽ Saisissez un point-virgule ;.

❾ Tirez le pointeur de la souris par-dessus la plage de cellules X connues, ou saisissez son adresse.

Les valeurs X connues sont les numéros 1 à 12 saisis à l'Étape 1.

Figure 11.6
La fonction TENDANCE est matricielle.

E8 fx {=TENDANCE(B3:B14;A3:A14;D3:D8)}

	A	B	C	D	E	F
1	**Véritables données**					
2	**Mois**	**Revenu**				
3	1	11 245,12 €		13	13 380,82 €	
4	2	12 272,73 €		14	13 506,98 €	
5	3	12 344,55 €		15	13 633,15 €	
6	4	12 481,82 €		16	13 759,31 €	
7	5	12 557,27 €		17	13 885,47 €	
8	6	12 645,45 €		18	14 011,63 €	
9	7	12 134,12 €				
10	8	12 829,09 €				
11	9	12 899,09 €				
12	10	13 020,91 €				
13	11	13 090,91 €				
14	12	13 208,18 €				
15						

❿ Saisissez un point-virgule ;.

⓫ Tirez le pointeur de la souris par-dessus les numéros de mois – 13 à 18 – pour lesquels vous désirez la projection, ou saisissez l'adresse de cette plage.

Ce sont les nouvelles valeurs X.

⓬ Saisissez la parenthèse fermante).

⓭ Appuyez sur les touches Ctrl+Maj+Entrée.

À la fin de ces étapes, les valeurs de la tendance sont affichées dans la feuille de calcul, comme le montre la Figure 11.6. Mais bien sûr, rien ne garantit l'exactitude de ce revenu. Il pourrait même être plus élevé. C'est la tendance optimiste de ce genre de calcul.

CROISSANCE

La fonction CROISSANCE est semblable à la fonction TENDANCE dans la mesure où elle se fonde sur des données existantes pour prédire des valeurs Y pour un ensemble de valeurs X. Mais elle en diffère dans la mesure où elle s'applique à des données correspondant à un modèle exponentiel. La fonction CROISSANCE possède quatre arguments :

» **une plage ou une matrice contenant les valeurs Y connues ;**

» **une plage ou une matrice contenant les valeurs X connues ;**

» **une plage ou une matrice contenant les valeurs X pour lesquelles vous voulez calculer les valeurs prédites Y ;**

» **le quatrième argument est, soit omis, soit la valeur VRAI si la constance *b* doit être calculée normalement. Si l'argument FAUX a été saisi, *b* est forcé à 1. Vous n'utiliserez pas FAUX, sauf dans des cas très particuliers.**

Le nombre de valeurs X connues et de valeurs Y connues doit être le même. Autrement, une erreur est renvoyée. Comme vous l'avez sans doute deviné, CROISSANCE est une fonction matricielle qui doit être validée en conséquence.

Dans l'exemple qui suit, nous présumons que vous possédez une feuille de calcul contenant des valeurs correspondant à un modèle exponentiel.

❶ **Saisissez dans une colonne les valeurs X pour lesquelles vous désirez prédire les valeurs Y.**

❷ **Sélectionnez dans une colonne une plage de cellules ayant le même nombre de lignes que pour les valeurs X saisies à l'étape précédente.**

Généralement, cette plage jouxte la plage des valeurs X, mais ce n'est pas indispensable.

❸ Saisissez =CROISSANCE(.

❹ Tirez le pointeur de la souris par-dessus la plage de cellules Y connues, ou saisissez son adresse.

❺ Saisissez un point-virgule ;.

❻ Tirez le pointeur de la souris par-dessus la plage de cellules X connues, ou saisissez son adresse.

❼ Saisissez un point-virgule ; .

❽ Tirez le pointeur de la souris par-dessus la plage de cellules X pour lesquelles vous voulez prédire les valeurs Y, ou saisissez son adresse.

❾ Saisissez la parenthèse fermante).

❿ Appuyez sur les touches Ctrl+Maj+Entrée.

Dans la Figure 11.7, la fonction CROISSANCE prédit des données exponentielles. Les colonnes A et B contiennent les valeurs connues. La plage D10:D19 contient les valeurs X pour lesquelles une prédiction est désirée. La formule matricielle CROISSANCE a été placée dans la plage E10:E19. Le graphique montre le nuage de points des 40 valeurs X, suivies des données projetées pour les valeurs X après la quarantième. Comme vous pouvez le constater, les données projetées prolongent la courbe exponentielle correspondant aux données connues.

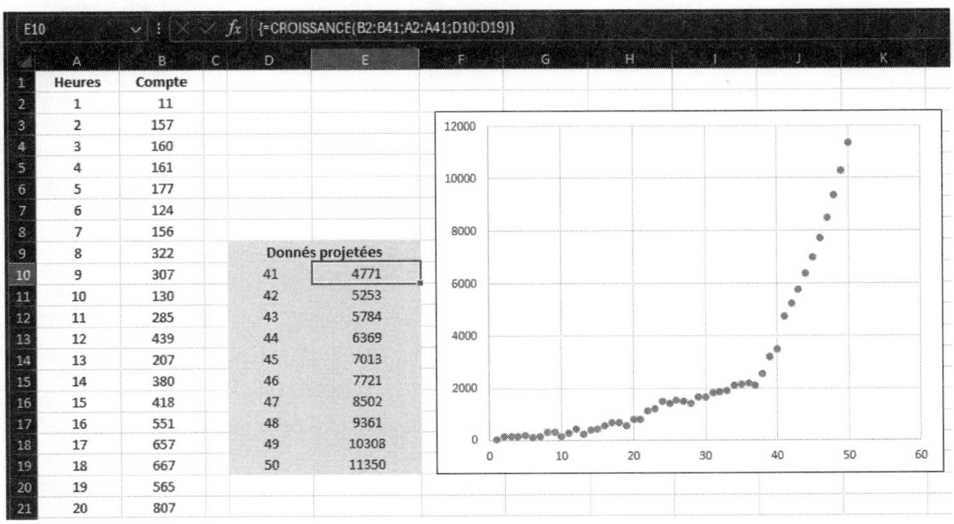

Heures	Compte		Donnés projetées	
1	11			
2	157			
3	160			
4	161			
5	177			
6	124			
7	156			
8	322			
9	307		41	4771
10	130		42	5253
11	285		43	5784
12	439		44	6369
13	207		45	7013
14	380		46	7721
15	418		47	8502
16	551		48	9361
17	657		49	10308
18	667		50	11350
19	565			
20	807			

Figure 11.7 Projection exponentielle produite par la fonction CROISSANCE.

Calculer des probabilités avec LOI.NORMALE.N et LOI.POISSON.N

Le chapitre 9 contient une bonne introduction à la distribution normale. Rappelons que la distribution normale est caractérisée par sa *moyenne* (la valeur centrale à la distribution) et par son *écart type* (l'étendue de la répartition de part et d'autre de la distribution). La distribution normale étant une distribution continue, les valeurs X peuvent être des nombres réels (elles ne sont pas limitées à des entiers). La distribution normale apparaît ou est utilisée dans quantité de domaines, aussi bien naturels qu'artificiels. C'est pourquoi il est important d'être familiarisé avec cette notion.

LOI.NORMALE.N

NdT : dans Excel 2007 et dans les versions antérieures, cette fonction s'appelle LOI.NORMALE. Sa syntaxe est identique à la fonction étudiée ici.

La fonction LOI.NORMALE.N sert à calculer les probabilités à partir d'une distribution normale. Elle possède quatre arguments :

» **la valeur pour laquelle vous voulez calculer une probabilité ;**

» **la moyenne de la distribution normale ;**

» **l'écart type de la distribution normale ;**

» **l'opérateur logique VRAI si le mode de calcul doit être cumulatif, FAUX pour une probabilité non cumulative.**

Une *probabilité cumulative* représente la chance d'obtenir une valeur entre 0 et la valeur spécifiée.

La distribution normale est utilisée pour quantité de mesures : la pression artérielle, le niveau de dioxyde de carbone dans l'atmosphère, la hauteur des vagues, la taille des feuilles, la température d'un four… Si vous connaissez la moyenne et l'écart type d'une distribution, vous pourrez demander à la fonction LOI.NORMALE.N de calculer les probabilités qui en découlent.

Voici un exemple : un client passe commande un grand nombre de boulons de 50 mm à une usine. En raison du procédé de fabrication, leur taille peut varier très légèrement. Le client ne confirmera la commande que si 95 % des boulons sont d'une taille comprise entre 49,9 et 50,1 mm. Il est exclu de mesurer chacun d'eux, mais des données antérieures révèlent que la distribution des tailles des boulons est une distribution normale dont la moyenne est 50 l'écart type de 0,05. La fonction LOI.NORMALE.N apportera la réponse en procédant ainsi :

❶ Utilisation de la fonction LOI.NORMALE.N pour déterminer la probabilité cumulative d'un boulon dont la taille est d'au moins 50,1 mm.

❷ Utilisation de la fonction LOI.NORMALE.N pour déterminer la probabilité cumulative d'un boulon dont la taille est d'au moins 49,9 mm.

❸ Soustraction de la seconde valeur de la première pour obtenir la probabilité que la taille d'un boulon soit entre 49,9 et 50,1 mm.

Voici les étapes à suivre pour effectuer ce calcul :

❶ Placez dans des cellules les valeurs de la moyenne, de l'écart type, de la limite supérieure et de la limite inférieure.

Légendez les cellules pour vous y retrouver plus facilement.

❷ Dans une cellule, saisissez =LOI.NORMALE.N(.

❸ Cliquez sur la cellule contenant la valeur de la limite inférieure (49,9) ou saisissez son adresse.

❹ Saisissez un point-virgule ;.

❺ Cliquez sur la cellule contenant la moyenne, ou saisissez son adresse.

❻ Saisissez un point-virgule ;.

❼ Cliquez sur la cellule contenant l'écart type, ou saisissez son adresse.

❽ Saisissez un point-virgule ;.

❾ Saisissez VRAI).

❿ Appuyez sur la touche Entrée pour valider la fonction.

Cette cellule affiche maintenant la probabilité que la taille d'un boulon soit inférieure ou égale à la limite inférieure.

⓫ Dans une autre cellule, saisissez =LOI.NORMALE.N(

12. Cliquez sur la cellule contenant la valeur de la limite supérieure (50,1) ou saisissez son adresse.

13. Répétez les Étapes 4 à 10.

   Cette cellule affiche maintenant la probabilité que la taille d'un boulon soit supérieure ou égale à la limite supérieure.

14. Dans une autre cellule, saisissez la formule qui soustrait la probabilité de la limite inférieure de la probabilité de la limite supérieure.

   Cette cellule affiche maintenant la probabilité qu'un boulon respecte les tolérances exigées par le client.

La Figure 11.8 montre les calculs qui viennent d'être effectués. La réponse recherchée se trouve dans la cellule B8 : 0,9545. Cela signifie que 95,45% des boulons respectent la tolérance. La commande du client peut donc être acceptée. Pour plus de clarté, les formules utilisées dans la feuille de calcul ont été répétées à droite de chacune des cellules qui les utilisent.

Figure 11.8 Utilisation de la fonction LOI.NORMALE.N pour calculer des probabilités.

B8 | fx | =B7-B6

	A	B	C
1			
2	Moyenne :	50	
3	Ecart type :	0,05	
4	Limite supérieure :	50,1	
5	Limite inférieure :	49,9	
6	Probabilité < limite inf. :	0,02275	=LOI.NORMALE.N(B5;B2;B3;VRAI)
7	Probabilité > limite sup. :	0,97725	=LOI.NORMALE.N(B4;B2;B3;VRAI)
8	Probabilité de respecter les tolérances :	0,95450	=B7-B7
9			

LOI.POISSON.N

La distribution de Poisson est une autre sorte de distribution utilisée dans de nombreux domaines des statistiques. Elle sert surtout à modéliser le nombre d'événements pouvant survenir au cours d'une période. Supposons que vous deviez estimer l'absentéisme quotidien à cause des arrêts-maladie ou le nombre de pièces défectueuses produites chaque semaine. Pour ce genre de calculs, vous recourrez à une distribution de Poisson (et non de poissons).

La distribution de Poisson est utile pour analyser des événements rares. Mais qu'entendons-nous par *rare*? Un employé qui se met en arrêt-maladie, ce n'est pas si rare. Mais un nombre précis d'employés qui se mettent en arrêt-maladie, c'est plus rare, du moins sur le plan statistique. La distribution de Poisson est applicable aux accidents de la route, au décompte des visiteurs entrant dans un magasin, aux pièces défectueuses produites par une machine, etc. Une manière d'exprimer cette notion serait de dire qu'elle concerne des événements qui sont individuellement rares, mais dont les occasions qu'ils se produisent sont nombreuses.

La distribution de Poisson est une distribution discrète. De ce fait, les valeurs X ne peuvent être des valeurs discrètes comme X = 1, 2, 3, 4, 5 et ainsi de suite. Ceci diffère de la distribution normale, qui est continue et dans laquelle les valeurs X peuvent être de n'importe quelle sorte, comme X = 0,034 ou 1,2365, etc. En raison de sa nature discrète, la distribution de Poisson convient bien aux données avec lesquelles vous l'utilisez. Par exemple, dans le cas des arrêts-maladie, vous pouvez en avoir 1, 5 ou 8 un certain jour, mais certainement pas 1,45 ou 7,2 ou 9,15.

La Figure 11.9 montre une distribution de Poisson dont la moyenne est 20. Les valeurs sur l'axe X, en abscisse, sont le nombre d'occurrences, et les valeurs sur l'axe Y, en ordonnée, sont les probabilités. Cette distribution peut servir à déterminer la probabilité qu'un certain nombre d'occurrences se produise. Par exemple, ce graphique indique que la probabilité de 15 occurrences est approximativement de 0,05 (soit 5 %).

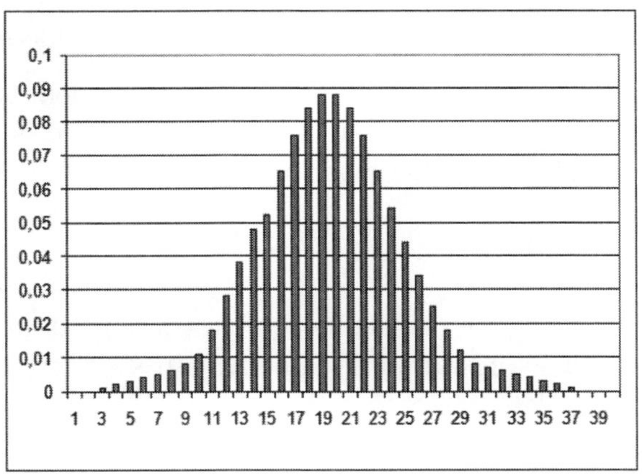

Figure 11.9 Une distribution de Poisson dont la moyenne est 20.

La distribution de Poisson est une distribution discrète. Elle n'est utilisable qu'avec des données entières, comme un compte de pièces ou de personnes.

Une distribution de Poisson n'est pas toujours symétrique, ainsi que le montre la Figure 11.10. Des valeurs X négatives seraient aberrantes, car vous ne pouvez pas avoir moins de zéro personne en arrêt-maladie. Si la moyenne est une valeur faible, la distribution sera biaisée, comme dans la Figure 11.10 où la moyenne est 4.

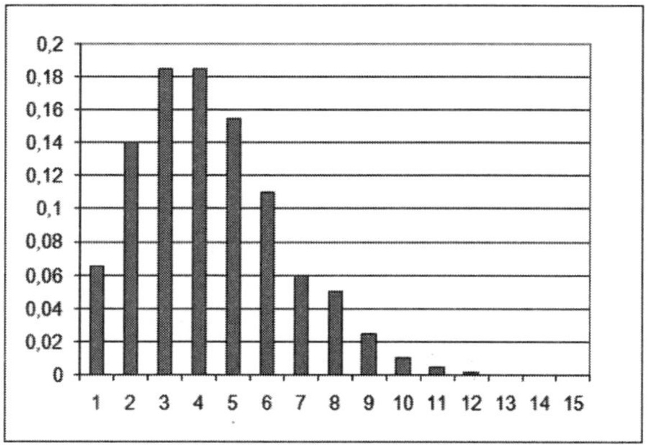

Figure 11.10 Une distribution de Poisson dont la moyenne est 4.

La fonction LOI.POISSON.N (NdT : ou LOI.POISSON dans Excel 2007 et les versions antérieures) permet de calculer la probabilité qu'un nombre donné d'événements se produise. Pour ce calcul, vous avez besoin de la moyenne de la distribution. La fonction calcule ensuite la probabilité de deux manières :

» **Cumulative :** probabilité qu'entre 0 et X événements se produisent.

» **Non cumulative :** probabilité qu'exactement X événements se produisent.

Les deux graphiques de Poisson présentés précédemment concernent des probabilités non cumulatives. La Figure 11.11 montre la distribution de Poisson cumulative correspondant à la Figure 11.9. Vous pouvez constater que la probabilité d'événements cumulatifs correspondant à 15 – la probabilité que 15 événements ou moins se produisent – est d'environ 0,15.

Comment calculer la probabilité que plus de X événements se produiront ? C'est tout simple : calculez la probabilité cumulative pour X puis soustrayez le résultat de 1.

La fonction LOI.POISSON.N possède trois arguments :

» Le nombre d'événements pour lequel vous voulez calculer la probabilité. Il doit être un entier supérieur à 0.

» La moyenne de la distribution de Poisson à utiliser. Ce nombre aussi doit être un entier supérieur à 0.

» Le troisième argument est l'opérateur logique VRAI pour que la probabilité soit cumulative, et FAUX pour qu'elle soit non cumulative.

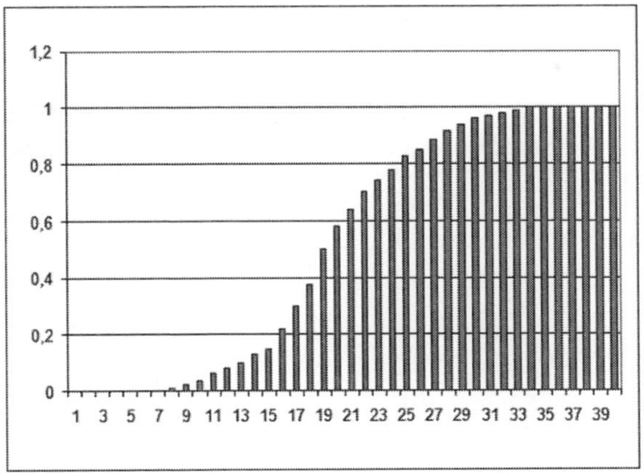

Figure 11.11 Une distribution de Poisson cumulative dont la moyenne est 20.

Supposons que vous soyez le responsable d'une usine qui fabrique des plaquettes de frein. Pour inciter à la qualité, la direction générale vous octroie une prime pour chaque journée où le nombre de plaquettes défectueuses est inférieur à 20. Combien de jours par mois ce but sera-t-il atteint, sachant que le nombre moyen de rejets est de 25 par jour ? Procédez comme suit pour connaître la réponse :

❶ Dans une cellule, saisissez le nombre moyen de pièces défectueuses par jour.

Pour notre exemple, il est de 25.

❷ Dans la cellule en dessous, saisissez =LOI.POISSON.N(.

❸ Saisissez 20.

❹ Saisissez un point-virgule ;.

❺ Cliquez sur la cellule contenant le nombre de pièces défectueuses par jour, ou saisissez l'adresse de la cellule.

❻ Saisissez un point-virgule ;.

❼ Saisissez VRAI).

❽ Appuyez sur la touche Entrée pour valider la formule.

❾ Dans une cellule, ajoutez une légende dans la cellule voisine indiquant que la probabilité concerne 20 pièces défectueuses ou moins.

10. Dans la cellule dessous, saisissez une formule qui multiplie le nombre de jours ouvrés par mois (22) par le résultat qui vient d'être calculé avec la fonction LOI.POISSON.N.

    Dans la cellule B4, la formule est =22*B3.

11. Si vous le désirez, indiquez dans la cellule voisine que ce chiffre est le nombre de jours ouvrés, par mois, au cours desquels vous obtiendrez probablement 20 pièces défectueuses ou moins.

La Figure 11.12 montre la feuille de calcul terminée. Les cellules B3 et B4 ont été mises en forme pour n'afficher que deux décimales. Vous pouvez voir qu'avec une moyenne de 25 pièces défectueuses par jour, vous pouvez espérer toucher la prime pour 4 jours chaque mois.

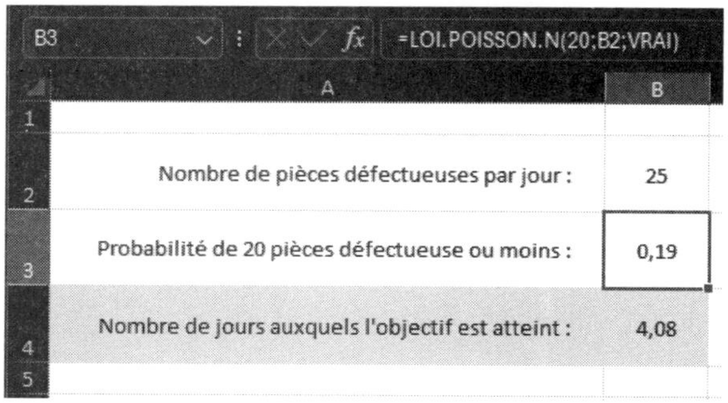

Figure 11.12 Utilisation de la fonction LOI.POISSON.N pour calculer une probabilité cumulative.

Quatrième partie

Traiter les données

DANS CETTE PARTIE

Maîtriser les données.

•

Calculer le temps.

•

Rechercher des données en toute logique.

•

Découvrir des informations à propos de vos données et de votre système informatique.

•

Tester les fonctions de texte.

•

Farfouiller dans les données avec les fonctions de base de données.

DANS CE CHAPITRE

Gérer et mettre en forme des dates.

Jours, mois, années.

Le jour d'aujourd'hui.

Déterminer le jour de la semaine.

Calculer le temps écoulé entre des dates

Chapitre 12
En fonction de la date

Dans Excel, vous êtes souvent amené à gérer des dates. Vous avez peut-être la liste des dates auxquelles vous avez rendu visite à un client et vous voudriez savoir combien de fois vous y avez été en septembre. Ou alors, vous travaillez sur un projet de plusieurs mois et vous voulez connaître le nombre de jours restants jusqu'à la date de fin de travaux.

Excel possède de nombreuses fonctions de date qui vous facilitent la vie. Dans ce chapitre, vous verrez comment Excel gère les dates, comment comparer ou soustraire des dates, comment ne travailler que sur une partie d'une date, comme le mois ou l'année, et même comment compter les jours entre deux dates. Vous pouvez même récupérer les données directement depuis l'horloge de votre ordinateur et les utiliser dans des calculs.

Comment Excel gère les dates

Imaginez que vous comptiez les jours à partir du 1er janvier 1900. Le 2 janvier, ce sera bien sûr le jour 2, suivi du jour 3 et ainsi de suite. Selon ce principe, le jour 25 404 est celui du premier pas de l'homme sur la Lune (20 juillet 1969), le jour 37 256 est le dernier du XXe siècle (31 décembre 2000)... C'est ainsi qu'Excel conçoit les dates.

Le nouveau siècle et le nouveau millénaire ont commencé le 1er janvier 2001. L'an 2000 est en effet la dernière année du XXe siècle. Représenter des dates par un numéro de série peut paraître bizarre, mais ce choix n'est pas hasardeux. Grâce au système de numération au jour le jour, Excel est capable de calculer les dates jusqu'à 31 décembre 9999, soit le jour numéro 2 958 465. Rendez-vous à la fin des temps (d'Excel).

Cette manière de présenter les dates permet à Excel de les calculer comme si c'était des nombres. Par exemple, vous pouvez soustraire une date d'une autre pour savoir combien de jours les séparent. De même, vous pouvez ajouter un nombre, 14 par exemple pour obtenir la date dans deux semaines. Ce procédé est astucieux et utile, mais il exige une petite gymnastique mentale, car nous sommes habitués à nous représenter le calendrier d'une autre manière. Fort heureusement, Excel n'utilise les numéros de série qu'en coulisses. Ce que vous verrez dans vos classeurs Excel, ce sont des dates dûment mises en forme, comme 13/5/2016, ou 13 mai 2016, ou encore mardi 13 mai 2013.

Dans Excel pour le Mac, la numérotation des jours commence le 1er janvier 1904.

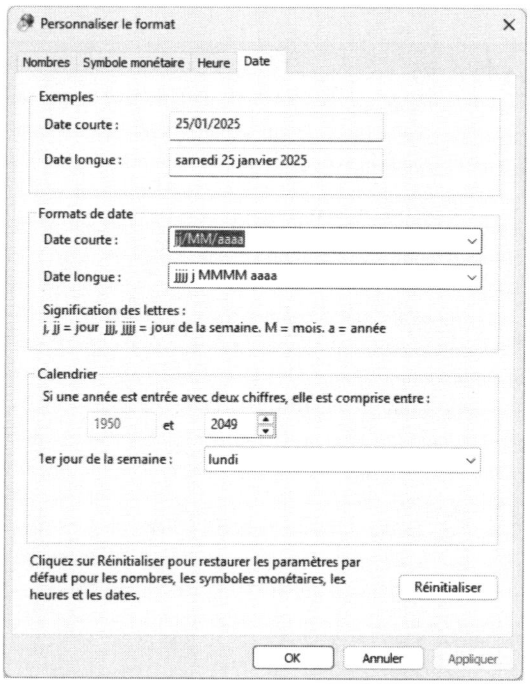

Figure 12.1 C'est ici que les années sont gérées.

La gestion des années est un peu particulière. Quand une année est affichée sur quatre chiffres, comme 2025, il n'y a aucune ambiguïté. Mais quand une date est écrite au format court, comme 13/1/25, c'est moins évident. Il peut s'agir de 1925 comme de 2025. Si 25 correspond à une année d'anniversaire, la personne en question peut être un nourrisson tout comme un centenaire.

Excel et Windows ont chacun leur propre système pour interpréter les années. Dans Windows, les paramètres se trouvent dans la rubrique Horloge, langue et région du Panneau de configuration. Si dans la boîte de dialogue Personnaliser le format, le réglage de la date sur deux chiffres est compris entre 1930 et 2029, la date 13/5/16 est celle de l'année 2016, mais 13/5/45 sera la date du 13 mai 1945. La Figure 12.1 montre ce paramétrage.

Voici comment accéder à ce paramètre de date dans Windows 11 :

1. **Cliquez dans le champ Rechercher de la barre des tâches, et saisissez Panneau de configuration.**
2. **Dans la liste des suggestions qui apparaît, cliquez sur Panneau de configuration.**
3. **Dans la catégorie Horloge et région, cliquez sur le lien Modifier les formats de date, d'heure ou de nombre.**
4. **Dans la boîte de dialogue Région qui vient d'apparaître, cliquez sur le bouton Paramètres supplémentaires.**

   La boîte de dialogue Personnaliser le format apparaît.
5. **Cliquez sur l'onglet Date.**
6. **Dans la section Calendrier, saisissez ou réglez avec la souris une année en quatre chiffres (comme 2099) afin d'indiquer la dernière qui sera utilisée pour interpréter une année affichée sur deux chiffres.**
7. **Cliquez sur OK puis encore sur OK pour fermer les deux boîtes de dialogue.**

Afin d'éviter tout risque de confusion avec les dates, saisissez toujours une date en entier, sur quatre chiffres.

La mise en forme des dates

Quand vous travaillez sur des dates, il est préférable de les afficher de la manière qui vous convient le mieux. La technique la plus sûre est de choisir une mise en forme dans la boîte de dialogue Format de cellule que montre la Figure 12.2. Procédez comme suit pour mettre une date en forme :

Figure 12.2 Choisissez ici la présentation d'une date.

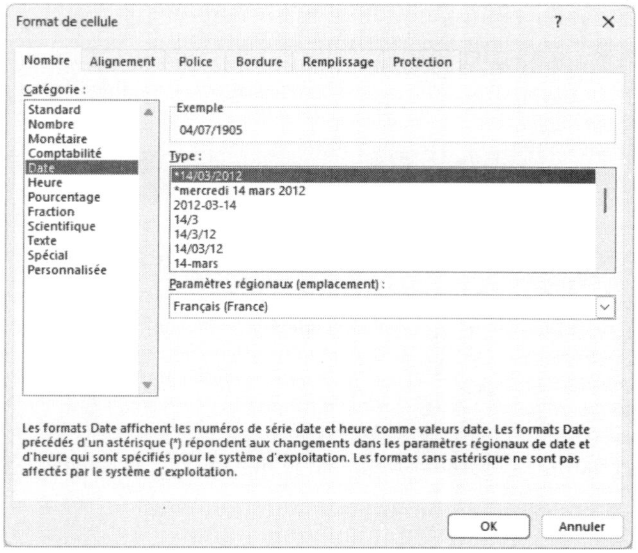

❶ Assurez-vous que le ruban Accueil est visible en haut d'Excel.

❷ Cliquez sur le minuscule bouton fléché en bas à droite du groupe Nombre.

La boîte de dialogue Format de cellule s'ouvre directement sur la catégorie Nombre.

❸ Dans la liste Catégorie, cliquez sur Date.

❹ Cliquez sur une présentation dans la liste Type.

Si la cellule contenait un nombre, il est aussitôt converti dans la date correspondante.

Quand vous saisissez une date dans une cellule ayant reçu une mise en forme de date, Excel reconnaît aussitôt votre saisie et lui affecte la mise en forme appropriée. Par exemple, si vous tapez « 13/5 », Excel affichera « 13 mai 2025 » ou « 13/05/2025 » en fonction du format de date choisi.

La fonction DATE

La fonction DATE peut servir à extraire une partie d'une date présentée sous la forme jour, mois, année. Par exemple, vous pouvez avoir placé, dans une colonne, des valeurs de 1 à 31 qui représentent les jours, dans une autre colonne des valeurs de 1 à 12 pour les mois et peut-être même des années affichées sur deux ou quatre chiffres.

La fonction DATE combine chaque composant jour, mois, année, pour en faire une date d'un seul tenant. Voici comment utiliser la fonction DATE :

1. **Sélectionnez la cellule dans laquelle le résultat doit apparaître.**
2. **Saisissez =DATE(.**
3. **Cliquez sur la cellule contenant l'année.**
4. **Saisissez un point-virgule ;.**
5. **Cliquez sur la cellule contenant le chiffre du mois (de 1 à 12).**
6. **Saisissez un point-virgule ;.**
7. **Cliquez sur la cellule contenant le chiffre du jour (de 1 à 31).**
8. **Saisissez la parenthèse fermante) et appuyez ensuite sur la touche Entrée.**

La Figure 12.3 montre une quatrième colonne dans laquelle la fonction DATE a synthétisé des éléments de date provenant des trois premières colonnes. Les dates ont été mises en forme afin qu'elles soient affichées dans un format standard, et non sous la forme de numéros de série.

Figure 12.3 Assemblage des jours, des mois et des années en date d'un seul tenant.

D3 =DATE(C3;B3;A3)

	A	B	C	D
1	JOUR	MOIS	ANNEE	
2				
3	19	4	2025	samedi 19 avril 2025
4	22	2	2011	mardi 22 février 2011
5	23	2	2025	dimanche 23 février 2025
6	24	8	2012	vendredi 24 août 2012
7	6	12	2012	jeudi 6 décembre 2012
8	17	7	2011	dimanche 17 juillet 2011
9	14	5	2010	vendredi 14 mai 2010
10	8	1	2011	samedi 8 janvier 2011
11	28	9	2010	mardi 28 septembre 2010
12	3	9	2012	lundi 3 septembre 2012
13	10	4	2011	dimanche 10 avril 2011
14	9	3	2025	dimanche 9 mars 2025
15	10	10	2012	mercredi 10 octobre 2012
16	6	12	2011	mardi 6 décembre 2011
17	30	4	2011	samedi 30 avril 2011
18	15	8	2012	mercredi 15 août 2012
19	31	7	2012	mardi 31 juillet 2012
20	14	11	2012	mercredi 14 novembre 2012
21				

La fonction DATE est très souple vis-à-vis des mois. Un chiffre de mois négatif est soustrait d'une année. Par exemple, la fonction `=DATE(2025;-5;15)` renvoie le 15 juillet 2020 parce que juillet 2020 se situe cinq mois avant le premier mois de 2025. Les nombres supérieurs à 12 fonctionnent de la même manière : `=DATE(2025;15;1)` renvoie 1 mars 2026 parce que mars 2026 se trouve quinze mois après le premier mois de 2025.

Il en va de même pour les jours du mois. Un nombre négatif est soustrait du 1er du mois spécifié, et un nombre supérieur au dernier jour du mois spécifié est reporté après ce mois. De ce fait, la formule `=DATE(2025;2;30)` renvoie le 2 mars 2025 parce que février n'a pas trente jours.. Dans le même esprit, `=DATE(2025;2;40)` renvoie le 12 mars 2025.

Scinder une date avec JOUR, MOIS et ANNEE

Ce qui a été réuni peut aussi être défait. Dans la section précédente, nous avons vu comment utiliser la fonction DATE pour créer une date d'un seul tenant à partir de données jour, mois et année distinctes. Dans cette section, nous verrons comment faire l'inverse : scinder une date en jour, mois et année avec les fonctions JOUR, MOIS, ANNEE. C'est ce qui a été fait dans la Figure 12.4.

Figure 12.4 Décomposition d'une date avec les fonctions JOUR, MOIS et ANNEE.

D3 | fx =ANNEE(A3)

	A	B	C	D
1	DATE	JOUR	MOIS	ANNEE
2				
3	19/04/2025	19	4	2025
4	22/02/2015	22	2	2015
5	23/02/2025	23	2	2025
6	24/08/2012	24	8	2012
7	06/12/2012	6	12	2012
8	17/07/2011	17	7	2011
9	14/05/2018	14	5	2018
10	08/01/2011	8	1	2011
11	28/09/2018	28	9	2018
12	03/09/2012	3	9	2012
13	10/04/2011	10	4	2011
14	09/03/2025	9	3	2025
15	10/10/2012	10	10	2012
16	06/12/2019	6	12	2019
17	30/04/2019	30	4	2019
18	15/08/2012	15	8	2012
19	31/07/2020	31	7	2020
20	14/11/2012	14	11	2012

Extraire le jour

Extraire le jour d'une date, ou quantième, est commode lorsque seul cet élément, et non le mois ou l'année, est à utiliser. Supposons par exemple que vous voulez calculer si les clients d'une boutique sont plus nombreux dans la première quinzaine d'un mois que dans la seconde quinzaine. Vous êtes intéressé par cette tendance sur plusieurs mois. Il faudra donc procéder à la moyenne des ventes par le jour du mois seulement.

La fonction JOUR est utile pour ce genre de calcul, car elle n'extraira que le jour du mois dans une longue liste de dates. Vous n'examinerez ensuite les résultats qu'en fonction du jour.

Voici comment utiliser la fonction JOUR :

1. **Cliquez sur la cellule devant afficher le résultat.**
2. **Saisissez =JOUR(.**
3. **Cliquez sur la cellule contenant la date.**
4. **Saisissez la parenthèse fermante) et appuyez ensuite sur la touche Entrée.**

   Excel renvoie un nombre entre 1 et 31.

La Figure 12.5 montre comment la fonction JOUR peut être utilisée pour analyser la fréquentation d'une boutique. La colonne A contient tous les jours de l'année, du 1er janvier au 31 décembre. La colonne B contient la partie de la date correspondant au jour du mois. La colonne C contient le nombre de clients ayant fréquenté la boutique chaque jour.

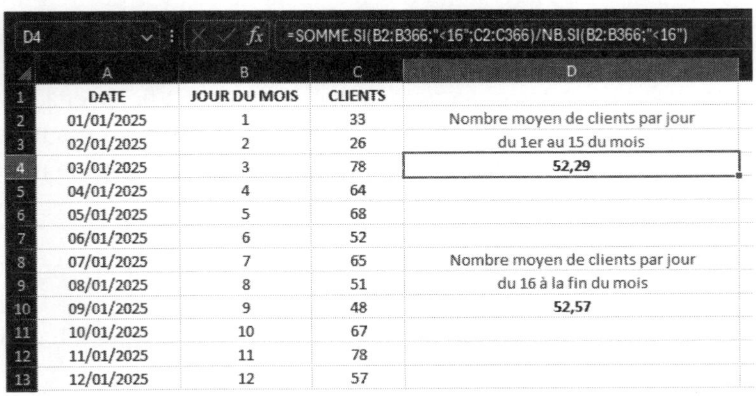

	A	B	C	D
1	DATE	JOUR DU MOIS	CLIENTS	
2	01/01/2025	1	33	Nombre moyen de clients par jour
3	02/01/2025	2	26	du 1er au 15 du mois
4	03/01/2025	3	78	52,29
5	04/01/2025	4	64	
6	05/01/2025	5	68	
7	06/01/2025	6	52	
8	07/01/2025	7	65	Nombre moyen de clients par jour
9	08/01/2025	8	51	du 16 à la fin du mois
10	09/01/2025	9	48	52,57
11	10/01/2025	10	67	
12	11/01/2025	11	78	
13	12/01/2025	12	57	

Figure 12.5 Utilisation de la fonction JOUR pour analyser la fréquentation.

Il ne faut pas plus d'informations pour analyser si la fréquentation de la boutique est plus élevée pendant une quinzaine du mois plutôt que pendant l'autre.

Les cellules D4 et D10 indiquent la fréquentation quotidienne moyenne pendant la première et la seconde moitié du mois. La valeur de la première moitié a été obtenue en ajoutant toutes les valeurs de fréquentation des jours 1 à 15 et en divisant par le nombre total de jours. La valeur pour la seconde moitié du mois a été obtenue de la même manière, mais en utilisant les jours 16 à 31.

Les quantièmes extraits avec la fonction JOUR, dans la colonne B, sont les éléments clés des calculs. Dans la cellule D4, la formule est :

```
=SOMME.SI(B2:B366;"<16";C2:C366)/NB.SI(B2:B366;"<16")
```

Dans la cellule D10, la formule est :

```
=SOMME.SI(B2:B366;">15";C2:C366)/NB.SI(B2:B366;">15")
```

La fonction SOMME.SI est étudiée au Chapitre 8. La fonction NB.SI est étudiée au Chapitre 9.

La fonction JOUR a été utile pour montrer que la boutique est plus fréquentée au cours de la seconde quinzaine. Ce genre d'information est précieux pour la gestion du personnel ou le choix des journées de promotion.

Extraire le mois

Extraire le mois d'une date est commode lorsque seul cet élément, et non le mois ou l'année, est à utiliser. Par exemple, vous disposez de la liste des dates dans laquelle cinq employés sont en arrêt-maladie et vous désirez savoir si cet incident se produit plus fréquemment à certains mois de l'année qu'à d'autres.

Vous trierez donc les dates et compterez les arrêts-maladie de chaque mois. Ce serait assez facile, mais ce tri peut ne pas être une option pour d'autres critères. Et puis, pourquoi compter manuellement quand vous avez sous la main le logiciel le plus performant pour mouliner des chiffres?

La Figure 12.6 montre une feuille de calcul dans laquelle la fonction MOIS, dans la colonne B, a extrait le mois – de 1 à 12 – dans la colonne A. La cellule B2 contient la formule `=MOIS(A2)` qui a ensuite été recopiée jusqu'en bas de la liste.

Voici comment utiliser la fonction MOIS :

❶ Cliquez sur la cellule devant afficher le résultat.

❷ Saisissez =MOIS(

❸ Cliquez sur la cellule contenant la date.

❹ Saisissez la parenthèse fermante) et appuyez ensuite sur la touche Entrée.

Excel renvoie un nombre entre 1 et 12.

Figure 12.6 Utilisation de la fonction MOIS pour compter les mois auxquels correspondent les dates d'une liste.

B2 =MOIS(A2)

	A	B	C	D
1	DATES	MOIS		Nombres d'AM :
2	6 décembre 2025	12		
3	23 juillet 2025	7	Janvier	31
4	24 décembre 2025	12	Février	23
5	10 octobre 2025	10	Mars	21
6	16 octobre 2025	10	Avril	22
7	9 mars 2025	3	Mai	24
8	15 août 2025	8	Juin	15
9	25 juin 2025	6	Juillet	17
10	30 août 2025	8	Août	22
11	1 décembre 2025	12	Septembre	24
12	22 février 2025	2	Octobre	13
13	12 décembre 2025	12	Novembre	17
14	14 novembre 2025	11	Décembre	29
15	26 février 2025	2		
16	23 février 2025	2		
17	21 août 2025	8		
18	14 mai 2025	5		

Extraire l'année

L'extraction de l'année à partir d'une date est moins utilisée que celle du jour ou du mois. Procédez comme suit pour utiliser la fonction ANNEE :

❶ Cliquez sur la cellule devant afficher le résultat.

❷ Saisissez =ANNEE(.

❸ Cliquez sur la cellule contenant la date.

❹ Saisissez la parenthèse fermante) et appuyez ensuite sur la touche Entrée.

Excel renvoie l'année sous la forme d'un nombre de quatre chiffres.

Convertir un texte en date

Des données, dans une feuille de calcul, peuvent ressembler à une date sans que toutefois elles soient représentées par des valeurs de date. Par exemple, si vous avez entré 24-01-25 dans une cellule, Excel ne peut pas savoir s'il s'agit du 24 janvier 2025 ou du digicode d'une porte. Si c'est une date, vous pouvez demander à la fonction DATEVAL de convertir ce texte en valeur de date.

En pratique, Excel reconnaît spontanément tout ce qui ressemble à une date et le convertit en numéro de série. Mais dans certains cas, notamment quand des dates au format texte sont importées d'une source externe, ou lorsque des données sont copiées puis collées dans Excel, vous aurez besoin de DATEVAL.

Pourquoi ne pas saisir des dates au format texte ? Parce que la présentation sera certes correcte, mais elles ne pourront pas être utilisées dans des calculs (à moins bien sûr de les convertir au format date).

La fonction DATEVAL reconnaît presque toutes les manières d'écrire une date. En voici quelques-unes pour le 15 avril 2025 :

- 15/4/25
- 15-04-25
- 15 avr 2025

DATEVAL peut convertir ces présentations et plusieurs autres en numéro de série, 43570 en l'occurrence.

Après avoir converti des dates en numéros de série, elles peuvent être utilisées dans d'autres formules de date ou dans des opérations arithmétiques comme décrit plus loin dans ce chapitre.

Procédez comme suit pour utiliser la fonction DATEVAL :

1. Cliquez sur la cellule dans laquelle le numéro de série de la date doit être stocké.

2. Saisissez =DATEVAL(.

3. Cliquez sur la cellule contenant la date au format texte.

4. Saisissez la parenthèse fermante) et appuyez ensuite sur la touche Entrée.

Le résultat apparaît sous la forme d'un numéro de série, à moins que la cellule n'ait déjà été mise en forme dans un format de date.

La Figure 12.7 montre comment quelques dates présentées d'une manière non conforme, dans la colonne A, ont été converties en numéros de série par la fonction DATEVAL, dans la colonne B. Dans la colonne C, ces numéros de série sont mis en forme avec des formats de date.

Figure 12.7

Des conversions de dates avec la fonction DATEVAL.

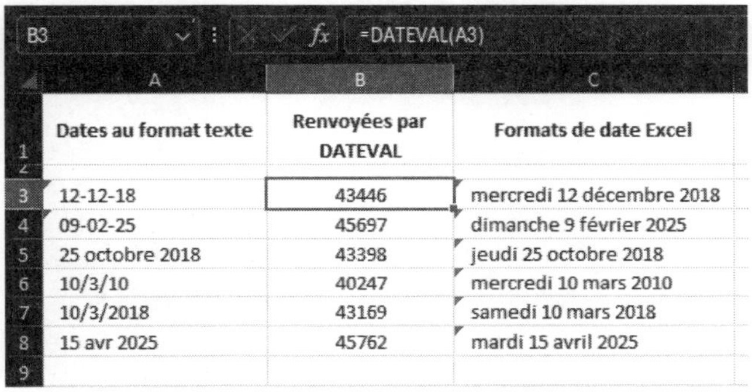

B3 =DATEVAL(A3)

Dates au format texte	Renvoyées par DATEVAL	Formats de date Excel
12-12-18	43446	mercredi 12 décembre 2018
09-02-25	45697	dimanche 9 février 2025
25 octobre 2018	43398	jeudi 25 octobre 2018
10/3/10	40247	mercredi 10 mars 2010
10/3/2018	43169	samedi 10 mars 2018
15 avr 2025	45762	mardi 15 avril 2025

Vous n'avez pas remarqué un élément curieux dans la Figure 12.7 ? Normalement, il n'est pas possible d'entrer une valeur comme celle présente dans la cellule A4 – 09-02-25 – sans perdre le 0 des dizaines. S'il reste visible, c'est parce que cette cellule est au format texte. Tout ce que vous saisissez au clavier est conservé tel quel. Le format Texte est l'un des formats présents dans la liste Catégorie de la boîte de dialogue Format de cellule (reportez-vous à la Figure 12.2).

DATEVAL n'est pas infaillible. Il peut arriver qu'il ne reconnaisse pas une date. Dans ce cas, il renvoie une erreur `#VALEUR!` ; il ne vous reste alors plus qu'à saisir la date différemment.

Le jour d'aujourd'hui

Dans Excel, vous aurez souvent besoin d'afficher la date d'aujourd'hui, par exemple pour calculer combien de jours vous séparent d'une échéance. La fonction AUJOURDHUI – sans l'apostrophe – est parfaite pour cela. Elle se contente de renvoyer la date du jour prélevée sur l'horloge de l'ordinateur. Voici comment utiliser cette fonction :

1. Cliquez sur la cellule devant afficher la date d'aujourd'hui.

❷ Saisissez =AUJOURDHUI().

❸ Appuyez sur la touche Entrée.

C'est tout. Le numéro de série de la date est affiché dans la cellule, mais une mise en forme au format date permettra de l'afficher de manière plus compréhensible.

Comme toutes les fonctions d'Excel, les fonctions de date peuvent être imbriquées. Par exemple, si vous voulez seulement afficher la date du mois courant, vous utilisez la fonction AUJOURDHUI avec la fonction MOIS dans une formule comme celle-ci :

```
=MOIS(AUJOURDHUI())
```

Compter les jours jusqu'à votre anniversaire

Passé un certain âge, beaucoup de gens ne sont plus guère pressés de fêter leur anniversaire. Excel est cependant capable de calculer le nombre de jours qui vous séparent de cette date (laquelle peut aussi être une échéance commerciale, ou une date de fin de travaux, ou n'importe quelle autre date fatidique). En supposant que le prochain anniversaire soit le 19 décembre 2025, vous utilisez cette formule pour décompter les jours :

```
=DATE(2025;12;19)-AUJOURDHUI()
```

Lorsque vous validez cette formule, la cellule affiche la formule et pas le nombre de jours qui vous séparent de la date de votre anniversaire ? Cela tient au fait que vous n'avez pas saisi un espace entre la parenthèse fermée de la date et le signe moins de -AUJOURDHUI.

Utiliser la fonction DATE pour la date anniversaire évite qu'Excel n'interprète par erreur la date comme une opération arithmétique. Car si la formule était `=5/5/2025-AUJOURDHUI()`, Excel procéderait à deux divisions et une soustraction, et le résultat serait inévitablement erroné.

Représenter une date avec la fonction DATE est toujours plus sûr.

Compter votre âge en jours

Quand quelqu'un vous demande vôtre âge, au lieu de lui répondre en années, donnez-lui votre âge en jours. Plus sérieusement, la formule proposée ci-dessous peut aussi permettre de compter le nombre de jours échus depuis le début d'une tâche ou d'un chantier. Une formule très simple permet d'obtenir cette information. La voici pour une naissance le 18 mars 1976 :

```
=AUJOURDHUI()-DATE(1976;3;18)
```

Déterminer le jour de la semaine

Les Beatles avaient écrit une chanson intitulée *Eight Days a Week*, « La semaine de huit jours », mais nous nous contenterons de sept. La fonction JOURSEM permet de connaître le jour de la semaine. Vous pourrez savoir si votre prochain anniversaire tombe un vendredi ou un samedi. Ou encore, vous pourrez concocter des formules – celles d'un calendrier perpétuel, par exemple – qui tiennent compte des week-ends.

Voici comment utiliser la fonction JOURSEM :

❶ Cliquez sur la cellule devant afficher le jour de la semaine.

❷ Saisissez =JOURSEM(.

❸ Cliquez sur la cellule contenant la date dont vous voulez déterminer le jour de la semaine.

❹ Saisissez la parenthèse fermante) et appuyez ensuite sur la touche Entrée.

JOURSEM retourne un nombre de 1 à 7. Le Tableau 12.1 indique les équivalences entre le nombre et le jour de la semaine.

Tableau 12.1 Les jours de la semaine dans Excel.

Valeur renvoyée	Jour de la semaine
1	Dimanche
2	Lundi
3	Mardi
4	Mercredi
5	Jeudi
6	Vendredi
7	Samedi

Ne vous fourvoyez pas avec ce tableau. Il ne signifie pas que le mercredi tombe le 4 du mois, mais bel et bien que la valeur 4 renvoyée par JOURSEM correspond à un mercredi. Remarquez aussi que dans Excel, la semaine commence le dimanche (NdT : un autre jour peut être défini dans le panneau Région du Panneau de configuration évoqué au début de ce chapitre, mais vous pouvez aussi utiliser l'argument décrit dans le prochain paragraphe).

La fonction JOURSEM accepte un second argument facultatif qui lui permet, par exemple, de retourner 1 pour lundi, 2 pour mardi, et ainsi de suite :

```
=JOURSEM(A1;2)
```

JOURSEM permet d'extraire d'intéressantes informations des données chronologiques. Par exemple, vous tenez une feuille de calcul d'un régime que vous suivez et vous vous demandez si vous consommez plus de calories pendant les jours du week-end. Un rapide coup d'œil sur les chiffres (voir Figure 12.8) révèle que ce n'est pas le week-end que vous vous faites des excès, mais plutôt le vendredi.

Figure 12.8 Un tableau de suivi d'un régime au jour le jour.

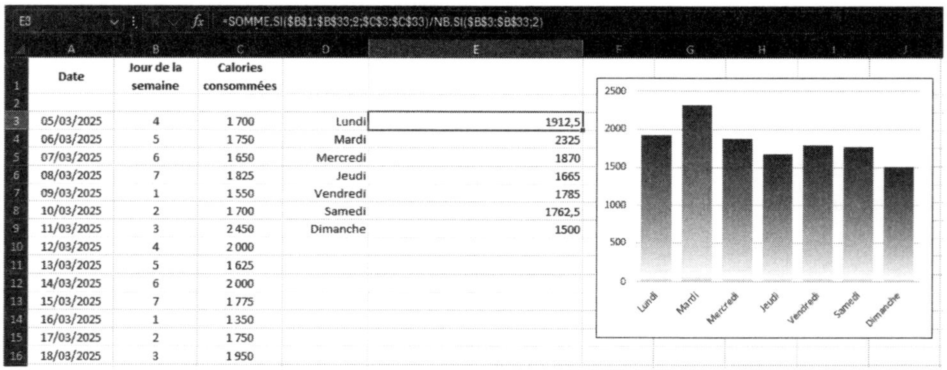

Date	Jour de la semaine	Calories consommées		
05/03/2025	4	1 700	Lundi	1912,5
06/03/2025	5	1 750	Mardi	2325
07/03/2025	6	1 650	Mercredi	1870
08/03/2025	7	1 825	Jeudi	1665
09/03/2025	1	1 550	Vendredi	1785
10/03/2025	2	1 700	Samedi	1762,5
11/03/2025	3	2 450	Dimanche	1500
12/03/2025	4	2 000		
13/03/2025	5	1 625		
14/03/2025	6	2 000		
15/03/2025	7	1 775		
16/03/2025	1	1 350		
17/03/2025	2	1 750		
18/03/2025	3	1 950		

Dans la formule du tableau de la Figure 12.8, seul le numéro du jour de la semaine change dans les fonctions SOMME.SI et NB.SI, en fonction du jour en question (par exemple, 2 pour Lundi).

Jours ouvrés et jours ouvrables

Dans beaucoup de professions, la semaine compte cinq jours de travail – les « jours ouvrés » – et deux jours de repos : le samedi et le dimanche. Ces notions sont importantes dans la gestion du personnel et la comptabilité. Les jours ouvrables comprennent le samedi.

Déterminer les jours ouvrés

La fonction NB.JOURS.OUVRES calcule le nombre de jours ouvrés entre deux dates, autrement dit le nombre de jours hormis les samedis et les dimanches. Un argument permet d'ajouter des jours fériés ou de vacances.

La Figure 12.9 montre le calcul des jours ouvrés restants à partir de la date d'aujourd'hui. Les cellules C2 et C3 contiennent les dates de départ et de fin. La date de départ est fournie par la fonction AUJOURDHUI ; ainsi, le résultat est toujours le nombre de jours ouvrés restants à partir de la date courante. La date de fin et celle de la fin de l'année. Dans la cellule C5, la formule est :

```
=NB.JOURS.OUVRES(C2;C3;C7:C18)
```

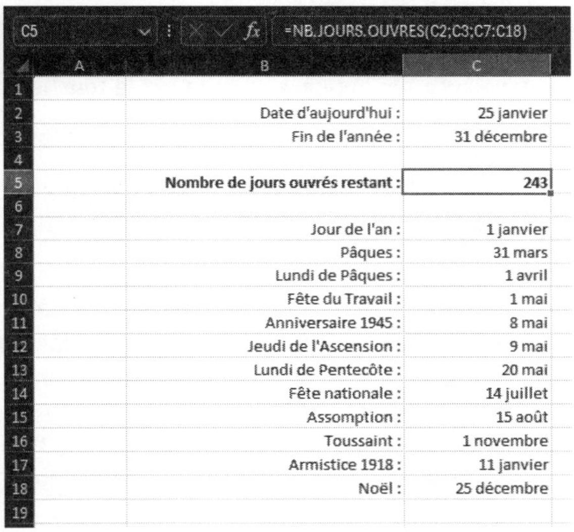

C5 =NB.JOURS.OUVRES(C2;C3;C7:C18)

	A	B	C
1			
2		Date d'aujourd'hui :	25 janvier
3		Fin de l'année :	31 décembre
4			
5		**Nombre de jours ouvrés restant :**	**243**
6			
7		Jour de l'an :	1 janvier
8		Pâques :	31 mars
9		Lundi de Pâques :	1 avril
10		Fête du Travail :	1 mai
11		Anniversaire 1945 :	8 mai
12		Jeudi de l'Ascension :	9 mai
13		Lundi de Pentecôte :	20 mai
14		Fête nationale :	14 juillet
15		Assomption :	15 août
16		Toussaint :	1 novembre
17		Armistice 1918 :	11 janvier
18		Noël :	25 décembre
19			

Figure 12.9 Un compteur des jours ouvrés restants dans l'année.

Si une fête mobile comme le lundi de Pâques ou la fête du Travail tombe un samedi ou un dimanche, cette date n'est pas prise en compte dans le calcul.

Les jours féries sont ceux en vigueur en France. Dans les départements concordataires du Bas-Rhin, du Haut-Rhin et la Moselle, deux jours fériés supplémentaires doivent être ajoutés dans le tableau de la Figure 12.9 : le Vendredi saint et le lendemain de Noël. Notez que le Vendredi saint n'est férié que dans les communes possédant un temple protestant ou une église simultanée (servant à la fois aux cultes catholiques et protestants).

Procédez comme suit pour utiliser la fonction NB.JOURS.OUVRES :

1. Cliquez sur la cellule dans laquelle le résultat doit apparaître.
2. Saisissez =NB.JOURS.OUVRES(.
3. Cliquez sur la cellule contenant la date de début.
4. Saisissez un point-virgule ;.
5. Cliquez sur la cellule contenant la date de fin.

   Passez à l'Étape 8 sauf si vous désirez inclure des jours de vacances dans le calcul.

6. Saisissez un point-virgule ;.
7. Saisissez le nombre de jours de vacances, ou sélectionnez la cellule ou la plage de cellules contenant cette information.
8. Saisissez la parenthèse fermante) et appuyez ensuite sur la touche Entrée.

Le résultat renvoyé est le nombre de jours ouvrés entre les deux dates.

Définir le nombre de jours ouvrés

Supposons que l'on vous ait fixé une échéance : la livraison ou la remise doit être faite dans les 20 jours ouvrés au maximum. Parfait. Mais cela correspond à quelle date exactement, puisqu'il faut tenir compte des week-ends et des jours fériés? La fonction SERIE.JOUR.OUVRE vous aidera. Vous spécifiez en effet la date de début, le nombre de jours ouvrés et, facultativement, la liste de jours féries. Cette liste est du même genre que celle de la Figure 12.9.

Utilisez la fonction SERIE.JOUR.OUVRE de la manière suivante :

1. Cliquez sur la cellule dans laquelle le résultat doit apparaître.
2. **Saisissez** =SERIE.JOUR.OUVRE(.
3. Cliquez sur la cellule contenant la date de début.
4. Saisissez un point-virgule ;.
5. Cliquez sur la cellule contenant le nombre de jours ouvrés, ou saisissez directement ce chiffre.

   Passez à l'Étape 7 sauf si vous désirez inclure des jours fériés dans le calcul.

❻ Saisissez un point-virgule ;.

❼ Saisissez le nombre de jours fériés ou tirez le pointeur de la souris par-dessus la plage de cellules contenant les dates des jours fériés.

La Figure 12.9 contient une telle liste.

❽ Saisissez la parenthèse fermante) et appuyez ensuite sur la touche Entrée.

Le résultat est la date correspondant à la date de début plus le nombre de jours ouvrés et, facultativement, la date correspondant au nombre de jours ouvrés et de jours fériés.

Calculer un intervalle entre deux dates avec la fonction DATEDIF

Excel possède une fonction DATEDIF permettant de calculer le nombre de jours, de mois ou d'années entre deux dates. C'est une fonction non documentée que vous ne trouverez pas dans la boîte de dialogue Insérer une fonction, et ni dans l'aide d'Excel (NdT : qui vous invite gracieusement à « chercher par vous-même », ce qui équivaut à un élégant « démerdez-vous »).

DATEDIF possède trois arguments :

- » la date de début ;
- » la date de fin ;
- » un intervalle.

L'intervalle est un argument qui indique à la fonction le type de résultat à renvoyer (voir Tableau 12.2).

Tableau 12.2 Les arguments Intervalle de DATEDIF.

Valeur	Signification	Commentaire
«d»	Days (jours)	Compte les jours, y compris le jour de début et le jour de fin.
«m»	Months (mois)	Compte les mois entiers entre les deux dates. Si la date de début est postérieure au 1er du mois, ce mois n'est pas compté. Si la date de fin est le dernier jour du mois, ce mois non plus n'est pas compté. La Figure 12.10 montre un exemple.
«y»	Years (années)	Compte les années entières entre les deux dates. Si la date de début est postérieure au 1er janvier, cette année n'est pas comptée. Si la date de fin est le 31 décembre, cette année n'est pas comptée (voir Figure 12.10).

Tableau 12.2 Les arguments Intervalle de DATEDIF.

Valeur	Signification	Commentaire
«yd»	Jours sans tenir compte de l'année	Le nombre de jours est compris de la date de début à la date de fin, mais comme si ces deux dates étaient dans la même année. Le nombre d'années est ignoré.
«ym»	Mois sans tenir compte des années	Le nombre de mois entiers est compris de la date de début à la date de fin, mais comme si ces deux dates étaient dans la même année. Le nombre d'années est ignoré.
«md»	Jours sans tenir compte des mois et des années	Le nombre de jours est compris de la date de début à la date de fin, mais comme si ces deux dates étaient dans le même mois et la même année. Le nombre de mois et d'années est ignoré.

La Figure 12.10 montre quelques exemples d'utilisation de DATEDIF. La colonne A contient les dates de début, la colonne B les dates de fin. Les colonnes C à H contiennent les formules DATEDIF. Les intervalles utilisés comme troisième argument sont mentionnés en haut de chaque colonne.

Figure 12.10 Compter les jours, les mois et les années avec DATEDIF.

C11 =DATEDIF(A11;B11;"d")

	A	B	C	D	E	F	G	H
1								
2	Date de début	Date de fin	"d"	"m"	"y"	"yd"	"ym"	"md"
3								
4	01/01/2025	01/01/2025	0	0	0	0	0	0
5	01/01/2025	02/01/2025	1	0	0	1	0	1
6	01/01/2025	31/12/2025	364	11	0	364	11	30
7	01/01/2025	01/01/2026	365	12	1	0	0	0
8	01/01/2025	10/05/2026	494	16	1	129	4	9
9	01/01/2025	01/01/2026	365	12	1	0	0	0
10								
11	02/01/2025	31/12/2025	363	11	0	363	11	29
12	02/01/2025	01/01/2026	364	11	0	364	11	30
13	02/01/2025	10/05/2026	493	16	1	128	4	8
14	02/01/2025	03/03/2027	790	26	2	60	2	1
15	02/01/2025	31/12/2027	1093	35	2	363	11	29
16	02/01/2025	01/01/2028	1094	35	2	364	11	30
17								

Voici comment utiliser DATEDIF :

1. Cliquez sur la cellule dans laquelle le résultat doit apparaître.
2. Saisissez =DATEDIF(.
3. Cliquez sur la cellule contenant une date ou saisissez son adresse.
4. Saisissez un point-virgule ;.
5. Cliquez sur la cellule contenant une autre date ou saisissez son adresse.

Cette date doit être identique ou postérieure à la première date (celle indiquée à l'Étape 3). Autrement, la fonction renvoie une erreur.

6. Saisissez un point-virgule ;.

7. Saisissez l'intervalle.

   Sa syntaxe figure dans le Tableau 12.2. N'oubliez pas les guillemets.

8. Saisissez la parenthèse fermante) et appuyez ensuite sur la touche Entrée.

DANS CE CHAPITRE

Gérer les heures.

•

La mise en forme du temps.

•

Heures, minutes et secondes.

•

Connaître l'heure actuelle.

•

Calculer le temps écoulé.

Chapitre 13

Avant l'heure c'est pas l'heure, après l'heure c'est plus l'heure

Excel possède de superbes fonctions de gestion du temps et de calcul des heures. Vous pouvez analyser, calculer, comparer et totaliser vos durées à la seconde près.

Comment Excel gère le temps

Nous avons vu précédemment comment Excel gère les dates selon un système de numéros de série. Eh bien, c'est pareil pour les heures. La différence notable est que les dates ne sont représentées que par des nombres entiers alors que les heures le sont par des nombres réels, et possèdent de ce fait des décimales.

Prenons le chiffre 45658. C'est le numéro de série du 1er janvier 2025. Remarquez l'absence d'indication de l'heure. Il est censé être zéro heure, le début de la journée. Mais il est cependant possible d'afficher l'heure.

Excel utilise la partie décimale du numéro de série pour représenter l'heure. De ce fait, 0,5 représente 12 heures (midi) tandis que 0,75 représente 18 heures. Le Tableau 13.1 montre quelques exemples d'heures et de numéros de série associés.

Tableau 13.1 La représentation du temps par Excel.

Date et heure	Numéro de série
1 janvier 2025 - 00:00	45658
1 janvier 2025 - 00:01	43658,00069
1 janvier 2025- 10:00	43658,41667
1 janvier 2025 - 12:00	43658,5
1 janvier 2025 - 16:30	43658,6875
1 janvier 2025- 22:00	43658,91667
1 janvier 2025 - 23:59	43658,99931

L'heure est représentée par des décimales, jusqu'à cinq en tout. Une valeur 0 équivaut à minuit, le début du nouveau jour. La valeur 0,5 équivaut à midi, la moitié du jour. La valeur 0,99931 représente la 23e heure au début de la 59e minute. La valeur 0,99999 est la 23e heure, la 59e minute et la 59e seconde, c'est-à-dire la seconde qui précède le nouveau jour.

Peut-on représenter l'heure sans la date? Oui bien sûr, à l'aide d'une valeur inférieure à 1. Par exemple, la valeur 0,75 représente 18 heures sans spécification de date.

La représentation du temps par un numéro de série apporte les mêmes avantages que pour les dates, à savoir la possibilité d'appliquer des opérations arithmétiques.

La mise en forme du temps

La représentation du temps sous une forme décimale est plutôt obscure pour le commun des mortels. Nous sommes en effet habitués à la numération duodécimale pour les heures, et sexagésimale pour les minutes et les secondes (mais le système décimal reprend ses droits pour les fractions de seconde). Bref, le compliqué nous paraît plus simple. Simple question d'habitude.

La mise en forme du temps est appliquée au travers de la boîte de dialogue Format de cellule que montre la Figure 13.1. Voici comment procéder :

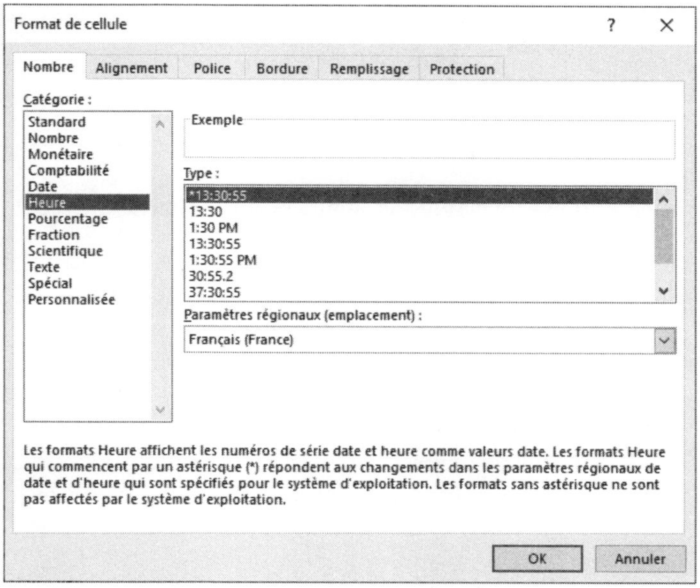

Figure 13.1 Choisissez ici la représentation des heures.

En France, le temps est généralement représenté sur 24 heures. Il est possible de le représenter sur 12 heures comme le font les pays anglo-saxons, en choisissant une mise en forme comprenant le suffixe PM. Dans les cellules, les heures du matin sont suivies des initiales AM (du latin *ante meridiem*, avant midi) ou PM (*post meridiem*, après midi).

Notez qu'Excel stocke la date et l'heure dans un seul numéro de série. C'est pourquoi certaines options des catégories Date et Heure affichent une mise en forme « date et heure ».

La fonction TEMPS

La fonction TEMPS réunit les heures, les minutes et les secondes dans une seule valeur et les affiche d'une manière plus conventionnelle qu'un numéro de série. Voici comment l'utiliser :

1. **Cliquez sur la cellule dans laquelle le résultat doit apparaître.**
2. **Saisissez =TEMPS(.**
3. **Cliquez sur la cellule contenant l'heure ou saisissez cette valeur (de 0 à 23).**
4. **Saisissez un point-virgule ;.**

5. **Cliquez sur la cellule contenant la minute ou saisissez cette valeur (de 0 à 59).**
6. **Saisissez un point-virgule ;.**
7. **Cliquez sur la cellule contenant la seconde ou saisissez cette valeur (de 0 à 59).**
8. **Saisissez la parenthèse fermante) et appuyez sur la touche Entrée.**

Le résultat est un numéro de série comprenant des décimales, ou une heure lisible si la cellule a été mise en forme de manière appropriée.

Sachez que les valeurs des minutes et des secondes se reportent. Pour une valeur de secondes ou de minutes de 60 ou plus, la partie excédentaire est reportée sur la minute ou l'heure suivante. Par exemple, 75 secondes deviennent 1 minute et 15 secondes, et 90 minutes deviennent 1 heure et 30 minutes. Les heures aussi se reportent. Une valeur d'heure de 26 est interprétée comme 2 heures du matin.

Conversion en heure avec TEMPSVAL

Quand vous saisissez une heure dans un format standard, Excel reconnaît qu'il s'agit d'une valeur temporelle. Il la convertit en numéro de série et affecte le format d'heure par défaut à la cellule. Mais quand vous collez ou importez des données provenant d'une autre application, la valeur peut être appliquée en simple format de texte. Vous devez alors la convertir en numéro de série avec la fonction TEMPSVAL. Voici comment :

1. **Cliquez sur la cellule dans laquelle le résultat doit apparaître.**
2. **Saisissez =TEMPSVAL(.**
3. **Saisissez la parenthèse fermante) et appuyez ensuite sur la touche Entrée.**

TEMPSVAL convertit en fait du texte. Si cette fonction renvoie une erreur `#VALEUR!`, c'est sans doute pour l'une de ces deux raisons :

- **L'heure est dans un format de texte qu'Excel ne reconnaît pas. Par exemple, 9h30 n'est pas reconnu. En revanche, 9:30 est un format accepté.**
- **La cellule n'est pas véritablement au format texte, mais elle contient un numéro de série mis en forme pour paraître ainsi. Changez le format de cellule en format Standard pour le vérifier.**

Décomposer le temps avec HEURE, MINUTE et SECONDE

Tout instant de la journée est fait d'heures, de minutes et de secondes. Nous avons vu précédemment comment la fonction TEMPS réunit ces trois éléments. Nous allons à présent voir comment les décomposer avec les fonctions HEURE, MINUTE et SECONDE. Dans la Figure 13.2, la colonne A contient des numéros de série de dates et heures. Les mêmes dates et heures sont visibles dans la colonne B, mais avec une autre mise en forme. Les colonnes C, D et E contiennent les heures, minutes et secondes extraites de la colonne A.

C2 =HEURE(A2)

	A	B	C	D	E
1	Dates et heures au format Standard	Dates et heures au format Date & heure	Heure	Minute	Seconde
2	45854,89935	16/07/2025 21:35:04	21	35	4
3	45807,55234	30/05/2025 13:15:22	13	15	22
4	45914,2303	14/09/2025 05:31:38	5	31	38
5	45664,3452	07/01/2025 08:17:05	8	17	5
6	45665,33802	08/01/2025 08:06:45	8	6	45
7	45761,6486	14/04/2025 15:33:59	15	33	59
8	45975,36667	14/11/2025 08:48:00	8	48	0
9	45886,839	17/08/2025 20:08:10	20	8	10
10	45838,13837	30/06/2025 03:19:15	3	19	15
11	45743,04307	27/03/2025 01:02:01	1	2	1

Figure 13.2 Extractions de données avec les fonctions HEURE, MINUTE, SECONDE.

Notez que si le numéro de série contient une partie « date », les fonctions HEURE, MINUTE et SECONDE l'ignorent complètement.

Extraire les heures

Extraire l'heure est commode lorsque vous créez une feuille de calcul qui totalise le temps. L'exemple classique est un centre d'appels téléphoniques. Un paramètre attentivement mesuré dans ces officines est le nombre d'appels par heure.

La Figure 13.3 montre une feuille de calcul qui totalise le nombre d'appels à chaque heure. Les appels ont été suivis à partir du mois de mars 2025. La date et le moment de chacun d'eux se trouvent dans la colonne A. Dans la colonne, seule l'heure est mentionnée. La colonne D contient les plages horaires du centre d'appel.

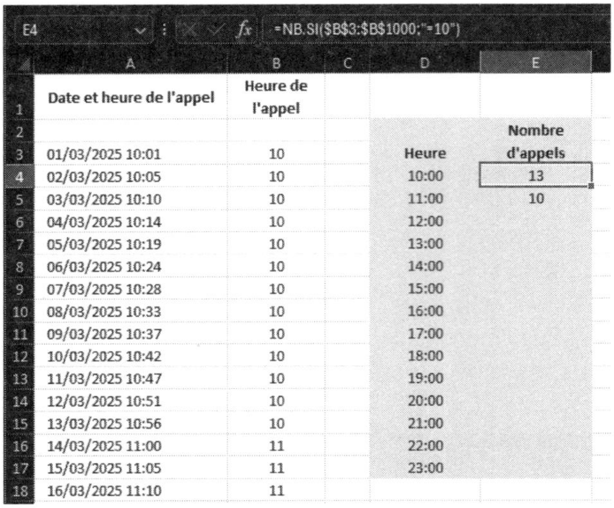

E4 =NB.SI($B$3:$B$1000;"=10")

	A	B	C	D	E
1	Date et heure de l'appel	Heure de l'appel			
2					Nombre
3	01/03/2025 10:01	10		Heure	d'appels
4	02/03/2025 10:05	10		10:00	13
5	03/03/2025 10:10	10		11:00	10
6	04/03/2025 10:14	10		12:00	
7	05/03/2025 10:19	10		13:00	
8	06/03/2025 10:24	10		14:00	
9	07/03/2025 10:28	10		15:00	
10	08/03/2025 10:33	10		16:00	
11	09/03/2025 10:37	10		17:00	
12	10/03/2025 10:42	10		18:00	
13	11/03/2025 10:47	10		19:00	
14	12/03/2025 10:51	10		20:00	
15	13/03/2025 10:56	10		21:00	
16	14/03/2025 11:00	11		22:00	
17	15/03/2025 11:05	11		23:00	
18	16/03/2025 11:10	11			

Figure 13.3 Utilisation de la fonction HEURE pour totaliser des appels par plages horaires.

Dans la Figure 13.3, les valeurs dans la colonne E ont été calculées avec la fonction NB.SI. Il existe une formule NB.SI pour chacune des plages horaires de 10:00 à 23:00. Chacune de ces fonctions compte le nombre de fois que dans la colonne B, l'heure d'appel correspond au dernier argument. Voici un exemple pour le compte de tous les appels passés tous les jours dans la plage de 16 heures :

```
=NB.SI($B$3:$B:1000;"=16")
```

Voici comment utiliser la fonction HEURE :

❶ **Cliquez sur la cellule dans laquelle le résultat doit apparaître.**

❷ **Saisissez** =HEURE(.

❸ **Cliquez dans une cellule contenant la date et/ou l'heure qu'il est.**

❹ **Saisissez la parenthèse fermante) et appuyez ensuite sur la touche Entrée.**

La valeur renvoyée est l'élément « heure ». C'est un nombre entier entre 0 et 23.

Extraire les minutes

L'extraction des minutes sert à analyser une activité relativement brève, comme le temps passé sur un test d'intelligence ou sur une épreuve d'examen.

Excel est parfaitement capable de soustraire du temps. Dans le cas d'un test, la fonction MINUTE permettra, par exemple, de déterminer qui a terminé un test dans le temps imparti. La Figure 13.4 montre la liste des temps mis qu'ont mis des étudiants pour finir un test. Tous ont commencé à 10 heures. Le moment où chacun a remis sa copie a été noté. Le temps imparti pour ce test était de 15 minutes.

Figure 13.4 Des calculs de temps avec la fonction MINUTE.

D3 =SI(MINUTE(C3)-MINUTE(B3)<=15;"Oui";"Non")

	A	B	C	D	E
1	Identifant de l'étudiant	Début de l'épreuve	Remise de la copie	Terminé dans les temps ?	
2					
3	S2223	10:00	10:18	Non	
4	G7854	10:00	10:12	Oui	
5	A4973	10:00	10:14	Oui	
6	M4211	10:00	10:20	Non	
7	H7840	10:00	10:22	Non	
8	G4381	10:00	10:01	Oui	
9	J4009	10:00	10:11	Oui	
10	T5545	10:00	10:15	Oui	
11	B9329	10:00	10:13	Oui	
12	M8050	10:00	10:16	Non	
13	S2377	10:00	10:23	Non	
14	R1967	10:00	10:14	Oui	
15					

Dans la colonne D, chaque cellule contient une formule qui soustrait les minutes de la colonne C des minutes de la colonne B. Cette opération est incorporée à une fonction SI. Si le résultat est égal ou inférieur à 15, la mention `Oui` apparaît dans la colonne D. Sinon, c'est la mention `Non` qui est affichée :

```
=SI(MINUTES(C3)-MINUTE(B3)<=15;"Oui";"Non")
```

À l'instar de la fonction horaire, l'unique argument de la fonction MINUTE est une référence contenant la date et/ou l'heure qu'il est.

Extraire les secondes

L'extraction des secondes est utile lorsque des calculs de temps très précis sont nécessaires, comme les escapades du chien et du chat ou les multiples sorties en boîte des rejetons. Voici comment utiliser la fonction SECONDE :

1. **Cliquez sur la cellule dans laquelle le résultat doit apparaître.**
2. **Saisissez** =SECONDE(.
3. **Cliquez dans une cellule contenant la date et/ou l'heure qu'il est.**
4. **Saisissez la parenthèse fermante) et appuyez ensuite sur la touche Entrée.**

Dès MAINTENANT

Vous travaillez sur un projet pour un client et vous avez besoin de savoir combien de temps vous avez consacré à cette tâche. Utilisez la fonction MAINTENANT dès l'ouverture du classeur Excel puis de nouveau quand vous avez terminé le travail. La soustraction d'une valeur de l'autre vous indiquera le temps écoulé.

Voici comment utiliser la fonction MAINTENANT :

1. **Cliquez sur la cellule dans laquelle le résultat doit apparaître.**
2. **Saisissez** =MAINTENANT().
3. **Appuyez sur la touche Entrée.**

Une étape supplémentaire est nécessaire pour que le calcul de temps auquel nous faisions allusion fonctionne. Lorsque la date et le jour sont affichés dès l'ouverture du classeur, copiez-la puis collez uniquement sa valeur avec la commande Collage spécial. Ou alors, sélectionnez la cellule, cliquez dans la barre de formule et appuyez sur la touche F9.

La fonction MAINTENANT ne fournit pas que l'heure, mais aussi la date. Elle est en cela similaire à la fonction AUJOURDHUI, sauf que cette dernière ne renvoie que la date.

Calculer le nombre de jours écoulés

Une journée compte 24 heures. Multipliez ce chiffre par 7 et vous saurez qu'une semaine fait 168 heures. Mais combien y en a-t-il dans le mois? Pas facile à dire, sachant qu'un mois peut faire 28 , 29 , 30 ou 31 jours...

Compter les heures écoulées n'est pas facile. Il n'existe pas, dans Excel, de fonction réservée à cette tâche, mais vous pouvez obtenir une solution à l'aide de deux fonctions.

Dans la Figure 13.5, deux colonnes contiennent des dates et heures de début et de fin. La troisième colonne affiche le nombre d'heures écoulées entre les dates situées sur la même ligne.

Figure 13.5 Le calcul du temps écoulé.

C8 =(ENT(B8)-ENT(A8))*24+HEURE(B8)-HEURE(A8)

	A	B	C	D
1	Dates et heure de début	Dates et heures de fin	Heures écoulées	
2	15/11/25 9:00	15/11/25 9:00	0	
3	15/11/25 9:00	15/11/25 21:00	12	
4	15/11/25 9:00	15/11/25 23:59	14	
5	15/11/25 9:00	16/11/25 0:00	15	
6	15/11/25 9:00	16/11/25 2:00	17	
7	15/11/25 9:00	16/11/25 9:00	24	
8	15/11/25 9:00	23/11/25 11:30	194	
9	15/11/25 9:00	2/12/25 15:30	414	
10	15/11/25 9:00	30/12/25 1:45	1072	
11	15/11/25 9:00	15/1/26 16:00	1471	
12	15/11/25 9:00	18/1/26 10:00	1537	
13	15/11/25 9:00	15/3/26 9:00	2880	
14	15/11/25 9:00	15/11/26 8:58	8759	
15	15/11/25 9:00	15/11/26 9:00	8760	

Les colonnes A et B contiennent des dates et des heures. En réalité, ces dates et heures ne sont qu'un seul nombre réel : le numéro de série. Grâce à la fonction ENT, Excel compte la différence en jours, même lorsqu'ils s'étendent jusque sur une nouvelle année. Ensuite, la fonction HEURE est utilisée pour calculer la différence au niveau de la seule partie décimale. La formule dans la première ligne de données est :

```
=(ENT(B2)-ENT(A2))*24+HEURE(B2)-HEURE(A2)
```

La formule est la même dans les autres lignes, avec bien sûr la référence appropriée. La première partie de la formule calcule la différence en jours puis multiplie ce résultat par 24, le nombre total d'heures dans la journée.

Le plus délicat est de calculer correctement le temps entre les valeurs de début et de fin. La partie horaire des valeurs de début et de fin est déterminée par la fonction HEURE, puis une valeur est soustraite de l'autre. Le résultat de cette soustraction est ajouté au nombre d'heures précalculé à partir du compte des jours. Remarquez que les minutes sont ignorées. Peut-être trouverez-vous le moyen de les prendre en compte, et peut-être même les secondes.

DANS CE CHAPITRE

Décider avec la fonction SI.

Choisir une valeur.

Les opérateurs logiques ET, OU et OUX.

Trouver l'emplacement d'une valeur.

Rechercher une valeur dans un tableau.

Rechercher des données concordantes.

Chapitre 14

Fonctions de recherche et fonctions logiques

Prendre une décision est l'une des décisions les plus difficiles à prendre. Lorsque vous devez attribuer une note à la copie de philo d'un de vos élèves, le travail rendu vaut-il 15 ou 16 sur 20 ? Si votre société fait 15 millions d'euros de bénéfice sur la vente d'un nouveau produit, quelle participation aux bénéfices allez-vous redistribuer à vos équipes ? Allez-vous attendre de gagner 20 millions ? Comment votre décision va-t-elle affecter votre situation financière ?

Excel ne peut pas décider à votre place, mais il peut vous aider à prendre les bonnes décisions grâce aux fonctions SI et CHOISIR. La fonction SI permet aussi de tester un résultat et de faire en sorte qu'une cellule affiche le mot « Bénéfice » quand la cellule voisine contient une somme positive, et « Déficit » quand cette somme est négative.

Excel est aussi capable de rechercher une information. Les fonctions de recherche sont indispensables lorsque la feuille de calcul contient une grande quantité de données. C'est ainsi que vous trouverez instantanément le mot « Aiguille » dans l'immense base de données « Botte de foin ».

Tester une seule condition

La fonction SI est un peu le couteau suisse des fonctions Excel. Elle sert à un tas de choses. Vous l'utiliserez souvent dans une formule à plusieurs fonctions, comme ce sera fréquemment le cas dans ce chapitre. Structurellement, la fonction SI est facile à comprendre. Elle possède trois arguments :

- » **Un test renvoyant une réponse Vrai ou Faux. Par exemple, quand vous testez l'équivalent de valeur dans deux cellules – par exemple, la valeur de la cellule A5 est égale à celle de la cellule A8 – deux réponses seulement sont possibles : oui ou non. Autrement dit, vrai ou faux. Ce n'est pas un calcul, mais une comparaison.**
- » **La donnée à renvoyer si le test renvoie VRAI.**
- » **La donnée à renvoyer si le test renvoie FAUX.**

Ce n'est pas bien compliqué. Le Tableau 14.1 montre quelques exemples.

Tableau 14.1 Quelques exemples de la fonction SI.

Fonction	Commentaire
`=SI(D10>20;D10;D20)`	Si la valeur de D10 est supérieure à la valeur de D20, la valeur de D10 est utilisée (test = VRAI). Autrement (test = FAUX) la valeur de D20 est utilisée. Notez que si les deux valeurs sont égales, le test est considéré comme faux et c'est donc la valeur de D20 qui est utilisée.
`=SI(D10>0;"Bénéfice :";"Déficit :")`	Si la valeur de D10 est supérieure à zéro, affiche `Bénéfice :`. Sinon (valeur égale ou inférieure à zéro), affiche `Déficit :`.
`=SI(D10>0;"";"Pas génial…")`	Si la valeur de D10 est supérieure à zéro, n'affiche rien. Mais si elle est inférieure à zéro, affiche `Pas génial…` Remarquez que le second argument est une paire de guillemets sans rien entre.
`SI(D10>D20;"OK";"")`	Si la valeur de D10 est supérieure à celle de D20, le mot `OK` est affiché. Sinon, rien n'est affiché. Le dernier argument est une paire de guillemets sans rien entre.

Un aspect important à retenir : le deuxième ou le troisième argument de SI peut ne rien renvoyer. Il suffit pour cela que l'argument soit une paire de guillemets sans rien entre. Cette syntaxe renvoie une chaîne de caractères – c'est ainsi que l'on appelle du texte, en jargon informatique – vide. Notez qu'une chaîne de caractères vide n'est pas une valeur et n'est donc pas égale à zéro.

Pour résumer, la fonction SI renvoie un résultat différent selon que le test est vrai ou faux. Ce résultat peut être un nombre, une chaîne de caractères (texte), une fonction, une formule, ou rien du tout (chaîne de caractères vide, ou nulle).

La fonction SI est souvent utilisée pour vérifier des données, mettre un résultat en valeur ou éviter des erreurs. Par exemple, supposons que vous ayez concocté une feuille de calcul dans laquelle un pourcentage est utilisé dans un calcul. Vous devez saisir chaque jour ce pourcentage dans la cellule A3, mais il ne doit jamais être supérieur à 10 %. Pour éviter tout risque d'erreur, une fonction SI affichera un message d'erreur dans la cellule voisine. Voici cette formule testant la valeur dans la cellule A3 :

```
=SI(A3>0,1;"Pourcentage trop élevé";"")
```

La Figure 14.1 montre comment la fonction SI peut être utilisée dans une application commerciale. Une boutique d'instruments de musique tient son inventaire dans une feuille de calcul Excel.

Figure 14.1 Un inventaire automatisé.

E4 =SI(C4<=D4;"A commander";"")

	A	B	C	D	E
1	Inventaire actualisé				
2					
3	**Article**	**Dernière commande**	**En stock**	**Seuil**	**Etat**
4	Guitare Epiphone 164 Texan VCB	13 mai 2025	4	3	
5	Guitare Fender Squier SA-105 BK	9 mai 2025	2	3	A commander
6	Guitare Fender Squier SA-105CE BK	9 mai 2025	4	5	A commander
7	Guitare Gibson Hummingbird HCS	10 avril 2025	3	5	A commander
8	Guitare Gibson J-45 Standard VS	22 mars 2025	5	3	
9	Guitare Gibson J-45 Standard VS LH	13 mai 2025	5	3	
10	Guitare Ibanez V72ECE-BK	29 mai 2025	3	3	A commander
11	Guitare Martin D-15M NT	12 avril 2025	7	3	
12	Guitare Martin HD-28	28 avril 2025	7	3	
13	Guitare Recording King RD-06-CE	2 février 2025	1	2	A commander
14					

La colonne C contient la quantité de chaque article actuellement en stock, et la colonne D le seuil en-dessous duquel il faut commander de nouveau cet article. Dans la colonne E, une formule compare le stock avec le seuil minimal et affiche soit « A commander », soit rien du tout si le stock est suffisant.

Dans la cellule E4, la formule est :

```
=SI(C4<=D4;"A commander;"")
```

Elle teste si le nombre de guitares Epiphone 164 Texan VCB en stock est suffisant selon le seuil qui a été fixé. Si oui – ce qui est le cas –, la cellule E4 n'affiche rien du tout. Mais si le stock baisse et que le nombre est égal ou inférieur au seuil, dans la cellule D3, la cellule E4 affiche aussitôt la mention « A commander ». Dans les lignes suivantes, les guitares Fender Squier risquent d'être en rupture de stock. Il faut donc en commander de nouvelles.

La fonction SI est très facile à utiliser :

1. **Saisissez des valeurs dans deux cellules.**

   Dans la Figure 14.1, les quantités en stock et les seuils sont un bon exemple.

2. **Cliquez sur la cellule dans laquelle le résultat doit apparaître.**

3. **Saisissez =SI(.**

4. **Déterminez le test à effectuer.**

   Vous pouvez comparer les deux cellules pour voir si leur contenu est équivalent (nombres), ou si l'un est plus élevé (nombre) ou différent (texte)...

5. **Saisissez un point-virgule ;.**

6. **Saisissez le résultat qui doit être affiché dans la cellule si le test est VRAI.**

   Si vous désirez afficher un texte, comme « Bénéfice : », ou « OK », ce texte doit être entre des guillemets : `«Bénéfice :"` ou `«OK"`.

7. **Saisissez un point-virgule ;.**

8. **Saisissez le résultat qui doit être affiché dans la cellule si le test est FAUX.**

   Par exemple : `«Déficit :"` ou `«Erreur, recommencez"`.

9. **Saisissez la parenthèse fermante) et appuyez sur la touche Entrée.**

La fonction SI peut servir à bien d'autres choses. Imbriquée dans d'autres fonctions, elle s'avère extrêmement polyvalente. Plusieurs fonctions SI imbriquées les unes dans les autres permettent même de procéder à des tests successifs dans une même formule.

Le principe de la fonction SI peut se ramener au choix d'un restaurant s'il satisfait à une condition. Par exemple, si c'est un restaurant italien et qu'il sert de la polenta, nous prendrons de la polenta. Autrement, on se contentera de pizza. Sur un plan logique, cette décision se présente ainsi :

```
Si le restaurant est italien et
si le restaurant sert de la polenta, alors
nous prendrons de la polenta
sinon
nous prendrons de la pizza
```

Remarquez le second « si » – qui est en fait imbriqué dans le premier – propose une action à la fois pour une réponse Vrai et pour une réponse Faux. Ce n'est pas le cas du premier « si ». Voici la structure de cette déclaration imbriquée en langage Excel :

```
=SI(restaurant=italien;SI(restaurantSertPolenta;"polenta";"pizza");"").
```

Si le restaurant n'est pas italien, ce n'est pas la peine de se demander ce que l'on mangera ; c'est pourquoi le troisième argument du SI extérieur est vide.

Il est possible d'imbriquer jusqu'à 64 déclarations SI, mais au-delà de quatre ou cinq, cela met les neurones à rude épreuve.

Vous pourriez imbriquer des fonctions SI, dans la feuille de calcul de la Figure 14.1, afin de la rendre encore plus performante. Dans la Figure 14.2, une colonne supplémentaire a été ajoutée : *Ventes*. Elle pointe les articles qui se sont moyennent et bien vendus selon trois paramètres :

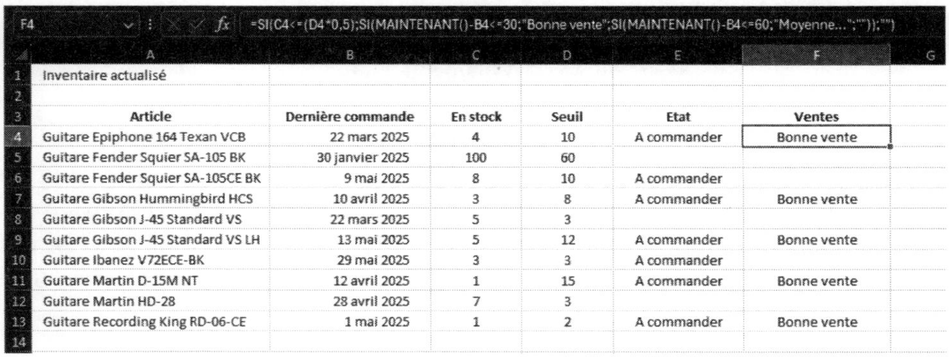

F4 =SI(C4<=(D4*0,5);SI(MAINTENANT()-B4<=30;"Bonne vente";SI(MAINTENANT()-B4<=60;"Moyenne...";""));"")

	A	B	C	D	E	F
1	Inventaire actualisé					
2						
3	Article	Dernière commande	En stock	Seuil	Etat	Ventes
4	Guitare Epiphone 164 Texan VCB	22 mars 2025	4	10	A commander	Bonne vente
5	Guitare Fender Squier SA-105 BK	30 janvier 2025	100	60		
6	Guitare Fender Squier SA-105CE BK	9 mai 2025	8	10	A commander	
7	Guitare Gibson Hummingbird HCS	10 avril 2025	3	8	A commander	Bonne vente
8	Guitare Gibson J-45 Standard VS	22 mars 2025	5	3		
9	Guitare Gibson J-45 Standard VS LH	13 mai 2025	5	12	A commander	Bonne vente
10	Guitare Ibanez V72ECE-BK	29 mai 2025	3	3	A commander	
11	Guitare Martin D-15M NT	12 avril 2025	1	15	A commander	Bonne vente
12	Guitare Martin HD-28	28 avril 2025	7	3		
13	Guitare Recording King RD-06-CE	1 mai 2025	1	2	A commander	Bonne vente
14						

Figure 14.2 Pointage des articles qui se vendent vite et bien.

- **Les articles qui, dans les 30 derniers jours, se trouvent à la moitié, ou moins, du seuil de réassort. Ce sont des articles qui se sont bien vendus.**
- **Les articles qui, du 31e au 60e jour, se trouvent à la moitié, ou moins, du seuil de réassort. Ces articles se sont moyennement bien vendus.**
- **Si un article ne correspond à aucun des critères précédents, il n'est pas signalé dans la colonne**

Les articles dont les ventes sont moyennes et bonnes satisfont au critère de 50 % du niveau de réassort. C'est seulement lorsque cette condition est remplie que le second critère – le nombre de jours depuis la dernière commande – est pris en compte. Voici la formule dans la cellule F4 :

```
=SI(C5<=D5*0,5;SI(MAINTENANT()-B5<=30;"Bonne vente";SI(MAINTENANT()-
B5<=60;"Moyenne…";""));"")
```

C'est une formule à rallonges que nous allons à présent dépiauter.

La fonction extérieure teste si les stocks dans la colonne C sont égaux ou inférieurs à la moitié du seuil de réassort. La partie de la formule qui procède à ce test est : `=SI(D5<=(D5*0,5)`. La réponse est évidemment Vrai ou Faux. Si c'est Faux, le troisième argument de la fonction SI extérieure est pris, et rien n'est affiché dans la cellule, car cet argument est une chaîne de caractères vide, visible à la fin de la formule : `;"")`.

En revanche, si le test renvoie Vrai, la partie Vrai de la fonction SI extérieure est prise en compte. Il se trouve que cette partie est une autre fonction SI :

```
=SI(MAINTENANT()-B5<=30;"Bonne vente";SI(MAINTENANT()-
B5<=60;"Moyenne…";""))
```

Le premier argument de la fonction SI interne si le nombre de jours depuis la dernière commande, dans la colonne B, est inférieur ou égal à 30. Cette réponse est obtenue en soustrayant la date de la dernière de la date d'aujourd'hui (produite par la fonction MAINTENANT).

Si le test est Vrai, et que la dernière commande date donc de moins de trente jours, la chaîne de caractères `Bonne vente` est retournée. Mais si la réponse est Faux, une autre fonction SI prend le relais. Eh oui, c'est bien un SI imbriqué dans un SI lui-même imbriqué dans un SI. Donc, si le nombre de jours depuis la date de la dernière commande est supérieur à 30, le prochain SI teste si ce nombre de jours est inférieur aux derniers 60 jours :

```
=SI(MAINTENANT()-B5<=60
```

Si ce test est Vrai, la chaîne de caractères `Moyenne…` est renvoyée. S'il est Faux, rien n'est renvoyé.

Quelques remarques à propos de ce triple SI (si si mais si) :

» **La fonction SI qui teste si le nombre de jours écoulés est au maximum de 30 renvoie dans ce cas une valeur Vrai (bonnes ventes) ou dans le cas contraire, une valeur Faux (renvoyée une fonction SI imbriquée).**

» **Rien n'est renvoyé lorsque la fonction SI extérieure et la fonction SI la plus intérieure (la plus imbriquée) sont toutes deux Faux.**

» Le test pour 60 jours ou moins prend aussi en compte une date à 30 jours ou moins, ce qui n'est pas véritablement ce que nous voulions. En réalité, le test devrait porter sur 60 ou moins, mais aussi supérieur à 30 jours. Mais il est inutile de se compliquer l'existence, car le test de 30 ou moins s'est déjà révélé non concluant. Mais il vaut mieux y penser.

Choisir la bonne valeur

La fonction CHOISIR est idéale pour convertir une valeur numérique en texte, comme 4 qui deviendrait Avril. CHOISIR accepte jusqu'à 30 arguments. Le premier sert de clé, ou plus exactement de numéro d'index, pour les autres. En fait, ces autres arguments ne sont pas traités en soi par la fonction. Elle examine le premier argument et, selon sa valeur, elle renvoie l'un des autres arguments.

Le premier argument doit être un nombre qui, à son tour, indique lequel des arguments suivants doit être renvoyé. Par exemple, cette fonction renvoie la chaîne de caractères `Deux` :

```
=CHOISIR(2;"Un";"Deux";"Trois";"Quatre")
```

Le premier argument est le nombre 2. De ce fait, la fonction renverra le deuxième de la liste arguments, mais attention : sans compter le premier, qui est un numéro d'index.

La Figure 14.3 montre un exemple de CHOISIR. Supposons que la feuille de calcul contienne une série de mois représentés par un numéro de 1 à 12. Vous voudriez les afficher en toutes lettres, de Janvier à Décembre. CHOISIR se chargera de le faire.

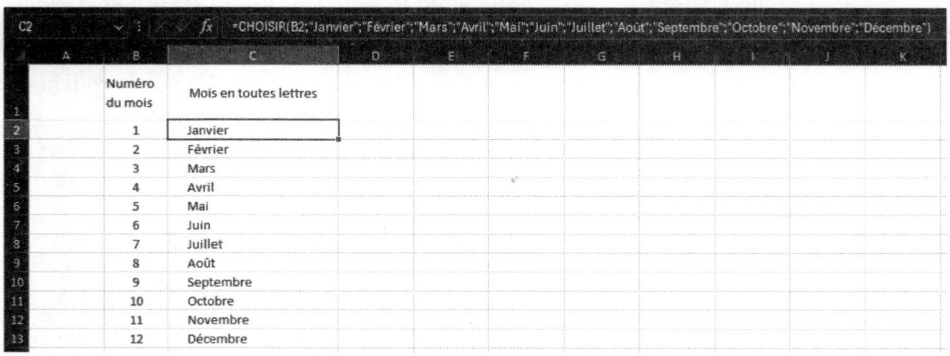

	A	B	C
1		Numéro du mois	Mois en toutes lettres
2		1	Janvier
3		2	Février
4		3	Mars
5		4	Avril
6		5	Mai
7		6	Juin
8		7	Juillet
9		8	Août
10		9	Septembre
11		10	Octobre
12		11	Novembre
13		12	Décembre

Figure 14.3 Choisir ce qui doit être affiché.

La plage de cellules C2:C13 contient la fonction CHOISIR. Dans la cellule C2, la formule est :

```
=CHOISIR(B2;"Janvier";"Février";"Mars";"Avril";"Mai";"Juin";"Juillet";
"Août";"Septembre";"Octobre";"Novembre";"Décembre")
```

Comme la cellule B2 contient la valeur 1, la chaîne de caractères du premier des arguments de la liste de mois – `Janvier` – est renvoyé.

La fonction CHOISIR sert le plus souvent à renvoyer un texte lié à un numéro, comme ici pour des mois. Mais CHOISIR n'est pas limité aux seuls textes. Il peut aussi renvoyer des nombres.

Essayez par vous-même en procédant comme suit :

❶ Saisissez des valeurs numériques dans une colonne.

Des valeurs comme 1, 2, 3 et ainsi de suite suffisent.

❷ Cliquez sur la cellule à droite de la première valeur.

❸ Saisissez =CHOISIR(.

❹ Cliquez sur la première cellule de la liste de nombres.

Ou saisissez son adresse.

❺ Saisissez un point-virgule ;.

❻ Saisissez une liste de mots – des chaînes de caractères – associée aux numéros saisis à l'Étape 1.

Chaque chaîne de caractères doit être entre guillemets et séparée des suivantes par un point-virgule. Exemple : «Janvier»;»Février»;»Mars»...

❼ Saisissez la parenthèse fermante) et appuyez ensuite sur la touche Entrée.

❽ Cliquez sur la poignée de recopie de la cellule dans laquelle vous venez de saisir la formule puis, bouton de la souris enfoncé, tirez jusqu'en regard de la dernière valeur de la liste.

Un peu de logique

Ce n'est pas la qualité la plus partagée en ce monde, mais nul ne s'en plaindra. La créativité et l'imagination n'ont que faire des rigides constructions cartésiennes. En revanche, Excel étant un logiciel rigoureux, parfois même austère, la logique y est implacable.

Mais, toujours dans Excel, la logique booléenne – du nom du mathématicien George Boole qui vécut au XIXe siècle – est extrêmement utile pour procéder à des comparaisons, des inclusions, des exclusions et des inversions. Excel contient à cette fin plusieurs opérateurs logiques.

NON

Non est un opérateur logique qui inverse une valeur logique : Vrai devient Faux et Faux devient Vrai.

Saisissez cette formule dans une cellule :

```
=5+5=10
```

Elle renvoie le mot VRAI, affiché dans la cellule. C'est logique, dirions-nous. Excel a vérifié cette égalité et l'a confirmée. Essayez à présent ceci :

```
=NON(5+5=10)
```

La valeur logique FAUX est renvoyée et affichée.

La fonction NON est beaucoup plus souple lorsqu'elle est introduite dans la fonction SOMME.SI étudiée au Chapitre 8. Il est parfois plus facile de définir que l'on souhaite omettre dans une somme plutôt que de définir ce qui doit s'y trouver. La Figure 14.4 illustre ce principe : il s'agit de totaliser toutes les commandes sauf celles du mois de juin. La colonne A contient la liste des mois et la colonne C contient les montants.

La cellule C21 contient la formule qui totalise tous les montants :

```
=SOMME(C2:C20)
```

Le total est 3122 euros.

La formule de la cellule C23 est :

```
{=SOMME(SI(NON(A2:A20="Juin");C2:C20;""))}
```

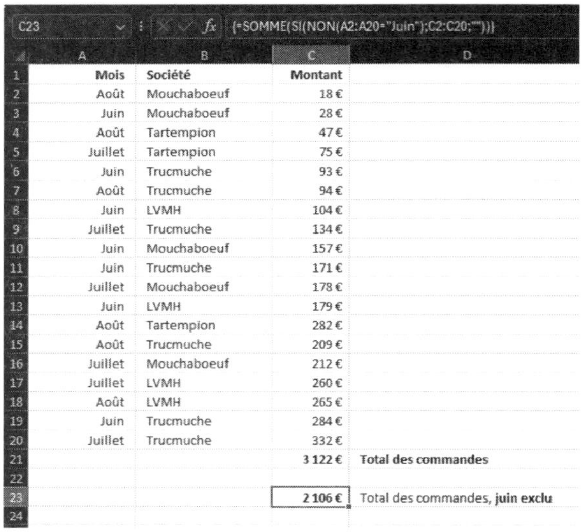

C23 | {=SOMME(SI(NON(A2:A20="Juin");C2:C20;""))}

	A	B	C	D
1	Mois	Société	Montant	
2	Août	Mouchaboeuf	18 €	
3	Juin	Mouchaboeuf	28 €	
4	Août	Tartempion	47 €	
5	Juillet	Tartempion	75 €	
6	Juin	Trucmuche	93 €	
7	Août	Trucmuche	94 €	
8	Juin	LVMH	104 €	
9	Juillet	Trucmuche	134 €	
10	Juin	Mouchaboeuf	157 €	
11	Juin	Trucmuche	171 €	
12	Juillet	Mouchaboeuf	178 €	
13	Juin	LVMH	179 €	
14	Août	Tartempion	282 €	
15	Août	Trucmuche	209 €	
16	Juillet	Mouchaboeuf	212 €	
17	Juillet	LVMH	260 €	
18	Août	LVMH	265 €	
19	Juin	Trucmuche	284 €	
20	Juillet	Trucmuche	332 €	
21			3 122 €	**Total des commandes**
22				
23			2 106 €	Total des commandes, **juin exclu**
24				

Figure 14.4 Un total sélectif. Les montants de juin ont été exclus du calcul.

Elle aussi totalise les montants, mais en omettant ceux associés aux mois de juin, dans la colonne A.

Remarquez que cette formule est matricielle. Il faut donc la valider en appuyant sur les touches Ctrl+Maj+Entrée (et non par un simple appui sur Entrée).

ET et OU

Passons aux fonctions ET et OU. Toutes deux renvoient Vrai ou Faux selon le résultat d'un ou de plusieurs tests logiques (dont le principe est apparenté à ceux de la fonction SI) :

» **La fonction ET renvoie VRAI si tous les tests sont concluants. Autrement, elle renvoie FAUX.**

» **La fonction OU renvoie VRAI si au moins l'un des tests est concluant. Autrement, elle renvoie FAUX.**

Dans l'exemple ci-dessous, les tests sont placés entre des guillemets. La fonction OU renvoie VRAI si la valeur dans la cellule D10 est égale à 20, *ou* 30 *ou* 40 :

```
=OU(D10=20;D10=30;D10=40)
```

Voyons comment cela fonctionne. Dans la Figure 14.3, nous avions utilisé la fonction CHOISIR pour obtenir le nom d'un mois en toutes lettres à partir du numéro d'ordre du mois. C'est bien, mais que se passerait-il si un numéro erroné voire une valeur non numérique – du texte par exemple –, était utilisé comme premier argument dans CHOISIR ?

Dans tous ces cas, la fonction renverrait l'erreur `#VALEUR!` La fonction CHOISIR ne peut donc fonctionner que si elle peut évaluer un nombre de 1 à 12.

C'est pourquoi il est utile d'ajouter une validation à cette fonction, qui testerait les points suivants :

- **Le premier argument doit être supérieur à 0.**
- **Le second argument doit être inférieur à 13.**

La formule fondée sur CHOISIR sera plus efficace an y adjoignant une fonction ET :

```
=SI(ET(B2>0;B2<13);CHOISIR(B2;"Janvier";"Février";"Mars";"Avril";
"Mai";"Juin";"Juillet";"Août";"Septembre";"Octobre";"Novembre";
"Décembre");"Saisie erronée")
```

Eh bien, voilà qui rallonge encore cette formule ! La fonction CHOISIR n'a pas changé, mais elle est imbriquée dans une fonction SI chargée de tester (nous y reviendrons d'ici peu). Si le test renvoie VRAI, la fonction CHOISIR renvoie le mois en toutes lettres. Mais si le test SI renvoie FAUX, le message `Saisie erronée` est renvoyé. La Figure 14.5 montre cette formule à l'œuvre.

Figure 14.5 Un test logique a invalidé la saisie du numéro de mois.

Le test pris en charge par la fonction SI est :

```
ET(B2>0;B4<13)
```

La fonction ET renvoie VRAI lorsque la valeur dans la cellule B2 est supérieure à 0 *et* inférieure à 13. Dans ce cas, la partie Vrai de la fonction SI active la fonction CHOISIR afin qu'elle renvoie le nom du mois en toutes lettres. Autrement, le message `Saisie erronée` est affiché dans la cellule. C'est ce qui s'est produit dans la Figure 14.5, où le test dans la cellule C13 a détecté que la cellule B13 ne contient pas de valeur numérique, et que sa valeur est donc 0 par défaut.

Serait-il possible d'effectuer le même test mais avec, cette fois, la fonction OU? Réfléchissez-y un instant – c'est de la logique pure – puis voyez la réponse :

```
=SI(OU(B2<1;B2>12);"Saisie erronée";CHOISIR(B2;"Janvier";"Février";
"Mars";"Avril";"Mai";"Juin";"Juillet";"Août";"Septembre";"Octobre";
"Novembre";"Décembre"))
```

La fonction ET renvoie VRAI lorsque chaque condition est Vrai. La fonction OU renvoie Vrai lorsqu'au moins l'une des conditions est Vrai.

Voici comment utiliser ET et OU :

1. **Cliquez dans la cellule où le résultat doit apparaître.**

2. **Saisissez =ET(ou bien =OU(.**

3. **Saisissez quelques tests logiques.**

   Le test classique est une comparaison de valeurs dans deux cellules ou dans une équation, comme A1=B1, ou A1+B1=C1. Séparez les tests par des points-virgules.

4. **Saisissez la parenthèse fermante) et appuyez ensuite sur la touche Entrée.**

   Si vous avez saisi une fonction ET, le résultat est Vrai lorsque tous les tests sont Vrai. Si vous avez saisi une fonction OU, le résultat est Vrai lorsqu'au moins un des tests est Vrai.

OUX

La fonction OU que nous venons de voir renvoie VRAI lorsqu'au moins une condition est remplie. C'est une notion d'autant plus facile à comprendre que « ou » est abondamment utilisé dans le langage courant. Mais d'où vient cette variante « oux » ? De hiboux, cailloux, choux? Que nenni. Il s'agit en fait de l'opérateur logique « OU eXclusif ». Appliqué à un ensemble de conditions, OUX renvoie FAUX lorsque toutes les conditions sont Vrai. Cela paraît bizarre, mais je ne saurais mieux dire.

J'ai toujours pensé que le meilleur moyen d'aborder OUX est de le considérer comme le contraire de OU. Autrement dit, si une seule condition au moins doit être Vrai pour que OU renvoie VRAI, il se trouve que si une seule condition dans OUX est Vrai, il renvoie FAUX.

NdT : l'un de mes proches, un ingénieur, trouva cependant une manière imagée mais très efficace d'expliquer le OU exclusif. Des toilettes sont mixtes : un homme *ou* une femme peuvent s'y rendre. Mais un homme *et* une femme ne peuvent pas s'y trouver ensemble (c'est ce cas de figure qui est le *ou exclusif*). C'est l'un ou l'autre, mais pas les deux en même temps.

La feuille de calcul de la Figure 14.6 sert à comparer des pourcentages de variation des revenus, mois par mois, sur une période de trois années. Par exemple, une augmentation de 9 % a eu lieu en février 2023, puis une autre, pour le même mois, de 11 % en 2024, et encore une autre augmentation de 16 % en février 2025. Bref, les revenus n'ont fait qu'augmenter d'un mois de février à un autre. C'est le genre d'information qui plaît.

Les variations de revenus sont ainsi affichées pour chacun des mois de l'année sur trois ans. Dans la colonne G, la fonction XOR contient deux conditions : un test qui détermine si la variation de revenus entre février 2023 et février 2024 est une augmentation, et un autre test, identique, pour la variation entre février 2024 et février 2025. Si le pourcentage augmente, la fonction XOR renvoie FAUX. Parcourir cette colonne permet de voir où la mention FAUX est affichée, et l'ignorer. La question est : le revenu s'est-il infléchi au mois de février de certaines années ? La réponse est non car la réponse est FAUX. La formule, pour février, est :

```
=OUX(D3>B3;F3>D3)
```

Les autres lignes de la feuille de calcul méritent également quelque attention. Par exemple, la cellule G13 contient une fonction XOR qui teste les revenus de décembre sur trois ans. La variation de revenus a d'abord révélé une augmentation, puis une baisse de l'augmentation. C'est pourquoi XOR renvoie VRAI.

NdT : la colonne de VRAI et FAUX ne vous paraît pas du tout limpide ? Il y a de quoi... Elle sera autrement plus claire – et même logique – en remplaçant VRAI par « bof... », puisque les résultats sont décevants, et FAUX par « OK » puisque cet opérateur indique une augmentation constante. Voici la formule à utiliser dans la colonne G :

```
=SI(OUX(D2>B2;F2>D2)=VRAI;"Bof…";"OK")
```

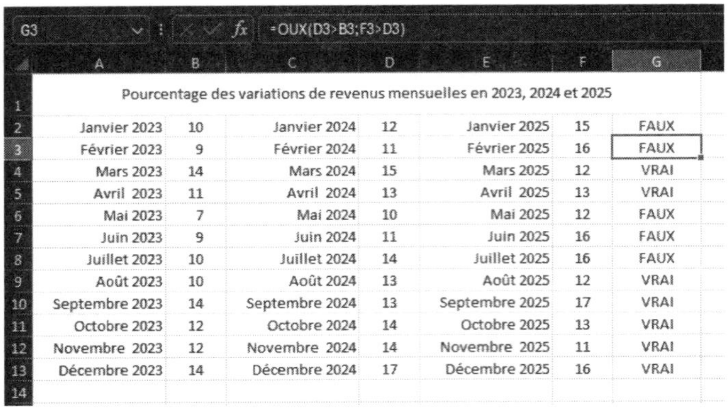

G3 =OUX(D3>B3;F3>D3)

	A	B	C	D	E	F	G
1	Pourcentage des variations de revenus mensuelles en 2023, 2024 et 2025						
2	Janvier 2023	10	Janvier 2024	12	Janvier 2025	15	FAUX
3	Février 2023	9	Février 2024	11	Février 2025	16	FAUX
4	Mars 2023	14	Mars 2024	15	Mars 2025	12	VRAI
5	Avril 2023	11	Avril 2024	13	Avril 2025	13	VRAI
6	Mai 2023	7	Mai 2024	10	Mai 2025	12	FAUX
7	Juin 2023	9	Juin 2024	11	Juin 2025	16	FAUX
8	Juillet 2023	10	Juillet 2024	14	Juillet 2025	16	FAUX
9	Août 2023	10	Août 2024	13	Août 2025	12	VRAI
10	Septembre 2023	14	Septembre 2024	13	Septembre 2025	17	VRAI
11	Octobre 2023	12	Octobre 2024	14	Octobre 2025	13	VRAI
12	Novembre 2023	12	Novembre 2024	14	Novembre 2025	11	VRAI
13	Décembre 2023	14	Décembre 2024	17	Décembre 2025	16	VRAI
14							

Figure 14.6 XOR trouve les données correspondant à des résultats décevants.

Trouver où c'est

Les fonctions ADRESSE, LIGNE, LIGNES, COLONNE, COLONNES et DECALER permettent de trouver quantité d'éléments dans une feuille de calcul.

ADRESSE

La fonction ADRESSE a pour argument un numéro de ligne et un numéro de colonne. Elle retourne une référence de cellule, c'est-à-dire une adresse de cellule. Par exemple, lorsque vous saisissez la ligne 4 et la colonne 3 comme argument, la fonction ADRESSE renvoie C4. Elle peut renvoyer une adresse relative ou absolue, dans l'un des deux formats de référence de cellule d'Excel. Mais avant d'entrer dans les détails, rappelons les différences entre les références de cellule relatives est absolues :

» Une *référence relative* est composée de la lettre de la colonne et du numéro de la ligne : M290, par exemple. Quand vous copiez une formule contenant une référence de cellule relative, la référence – le numéro de ligne et le numéro de colonne – est décalée en fonction de l'emplacement où vous avez copié la formule.

» Une *référence absolue* se caractérise par le signe dollar ($) ajouté avant la lettre de colonne et/ou avant le numéro de ligne : $M290 ou $M$290. Quand vous copiez une formule contenant une référence de cellule absolue, l'élément précédé par le signe dollar ne change pas, alors que l'élément qui n'est pas précédé du signe dollar est décalé.

La Figure 14.7 démontre comment des références de cellule relatives peuvent être à l'origine de problèmes. La colonne B contient des prix hors taxes et la colonne C des prix toutes taxes comprises. Le taux de TVA de 7,5 % (0,075) se trouve dans la cellule C1. La formule initiale, saisie dans la cellule C6, est :

```
=B6*(1+C1)
```

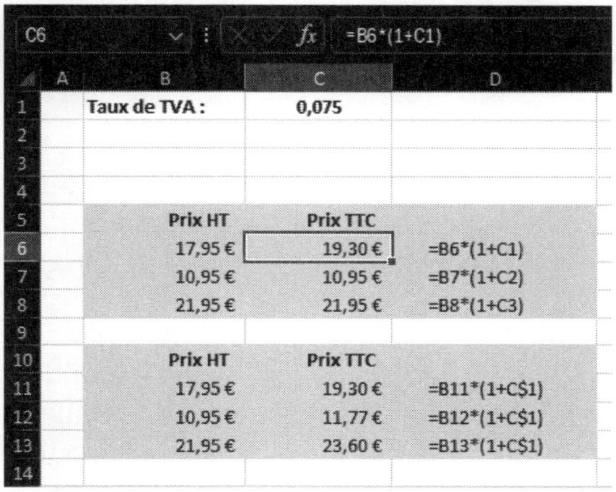

Figure 14.7 Calculs avec des références relatives (en haut) et absolues (en bas).

Cette formule fonctionne parfaitement. Elle fait référence à la cellule C1 pour calculer le prix TTC. Mais quand vous copiez cette formule vers le bas à l'aide de la poignée de recopie automatique, un problème apparaît aussitôt : les deux prix TTC sont identiques aux prix HT. La référence à la cellule C1 a en effet été décalée vers le bas. Mais comme les cellules C2 et C3 sont vides, le prix TTC renvoyé par les cellules C7 et C8 est faux !

Pour bien comprendre cette erreur, les formules de la colonne C ont été affichées dans la colonne D. Là, l'erreur devient flagrante : en tirant la poignée de recopie vers le bas, la référence C1 est devenue C2 dans la cellule C7, puis C3 dans la cellule C8. Ce décalage de référence est souvent ce que vous désirez, mais dans certains cas, comme ici en l'occurrence, ce décalage peut provoquer de funestes erreurs de calcul.

Seule une référence de cellule absolue peut vous prémunir contre ce genre d'erreur. Dans la cellule C11, la formule est quasiment la même que dans la cellule C6, à un détail près : l'ajout du signe dollar ($) avant le numéro de ligne, dans C1, pour rendre la ligne absolue. La formule dans la cellule C1 se présente donc ainsi :

```
=B11*(1+C$1)
```

Lorsque cette formule est tirée vers le bas, dans les cellules C12 et C13, la formule recopiée va bel et bien utiliser le taux affiché dans la cellule C1. Cette fois le calcul est juste. Comme aucun décalage de colonne ne risque de se produire, il n'est pas nécessaire de placer un signe dollar avant la lettre. Si vous aviez saisi `=B11*(1+$C$1)`, le résultat aurait été identique.

Placez un dollar avant la lettre de colonne pour obtenir une référence de colonne absolue. Placez un dollar avant le numéro de ligne pour obtenir une référence de ligne absolue.

Excel reconnaît deux styles de références de cellule : le bon vieux style A1 utilisé tout au long de cet ouvrage, formé d'une lettre de colonne et d'un numéro de ligne (par exemple : D4 ou encore B2:B10), et le style L1C1 qui n'utilise que des numéros pour les colonnes et pour les lignes, comme L4C10, c'est-à-dire Ligne 4, Colonne 10.

Pour changer de style de référence, cliquez sur Fichier puis sur Options. Cliquez sur la catégorie Formules. À la rubrique Manipulation de formules, cochez la case Style de référence L1C1. Cette présentation est commode pour les feuilles de calcul de très grande taille. Pour une cellule placée dans colonne CV, qui est en centième position, il est plus facile de se souvenir que c'est la colonne 100.

Revenons à la fonction ADRESSE. Elle accepte jusqu'à cinq arguments :

» **Le numéro de ligne de la référence à la cellule.**

» **Le numéro de colonne de la référence à la cellule.**

» **Un numéro indiquant à la fonction le type de référence à renvoyer :**

   1. **(Par défaut) Référence entièrement absolue**
   2. **Ligne absolue, colonne relative**
   3. **Ligne relative, colonne absolue**
   4. **Référence entièrement relative**

» **Une valeur indiquant le style de référence à utiliser :**

   - 0 **Style L1C1**
   - 1 **(Par défaut) Style A1**

» **Une référence feuille de calcul ou un classeur à utiliser comme référence externe.**

Seuls les deux premiers arguments sont requis. Ils indiquent la ligne et la colonne de la référence visée. La fonction renvoie la référence en tant que texte. Le Tableau 14.2 montre quelques exemples de la fonction ADRESSE.

Tableau 14.2 Quelques exemples de la fonction ADRESSE.

Syntaxe	Résultat	Commentaires
=ADRESSE(5;2)	$B$5	Seules la colonne et la ligne ont été saisies comme arguments. La fonction renvoie une adresse complètement absolue.
=ADRESSE(5;2;1)	$B$5	Lorsque le troisième argument est 1, une adresse entièrement absolue est renvoyée. Ceci équivaut à ne pas utiliser le troisième argument.
=ADRESSE(5;2;2)	B$5	Quand le troisième argument est 2, une référence mixte est retournée : colonne relative, ligne absolue.
=ADRESSE(5;2;3)	$B5	Quand le troisième argument est 3, une référence mixte est renvoyée : colonne absolue, ligne relative.
=ADRESSE(5;2;4)	B5	Quand le troisième argument est 4, une référence entièrement relative est retournée.
=ADRESSE(5;2;1;0)	L5C2	Quand le quatrième argument est Faux, une référence de style L1C1 est renvoyée
=ADRESSE(5;2;3;0)	L[5]C2	Cet exemple demande à la fonction de renvoyer une référence mixte de style L1C1.
=ADRESSE(5;2;1;;"Feuil4")	Feuil4!$B$5	Le cinquième argument renvoie une référence se trouvant dans une feuille de calcul ou dans un classeur externe. La référence renvoyée, de style A1, est celle de la cellule B5 dans la feuille de calcul Feuil4.
=ADRESSE(5;2;1;0;"Feuil4")	Feuil4!L5C2	Renvoie la référence de style L1C1 de la cellule B5 dans la feuille de calcul Feuil4.

Voici comment utiliser la fonction ADRESSE :

❶ **Cliquez dans la cellule où le résultat doit apparaître.**

❷ **Saisissez =ADRESSE(.**

❸ **Saisissez un numéro de ligne, un point-virgule (;) et le numéro d'une colonne.**

Vous pouvez aussi saisir les références à des cellules contenant ces valeurs.

❹ **Si vous désirez que le résultat soit renvoyé sous la forme d'une référence mixte ou entièrement absolue ou relative, saisissez un point-virgule (;) puis le numéro approprié : 2, 3 ou 4.**

❺ pour obtenir le résultat au format L1C1, saisissez un point-virgule (;) puis un zéro (0).

❻ Si le résultat doit faire référence à une autre feuille de calcul, saisissez un point-virgule (;) puis indiquez entre guillemets le nom de la feuille de calcul.

Ou alors, si le résultat doit faire référence à un classeur Excel externe, saisissez un point-virgule suivi du nom du classeur entre crochets et du nom de la feuille, le tout entre guillemets. Exemple : «[Classeur1]Feuil2".

❼ Saisissez la parenthèse fermante) et appuyez ensuite sur la touche Entrée.

Au lieu de saisir directement un numéro de ligne et de colonne dans ADRESSE, vous pouvez utiliser des références de cellule. Les valeurs présentes dans les cellules en question doivent cependant pour être utilisées comme numéro de colonne et de ligne.

LIGNE, LIGNES, COLONNE, COLONNES

La fonction ADRESSE est rarement utilisée seule. Le plus souvent, elle fait partie d'une formule plus complexe. Un exemple utile de recours à la fonction ADRESSE suit l'étude des fonctions LIGNES LIGNESS COLONNE et COLONNES.

Les fonctions LIGNE et COLONNE renvoient le numéro de ligne et le numéro de la colonne. Cela paraît tout simple. Elles n'ont qu'un seul argument qui est une référence à une cellule ou à une plage. La fonction renvoie le numéro de ligne ou de colonne. Quand la référence est une plage, la première cellule – celle située en haut à gauche dans la plage – est la cellule utilisée par la fonction.

LIGNE et COLONNE sont particulièrement utiles lorsque l'argument est un nom (celui d'une cellule ou d'une plage nommée). Quand ces fonctions sont utilisées sans arguments, elles renvoient le numéro de ligne ou de colonne dans laquelle elles se trouvent. Le tableau ci-dessous montre quelques exemples de LIGNE et de COLONNE :

Formule	Résultat
=LIGNE(D3)	3
=LIGNE(D3:G15)	3
=COLONNE(D3)	4
=COLONNE(D3:D15)	4
=LIGNE(Stats_pays)	La première ligne de la plage de cellules nommée Stats_pays
=COLONNE(Stats_pays)	La première colonne de la plage Stats_pays

Les fonctions LIGNES et COLONNES (remarquez le pluriel) renvoient respectivement le nombre de lignes ou le nombre colonnes que recouvre une référence.

Formule	Résultat
=LIGNES(Stats_pays)	Le nombre de lignes de la plage de cellules nommée Stats_pays
=COLONNES(Stats_pays)	Le nombre de colonnes de la plage Stats_pays

Nous allons maintenant voir ce que l'on peut faire de toutes ces fonctions d'apparence simplistes. Elles se rendront utiles avec la fonction ADRESSE. Supposons en effet que vous ayez créé une plage de cellules nommée dans laquelle la ligne du bas contient des données synthétiques, comme des moyennes. Vous avez besoin de connaître cette ligne du bas, mais vous ne savez pas exactement où elle est. La Figure 14.8 illustre cette situation. La plage Stats_pays couvre la plage B3:C9. La ligne 9 contient la moyenne des statistiques. Vous avez besoin de cette moyenne pour un calcul, même si entre-temps d'autres pays ont été ajoutés à la liste, ce qui modifie le numéro de ligne qui nous intéresse.

Figure 14.8
Utilisation de fonctions de référence pour trouver une valeur.

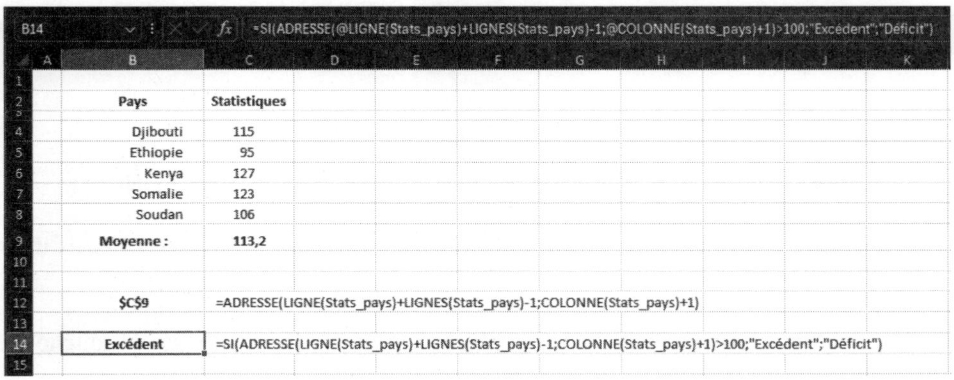

Dans la cellule B12, des fonctions ADRESSE, LIGNE, LIGNES et COLONNE servent à déterminer l'adresse de la cellule contenant la moyenne. La formule est la suivante :

```
=ADRESSE(LIGNE(Stats_pays)+LIGNES(Stats_pays)-1;COLONNE(Stats_pays)+1)
```

» **LIGNE renvoie le numéro de ligne de la première cellule de la plage Stats_pays. Ce numéro est 3.**

» **LIGNES renvoie le nombre de lignes de la plage nommée, qui est de 7.**

Additionner ces deux nombres n'est pas tout à fait exact. Le chiffre 1 est soustrait de ce total afin d'obtenir la dernière ligne, la ligne 9. Dans cet exemple, vous n'avez besoin que de COLONNE pour obtenir le nombre de colonnes, car il va de soi que la seconde colonne de la plage est celle des statistiques. Autrement dit, comme vous n'avez aucune idée du nombre de lignes de cette plage, les fonctions LIGNE et LIGNES sont toutes deux utilisées. Vous savez cependant que les chiffres se trouvent dans la seconde colonne. C'est de cette manière qu'il apparaît que la moyenne se trouve dans la cellule C9. Mais encore?

La cellule B14 contient une fonction SI qui utilise une adresse pour effectuer ses calculs :

```
=SI(ADRESSE(LIGNE(Stats_pays)+LIGNES(Stats_pays)-1;COLONNE(Stats_
pays)+1)>100;"Excédent";"Déficit")
```

La fonction SI teste la moyenne pour savoir si elle est supérieure à 100. Si oui, le message `Excédent` est affiché dans la cellule. Ce test est possible parce que les fonctions ADRESSE, LIGNE, LIGNES et COLONNE contribuent toutes à faire en sorte que la fonction SI obtienne l'adresse de la cellule où la moyenne est calculée.

Les fonctions ADRESSE, LIGNE, LIGNES et COLONNE sont faciles à utiliser. Voici comment :

❶ Cliquez dans la cellule où le résultat doit apparaître.

❷ Saisissez =LIGNE(ou =LIGNES(ou =COLONNE(ou =COLONNES(.

❸ Saisissez une référence ou tirez le bouton de la souris par-dessus une plage de cellules.

❹ Saisissez la parenthèse fermante) et appuyez ensuite sur la touche Entrée.

DECALER

La fonction DECALER permet d'obtenir l'adresse de la cellule décalée par rapport à une autre d'un certain nombre de lignes et de colonnes. Par exemple, la cellule E4 est décalée de trois colonnes vers la droite par rapport à la cellule B4. DECALER accepte jusqu'à cinq arguments. Seuls les trois premiers sont obligatoires :

» **Une adresse ou une plage de cellules :** les plages nommées ne sont pas acceptées.

» **Le nombre de lignes à décaler :** la valeur peut être positive ou négative. Utilisez 0 pour ne pas décaler.

» **Le nombre de colonnes à décaler :** la valeur peut être positive ou négative. Utilisez 0 pour ne pas décaler.

» **Le nombre de lignes dans la plage renvoyée :** par défaut, c'est le nombre de lignes dans la plage référencée (celui utilisé comme premier argument).

» **Le nombre de colonnes à renvoyer :** c'est par défaut le nombre de colonnes dans la plage référencée.

Lorsque les deux derniers arguments sont omis, DECALER renvoie une référence à une seule cellule. Si vous utilisez une valeur supérieure à 1 pour l'un ou pour les deux arguments, la fonction renvoie une référence à une plage de la taille spécifiée ; le décalage est appliqué à la cellule en haut à gauche.

La Figure 14.9 montre quelques exemples d'utilisation de la fonction DECALER. Les colonnes A, B et C contiennent le classement des états des États-Unis par leur surface en kilomètres carrés. La colonne E contient des fonctions DECALER renvoyant diverses valeurs à partir d'un décalage depuis la cellule A3. Voici quelques explications :

Figure 14.9

Quelques exemples de décalages.

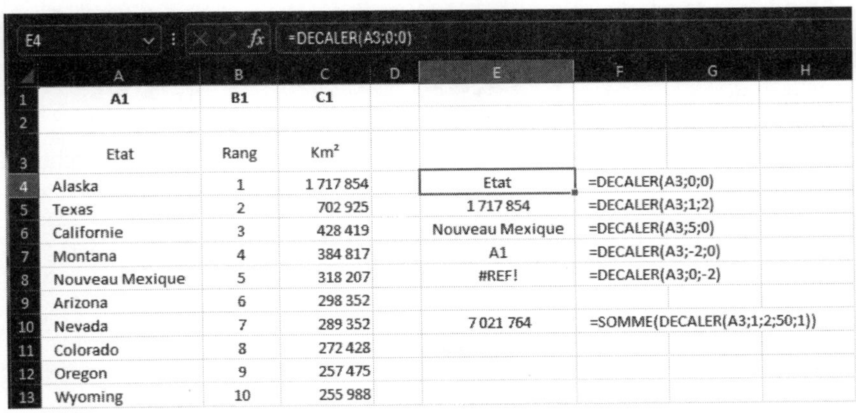

E4 =DECALER(A3;0;0)

	A	B	C	D	E	F	G	H
1	A1	B1	C1					
2								
3	Etat	Rang	Km²					
4	Alaska	1	1 717 854		Etat	=DECALER(A3;0;0)		
5	Texas	2	702 925		1 717 854	=DECALER(A3;1;2)		
6	Californie	3	428 419		Nouveau Mexique	=DECALER(A3;5;0)		
7	Montana	4	384 817		A1	=DECALER(A3;-2;0)		
8	Nouveau Mexique	5	318 207		#REF!	=DECALER(A3;0;-2)		
9	Arizona	6	298 352					
10	Nevada	7	289 352		7 021 764	=SOMME(DECALER(A3;1;2;50;1))		
11	Colorado	8	272 428					
12	Oregon	9	257 475					
13	Wyoming	10	255 988					

» La cellule E4 renvoie la valeur de la cellule A3 parce que le décalage de la ligne et de la colonne est à zéro : `=DECALER(A3;0;0)`.

» La cellule E7 renvoie la valeur trouvée dans la cellule A1 (elle contient une étiquette « A1 ») car le décalage de ligne est de -2. Depuis la cellule A3, ce décalage mène à la cellule A1 : `=DECALER(A3;-2;0)`.

» La cellule E8 affiche l'erreur `#REF!` parce que le décalage porte sur une cellule qui se trouverait dans une colonne avant la première colonne, et donc hors de la feuille de calcul : `=DECALER(A3;0;-2)`.

- La cellule E10 utilise les deux arguments facultatifs de DECALER afin que SOMME puisse calculer le total de la plage C4:C53 : `=SOMME(DECALER(A3;1;2;50;1))`.

Voici comment utiliser la fonction DECALER :

1. **Cliquez sur la cellule dans laquelle le résultat doit apparaître.**
2. **Saisissez =DECALER(.**
3. **Saisissez une adresse de cellule ou cliquez sur une cellule.**
4. **Saisissez un point-virgule ;.**
5. **Saisissez le décalage en nombre de lignes.**

   Le nombre peut être positif, négatif ou 0, si aucun décalage ne doit être appliqué.
6. **Saisissez un point-virgule ;.**
7. **Saisissez le décalage en nombre de colonnes.**

   Le nombre peut être positif, négatif ou 0, si aucun décalage ne doit être appliqué.
8. **Saisissez la parenthèse fermante) et appuyez ensuite sur la touche Entrée.**

DECALER est une autre de ces fonctions qui peut être utilisée seule, mais qui est généralement utilisée dans une fonction plus complexe.

Chercher, rechercher

Excel possède un certain nombre de fonctions permettant d'extraire des données dans des listes et des tableaux. Ces derniers ont généralement des étiquettes d'en-tête en haut des colonnes ou à gauche des lignes, afin de savoir à quoi correspondent les données.

RECHERCHEH et RECHERCHEV

Les fonctions RECHERCHEH et RECHERCHEV extraient des données d'une cellule en particulier, dans un tableau. RECHERCHEH commence la recherche à partie de la ligne supérieure du tableau. Lorsqu'il a trouvé la valeur, il continue la recherche vers le bas sur un nombre spécifié de lignes puis il renvoie la valeur dans la cellule cible. RECHERCHEV fait de même, mais depuis la première colonne du tableau.

RECHERCHEH possède quatre arguments, dont trois premiers sont requis :

» **La valeur à trouver dans la rangée supérieure du tableau :** il peut d'agir d'un texte ou d'un nombre.

» **L'adresse du tableau :** c'est une plage de cellules ou une plage nommée.

» **Le décalage de lignes depuis la ligne supérieure :** ce n'est pas un numéro de ligne fixe, mais plutôt le nombre de lignes par rapport à la ligne supérieure.

» **Une valeur Vrai ou Faux :** si elle est Vrai (ou omise), une concordance partielle est acceptable à l'Étape 1. Si elle est Faux, seule la concordance exacte est autorisée.

La Figure 14.10 montre comment RECHERCHEH extrait des valeurs d'un tableau et les affiche quelque part sur la feuille de calcul. Cette fonction est utile lorsque vous devez imprimer un rapport comprenant une zone réservée à l'impression qui doit contenir certaines données du tableau. Dans notre exemple, nous utiliserons RECHERCHEH à cette fin.

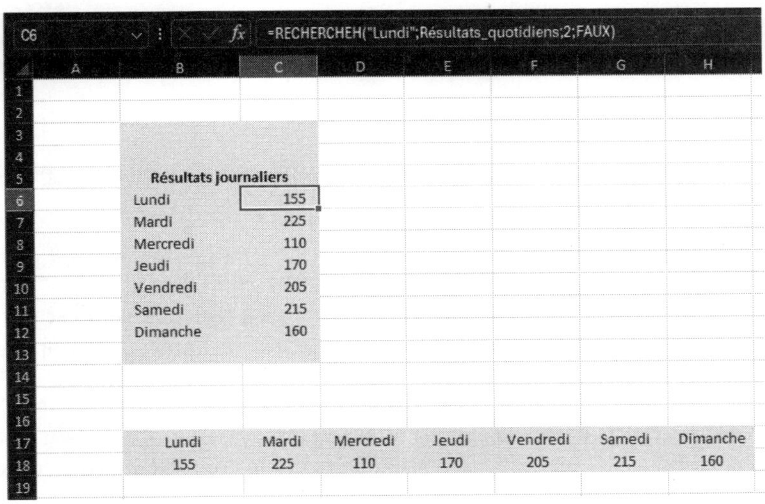

Figure 14.10 Une recherche de données dans un tableau avec RECHERCHEH.

Pourquoi ne pas utiliser tout simplement une référence de cellule pointant vers la donnée voulue, dans le tableau ? Eh bien, c'est parce que la référence ne renverrait pas la donnée correcte si le tableau était déplacé ou si une ou plusieurs colonnes étaient ajoutées. Grâce à RECHERCHEH et RECHERCHEV, vous savez que les données proviennent toujours de la ligne ou de la colonne correcte.

Dans la Figure 14.10, le tableau se trouve dans la plage B17:H18. Elle a été nommée `Résultats_quotidiens`. Chacune des cellules de la plage C6:C12 contient une fonction RECHERCHEH qui localise une valeur spécifique dans le tableau. Par exemple, la cellule C6 contient cette formule :

```
=RECHERCHEH(«Lundi";Résultats_quotidiens;2;FAUX)
```

Examinons ses différents arguments :

» Premier argument : il indique à la fonction la chaîne de caractères qu'elle doit rechercher. Dans la première ligne du tableau, cette chaîne de caractères est Lundi.

» Deuxième argument : le tableau est une plage nommée.

» Troisième argument : il demande à la fonction de renvoyer la donnée qui se trouve dans la deuxième ligne de la colonne spécifiée. Comme ce tableau n'a que deux lignes, il n'y a pas de véritable limite de taille.

» Quatrième argument : il exige que la concordance exacte avec le mot Lundi soit trouvée. Si cet argument est VRAI ou omis, RECHERCHEH peut trouver une concordance approximative. Mais pour que cette concordance approximative fonctionne correctement, les valeurs présentes dans la ligne doivent être triées de gauche à droite, dans l'ordre croissant.

RECHERCHEV fonctionne sur le même principe, sauf qu'il recherche la valeur dans la première colonne du tableau puis il continue sur un nombre spécifié de colonnes. Les arguments sont les suivants :

» **La valeur à trouver dans la colonne du tableau la plus à gauche :** il peut s'agir d'un texte ou d'un nombre.

» **L'adresse du tableau :** c'est une plage de cellules ou une plage nommée.

» **Le décalage de colonne depuis la colonne la plus à gauche :** ce n'est pas un numéro de colonne fixe, mais plutôt le nombre de colonnes par rapport à celle qui se trouve le plus à gauche.

» **Une valeur Vrai ou Faux :** si elle est Vrai (ou omise), une concordance partielle est acceptable à l'étape 1. Si elle est Faux, seule la concordance exacte est autorisée.

La Figure 14.11 montre comment RECHERCHEV est utilisé pour afficher les produits et les montants annuels des ventes de plusieurs boutiques de musique imaginaires. La plage A6:D27 a été nommée `Ventes`.

Figure 14.11 Une recherche de données dans un tableau avec RECHERCHEV.

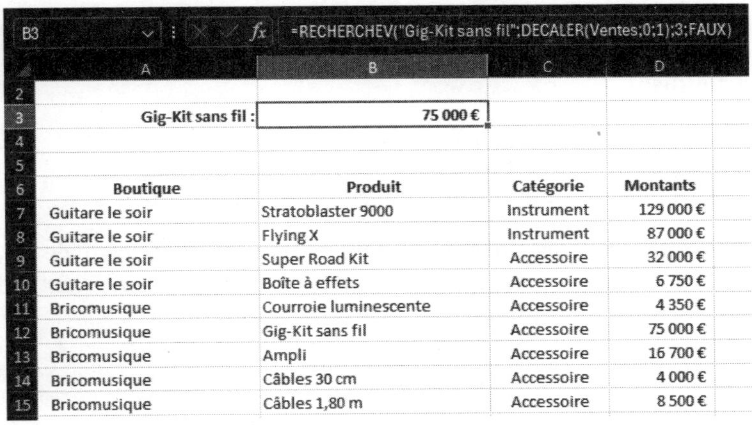

B3 =RECHERCHEV("Gig-Kit sans fil";DECALER(Ventes;0;1);3;FAUX)

	A	B	C	D
2				
3	Gig-Kit sans fil :	75 000 €		
4				
5				
6	Boutique	Produit	Catégorie	Montants
7	Guitare le soir	Stratoblaster 9000	Instrument	129 000 €
8	Guitare le soir	Flying X	Instrument	87 000 €
9	Guitare le soir	Super Road Kit	Accessoire	32 000 €
10	Guitare le soir	Boîte à effets	Accessoire	6 750 €
11	Bricomusique	Courroie luminescente	Accessoire	4 350 €
12	Bricomusique	Gig-Kit sans fil	Accessoire	75 000 €
13	Bricomusique	Ampli	Accessoire	16 700 €
14	Bricomusique	Câbles 30 cm	Accessoire	4 000 €
15	Bricomusique	Câbles 1,80 m	Accessoire	8 500 €

Il s'agit d'extraire le montant des ventes du Gig-Kit sans fil. Il se trouve toutefois que ce produit se trouve dans la deuxième colonne de la plage Ventes alors que RECHERCHEV effectue une recherche dans la première colonne. La solution consiste à utiliser la fonction DECALER pour forcer la recherche du produit « Gig-Kit sans fil » qui se trouve dans la deuxième colonne. La formule dans la cellule B3 est donc :

```
=RECHERCHEV(«Gig-Kit sans fil";DECALER(Ventes;0;1);3;FAUX)
```

Remarquez le décalage spécifié en tant que troisième argument de RECHERCHEV. Sa valeur est 3 parce la colonne Montants – celle des chiffres – est la troisième par rapport à la colonne Produits où RECHERCHEV effectue sa recherche.

Voici comment utiliser RECHERCHEH et RECHERCHEV :

❶ **Cliquez sur la cellule dans laquelle le résultat doit apparaître.**

❷ **Saisissez =RECHERCHEH(ou =RECHERCHEV(.**

❸ **Si vous utilisez :**

- **RECHERCHEH : saisissez la valeur à rechercher dans la ligne supérieure du tableau.**
- **RECHERCHEV : saisissez la valeur à rechercher dans la première colonne du tableau.**

❹ **Saisissez un point-virgule ;.**

❺ **Saisissez l'adresse de la plage de cellules formant le tableau, ou saisissez son nom si elle est nommée.**

6. Saisissez un point-virgule ;.

7. Si vous utilisez :

   - RECHERCHEH : saisissez le numéro de la ligne du tableau.
   - RECHERCHEV : saisissez le numéro de la colonne du tableau.

   Notez bien qu'il ne s'agit pas du numéro de ligne ou de la lettre de colonne de la feuille de calcul, mais de la position de la ligne ou de la colonne dans le tableau.

8. (Facultatif) Saisissez un point-virgule (;) puis FAUX.

9. Saisissez la parenthèse fermante) et appuyez sur la touche Entrée.

Il existe aussi une fonction RECHERCHE chargée de renvoyer une valeur à partir d'une plage constituée d'une seule ligne ou d'une seule colonne. Reportez-vous à l'aide d'Excel pour en savoir plus.

EQUIV et INDEX

La fonction EQUIV renvoie le numéro relatif d'une ligne ou d'une colonne correspondant à une valeur présente dans le tableau. Le point important ici est que la fonction EQUIV ne renvoie pas la valeur elle-même, mais sa position relative.

Cette fonction est utile pour connaître la position d'un élément. EQUIV n'est pas véritablement intéressante en soit, mais elle peut l'être dans une formule plus compliquée, comme nous le verrons d'ici peu.

La fonction EQUIV possède trois arguments :

- **La valeur à rechercher :** elle peut être un nombre, du texte ou une valeur logique.
- **Où rechercher la valeur :** c'est une plage de cellules, ou un nom de plage, s'étendant sur une seule ligne ou sur une seule colonne.
- **La manière de comparer les deux arguments précédents :** cet argument est facultatif et peut avoir l'une de ces trois valeurs :

  1 EQUIV recherche la valeur la plus élevée, inférieure ou égale à la valeur à rechercher. La matrice doit être triée en ordre croissant. C'est la valeur par défaut lorsque cet argument est omis.

-1 EQUIV recherche la plus petite valeur supérieure ou égale à la valeur recherchée. La matrice doit être triée en ordre décroissant.

0 EQUIV recherche la première valeur dont la concordance est exacte. Il n'est pas nécessaire que la matrice soit triée.

La Figure 14.12 montre une fois de plus les chiffres de vente des boutiques de musique. Un tri ascendant a été effectué sur la colonne Montants. Il s'agit à présent de compter le nombre de produits dont les ventes sont inférieures à 10 000 euros. Ce sera facile avec EQUIV. La formule dans la cellule B4 est :

```
=EQUIV(10 000;DECALER(Ventes;0;3;LIGNES(Ventes);1))-1
```

Figure 14.12 La rechercher d'une équivalence.

B4 =EQUIV(10000;DECALER(Ventes;0;3;LIGNES(Ventes);1))-1

	A	B	C	D
1				
2				
3	**Produits dont les ventes**			
4	**sont inférieures à 10 000 € :**	13		
5				
6	**Boutique**	**Produit**	**Catégorie**	**Montants**
7	Instruments du monde	Didjeridoo	Instrument	1 200 €
8	Instruments du monde	Shanaï	Instrument	1 320 €
9	Instruments du monde	Xylophone	Instrument	1 450 €
10	Instruments du monde	Flûte irlandaise	Instrument	2 200 €
11	Bricomusique	Câbles 5,5 m	Accessoire	2 250 €
12	Bricomusique	Câbles 30 cm	Accessoire	4 000 €
13	Bricomusique	Courroie luminescente	Accessoire	4 350 €
14	Bricomusique	Pédale Deluxe	Accessoire	5 250 €
15	Bricomusique	Câbles 3 m	Accessoire	6 250 €

Analysons cette formule. Tout d'abord, nous savons que la fonction EQUIV exige la référence de la colonne dans laquelle elle doit rechercher. C'est en l'occurrence la colonne Montants, qui se trouve dans la plage nommée Ventes. C'est une tâche à confier à la fonction DECALER. Saisissez ce qui suit :

```
DECALER(Ventes;0;3;LIGNES(Ventes);1)
```

Elle renvoie une plage dont les caractéristiques sont :

» un décalage, dans la plage Ventes, de zéro ligne et trois colonnes ;

» une hauteur égale au nombre de lignes dans Ventes ;

» une largeur d'une seule colonne.

Maintenant que nous disposons de cette plage, nous pouvons demander à EQUIV de rechercher la valeur la plus élevée qui soit inférieure ou égale à `10 000`. Comme les données sont triées, la position relative de cette valeur dans la plage de cellules est de un de plus que le nombre de produits dont le montant est inférieur à 10 000 euros. Pourquoi un de plus ? Parce que la ligne d'en-têtes, en haut de la plage, est elle aussi prise en compte. D'où la nécessité de soustraire 1 pour obtenir un compte exact.

Voici comment utiliser la fonction EQUIV :

❶ **Cliquez sur la cellule dans laquelle le résultat doit apparaître.**

❷ **Saisissez =EQUIV(.**

❸ **Saisissez la valeur à rechercher.**

Elle peut être un nombre, du texte ou une valeur logique. Vous pouvez aussi saisir une adresse de cellule pour peu qu'elle contienne une valeur utilisable.

❹ **Saisissez un point-virgule ;.**

❺ **Saisissez la plage dans laquelle il faut rechercher l'équivalence.**

❻ **(Facultatif) Saisissez un point-virgule (;) puis -1 ou 0 ou 1 afin d'indiquer à la fonction le type d'équivalence recherché.**

La valeur par défaut est 1. La valeur 0 impose une concordance exacte.

❼ **Saisissez la parenthèse fermante) et appuyez ensuite sur la touche Entrée.**

L'information renvoyée par EQUIV peut être utile lorsqu'elle est utilisée avec la fonction INDEX. Cette dernière renvoie la valeur trouvée à l'intersection d'une ligne et d'une colonne d'un tableau. EQUIV sert à trouver l'emplacement (ligne et colonne), puis INDEX sert à obtenir la donnée.

La fonction INDEX possède trois arguments :

» **le tableau (plage de cellules ou plage nommée) ;**

» **le numéro de ligne par rapport à la première ligne du tableau.**

» **le numéro de colonne par rapport à la colonne la plus à gauche dans le tableau ;**

La valeur renvoyée est celle qui se trouve à l'intersection de la ligne et de la colonne.

Dans la Figure 14.13, INDEX extrait une valeur d'un tableau qui résume quelques ventes des boutiques de musique par produits et par trimestres. Dans cet exemple, le tableau a été nommé `Ventes_trim`. Dans la cellule C2, la formule suivante extrait les ventes de câbles de 1,80 m au deuxième trimestre :

```
=INDEX(Ventes_trim;EQUIV(«Câbles 1,80 m";DECALER(Ventes_
trim;0;0;LIGNES(Ventes_trim);1);0);EQUIV(«2e trim.";DECALER(Ventes_
trim;0;0;1;COLONNES(Ventes_trim))))
```

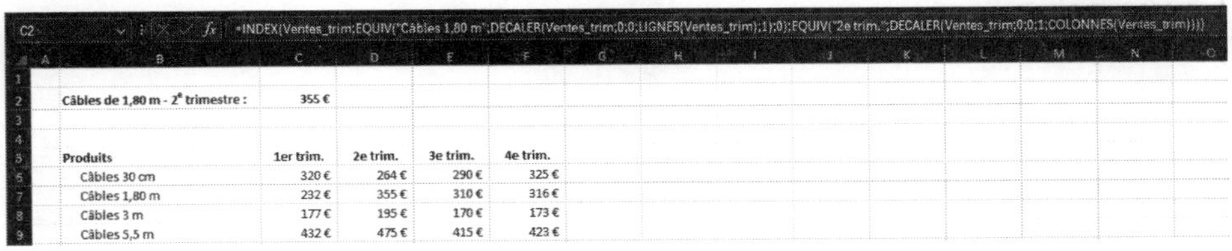

Figure 14.13 Extraction d'une donnée d'un tableau avec la fonction INDEX.

Comme formule, elle est gratinée ! Mais vous connaissez déjà tous ses ingrédients. Le premier argument de la fonction INDEX est sans mystère : c'est le nom attribué au tableau. Les deuxième et troisième arguments, qui indiquent à INDEX la cellule qu'il doit rechercher, sont plutôt compliqués. Commençons par le premier, l'argument qui agit au niveau de la ligne :

```
EQUIV(«Câbles 1,80 m";DECALER(Ventes_trim;0;0;LIGNES(Ventes_trim);1);0)
```

Il s'agit de parcourir la première colonne du tableau, celle qui contient la liste des produits, et de s'arrêter à la ligne où se trouve la chaîne de caractères `Câbles 1,80 m`. La fonction EQUIV est idéale pour cette tâche. Vous devez néanmoins lui indiquer l'adresse de la première colonne du tableau. Ça, c'est l'affaire de la fonction DECALER :

```
DECALER(Ventes_trim;0;0;LIGNES(Ventes_trim);1)
```

Cette partie de la formule demande à la fonction DECALER de renvoyer une adresse de plage dont les caractéristiques sont les suivantes :

» **Elle se trouve dans la plage nommée Ventes_trim.**

» **Le décalage dans Ventes_trim est de zéro ligne et zéro colonne (autrement dit, la plage commence à la cellule B5).**

» **Elle compte le même nombre de lignes que Ventes_trim.**

» **Elle ne contient qu'une seule colonne.**

Il en résulte que DECALER renvoie la plage B5:B16. La fonction EQUIV est alors :

```
EQUIV("Câbles 1,80 m";B5:B16;0)
```

Comme une concordance exacte est requise, les données n'ont pas à être triées. EQUIV trouve la chaîne de caractères dans la troisième ligne par rapport à la ligne supérieure du tableau. C'est cette valeur que la fonction INDEX utilise comme argument de ligne. L'argument de colonne d'INDEX est géré de la même manière.

Voici comment utiliser la fonction INDEX :

1. **Cliquez sur la cellule dans laquelle le résultat doit apparaître.**

2. **Saisissez =INDEX(.**

3. **Saisissez la référence du tableau.**

   Vous pouvez sélectionner la plage de cellule avec la souris ou saisir son adresse. Si la table est nommée, vous pouvez utiliser son nom.

4. **Saisissez un point-virgule ;.**

5. **Saisissez le nombre de lignes par rapport à la première du tableau.**

   Ce nombre peut être le résultat d'un calcul ou une valeur renvoyée par une fonction.

6. **Saisissez un point-virgule ;.**

7. **Saisissez le nombre de colonnes par rapport à la colonne la plus à gauche dans le tableau.**

   Ce nombre peut être le résultat d'un calcul ou une valeur renvoyée par une fonction.

8. **Saisissez la parenthèse fermante) et appuyez sur la touche Entrée.**

FORMULETEXTE

La fonction FORMULETEXTE affiche une formule. Supposons que votre feuille de calcul soit truffée de formules. En réalité, vous ne voyez que le résultat de tous ces calculs. Mais comment faire si vous désirez voir la formule? Le résultat d'un calcul, c'est bien, mais savoir comment il a été obtenu est parfois appréciable.

C'est là que la fonction FORMULETEXTE entre en jeu. Elle se réfère à la cellule contenant la formule et l'affiche mais sans procéder au calcul. La Figure 14.14 montre son principe : les colonnes A et B contiennent des nombres. La colonne C contient des formules qui calculent les nombres en question. La colonne D contient des fonctions FORMULETEXTE qui affichent les formules utilisées dans la colonne C.

Figure 14.14
Affichage de formules avec la fonction FORMULETEXTE.

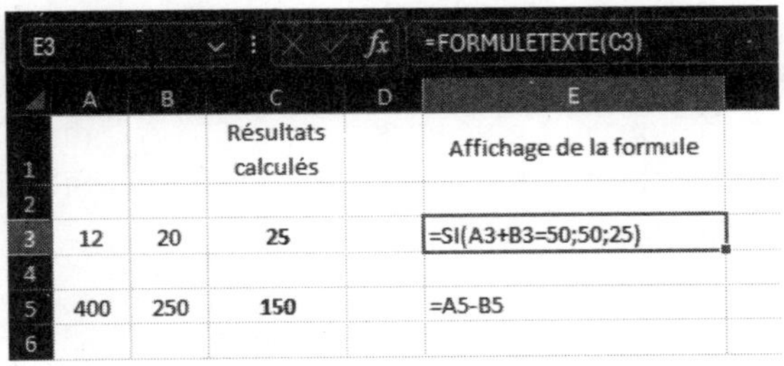

Voici comment utiliser la fonction FORMULETEXTE :

1. **Cliquez sur la cellule dans laquelle le résultat doit apparaître.**
2. **Saisissez =FORMULETEXTE(.**
3. **Cliquez dans une cellule contenant une formule.**
4. **Saisissez la parenthèse fermante) et appuyez ensuite sur la touche Entrée.**

Une option d'Excel permet d'afficher les formules, au lieu de leurs résultats, dans une feuille de calcul. Pour l'activer, cliquez sur Fichier puis sur Options. Cliquez ensuite sur la catégorie Options avancées. Faites défiler les nombreuses options jusqu'à la rubrique Options d'affichage de la feuille de calcul. Cochez ensuite la case Formules dans les cellules au lieu de leurs résultats calculés. Cliquez ensuite sur OK. Toutes les formules de la feuille de calcul sont à présent affichées à la place des résultats. L'inconvénient de cette option est que plus aucun calcul ne se produit. Si vous ne voulez voir que quelques formules, la fonction FORMULETEXTE est beaucoup plus commode.

VALEURNOMBRE

La fonction VALEURNOMBRE sert à convertir des chiffres au format Texte pour en faire des nombres calculables. Par exemple, une cellule peut contenir une valeur comme 14,25%. Excel la traitera correctement en tant nombre dans une formule, une fonction ou un calcul, mais le signe de pourcentage ne fait pas partie du nombre. Rappelez-vous que dans Excel, le pourcentage est généralement un nombre décimal : 14,25 pour cent sont en réalité 0,1425 quand aucune mise en forme n'est appliquée.

Mais parfois, vous désirez afficher un pourcentage sous sa forme « brute ». C'est la VALEURNOMBRE entre en jeu.

La Figure 14.15 montre dans la colonne A des chiffres qui ne sont pas des valeurs numériques. C'est du texte qui ne peut pas être calculé tel quel. L'un comporte en effet le signe %, et l'autre contient plusieurs espaces. La colonne C contient les chiffres transformés en nombres par la fonction VALEURNOMBRE. La cellule B3 contient la formule suivante :

```
=VALEURNOMBRE(A3)
```

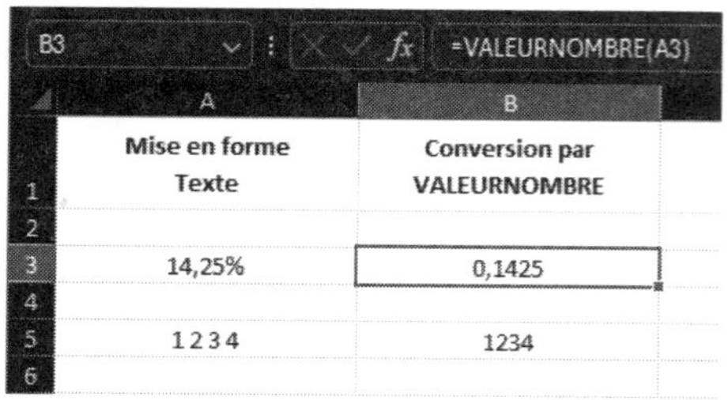

Figure 14.15 Conversion de chiffres en nombres avec la fonction VALEURNOMBRE.

DANS CE CHAPITRE

Obtenir des informations sur une cellule ou sur une plage.

Extraire des données concernant l'ordinateur.

Tester les nombres et du texte, et détecter les erreurs.

Chapitre 15

Des faits rien que des faits

Vous découvrirez dans ce chapitre comment obtenir des informations à propos des cellules, des plages de cellules et du classeur Excel. Vous pouvez même obtenir des informations concernant l'ordinateur.

Être informé grâce à la fonction CELLULE

La fonction CELLULE permet notamment de savoir dans quelle ligne ou colonne se trouve une cellule, le type de mise en forme qu'elle a reçu, si elle est protégée ou non, et bien d'autres choses. Elle possède deux arguments :

» Le premier, entre guillemets, indique à la fonction le type d'information qu'elle doit renvoyer.

» Le second argument indique à la fonction quelle cellule ou plage elle doit évaluer. Si c'est une plage, l'information renvoyée concerne la cellule en haut à gauche. Ce second argument est facultatif. S'il n'est pas fourni, Excel prend en compte la cellule la plus récemment modifiée.

Le Tableau 15.1 montre toutes les variantes possibles pour le premier argument de la fonction CELLULE.

Tableau 15.1

Les syntaxes du premier argument de CELLULE.

Argument	Exemple	Commentaire
`adresse`	`=CELLULE(«adresse")`	Renvoie l'adresse de la dernière cellule modifiée
`col`	`=CELLULE(«col";Ventes)`	Renvoie le numéro de colonne de la première cellule de la plage nommée Ventes.
`contenu`	`=CELLULE(«contenu";B3)`	Renvoie le contenu d'une cellule (B3, ici). Si c'est une formule, le résultat est renvoyé et non la formule elle-même.
`couleur`	`=CELLULE(«couleur";B3)`	Indique si la mise en forme d'une cellule (B3, ici) affiche les nombres négatifs en couleur. Les formats Nombre, Monétaire et Personnalisé les affichent en rouge. Si oui, la fonction renvoie `1`; sinon, elle renvoie `0`.
`format`	`=CELLULE(«format";D12)`	Renvoie un code de format de cellule pour la cellule référencée (D12, ici). Ces codes sont présentés dans le Tableau 15.2.
`largeur`	`=CELLULE(«largeur")`	Renvoie la largeur de la dernière cellule modifiée, arrondie à un entier.
`ligne`	`=CELLULE(«ligne";Ventes)`	Renvoie le numéro de ligne de la première cellule de la plage nommée Ventes.
`nomfichier`	`=CELLULE(«nomfichier")`	Renvoie le chemin, le nom du fichier et le nom de la feuille de calcul du classeur où se trouve la fonction CELLULE. Exemple : C:\Compta\[Clients]Feuil1. Produit une chaîne de caractères vide pour un nouveau classeur qui n'a pas encore été enregistré.
`parentheses`	`=CELLULE(«parentheses";D12)`	(Sans l'accent) Renvoie 1 si la cellule (D12, ici) est mise en forme pour présenter les valeurs positives ou toutes les valeurs entre parenthèses. Sinon, la fonction renvoie `0`. Un format personnalisé est nécessaire pour afficher des valeurs positives entre parenthèses.
`prefixe`	`=CELLULE(«prefixe;R25")`	(Sans l'accent) Renvoie le type d'alignement de la cellule (R25, ici) : une apostrophe (') pour l'alignement à gauche, un guillemet («) pour l'alignement à droite, un accent circonflexe (^) pour le centrage et une barre inversée (\) pour une justification bilatérale. Si la cellule évaluée est vide si elle contient un nombre, la fonction ne renvoie rien.

Tableau 15.1 Les syntaxes du premier argument de CELLULE.

Argument	Exemple	Commentaire
`protection`	`=CELLULE(«protection;D12")`	Renvoie 1 si la cellule (D12, ici) est verrouillée, sinon, `0`. La valeur renvoyée n'est pas affectée par le fait que la feuille de calcul soit actuellement protégée.
`type`	`=CELLULE(«type";D12)`	Renvoie une valeur correspondant au type d'information dans la cellule (D12, ici) : `i` si la cellule est vide, `l` si la cellule contient des données alphanumériques, et v pour tous les autres types, y compris les nombres et les valeurs d'erreur.

Qu'il soit défini ou non, le deuxième argument joue un rôle crucial dans la fonction CELLULE. Lorsqu'il est spécifié, il est, soit une adresse de cellule comme B12, soit une plage, comme B12:E24 ou Ventes. Une plage ne peut bien sûr ne comporter qu'une seule cellule, mais cela n'y changera rien.

Si vous avez saisi un nom de plage inexistante comme deuxième argument, Excel renvoie l'erreur `#NOM?` car il ne saurait renvoyer une information à propos de ce qui n'existe pas.

Une intéressante manière d'utiliser la fonction CELLULE est de la mettre en œuvre pour garder une trace de la dernière saisie dans une feuille de calcul. Supposons que vous mettiez une liste de valeurs à jour. Le téléphone sonne et vous jacassez interminablement au bout du fil. Quand vous revenez à votre liste, vous avez oublié où vous en étiez. Et c'est là que vous vous lamenterez sur le thème « si seulement j'avais utilisé la fonction CELLULE. » Il y a bien de la misère dans le monde.

La Figure 15.1 montre une telle liste. La cellule C18 indique l'adresse de la dernière cellule qui a été modifiée.

L'utilisation de CELLULE avec l'argument Nom de fichier est parfaite pour afficher le chemin du classeur Excel. C'est une procédure courante pour les rapports imprimés. Pouvoir retrouver rapidement le fichier contenant le rapport, même plusieurs mois ou années plus tard, est vraiment appréciable. Voici un exemple :

```
=CELLULE(«nomfichier")
```

Les cellules peuvent être mises en forme de différentes manières. Quand le premier argument de CELLULE est `«format"`, un code correspondant à la mise en forme est renvoyé. Ces mises en forme sont celles présentes dans la boîte de dialogue Format de cellule. Elles sont représentées, ainsi que leur code, dans le Tableau 15.2 :

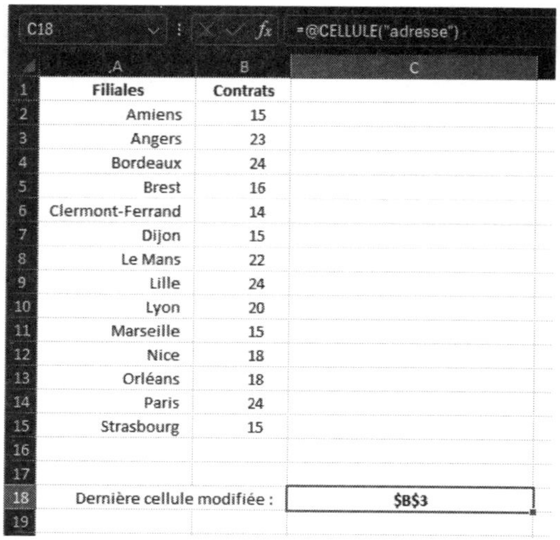

Figure 15.1 Affichage de la dernière cellule modifiée.

Tableau 15.2 Les valeurs renvoyées par l'argument «format".

Format	Valeur renvoyée par la fonction CELLULE
Général	S
0	F0
# ##0	P0
0.00	F2
# ##0,00	P2
# ##0 €;-# ##0 €	C0
# ##0 €;[Rouge]-# ##0 €	M0-
# ##0,00 €;# ##0,00 €	M2
# ##0,00 €;[Rouge]-# ##0,00 €	M2-
0%	%0
0.00%	%2
0,00E+00	S2
#" «?/? ou #" «??/??	S
m/j/aa, m/j/aa h:mm ou mm/jj/aa	D4
j-mmm-aa ou jj-mmm-aa	D1
j-mmm ou jj-mmm	D2
mmm-aa	D3
mm/jj	D5

Tableau 15.2 Les valeurs renvoyées par l'argument «`format`".

Format	Valeur renvoyée par la fonction CELLULE
`h:mm AM/PM`	H2
`h:mm:ss AM/PM`	H1
`h:mm`	H4
`h:mm:ss`	H3

Utilisée avec l'argument «`format`", la fonction CELLULE permet d'agrémenter une feuille de calcul. La Figure 15.2 montre comment CELLULE s'assure qu'une information a été correctement comprise. Les dates dans la colonne A sont au format `jj-mmm`. L'inconvénient de ce format est que l'année n'est pas affichée. C'est pourquoi la cellule A1 a reçu une formule qui teste le format de la date à l'aide de la fonction CELLULE. Si le format `jj-mmm` est trouvé dans la première date – dans la cellule A3 –, la cellule A1 affiche un texte indiquant l'année dans A4. Car après tout, cette cellule A4 contient l'année, mais la mise en forme empêche de la voir.

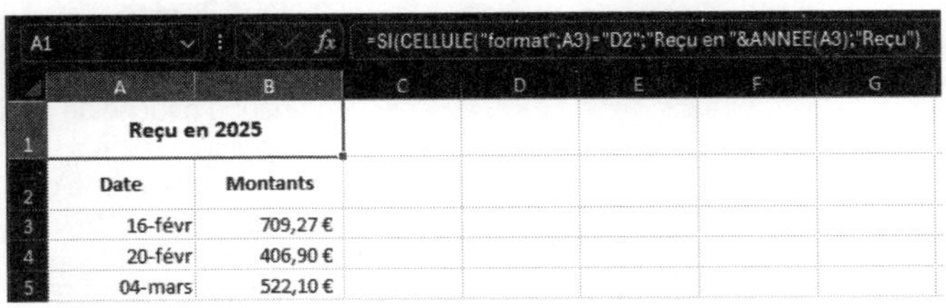

Figure 15.2 L'utilisation de CELLULE et de l'argument «`format`" pour afficher l'année dans la cellule A1.

La formule dans la cellule A1 est la suivante :

```
=SI(CELLULE(«format";A3)="D2";"Reçu en «&ANNEE(A3);"Reçu")
```

Si le format dans la cellule A3 est `jj-mmm` – selon le Tableau 15.2 –, le message est affiché avec l'année. Autrement, le mot `Reçu` est affiché tout seul.

Voici comment utiliser la fonction CELLULE :

1. **Cliquez sur la cellule dans laquelle le résultat doit apparaître.**
2. **Saisissez =CELLULE(.**
3. **Saisissez comme premier argument l'un de ceux du Tableau 15.1.**

   N'oubliez pas les guillemets avant et après.
4. **Pour indiquer à la fonction quelle cellule ou plage elle doit évaluer, saisissez un point-virgule ;.**

❺ Si vous le désirez, saisissez une adresse de cellule ou de plage, ou un nom de plage.

❻ Saisissez la parenthèse fermante) et appuyez ensuite sur la touche Entrée.

Obtenir des informations sur Excel et sur l'ordinateur

La fonction INFORMATIONS permet de recueillir des informations concernant l'ordinateur et aussi Excel. Elle ne possède qu'un seul argument lui indiquant le type d'information à renvoyer (voir Tableau 15.3).

Tableau 15.3 Obtenir des informations sur Excel et sur l'ordinateur.

Argument	Exemple	Commentaire
`«nbfich"`	`=INFORMATIONS(«nbfich")`	Renvoie le nombre des feuilles de calcul de l'ensemble des classeurs Excel ouverts, y compris les feuilles de calcul des modules externes.
`«origin"`	`=INFORMATIONS(«origin")`	(sans le «e») Renvoie l'adresse de la cellule en haut à gauche de la partie de la feuille de calcul visible à l'écran. Le préfixe A$ sert à assurer la compatibilité avec le tableur Lotus 1-2-3.
`«recalcul"`	`=INFORMATIONS(«recalcul")`	Renvoie l'état du mode de recalcul : `Manuel` ou `Automatique`.
`«repertoire"`	`=INFORMATIONS(«repertoire")`	(Sans l'accent) Renvoie le chemin courant. Notez que ce n'est pas forcément le même chemin que celui du classeur Excel ouvert.
`«systexpl"`	`=INFORMATIONS(«systexpl")`	Renvoie le nom de l'environnement d'exploitation : `mac` ou `pcdos`.
`«version"`	`=INFORMATIONS(«version")`	Renvoie le numéro de la version d'Excel.
`«versionse"`	`=INFORMATIONS(«versionse")`	Renvoie le nom et la version du système d'exploitation.

La fonction INFORMATIONS peut notamment servir à renvoyer le numéro de la version d'Excel afin de déterminer si un classeur est compatible avec les nouvelles fonctionnalités. Par exemple, la possibilité de traiter des données XML n'est possible que depuis Excel 2002. Pour connaître la version d'Excel, vous utiliserez l'argument `«version"` dans une formule, comme celle-ci :

```
=SI(INFORMATIONS(«version")>9;"Cette version d'Excel importe des données
XML";"Cette version d'Excel n'importe pas les données XML")
```

La Figure 15.3 montre les valeurs renvoyées par la fonction INFORMATIONS.

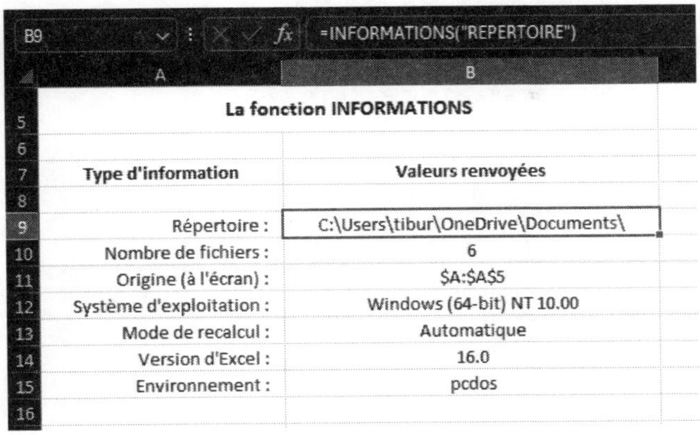

B9 =INFORMATIONS("REPERTOIRE")

La fonction INFORMATIONS

Type d'information	Valeurs renvoyées
Répertoire :	C:\Users\tibur\OneDrive\Documents\
Nombre de fichiers :	6
Origine (à l'écran) :	$A:$A$5
Système d'exploitation :	Windows (64-bit) NT 10.00
Mode de recalcul :	Automatique
Version d'Excel :	16.0
Environnement :	pcdos

Figure 15.3 Des informations concernant l'ordinateur et Excel.

Voici comment utiliser la fonction INFORMATIONS :

1. **Cliquez sur la cellule dans laquelle le résultat doit apparaître.**
2. **Saisissez =INFORMATIONS(.**
3. **Saisissez l'un des arguments du Tableau 15.2.**

   N'oubliez pas les guillemets avant et après.
4. **Saisissez la parenthèse fermante) et appuyez ensuite sur la touche Entrée.**

Signaler des erreurs

Une série de fonctions de type EST renvoie une réponse Vrai ou Faux selon le contenu d'une cellule. Par exemple : une cellule est-elle vide, ou la cellule contient-elle du texte ? Ces fonctions sont souvent utilisées avec d'autres fonctions, notamment la fonction SI, pour gérer des erreurs ou autres résultats inattendus ou indésirables.

Le signalement d'une erreur par Excel n'est pas très convivial : un message comme `#N/A` n'est pas évident. Les fonctions décrites dans cette section ne vous apprennent pas grand-chose sur l'erreur elle-même. Elles se contentent de vous signaler que quelque chose ne va pas.

Le Tableau 15.4 montre les différentes fonctions EST ainsi que leur usage. Toutes renvoient, soit `VRAI`, soit `FAUX`.

Tableau 15.4 Les différentes fonctions EST.

Fonction	Commentaire
=EST.IMPAIR(valeur)	Indique si le nombre est impair.
=EST.PAIR(valeur)	Indique si le nombre est pair.
=ESTERR(valeur)	Signale toute erreur, exceptée #N/A.
=ESTERREUR(valeur)	Signale toute erreur.
=ESTLOGIQUE(valeur)	Référence à une valeur logique.
=ESTNA(valeur)	Indique si la cellule contient l'erreur #N/A.
=ESTNONTEXTE(valeur)	Indique si la cellule contient un nombre ou une erreur.
=ESTNUM(valeur)	Indique si la cellule contient un nombre.
=ESTREF(valeur)	Indique si la valeur est une référence.
=ESTTEXTE(valeur)	Indique si la cellule contient du texte.
=ESTVIDE(valeur)	Référence à une cellule vide.

ESTERR, ESTERREUR et ESTNA

Les fonctions ESTERR, ESTERREUR et ESTNA signalent une erreur :

Fonction	Commentaire
=ESTERR(valeur)	Renvoie VRAI pour toute erreur exceptée #N/A. Par exemple, si l'erreur #DIV/0 est trouvée, ESTERR renvoie VRAI.
=ESTERREUR(valeur)	Cette fonction est l'opposé de ESTERR. Elle ne renvoie VRAI que si l'erreur est #N/A.
=ESTNA(valeur)	Renvoie VRAI pour n'importe quel type d'erreur : #N/A, #VALEUR!, #REF!, DIV/0, #NOMBRE!, #NOM? et #NUL!

Pourquoi l'erreur #N/A – prise en charge par ESTERREUR mais pas par ESTERR – est-elle ainsi traitée à part? En fait, #N/A peut servir à éviter des erreurs, comme l'illustre la Figure 15.4, qui calcule les pourcentages de retours de questionnaires envoyés dans plusieurs villes. Le calcul est simple : ce ne sont que des divisions du nombre de questionnaires retournés par le nombre de questionnaires envoyés, mis en forme avec le bouton Pourcentage.

Des erreurs ont cependant été introduites dans le tableau. Par exemple, aucun questionnaire n'a été envoyé à Bordeaux et pourtant 99 seraient revenus! Le calcul est une division par zéro, signalée par Excel. Par ailleurs, aucun questionnaire n'ayant été envoyé à Strasbourg, la valeur renvoyée est #N/A. Examinons à présent la colonne E. Des valeurs logiques `VRAI` ou `FAUX` sont affichées selon que le calcul des taux de retour doit être considéré comme erroné (`VRAI`) ou exact (`FAUX`).

Des erreurs ont cependant été introduites dans le tableau. Par exemple, aucun questionnaire n'a été envoyé à Bordeaux et pourtant 99 seraient revenus ! Le calcul est une division par zéro, signalée par Excel. Par ailleurs, aucun questionnaire n'ayant été envoyé à Strasbourg, la valeur renvoyée est `#N/A`. Examinons à présent la colonne E. Des valeurs logiques `VRAI` ou `FAUX` sont affichées selon que le calcul des taux de retour doit être considéré comme erroné (`VRAI`) ou exact (`FAUX`).

Figure 15.4 La détection des erreurs (VRAI = erreur).

E2 =ESTERR(D2)

	A	B	C	D	E
1	Ville	Questionnaires envoyés	Questionnaires retournés	Taux de retour	Erreur ?
2	Amiens	300	120	40,00%	FAUX
3	Bordeaux	0	99	#DIV/0!	VRAI
4	Brest	300	65	21,67%	FAUX
5	Le Mans	300	58	19,33%	FAUX
6	Lille	300	111	37,00%	FAUX
7	Lyon	300	144	48,00%	FAUX
8	Marseille	300	168	56,00%	FAUX
9	Nice	300	22	7,33%	FAUX
10	Paris	300	Inconnu	#VALEUR!	VRAI
11	Strasbourg	0	#N/A	#N/A	FAUX
12					

Dans la colonne E, les valeurs VRAI et FAUX sont toutes générées par la fonction ESTERR. Dans la cellule E11, qui teste le calcul pour Strasbourg, la formule est :

```
=ESTERR(D11)
```

La cellule D11 contient l'erreur `#N/A` parce que le calcul `=C11/B11` porte sur une cellule contenant `#N/A`. Or, la fonction ESTERR ne considère pas `#N/A` comme une erreur et renvoie donc la valeur logique `FAUX`. Le résultat de tout ceci est qu'il est facile de repérer d'un rapide coup d'œil les données douteuses ou les calculs erronés.

ESTVIDE, ESTNONTEXTE, ESTTEXTE et ESTNUM

Les fonctions ESTVIDE, ESTNONTEXTE, ESTTEXTE et ESTNUM indiquent le type de donnée que contient une cellule.

Fonction	Commentaire
ESTNONTEXTE	Renvoie VRAI si la cellule contient quoi que ce soit qui n'est pas du texte : un nombre, une date ou une heure, ou une erreur. Renvoie également VRAI lorsque la cellule est vide. Renvoie FAUX lorsque la cellule contient du texte ou une formule dont le résultat est du texte.
ESTNUM	Renvoie VRAI lorsque la cellule contient une donnée numérique (un nombre) ou une formule dont le résultat est un nombre.
ESTTEXTE	Le contraire de la fonction précédente. Elle renvoie VRAI lorsque la cellule contient du texte ou une formule dont le résultat est du texte.
ESTVIDE	Renvoie VRAI si la cellule est vide, FAUX dans le cas contraire.

La fonction ESTVIDE renvoie VRAI lorsqu'il n'y a rien dans la cellule. Elle est commode pour compter le nombre de cellules vides dans une plage. Par exemple, quand vous devez vous assurer que les 20 employés de la société reçoivent leur feuille de présence à temps. Un formulaire permettra d'effectuer le pointage.

Dans le formulaire de pointage, la fonction ESTVIDE est utilisée avec les fonctions SI et SOMME dans une formule comme celle-ci :

```
{=SOMME(SI(ESTVIDE(B3:B22);1;0))}
```

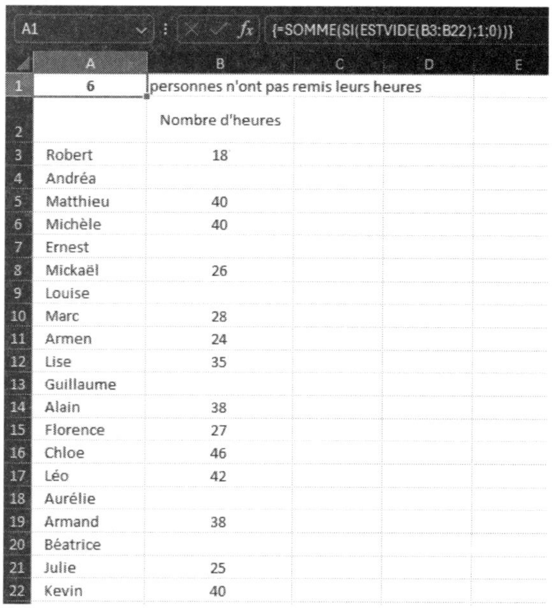

Figure 15.5 Décompte du nombre d'employés n'ayant pas indiqué leur nombre d'heures de travail.

Cette formule est matricielle. La Figure 15.5 montre comment elle fonctionne. Les colonnes A et B contiennent la liste des employés et le nombre d'heures qu'ils ont effectuées. La formule dans la cellule A1 indique le nombre de personnes qui n'ont pas communiqué leurs heures.

La fonction ESTTEXTE renvoie VRAI lorsque la cellule contient du texte. En revanche, la fonction ESTNONTEXTE renvoie VRAI lorsque la cellule contient n'importe quoi qui ne soit pas du texte, notamment un nombre, une date ou une heure, mais aussi lorsque la cellule contient une erreur.

La fonction ESTNUM renvoie VRAI lorsque la cellule contient une donnée numérique, qui peut être un nombre saisi directement ou résultant d'une formule. Elle peut faciliter la saisie. Supposons que vous ayez créé un formulaire contenant notamment un champ pour l'âge. La plupart des gens taperont un chiffre. Il est peu probable que quelqu'un le saisisse en toutes lettres, mais il est moins rare que quelqu'un saisisse un tiret pour indiquer qu'il ne veut pas indiquer son âge. Dans ce cas, une cellule voisine contenant la fonction ESTNUM affichera un message comme « Erreur : saisissez des chiffres », grâce à une formule comme celle-ci :

```
=SI(ESTNUM(B3);"";"Erreur : saisissez des chiffres")
```

Voici comment utiliser n'importe laquelle des fonctions EST :

1. **Cliquez sur la cellule dans laquelle le résultat doit apparaître.**
2. **Saisissez une fonction EST.**

   Par exemple : =ESTTEXTE(.
3. **Saisissez une adresse de cellule ou cliquez dessus.**
4. **Saisissez la parenthèse fermante) et appuyez ensuite sur la touche Entrée.**

   Le résultat est toujours `VRAI` ou `FAUX`.

Connaître le type de donnée

La fonction TYPE indique le type d'une donnée, qui peut être :

» un nombre ;

» du texte ;

» une valeur logique ;

» une erreur;

» une matrice.

Le type reconnu par la fonction est toujours exprimé par une valeur :

» 1 pour un nombre

» 2 pour du texte

» 4 pour une valeur logique

» 16 pour une erreur

» 64 pour une matrice

La Figure 15.6 montre chacune des valeurs renvoyées par la fonction TYPE. La plage de cellules B3:B7 contient une fonction TYPE pointant vers la cellule immédiatement à gauche. Le contenu de la cellule B7 est un peu différent, car la fonction TYPE pointe vers une matrice. La formule est :

```
={=TYPE(A7:A9)}
```

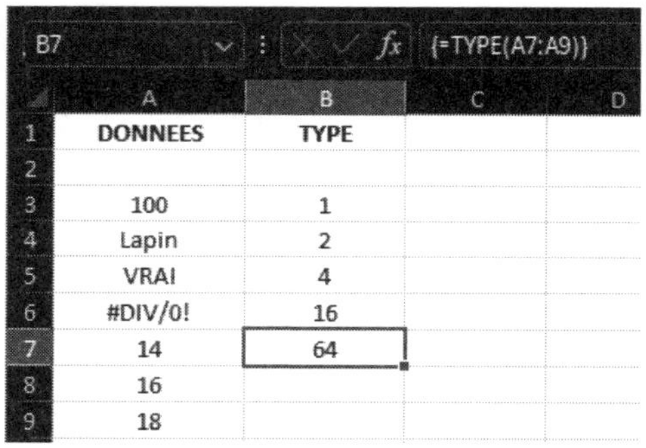

	A	B	C	D
1	DONNEES	TYPE		
2				
3	100	1		
4	Lapin	2		
5	VRAI	4		
6	#DIV/0!	16		
7	14	64		
8	16			
9	18			

Figure 15.6 Obtenir le type d'une cellule.

Voici comment utiliser la fonction TYPE :

1. **Cliquez sur la cellule dans laquelle le résultat doit apparaître.**
2. **Saisissez =TYPE(.**
3. **Saisissez une adresse de cellule ou cliquez dessus.**
4. **Saisissez la parenthèse fermante) et appuyez ensuite sur la touche Entrée.**

La fonction TYPE.ERREUR renvoie un numéro correspondant à une erreur, ainsi que le montre le Tableau 15.5.

Tableau 15.5 Les numéros d'erreur.

Type d'erreur	Numéro renvoyé
#NUL!	1
#DIV/0!	2
#VALEUR!	3
#REF!	4
#NOM?	5
#N/A	6
#N/A	7

L'avantage de TYPE.ERREUR est qu'il est capable de transformer les sibyllines erreurs affichées par Excel en messages plus limpides. Pour cela, nous devrons recourir à la fonction CHOISIR et concocter une formule comme celle-ci :

```
=CHOISIR(TYPE.ERREUR(A1);"C'est vide !";"Impossible de diviser par
zéro";"Ce n'est pas un nombre !";"La formule fait référence à une
cellule ou à une plage erronée";"Problème de saisie…";"Quelque chose ne
va vraiment pas!")
```

Procédez comme suit pour utiliser la fonction TYPE.ERREUR :

1. **Cliquez sur la cellule dans laquelle le résultat doit apparaître.**
2. **Saisissez =TYPE.ERREUR(.**
3. **Saisissez une adresse de cellule ou cliquez dessus.**
4. **Saisissez la parenthèse fermante) et appuyez ensuite sur la touche Entrée.**

DANS CE CHAPITRE

Assembler du texte, le modifier et le mettre en forme.

Déterminer la longueur d'une chaîne de caractères.

Comparer des chaînes de caractères.

Rechercher un texte.

Chapitre 16

Des textes qui ont du caractère

En informatique – est par conséquent dans Excel –, un texte est une « chaîne de caractères », ou tout simplement une *chaîne,* c'est-à-dire un ensemble de lettres. Il est aussi question, dans ce chapitre, de « valeur textuelle ». Il s'agit là d'un texte ou d'une chaîne de caractères utilisée comme argument ou renvoyée par une fonction.

Extraits de texte

Trois fonctions, GAUCHE, STXT et DROITE, permettent d'extraire une chaîne de caractères d'un texte. Elles sont beaucoup plus intéressantes qu'il n'y paraît à première vue.

Supposons que vous possédiez une liste de pièces référencées par un code. Les trois premières lettres sont celles du code du fabricant, les autres sont le numéro de la pièce. Comment ferez-vous si vous n'avez besoin que des trois premiers caractères, ceux du fabricant ? Ou à l'inverse, comment ferez-vous pour n'obtenir que les numéros de pièces ?

À gauche

La fonction Gauche prélève un nombre donné de caractères à partir de la gauche d'une chaîne. Il suffit de lui indiquer où se trouve le texte et combien de caractères il faut extraire.

La Figure 16.1 montre comment extraire un certain nombre de caractères à partir de la gauche d'une chaîne afin de séparer le code du fabricant du restant du code produit. Ce dernier se trouve dans la colonne A. La colonne B ne doit contenir que la première partie du code produit. Pour cela, placez la fonction GAUCHE dans la colonne B avec, comme premier argument, la référence à la cellule correspondante dans la colonne A. Indiquez ensuite, comme second argument, le nombre de caractères à extraire : trois. La formule est visible dans la Figure 16.1.

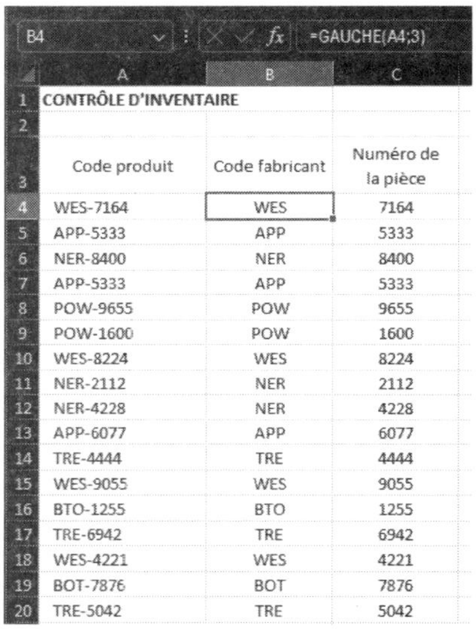

B4 =GAUCHE(A4;3)

	A	B	C
1	CONTRÔLE D'INVENTAIRE		
2			
3	Code produit	Code fabricant	Numéro de la pièce
4	WES-7164	WES	7164
5	APP-5333	APP	5333
6	NER-8400	NER	8400
7	APP-5333	APP	5333
8	POW-9655	POW	9655
9	POW-1600	POW	1600
10	WES-8224	WES	8224
11	NER-2112	NER	2112
12	NER-4228	NER	4228
13	APP-6077	APP	6077
14	TRE-4444	TRE	4444
15	WES-9055	WES	9055
16	BTO-1255	BTO	1255
17	TRE-6942	TRE	6942
18	WES-4221	WES	4221
19	BOT-7876	BOT	7876
20	TRE-5042	TRE	5042

Figure 16.1 Extraction des trois premiers caractères d'une chaîne.

Que se passe-t-il si vous demandez à la fonction GAUCHE de renvoyer plus de caractères que n'en contient la chaîne? Eh bien, elle se contente de renvoyer l'intégralité de la chaîne de caractères. C'est pareil avec DROITE, la fonction décrite à la prochaine section.

Voyez par vous-même à quel point la fonction GAUCHE est facile à utiliser :

1. **Cliquez sur la cellule devant contenir les caractères extraits par la fonction.**
2. Saisissez =GAUCHE(.

❸ Cliquez sur la cellule contenant la chaîne de caractères, ou saisissez son adresse.

❹ Saisissez un point-virgule ;.

❺ Saisissez un nombre.

Il indique à la fonction le nombre de caractères à extraire à partir de la gauche. Si le nombre est égal ou supérieur à la chaîne de caractère, l'ensemble de la chaîne est renvoyé.

❻ Saisissez la parenthèse fermante) et appuyez ensuite sur la touche Entrée.

À droite toute !

Ce qu'Excel peut faire à gauche d'une chaîne de caractères, il peut le faire à droite. Dans la Figure 16.1, la colonne C contient la fonction DROITE. Elle extrait les quatre caractères du code produit qui forment le numéro de chaque pièce. Dans la cellule C4, la formule est :

```
=DROITE(A4;4)
```

Voici comment utiliser la fonction DROITE :

❶ Cliquez sur la cellule devant contenir les caractères extraits par la fonction.

❷ Saisissez =DROITE(.

❸ Cliquez sur la cellule contenant la chaîne de caractères, ou saisissez son adresse.

❹ Saisissez un point-virgule ;.

❺ Saisissez un nombre.

Il indique à la fonction ne nombre de caractères à extraire à partir de la droite. Si le nombre est égal ou supérieur à la chaîne de caractères, l'ensemble de la chaîne est renvoyé.

❻ Saisissez la parenthèse fermante) et appuyez ensuite sur la touche Entrée.

Au milieu

La fonction servant à extraire des caractères à l'intérieur d'une chaîne de caractères – un sous-texte, en quelque sorte – s'appelle STXT.

NdT : il existe dans Excel une fonction MIDB dont la syntaxe est la même que STXT (leur page d'aide est commune). La différence réside dans le fait que STXT compte véritablement le nombre de caractères alors que MIDB compte les caractères selon le nombre d'octets sur lequel chacun d'eux est codé. On l'aura compris : MIDB est une fonction spécialisée réservée aux programmeurs.

La fonction STXT possède trois arguments : la chaîne de caractères (ou sa référence de cellule), la position du premier caractère à extraire et le nombre de caractères à extraire, comme détaillé ici :

1. **Cliquez sur la cellule devant contenir les caractères extraits par la fonction.**
2. **Saisissez =STXT(.**
3. **Cliquez sur la cellule contenant la chaîne de caractères, ou saisissez son adresse.**
4. **Saisissez un point-virgule ;.**
5. **Saisissez un nombre indiquant à la fonction à partir de quel caractère l'extraction doit être faite.**

   Ce nombre peut aller de 1 jusqu'au nombre maximal de caractères de la chaîne. Mais généralement, vous utiliserez un premier argument supérieur à 1 (autrement, la fonction GAUCHE fait aussi bien l'affaire).
6. **Saisissez un point-virgule ;.**
7. **Saisissez le nombre de caractères à extraire.**
8. **Saisissez la parenthèse fermante) et appuyez ensuite sur la touche Entrée.**

Le Tableau 16.1 montre quelques exemples de la fonction STXT :

Tableau 16.1
La fonction STXT.

Exemple	Résultat
=STXT(«PARIS";4;2)	S
=STXT(«PARIS";4;1)	I
=STXT(«PARIS";2;3)	ARI
=STXT(«PARIS";5;1)	S

La Figure 16.2 montre l'extraction des cinquième et sixième caractères du code produit grâce à la fonction STXT. Ces deux chiffres pourraient représenter un code de boîte de stockage, dans l'entrepôt.

Figure 16.2 Extraction de caractères à l'intérieur d'une chaîne.

D4 =STXT(A4;5;2)

	A	B	C	D
1	CONTRÔLE D'INVENTAIRE			
2				
3	Code produit	Code fabricant	Numéro de la pièce	Numéro de boîte
4	WES-7164	WES	7164	71
5	APP-5333	APP	5333	53
6	NER-8400	NER	8400	84
7	APP-5333	APP	5333	53
8	POW-9655	POW	9655	96
9	POW-1600	POW	1600	16
10	WES-8224	WES	8224	82
11	NER-2112	NER	2112	21
12	NER-4228	NER	4228	42
13	APP-6077	APP	6077	60
14	TRE-4444	TRE	4444	44
15	WES-9055	WES	9055	90
16	BTO-1255	BTO	1255	12
17	TRE-6942	TRE	6942	69
18	WES-4221	WES	4221	42
19	BOT-7876	BOT	7876	78
20	TRE-5042	TRE	5042	50

Trouver la longueur de la chaîne

La fonction NBCAR renvoie le nombre de caractères d'une chaîne. Elle ne possède qu'un seul argument : la chaîne à évaluer. NBCAR est souvent utilisée en même temps que d'autres fonctions comme GAUCHE ou DROITE.

Le traitement d'un texte exige souvent un soupçon d'arithmétique. Par exemple, vous désirez calculer le nombre de caractères à extraire avec la fonction DROITE. Le recours à plusieurs fonctions est souvent nécessaire, comme ici :

```
=DROITE(B2;NBCAR(B2)-CHERCHE(« «;B2))
```

Cette formule calcule le nombre de caractères à renvoyer en prenant en compte le nombre total de caractères (NBCAR) moins la position occupée par une espace (CHERCHE). Utilisée avec la fonction DROITE, elle renvoie les caractères qui se trouvent à droite de l'espace.

La fonction NBCAR est souvent utilisée avec d'autres fonctions, notamment GAUCHE, DROITE et STXT. De cette manière, NBCAR permet de déterminer la valeur d'un argument destiné à une autre fonction.

Voici comment utiliser NBCAR :

❶ **Cliquez sur la cellule devant contenir les caractères extraits par la fonction.**

❷ Saisissez =NBCAR(.

❸ Effectuez l'une de ces actions :

- Cliquer sur la cellule contenant le texte.
- Ou saisir l'adresse de la cellule.
- Ou saisir une chaîne de caractères placée entre des guillemets.

❹ Saisissez la parenthèse fermante) et appuyez ensuite sur la touche Entrée.

Assembler du texte

La mise de bout à bout de plusieurs chaînes de caractères porte un joli nom en informatique. C'est en effet ce que l'on appelle une *concaténation*. Excel possède à cette fin une fonction fort justement nommée CONCATENER. Elle est utile lorsque vous avez placé des prénoms dans une colonne et des noms dans une autre, et que vous désirez n'avoir qu'une seule colonne contenant à la fois les prénoms et les noms.

La fonction CONCATENER accepte jusqu'à 255 arguments. Chaque argument est une chaîne ou une référence de cellule, les arguments sont séparés par des points-virgules. Si vous voulez insérer une espace entre deux chaînes – entre un prénom et un nom, par exemple – vous devez insérer un caractère « espace ». C'est ce qui a été fait à la Figure 16.3, où le deuxième argument de la fonction CONCATENER est une espace placée entre guillemets.

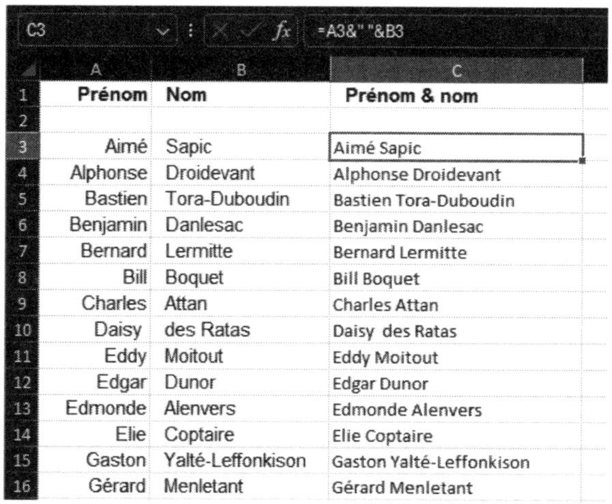
C3 =A3&" "&B3

	A	B	C
1	Prénom	Nom	Prénom & nom
2			
3	Aimé	Sapic	Aimé Sapic
4	Alphonse	Droidevant	Alphonse Droidevant
5	Bastien	Tora-Duboudin	Bastien Tora-Duboudin
6	Benjamin	Danlesac	Benjamin Danlesac
7	Bernard	Lermitte	Bernard Lermitte
8	Bill	Boquet	Bill Boquet
9	Charles	Attan	Charles Attan
10	Daisy	des Ratas	Daisy des Ratas
11	Eddy	Moitout	Eddy Moitout
12	Edgar	Dunor	Edgar Dunor
13	Edmonde	Alenvers	Edmonde Alenvers
14	Elie	Coptaire	Elie Coptaire
15	Gaston	Yalté-Leffonkison	Gaston Yalté-Leffonkison
16	Gérard	Menletant	Gérard Menletant

Figure 16.3 Un assemblage de prénoms et de noms avec la fonction CONCATENER.

Il existe une autre manière de concaténer, en utilisant l'esperluette (&) au lieu de la fonction CONCATENER. Au lieu d'utiliser la formule visible dans la Figure 16.3, vous utiliserez celle-ci :

```
=A3&" «&B3
```

Les deux méthodes se valent. À vous de choisir entre l'esperluette et la fonction CONCATENER.

Voici comment assembler une cellule contenant un prénom et la cellule contenant un nom avec la fonction CONCATENER :

1. **Cliquez sur la cellule devant recevoir le texte concaténé.**

   C'est très probablement la cellule à droite des deux cellules contenant le prénom et le nom.

2. **Saisissez =CONCATENER(.**
3. **Cliquez sur la cellule contenant le prénom.**
4. **Saisissez un point-virgule ;.**
5. **Saisissez une espace entre guillemets.**

   Il se présente ainsi : « «.

6. **Saisissez un point-virgule ;.**
7. **Cliquez sur la cellule contenant le nom.**
8. **Saisissez la parenthèse fermante) et appuyez ensuite sur la touche Entrée.**
9. **Recopiez la formule en regard de tous les prénoms et noms à l'aide de la poignée de recopie.**

Pour assembler du texte, vous avez le choix entre deux méthodes : la fonction CONCATENER ou l'esperluette (&).

Changer du texte

Excel accorde beaucoup d'importance au texte. Des fonctions remplacent une chaîne de caractères par une autre, ou le nettoient en supprimant des caractères spéciaux devenus inutiles. D'autres fonctions encore changent les minuscules en majuscules et inversement.

Fabriquer de la monnaie

Mettre des chiffres sous un format monétaire est une activité très courante dans Excel. La boîte de dialogue Format de cellule ou le bouton Format nombre comptabilité du groupe Nombre de l'onglet Accueil permettent d'appliquer rapidement ce format à des cellules. Pour convertir rapidement des nombres en euros, vous pouvez utiliser la fonction DEVISE. Toutefois, le traitement appliqué à la cellule diffère de celui des options précitées :

» **DEVISE transforme un nombre en texte.** Cela signifie que, bien que la valeur renvoyée soit en euros, le format de la cellule n'est pas monétaire mais standard. Vous ne pourrez pas additionner le contenu des cellules ainsi transformées.

» **DEVISE ne peut afficher qu'une valeur contenue dans une autre cellule.** Le premier argument sera donc soit un nombre, soit l'adresse d'une cellule. DEVISE est pratique lorsque vous souhaitez conserver la mise en forme d'origine du nombre contenu dans la cellule de référence.

» **DEVISE inclut une fonction d'arrondi.** Le second argument permet de définir le nombre de décimales. Si vous indiquez 0, le nombre sera entier. La Figure 16.4 montre divers résultats obtenus avec la fonction DEVISE.

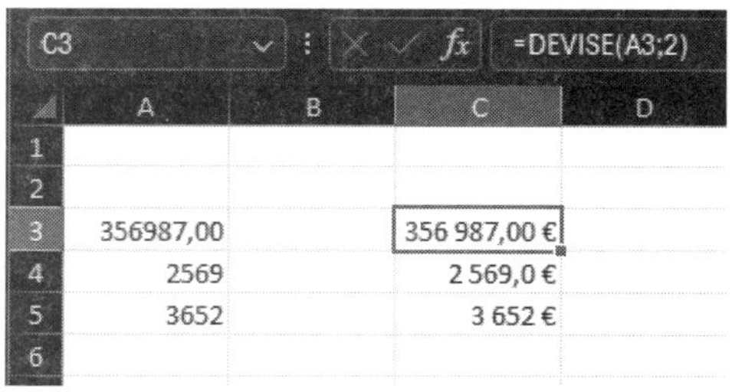

Figure 16.4 DEVISE transforme des nombres en valeurs monétaires.

Vous pouvez définir l'alignement des cellules retournant la devise.

Vous pouvez entrer directement la valeur en tant que premier argument en lieu et place de la référence d'une cellule. Le tableau ci-dessous montre les résultats obtenus en fonction du second argument (décimale) indiqué pour une même valeur saisie :

L'utilisation de DEVISE est un jeu d'enfant :

1. Placez le curseur de cellule là où vous souhaitez afficher la valeur monétaire.

2. Tapez =DEVISE(pour débuter la fonction.

Exemple	Résultat
=DEVISE(123456,25;2)	123 456,25 €
=DEVISE(123456,25;1)	123 456,3 €
=DEVISE(123456,25;0)	123456 €
=DEVISE(123456,25;-1)	123 460 €
=DEVISE(123456,25;-2)	123500 €
=DEVISE(123456,25;-3)	123 00 €

❹ Cliquez dans la cellule qui contient le nombre, ou bien saisissez directement une valeur.

❺ Saisissez un point-virgule ; .

❻ Saisissez un chiffre qui indique le nombre de décimales.

Si vous saisissez 0, aucune décimale n'est utilisée. Tout chiffre inférieur à 0 arrondit la valeur ainsi convertie.

❼ Saisissez uneparenthèse fermante) et appuyez sur Entrée.

La devise retournée dépend du symbole monétaire que vous avez défini dans les paramètres régionaux de votre système d'exploitation.

Convertir des nombres au format Texte

La fonction TEXTE convertit un nombre dans un format de texte (et non en toutes lettres, comme on pourrait le croire). Le premier argument est la référence à une cellule contenant un nombre. Le second argument est un code de mise en forme semblable à ceux que l'on trouve dans la catégorie Personnalisée de la boîte de dialogue Format de cellule (voir Figure 16.5).

Excel permet de créer des codes de mise en forme personnalisés afin que vous puissiez présenter les données exactement comme vous le désirez. Par exemple, vous pouvez choisir de séparer les milliers, d'afficher trois décimales, ou une date de manière abrégée ou complète, etc.

Une mise en forme personnalisée est créée à l'aide de quelques symboles. Le signe dièse (#) est un substitut pour n'importe quel chiffre. Vous pouvez aussi utiliser le point d'interrogation (?) ou encore le symbole de l'euro (€) pour obtenir des formats monétaires. Le Tableau 16.2 montre quelques exemples de mise en forme personnalisée du chiffre 1234,56 obtenue avec la fonction TEXTE :

Figure 16.5

Des codes de mise en forme d'une cellule.

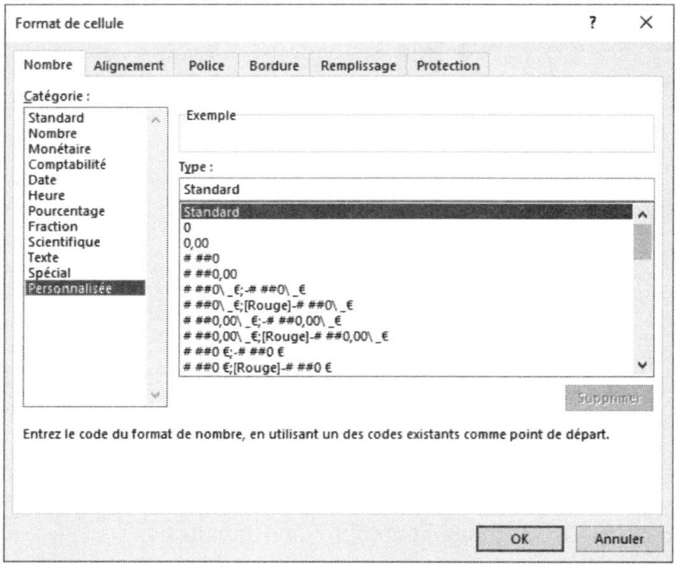

Tableau 16.2

Quelques exemples de mise en forme de la fonction TEXTE.

Arguments	Affichage
`=TEXTE(1234,56;"#,##")`	1234,56
`=TEXTE(1234,56;"#,#")`	1234,6
`=TEXTE(1234,56;"#")`	1234
`=TEXTE(1234,56;"# €")`	1235 €
`=TEXTE(1234,56;"#,# €")`	1234,6 €
`=TEXTE(1234,56;"# #,## €")`	1234,56 €
`=TEXTE(0,4;"#%")`	40 %
`=TEXTE(15/9/2025;"jj/m/aa")`	15/9/25
`=TEXTE(15/9/2025;"jj/mm/aaaa")`	15/09/2025
`=TEXTE(15/9/2025;"mmmm aaaa")`	septembre 2025

La Figure 16.6 montre comment la fonction TEXTE est utilisée pour mettre en forme une valeur placée à l'intérieur d'une phrase. La colonne B contient les formules utilisant la fonction TEXTE. Par exemple, la cellule B8 contient la formule suivante :

```
="Le magasin est ouvert le «&TEXTE(A8;"jj mmmm")&"."
```

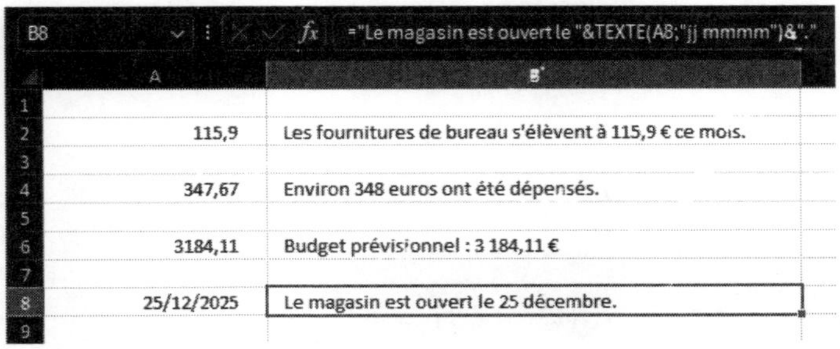

Figure 16.6 Des variables intégrées dans du texte. Modifiez l'une d'elles dans la colonne B et le texte est immédiatement mis à jour dans la colonne C.

Voici comment utiliser la fonction TEXTE :

1. **Cliquez sur la cellule devant recevoir le texte concaténé.**
2. **Saisissez =TEXTE(.**
3. **Cliquez sur la cellule contenant un nombre ou une date, ou saisissez son adresse.**
4. **Saisissez un point-virgule ;.**
5. **Saisissez un guillemet («) puis le code de mise en forme.**

   Vous en trouverez dans la catégorie Personnalisée de la boîte de dialogue Format de cellule.
6. **Saisissez un guillemet «.**
7. **Saisissez la parenthèse fermante) et appuyez ensuite sur la touche Entrée.**

La fonction VALEURNOMBRE fait l'inverse : elle convertit un chiffre – c'est-à-dire un nombre dont la cellule est au format texte – en nombre calculable. Comme Excel effectue spontanément cette conversion, nous ne décrirons pas cette fonction en détail. Reportez-vous au besoin à l'aide d'Excel.

Répéter du texte

La fonction REPT répète une chaîne de caractères autant de fois que vous le désirez. Elle possède deux arguments :

» **Une chaîne de caractères ou la référence à la cellule contenant la chaîne.**

» **Le nombre de fois que le texte doit être répété.**

La Figure 16.7 montre combien il est facile de répéter des caractères. Pour mettre en valeur la remarque sur la ligne 11, la fonction REPT a été utilisée dans la cellule B11 :

```
=REPT(«<>";25)
```

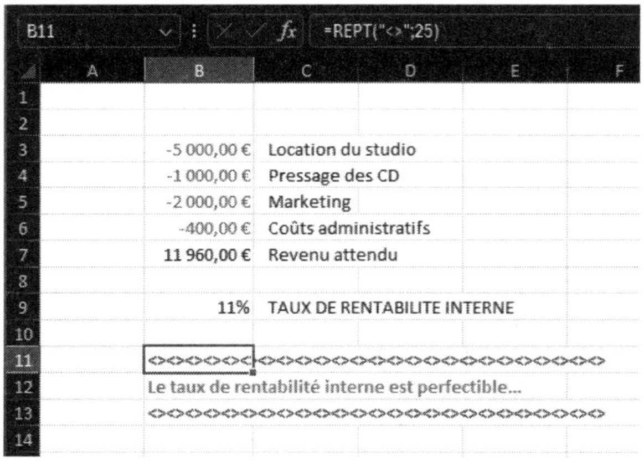

Figure 16.7 Utilisez la fonction REPT pour vos mises en page.

Elle évite d'avoir à saisir plusieurs dizaines de fois des caractères. Notez que la cellule B13 ne contient pas la fonction REPT, mais tout simplement la formule `=B11`. Ainsi, toute modification apportée à la formule est aussitôt reproduite en bas.

Voici comment procéder :

1. **Cliquez sur la cellule devant recevoir une répétition.**

2. **Saisissez =REPT(.**

3. **Cliquez sur une cellule contenant une chaîne de caractères ou saisissez une chaîne entre guillemets.**

   Cette chaîne est le plus souvent un ou plusieurs signes graphiques : tiret, soulignement, ou des opérateurs arithmétiques ou logiques, comme l'astérisque ou les signes « plus grand que » et « plus petits que ».

4. **Saisissez un point-virgule ;.**

5. **Indiquez le nombre de fois que la chaîne de caractères doit être répétée.**

6. **Saisissez la parenthèse fermante) et appuyez ensuite sur la touche Entrée.**

Remplacer du texte

Deux fonctions, REMPLACER et SUBSTITUE, servent à remplacer du texte par un autre. Leur principe est quasiment identique, mais elles sont utilisées dans des situations différentes.

Vous utilisez REMPLACER quand vous connaissez la position de la chaîne de caractères à remplacer par une autre, et SUBSTITUE quand vous ne connaissez pas la position.

REMPLACER

La fonction REMPLACER possède quatre arguments :

» **la référence à la cellule contenant la chaîne de caractères ;**

» **la position, dans la chaîne, du premier des caractères à remplacer ;**

» **le nombre de caractères à remplacer ;**

» **la chaîne de remplacement (qui n'est pas nécessairement aussi longue que le texte à remplacer).**

Par exemple, si la cellule A1 contient la chaîne de caractères « Notre bureau de Marseille est fermé », la formule `=REMPLACER(A1;17;9;"Lyon")` renvoie la chaîne « Notre bureau de Lyon est fermé ».

Voyons comment remplacer une partie du code des produits (voir Figure 16.8) afin que les numéros soient précédés par les caractères `-ID:`. Les codes originaux se trouvent dans la colonne A. Dans la colonne D, les fonctions REMPLACER et GAUCHE se chargeront de l'opération grâce à cette formule :

```
=REMPLACER(A3;1;3;GAUCHE(A3;3)&"-ID:")
```

Ces arguments remplacent les trois premiers caractères à partir de la gauche par les mêmes caractères suivis de `-ID:`. La fonction GAUCHE ainsi que `-ID:` sont le quatrième argument de la fonction REMPLACER.

N'oubliez pas ces deux points à propos de la fonction REMPLACER :

» **Vous devez connaître la position du premier des caractères à remplacer, dans la chaîne de caractères cible.**

En fait, vous devez indiquer où commence le texte à remplacer et où il se termine (autrement dit, sa longueur).

» Le texte de remplacement peut être d'une longueur différente que le texte remplacé.

Figure 16.8 Modifications de texte avec la fonction REMPLACER.

D3 =REMPLACER(A3;1;3;GAUCHE(A3;3)&"-ID:")

	A	B	C	D	E
2	Code produit	Code fabricant	Numéro de la pièce		
3	WES7164	WES	7164	WES-ID:7164	
4	APP5333	APP	5333	APP-ID:5333	
5	NER8400	NER	8400	NER-ID:8400	
6	APP5333	APP	5333	APP-ID:5333	
7	POW9655	POW	9655	POW-ID:9655	
8	POW1600	POW	1600	POW-ID:1600	
9	WES8224	WES	8224	WES-ID:8224	
10	NER2112	NER	2112	NER-ID:2112	
11	NER4228	NER	4228	NER-ID:4228	
12	APP6077	APP	6077	APP-ID:6077	
13	TRE4444	TRE	4444	TRE-ID:4444	
14	WES9055	WES	9055	WES-ID:9055	
15	BTO1255	BTO	1255	BTO-ID:1255	
16	TRE6942	TRE	6942	TRE-ID:6942	
17	WES4221	WES	4221	WES-ID:4221	
18	BOT7876	BOT	7876	BOT-ID:7876	
19	TRE5042	TRE	5042	TRE-ID:5042	

Voici comment utiliser la fonction REMPLACER :

1. Cliquez sur la cellule devant recevoir le texte final.
2. Saisissez =REMPLACER(.
3. Cliquez sur une cellule contenant la chaîne de caractères dans laquelle une partie doit être remplacée.
4. Saisissez un point-virgule ;.
5. Saisissez un nombre correspondant à la position du premier des caractères à remplacer.
6. Saisissez un point-virgule ;.
7. Indiquez le nombre de caractères à remplacer.
8. Saisissez un point-virgule ;.
9. Cliquez sur une cellule contenant le texte de remplacement, ou saisissez-le entre guillemets.
10. Saisissez la parenthèse fermante) et appuyez ensuite sur la touche Entrée.

La fonction REMPLACER peut aussi servir à supprimer du texte dans une chaîne de caractères. Il suffit pour cela de spécifier une chaîne vide («") comme texte de remplacement.

NdT : la commande Ctrl+H ouvre la boîte de dialogue Rechercher et remplacer. Elle permet de remplacer du texte dans une feuille de calcul et même dans le classeur Excel tout entier

SUBSTITUE

Utilisez la fonction SUBSTITUE lorsque vous ne connaissez pas la position du texte à remplacer dans une chaîne de caractères. Au lieu d'indiquer à la fonction à partir d'où le remplacement doit être effectué, vous lui indiquez uniquement la chaîne à rechercher et à remplacer.

La fonction SUBSTITUE requiert trois arguments auxquels s'ajoute un quatrième argument facultatif :

» **la référence à la cellule contenant le texte original;**

» **la chaîne de caractères qui, dans le texte original, doit être remplacée;**

» **le texte de remplacement;**

» **(facultatif) un numéro indique à la fonction quelle occurrence doit être remplacée.**

Tableau 16.3 Quelques exemples remplacements avec la fonction SUBSTITUE.

Exemple	Chaîne renvoyée	Commentaire
`=SUBSTITUE(«pomme banane cerise figue";" «;", «)`	`Pomme, banane, cerise, figue`	Toutes les espaces sont remplacées par une virgule suivie d'une espace
`=SUBSTITUE(«pomme banane cerise figue";" «;", «;1)`	`Pomme, banane cerise figue`	Seule la première espace est remplacée par une virgule et une espace. Les autres espaces ne sont pas modifiées.
`=SUBSTITUE(«pomme banane cerise figue";" «;", «;3)`	`Pomme banane cerise, figue`	Seule la troisième espace est remplacée par une virgule et une espace. Les autres espaces ne sont pas modifiées.
`=SUBSTITUE(«Il y a deux chats et deux oiseaux";"deux";"trois")`	`Il y a trois chats et trois oiseaux`	Les deux occurrences de deux sont remplacées par le texte `trois`.
`=SUBSTITUE(«Il y a deux chats et deux oiseaux";"deux";"trois";2)`	`Il y a deux chats et trois oiseaux`	La seconde occurrence de deux est remplacée par le texte `trois`.

Vous n'utiliserez le quatrième argument que si un texte à remplacer apparaît plusieurs fois dans le texte d'origine. Si cet argument est omis, toutes les occurrences sont remplacées. Dans le premier exemple du Tableau 16.3, des espaces sont remplacés par des virgules suivies d'un espace. Dans le dernier exemple du tableau, seule la seconde occurrence du mot `deux` est remplacée par le mot `trois`.

À vous de jouer :

1. **Cliquez sur la cellule devant recevoir le texte final.**
2. **Saisissez =SUBSTITUE(.**
3. **Cliquez sur une cellule contenant le texte ou saisissez son adresse.**

   Il s'agit du texte qui sera modifié.
4. **Saisissez un point-virgule ;.**
5. **Cliquez sur une cellule contenant la chaîne à remplacer ou saisissez le texte à remplacer en le mettant entre guillemets.**
6. **Saisissez un point-virgule ;.**
7. **Cliquez sur une cellule contenant la chaîne de remplacement du texte ou saisissez le texte de remplacement en le mettant entre guillemets.**
8. **Saisissez un point-virgule ;.**
9. **(Facultatif) S'il existe plusieurs occurrences du texte à remplacer et si vous ne voulez modifier que l'une d'elles, indiquez son numéro d'ordre.**
10. **Saisissez la parenthèse fermante) et appuyez ensuite sur la touche Entrée.**

La fonction SUBSTITUE peut aussi servir à supprimer du texte dans une chaîne de caractères. Il suffit pour cela de spécifier une chaîne vide («") comme texte de remplacement.

Nettoyer le texte

Les espaces superflus ne sont pas du plus bel effet dans un texte. Le plus ennuyeux est qu'ils passent souvent inaperçus. Il faut une bonne habitude de la bureautique pour voir deux espaces qui se suivent entre deux mots. La fonction SUPPRESPACE sert à nettoyer la feuille de calcul de toutes ces espaces indésirables.

La Figure 16.9 montre quelques exemples d'espaces mal placées. Dans les cellules B4 et B7, des espaces se trouvent avant le texte, d'où un alignement irrégulier à gauche, et dans les cellules B5 et B9, des espaces superflues se trouvent entre le prénom et le nom. Dans la colonne C, les textes ont été nettoyés par la formule `=SUPPRESPACE(B2)`recopiée ensuite vers le bas.

Figure 16.9 Élimination des espaces superflues avec la fonction SUPPRESPACE.

La fonction SUPPRESPACE ne possède qu'un seul argument : la cellule contenant le texte à nettoyer. Voici comment l'utiliser :

1. **Cliquez sur la cellule devant recevoir le texte final.**
2. **Saisissez =SUPPRESPACE(.**
3. **Cliquez sur une cellule contenant un texte truffé d'espaces superflues.**
4. **Saisissez la parenthèse fermante) et appuyez ensuite sur la touche Entrée.**

Gare à la casse

Dans le domaine de l'imprimerie, la casse n'a rien à voir avec de la vaisselle qui choit lourdement à terre en mille éclats. Ce mot qui remonte à l'époque de la composition au plomb désigne le tiroir incliné contenant les lettres rassemblées dans des petites casses, les cassetins. Les lettres minuscules, les plus utilisées, se trouvaient en bas de la casse, dans la partie la plus accessible. C'est pourquoi les minuscules sont appelées « bas de casse » dans le jargon d'imprimerie. En revanche, les majuscules étaient et sont toujours des capitales (et non des hauts de casse). Tant qu'à évoquer le jargon de la typographie, signalons en passant que dans le domaine de la typographie, « espace » est un mot féminin.

Trois fonctions modifient la casse des caractères : MAJUSCULE, MINUSCULE et NOMPROPRE. Toutes les trois n'ont qu'un seul argument : le texte à mettre en forme. Le Tableau 16.4 montre quelques exemples :

Tableau 16.4 Majuscules, minuscules et noms propres.

Formule	Résultat
`=MINUSCULE(«Une fille de l'Est parisien")`	une fille de l'est parisien
`=MAJUSCULE(«Le garçon de l'été")`	LE GARÇON DE L'ÉTÉ
`=NOMPROPRE(«Jean de la Fontaine")`	Jean De La Fontaine

Rien de plus simple – ou presque – que d'utiliser cette fonction :

1. **Cliquez sur la cellule devant recevoir le texte final.**
2. **Selon le résultat recherché, saisissez =MINUSCULE(ou =MAJUSCULE(ou =NOMPROPRE(.**
3. **Saisissez la parenthèse fermante) et appuyez ensuite sur la touche Entrée.**

Les caractères accentués et à cédille sont convertis en capitales accentuées, et en capitale à cédille.

Comment faire si vous souhaitez que seul le premier mot affiche sa première lettre en majuscule et que tout le reste du texte soit en minuscule? Vous allez devoir créer une formule comprenant les fonctions GAUCHE, DROITE, et NBCAR. En supposant que le texte soit dans la cellule E7, vous devrez concocter une formule de ce type :

```
=MAJUSCULE(GAUCHE(E7;1))&DROITE(E7;NBCAR(E7)-1)
```

Ici la fonction GAUCHE s'applique au premier caractère qui se retrouvera donc en majuscule. Ensuite, l'explication est assez simple. Avec la fonction DROITE vous indiquez le nombre de caractères qu'il faut exclure de MAJUSCULE. Le plus simple est de tous les prendre en considération avec NBCAR(E7) mais d'en retirer 1, et le tour est joué.

Comparer, trouver et mesurer du texte

Excel est doté de nombreuses fonctions de texte. Certaines déterminent si une chaîne de caractères est identique à une autre, ou trouvent une chaîne de caractères à l'intérieur d'un texte, ou indiquent la longueur d'un texte. Toutes ces fonctions sont *passives*, car elles ne modifient pas le texte.

EXACT

La fonction EXACT compare deux chaînes de caractères. Elle possède deux arguments – un pour chaque chaîne – est retourne VRAI ou FAUX selon le résultat. La fonction est sensible à la casse. Autrement dit, elle fait la différence entre les majuscules et les minuscules : pour elle, le mot `pierre` est différent du prénom `Pierre`.

La fonction EXACT est commode pour détecter des modifications dans des données. La Figure 16.10 contient deux listes de prénoms de moniteurs de colonie de vacances, l'une établie en 2024, l'autre en 2025. Sont-elles rigoureusement identiques ?

Figure 16.10 Vérification des concordances d'une liste avec la fonction EXACT.

A4 fx Robert

	A	B	C
1			
2	**2024**	**2025**	
3			
4	Robert	Robert	VRAI
5	Andrea	Andréa	FAUX
6	Matthieu	Mathieu	FAUX
7	Michèle	Michèle	VRAI
8	Ernest	Ernest	VRAI
9	Mickaël	Mickael	FAUX
10	Florence	Florence	VRAI
11	Chloé	Chloe	FAUX
12	Léo	Léo	VRAI
13	Aurélie	Aurélie	VRAI
14	Armand	Armand	VRAI
15	Béatrice	Béatrice	VRAI
16	Julie	Julie	VRAI
17	Kevin	Kevin	VRAI
18			

Une formule simple permet de savoir rapidement quelles occurrences sont exactes (`VRAI`) et lesquelles ne le sont pas (`FAUX`) : ajout d'un accent à un prénom étranger dans la cellule B5, orthographe différente dans la cellule B6, omission de l'accent dans la cellule B11… La fonction EXACT permet aussi de détecter les changements de nom par mariage, divorce…

Voici comment utiliser EXACT :

1. **Cliquez sur la cellule devant contenir le résultat logique VRAI ou FAUX.**
2. **Saisissez** =EXACT(.

3. Cliquez sur une cellule contenant le texte ou saisissez son adresse.

4. Saisissez un point-virgule ;.

5. Cliquez sur une autre cellule contenant le texte à comparer, ou saisissez son adresse.

6. Saisissez la parenthèse fermante) et appuyez ensuite sur la touche Entrée.

La fonction EXACT renvoie `VRAI` si les deux textes sont rigoureusement identiques (casse, accentuation, trait d'union…) Autrement, elle renvoie `FAUX`.

Est-il possible de tester les chaînes de caractère sans tenir compte de leur casse, et faire que `Pierre` et `pierre` concordent ? Oui, à condition de recourir à la fonction MAJUSCULE comme dans cette formule :

```
=EXACT(MAJUSCULE(«Pierre");MAJUSCULE(«pierre"))
```

Cette formule fonctionne bien aussi avec la fonction MINUSCULE.

Chercher et trouver

Les deux fonctions CHERCHE et TROUVE sont similaires. Toutes deux recherchent une chaîne de caractères à l'intérieur d'une plus longue et toutes deux indiquent la position où ils l'ont trouvée, ou produisent une erreur `#VALEUR!` s'ils ne l'ont pas trouvée. Le Tableau 16.5 montre les différences entre CHERCHE et TROUVE.

Tableau 16.5 CHERCHE et TROUVE.

CHERCHE	TROUVE
Ne différencie pas la casse.	Différencie la casse. Ne trouvera pas la chaîne `Région` dans `interrégional`.
Utilisation possible des caractères de substitution * et ?	Les caractères de substitution ne sont pas utilisables.

TROUVE

La fonction TROUVE possède trois arguments :

» **La chaîne de caractères à trouver.**

» **La chaîne plus longue dans laquelle effectuer la recherche.**

» (Facultatif) La position dans la chaîne la plus longue à partir de laquelle il faut rechercher.

Si le troisième argument est omis, la fonction effectue la recherche à partir du début de la chaîne la plus longue. Le Tableau 16.6 montre quelques exemples :

Tableau 16.6 Des exemples d'utilisation de la fonction TROUVE.

Valeur dans la cellule A1	Fonction	Résultat
Joyeux anniversaire à toi	=TROUVE(«Anniversaire";A1)	#VALEUR!
Joyeux anniversaire à toi	=TROUVE(«anniversaire";A1)	8
Joyeux anniversaire à toi	=TROUVE(«e";A1)	4
Joyeux anniversaire à toi	=TROUVE(«e";A1;10)	3

Dans le premier exemple, une erreur #VALEUR! est renvoyée car le texte n'a pas été trouvé. La fonction TROUVE différencie en effet les majuscules des minuscules.

CHERCHE

Les arguments de la fonction CHERCHE sont les mêmes que ceux de TROUVE. Les deux caractères de substitution les plus courants sont l'astérisque (*) et le point d'interrogation (?). L'astérisque indique à la fonction qu'elle peut utiliser n'importe quel nombre de caractères, y compris zéro caractère. Le point d'interrogation indique à la fonction qu'elle peut utiliser n'importe quel caractère, mais un seul seulement et à l'emplacement exact du point d'interrogation. Il n'est pas rare de voir plusieurs points d'interrogation regroupés pour se substituer à un nombre de caractères équivalent. Le Tableau 16.7 montre divers exemples.

Tableau 16.7 Des exemples d'utilisation de la fonction RECHERCHE.

Contenu dans A1	Fonction	Résultat	Commentaire
La guerre des deux mondes	=CHERCHE(«deux";A1)	15	Deux commence à la position 7.
La guerre des deux mondes	=CHERCHE(«e??";A1)	11	La première occurrence de e suivie de deux caractères est à la position 6 (dans le mot guerre).
La guerre des deux mondes	=CHERCHE(«mo?";A1)	20	La première occurrence de mo suivie d'un caractère est à la position 20.

Tableau 16.7 Des exemples d'utilisation de la fonction RECHERCHE.

Contenu dans A1	Fonction	Résultat	Commentaire
`La guerre des deux mondes`	`=CHERCHE(«g*e";A1)`	4	Le mot commençant par g et finissant par e est à la position 4.
`La guerre des deux mondes`	`=CHERCHE(«*n";A1)`	1	L'astérisque équivaut à n'importe quel nombre de caractères avant le n. Le résultat est toujours, soit 1, soit une erreur.
`La guerre des deux mondes`	`=CHERCHE(«n*";A1)`	22	L'astérisque équivaut à n'importe quel nombre de caractères après le n. La position est celle de la lettre n.
`La guerre des deux mondes`	`=CHERCHE(«u";A1;12)`	17	La position de la première occurrence de u après la position 12. Le u dans `guerre` est ignoré

Lors de l'étude de la fonction CONCATENER, nous avons vu comment réunir un prénom et un nom. Mais comment ferions-nous pour n'extraire que le nom d'une liste « prénom nom » ? C'est dans un tel cas que la fonction CHERCHE nous sera fort utile. La Figure 16.11 montre comment la mettre en œuvre avec les fonctions GAUCHE, DROITE et ESTERREUR.

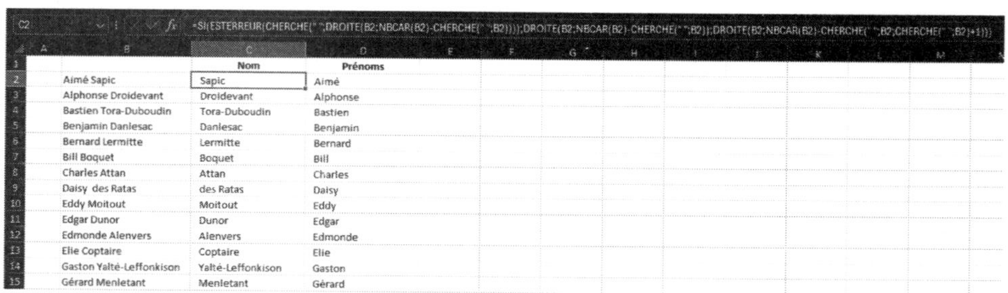

=SI(ESTERREUR(CHERCHE(" ";DROITE(B2;NBCAR(B2)-CHERCHE(" ";B2))));DROITE(B2;NBCAR(B2)-CHERCHE(" ";B2));DROITE(B2;NBCAR(B2)-CHERCHE(" ";B2;CHERCHE(" ";B2)+1)))

	B	Nom	Prénoms
2	Aimé Sapic	Sapic	Aimé
3	Alphonse Droidevant	Droidevant	Alphonse
4	Bastien Tora-Duboudin	Tora-Duboudin	Bastien
5	Benjamin Danlesac	Danlesac	Benjamin
6	Bernard Lermitte	Lermitte	Bernard
7	Bill Boquet	Boquet	Bill
8	Charles Attan	Attan	Charles
9	Daisy des Ratas	des Ratas	Daisy
10	Eddy Moitout	Moitout	Eddy
11	Edgar Dunor	Dunor	Edgar
12	Edmonde Alenvers	Alenvers	Edmonde
13	Elie Coptaire	Coptaire	Elie
14	Gaston Yalté-Leffonkison	Yalté-Leffonkison	Gaston
15	Gérard Menletant	Menletant	Gérard

Figure 16.11 Extraction des noms depuis une liste « prénoms-noms ».

L'extraction des prénoms dans une liste « prénoms-noms » est assez directe. Vous utilisez la fonction GAUCHE afin d'extraire les caractères jusqu'à la première espace. La position de cette espace est renvoyée par la fonction CHERCHE. Voici la formule :

```
=GAUCHE(B2;CHERCHE(« «;A1)-1)
```

Mais obtenir les noms, c'est une autre affaire ! Lorsqu'il n'y a que des noms et des prénoms à scinder, sans particule entre, c'est assez facile. Utilisez cette formule :

```
=DROITE(B2;NBCAR(B2-CHERCHE(« «;B2))
```

Mais, si le nom est plus complexe, avec une particule par exemple, cela se complique. Le prénom composé de l'écrivain François-René de Chateaubriand ne pose pas de problème, car la formule recherche l'espace, et non le tiret. En revanche, elle devra gérer les deux espaces qui encadrent la particule. Il existe différents moyens de s'y prendre. Dans la colonne C de la Figure 16.11, nous avons opté pour cette petite usine à gaz :

```
=SI(ESTERREUR(CHERCHE(« «;DROITE(B2;NBCAR(B2)-
CHERCHE(« «;;B2))));DROITE(B2;NBCAR(B2)-
CHERCHE(« «;;B2));DROITE(B2;NBCAR(B2)-
CHERCHE(« «;;B2;CHERCHE(« «;;B2)+1)))
```

Voici quelques informations à propos de cette sympathique formule :

» Elle est fondamentalement un test vrai-faux, d'où la présence de la fonction SI au début de la formule.

» Le test détermine si une erreur est renvoyée par la fonction CHERCHE lorsqu'elle s'efforce de trouver un espace à droite de la première espace : `ESTERREUR(CHERCHE(« «;;DROITE(B2;NBCAR(B2)-CHERCHE(« «;;B2))))`

» Si le test est Vrai, cela signifie qu'il n'existe pas d'autre espace. Il n'y a pas de particule. Il suffit donc de renvoyer la partie du nom après la première espace : `DROITE(B2;NBCAR(B2)-CHERCHE(« «;;B2))`

» Si le test est Faux, cela signifie qu'il existe une autre espace. Il s'agit donc de renvoyer la partie de la chaîne située après cette autre espace. Deux fonctions CHERCHE imbriquées parviennent à indiquer la position de chacune de ces espaces. La fonction CHERCHE intérieure fournit le troisième argument : la position à partir de laquelle il faut chercher l'espace. La valeur `1` est ajoutée à la fonction CHERCHE extérieure afin qu'elle recherche une autre espace accolée à la première : `DROITE(B2;NBCAR(B2)-CHERCHE(« «;;B2;CHERCHE(« «;;B2)+1)))`

Cette impressionnante formule extrait le nom de famille, y compris la particule. Les particules à apostrophe, comme dans le nom du musicien Vincent d'Indy, ne sont pas concernées, car `d'Indy` est considéré comme un nom d'un seul tenant, car il ne contient aucune espace.

Voici comment utiliser les fonctions TROUVE et CHERCHE :

❶ Cliquez sur la cellule dans laquelle le résultat doit apparaître.

❷ Saisissez =TROUVE(ou =CHERCHE(.

❸ Saisissez – entre guillemets – le texte à rechercher dans une chaîne de caractères plus longue, ou cliquez sur la cellule contenant le texte.

❹ Saisissez un point-virgule ;.

❺ Cliquez sur une autre cellule contenant la chaîne de caractères longue, ou saisissez son adresse.

Si vous souhaitez que la fonction commence par chercher au début de la chaîne la plus grande, passez à l'Étape 7. Si vous souhaitez que la recherche commence à une position différente de 1, passez à l'Étape 6.

❻ Saisissez un point-virgule ; puis saisissez le nombre correspondant à la position de départ.

❼ Saisissez la parenthèse fermante) et appuyez ensuite sur la touche Entrée.

DANS CE CHAPITRE

La structure des bases de données d'Excel.

•

Le principe des critères.

•

Ajouts, moyennes et comptes.

•

La recherche des données dupliquées.

Chapitre 17

À la base étaient les données

Aussi curieux que cela puisse paraître, la structure d'une feuille de calcul Excel est la même que celle d'une base de données. Une base de données contient des champs et des enregistrements ; une feuille de calcul contient des colonnes et des lignes. C'est quasiment pareil. Cela dit, pourquoi ne pas interroger Excel, ou plutôt, *envoyer une requête,* de la même manière qu'à un gestionnaire de base de données ?

Dans ce chapitre, je vous explique comment utiliser les fonctions de base de données d'Excel pour trouver rapidement une réponse dans des listes d'informations volumineuses. Vous pourrez, par exemple, trier très rapidement vos clients par département sans être obligé de parcourir toutes vos lignes et vos colonnes. C'est ce que nous verrons dans ce chapitre.

Structurer les données

Pour pouvoir utiliser les fonctions de base de données, les données doivent être placées d'une manière structurée. Excel est très souple : les données peuvent en effet être placées où vous le voulez. Mais pour exploiter au mieux les fonctions de base de données, il est préférable de les répartir dans des lignes et dans des colonnes contiguës. Ainsi, chaque ligne équivaut à un enregistrement, et chaque colonne équivaut à un champ. La première ligne contient les étiquettes qui identifient les champs.

La Figure 17.1 montre une base de données placée sur une feuille de calcul. Il s'agit d'une liste d'étudiants (identifiés par un code), de cours, de professeurs et de niveaux. Chaque étudiant occupe une ligne – un enregistrement – de la base de données. Chacun des quatre champs – identifiant, cours, professeur et niveau – occupe une colonne et est identifié par une étiquette.

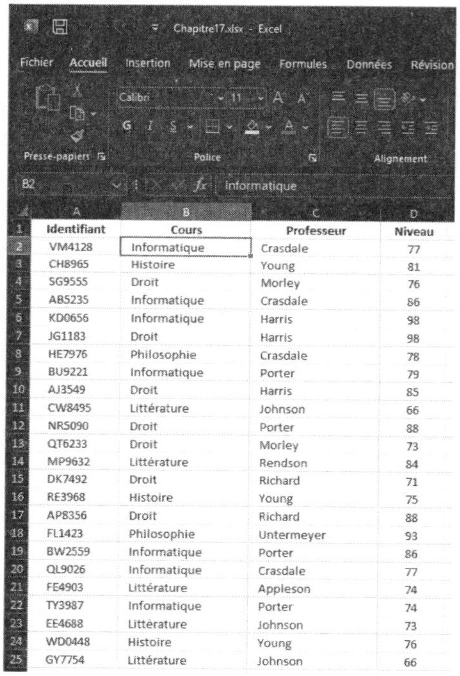

Identifiant	Cours	Professeur	Niveau
VM4128	Informatique	Crasdale	77
CH8965	Histoire	Young	81
SG9555	Droit	Morley	76
AB5235	Informatique	Crasdale	86
KD0656	Informatique	Harris	98
JG1183	Droit	Harris	98
HE7976	Philosophie	Crasdale	78
BU9221	Informatique	Porter	79
AJ3549	Droit	Harris	85
CW8495	Littérature	Johnson	66
NR5090	Droit	Porter	88
QT6233	Droit	Morley	73
MP9632	Littérature	Rendson	84
DK7492	Droit	Richard	71
RE3968	Histoire	Young	75
AP8356	Droit	Richard	88
FL1423	Philosophie	Untermeyer	93
BW2559	Informatique	Porter	86
QL9026	Informatique	Crasdale	77
FE4903	Littérature	Appleson	74
TY3987	Informatique	Porter	74
EE4688	Littérature	Johnson	73
WD0448	Histoire	Young	76
GY7754	Littérature	Johnson	66

Figure 17.1 Une base de données contenant des informations sur des étudiants (identifiés par un code dans la colonne A).

Les données représentées dans la Figure 17.1 sont tout ce qu'il y a de plus normales. Elles sont organisées en lignes et en colonnes, ce qui les rend aptes à être traitées par les fonctions de base de données d'Excel. Notamment :

» **Chaque colonne est un champ contenant un élément particulier, comme l'identifiant ou le cours. Elle ne doit contenir aucun autre type de donnée.**

» **Chaque ligne contient un seul enregistrement. Il s'agit ici des données de chacun des étudiants.**

» La première ligne de la base de données contient des étiquettes qui identifient les champs.

Les fonctions de bases de données

Les fonctions de bases de données opèrent toutes, fondamentalement, de la même manière. Elles recherchent des enregistrements correspondant aux critères d'une requête. Par exemple, une fonction de base de données calculera la moyenne de tous les niveaux du cours d'informatique.

Toutes les fonctions de base de données possèdent ces trois arguments :

» **La plage de cellules de la base de données :** cet argument indique à la fonction où la base de données se trouve, dans la feuille de calcul. Vous pouvez utiliser une adresse (comme A1:D200) ou un nom de plage (comme Étudiants). La plage en question doit englober tous les enregistrements, y compris les étiquettes dans la ligne supérieure.

» **Le champ :** la fonction de base de données doit savoir sur quel champ elle doit opérer. Cet argument est donc, soit un numéro de colonne, soit le nom d'un champ. Si un numéro de colonne est utilisé, il est compté à partir de la première colonne de la base de données. Autrement dit, si la base de données commence à la colonne C est que le champ est celui de la colonne E, le numéro de colonne est 3. Si un en-tête est utilisé, son nom doit être entre guillemets. Les fonctions de base de données calculent un résultat selon les valeurs présentes dans ce champ. Le nombre de valeurs utilisées dépend du troisième argument : le critère.

» **Le critère :** cet argument indique à la fonction où se trouve le critère. Ce dernier indique à la fonction sur quels enregistrements doit porter le calcul. Le critère doit se trouver ailleurs dans la feuille de calcul, en dehors de la base de données. Son adresse est transmise à la fonction de base de données. Nous reviendrons sur cette notion de critère tout au long de ce chapitre.

Créer la base de données

Toutes les fonctions de base de données utilisent comme premier argument la référence à l'emplacement de la base de données. La première ligne est celle des *en-têtes*. Dans la Figure 17.1, ces en-têtes sont Identifiant, Cours, Professeur et Niveau.

Une manière très efficace de travailler avec les bases de données consiste à nommer ses différentes colonnes puis à utiliser ces noms comme arguments, plutôt que des adresses de plages de cellules.

Procédez comme suit pour élaborer une base de données :

❶ **Sélectionnez la totalité de la zone formant la base de données.**

N'oubliez pas d'inclure la ligne d'en-têtes, tout en haut de cette zone.

❷ **Dans le ruban d'Excel, cliquez sur l'onglet Formules.**

❸ **Dans le groupe Noms définis, cliquez sur la commande Définir un nom.**

La boîte de dialogue Nouveau nom apparaît. L'adresse de la plage de cellules figure dans le champ Fait référence à.

❹ **Nommez la base de données dans le champ Nom, ou acceptez celui qui est éventuellement suggéré.**

❺ **Cliquez sur le bouton OK.**

Par la suite, quand vous ajouterez des enregistrements en bas de la base de données, vous devrez redéfinir l'étendue de la plage nommée afin d'inclure les nouvelles lignes. Voici comment :

❶ **Dans le ruban Formules, cliquez sur le bouton Gestionnaire de noms.**

La boîte de dialogue Gestionnaire de noms apparaît.

❷ **Dans la liste, cliquez sur le nom à redéfinir.**

Figure 17.2 Mise à jour de l'étendue de la base de données.

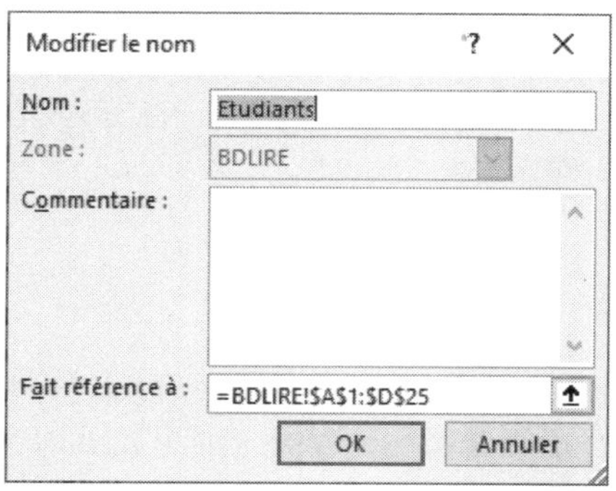

❸ **Cliquez sur le bouton Modifier**

La boîte de dialogue Modifier le nom (voir Figure 17.2) contient l'adresse de la plage de la base de données.

4. Dans le champ Fait référence à, modifiez l'étendue de la référence.

   Vous pouvez aussi utiliser le petit bouton qui se trouve à droite, dans le champ. Vous définirez ensuite la nouvelle adresse de la base de données avec la souris, en cliquant et tirant de manière à la sélectionner entièrement, y compris les étiquettes. Appuyez ensuite sur la touche Entrée.

5. Cliquez sur le bouton OK pour quitter la boîte de dialogue Modifier le nom.

6. Cliquez sur le bouton Fermer pour quitter le gestionnaire de noms.

Si vous ajoutez de nouveaux enregistrements à la base données en insérant des lignes au milieu, plutôt qu'à la fin, vous n'avez pas besoin d'effectuer les manipulations que nous venons de décrire car Excel agrandit automatiquement la plage de cellules nommée.

Créer la zone de critères

Comme mentionné précédemment, le critère ne fait pas partie de la base de données. Il se trouve quelque part dans la feuille de calcul et la fonction utilise son adresse de cellule. Un critère peut contenir un seul ou plusieurs éléments. Chaque critère est structuré de la manière suivante :

» **Une cellule contient le nom du champ (son étiquette, ou en-tête de colonne) dans lequel le critère effectuera une recherche.**

» **Une cellule, juste en dessous, contient l'élément recherché.**

Dans la Figure 17.3, le critère se trouve à droite de la base de données. Des emplacements ont été prévus pour utiliser comme critères les étiquettes Cours, Professeur et Niveau. Dans cet exemple, un critère a été saisi pour le champ Cours. Il oblige la fonction à ne traiter que les lignes (champs) dans lesquelles le cours est « Informatique ». Remarquez qu'un critère peut être défini pour plusieurs champs à la fois. Ici, les champs Professeur et Niveau n'ont pas été utilisés afin qu'ils n'affectent pas le résultat.

Dans la cellule F8, la fonction BDMOYENNE utilise toute la plage de la zone de critères. Le nom de plage `Etudiants` est celui de la base de données. Le champ `«Niveau"` est celui dans lequel la fonction doit prélever les données à traiter. Le critère a été défini pour ne prendre en compte que les enregistrements dans lesquels le champ Cours est limité au critère Informatique. C'est ce qui se passe dans la plage F2:H3. La formule dans la cellule F8 est donc la suivante :

```
=BDMOYENNE(Etudiants;"Niveau";F2:H3)
```

Figure 17.3 Sélection du critère utilisé par une fonction de base de données.

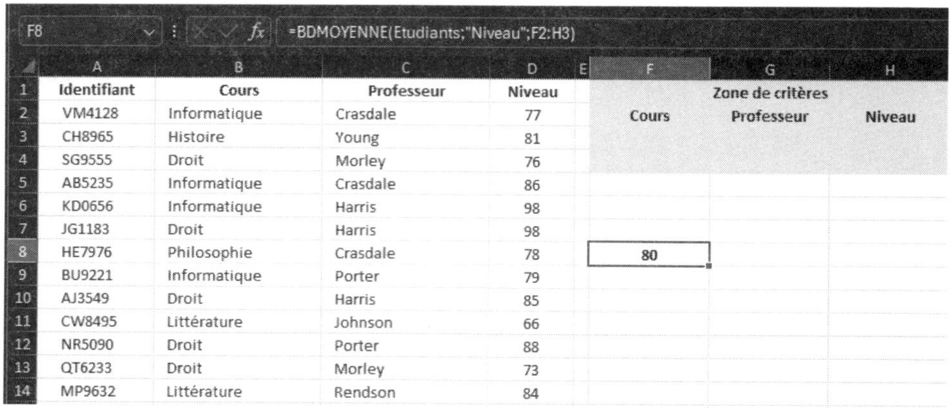

F8 =BDMOYENNE(Etudiants;"Niveau";F2:H3)

	A	B	C	D	E	F	G	H
1	Identifiant	Cours	Professeur	Niveau			Zone de critères	
2	VM4128	Informatique	Crasdale	77		Cours	Professeur	Niveau
3	CH8965	Histoire	Young	81				
4	SG9555	Droit	Morley	76				
5	AB5235	Informatique	Crasdale	86				
6	KD0656	Informatique	Harris	98				
7	JG1183	Droit	Harris	98				
8	HE7976	Philosophie	Crasdale	78		80		
9	BU9221	Informatique	Porter	79				
10	AJ3549	Droit	Harris	85				
11	CW8495	Littérature	Johnson	66				
12	NR5090	Droit	Porter	88				
13	QT6233	Droit	Morley	73				
14	MP9632	Littérature	Rendson	84				

Pourquoi la fonction se réfère-t-elle à la plage F2:H3 alors que le critère utilisé ne se trouve que dans la plage F2:F3 ? C'est par commodité. Du fait que les cellules G3 et H3 sont vides, les champs Professeur et Niveau sont ignorés. Mais rien ne vous empêche d'entrer des critères dans ces champs. L'avantage est qu'il n'est pas nécessaire de modifier les arguments de la fonction.

Que se passe-t-il si nous nommons la zone de critères et que nous utilisons ce nom comme troisième argument dans une fonction de base de données ? Eh bien, cela marche aussi.

Que vous utilisiez une adresse de plage ou un nom pour votre critère, vous devez veiller à ce que tous les critères soient inclus, mais surtout veiller à ne pas inclure de lignes ou de colonnes vides car, dans ce cas, les résultats seraient faussés.

Voici comment utiliser n'importe laquelle des fonctions de base de données. Nous utiliserons la fonction BDSOMME, mais les instructions ci-dessous valent pour toutes les autres.

1. **Importez ou créez une base de données dans la feuille de calcul.**

   Les données doivent être réparties dans des lignes et des colonnes contiguës. N'oubliez pas les étiquettes (ou en-têtes de champs).

2. **(Facultatif) Nommez la base de données à l'aide de la commande Définir un nom.**

   C'est ce que nous avions fait précédemment dans la section « Créer la base de données ».

3. En dehors de la base de données, sélectionnez les cellules qui formeront la zone de critères. Ajoutez les en-têtes correspondants à ceux de la base de données.

   Vous ne devez indiquer des en-têtes de critères que pour les champs dans lesquels les critères seront utilisés. Par exemple, si la base de données contient dix champs mais que vous n'appliquiez des critères qu'à trois d'entre eux, la zone de critère ne comptera que trois colonnes.

4. Cliquez sur la cellule dans laquelle le résultat doit apparaître.

   Cette cellule ne doit être ni dans la base de données ni dans la zone de critères.

5. Saisissez =BDSOMME(.

6. Saisissez l'adresse de la plage de la base de données, ou son nom si vous en avez défini un.

7. Saisissez un point-virgule ;.

8. Saisissez l'un de ces éléments :

   - le nom de l'en-tête, entre guillemets, du champ que la fonction doit traiter ;
   - le numéro de la colonne de la base de données.

9. Saisissez un point-virgule ;.

10. Saisissez l'adresse de la zone de critères.

11. **Saisissez la parenthèse fermante) et appuyez ensuite sur la touche Entrée.**

Affiner un critère avec ET et OU

Les fonctions de base de données d'Excel seraient de peu d'intérêt si vous ne pouviez pas créer des requêtes sophistiquées comme, entre autres, les recherches suivantes :

» Enregistrements correspondant à plusieurs critères.

» Enregistrements correspondant à n'importe lequel de plusieurs critères.

» Valeurs comprises dans une plage donnée.

Pour trouver des enregistrements correspondant à plusieurs critères, ces derniers doivent être placés dans des colonnes adjacentes dans la zone de critères, comme le montre la Figure 17.4, où la requête porte sur le cours de Droit et sur le professeur nommé Harris. Il s'agit là d'un critère de type ET.

Figure 17.4 Recherche d'enregistrements à deux critères.

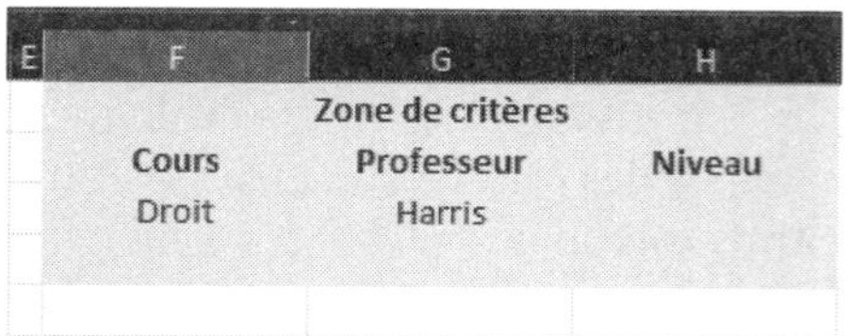

E	F	G	H
		Zone de critères	
	Cours	**Professeur**	**Niveau**
	Droit	Harris	

Pour faire correspondre les enregistrements répondant à l'un parmi plusieurs critères, chaque critère doit être placé dans plusieurs colonnes sous le nom du champ. Dans la Figure 17.5, la plage de critères correspond à tous les enregistrements dans lequel le champ Cours contient, soit le critère Droit, soit le critère Littérature. Il s'agit là d'un critère de type OU.

Figure 17.5 Recherche d'enregistrements correspondant à l'un des critères ou aux deux.

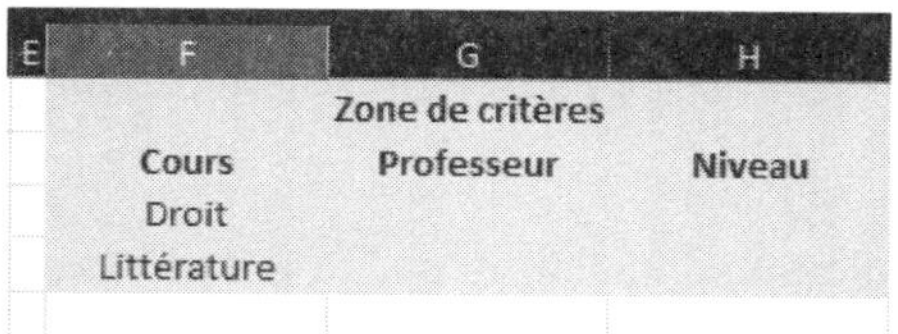

E	F	G	H
		Zone de critères	
	Cours	**Professeur**	**Niveau**
	Droit		
	Littérature		

Pour combiner ET et OU dans une plage de critères, vous devez utiliser plusieurs colonnes et plusieurs lignes. La Figure 17.6 montre une plage de critères qui trouve tous les enregistrements pour lesquels le champ Cours est Droit, et pour lesquels le champ Professeur est soit Harris, soit Richard.

Figure 17.6 Combinaison de critères ET et OU.

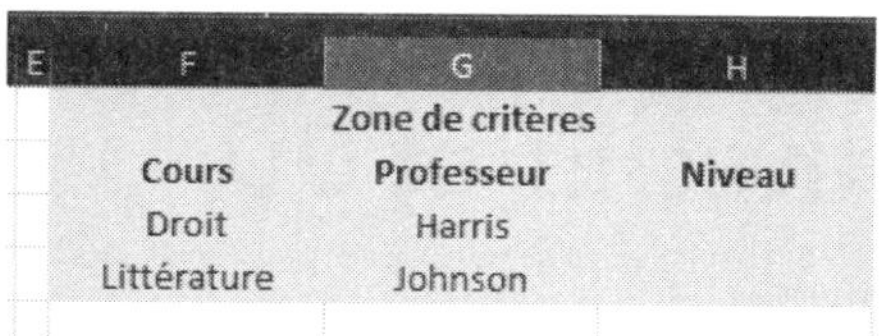

E	F	G	H
		Zone de critères	
	Cours	**Professeur**	**Niveau**
	Droit	Harris	
	Littérature	Johnson	

Pour définir un critère portant sur des plages, utilisez les opérateurs logiques suivants :

» < inférieur à

» > supérieur à

» <= inférieur ou égal à

» >= supérieur ou égal à

Bien entendu, vous appliquez ces opérateurs à des champs contenant des valeurs numériques. La Figure 17.7 montre deux zones de critères. Celle d'en haut correspond à tous les enregistrements dont le niveau est supérieur ou égal à 90. Celle d'en bas correspond à tous les enregistrements dont le niveau est égal ou supérieur à 80 et inférieur à 90.

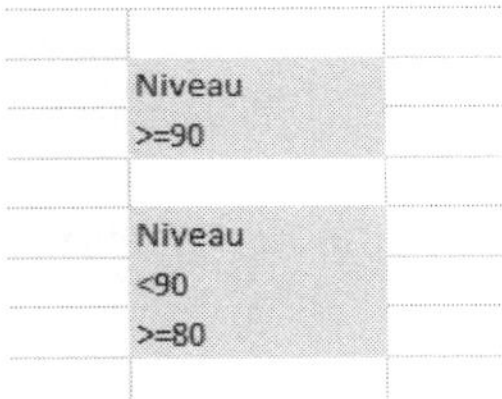

Niveau
>=90
Niveau
<90
>=80

Figure 17.7 Limiter des critères.

Additionner sélectivement avec BDSOMME

La fonction BDSOMME permet d'additionner des nombres dans une colonne, en ne prenant en compte que ceux correspondant au critère que vous avez spécifié. Supposons que la base de données contienne des chiffres d'affaires par vendeurs. La plage de cellules de la base de données est nommée Ventes. Vous voulez calculer les ventes de chacun des trois commerciaux. La Figure 17.8 montre comment il faut procéder. Les trois critères sont définis dans les plages D2:D3, E2:E3 et F2:F3. La fonction BDSOMME se trouve dans les cellules E8, E9 et E10. Dans la cellule E8, la formule est :

```
=BDSOMME(Ventes;"Montant";D2:D3)
```

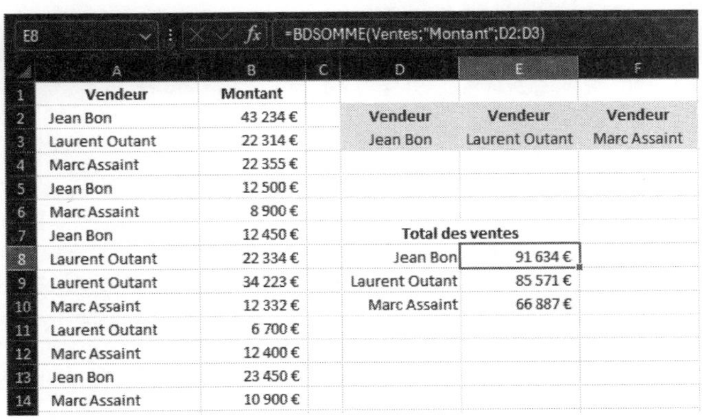

E8 =BDSOMME(Ventes;"Montant";D2:D3)

	A	B	C	D	E	F
1	Vendeur	Montant				
2	Jean Bon	43 234 €		Vendeur	Vendeur	Vendeur
3	Laurent Outant	22 314 €		Jean Bon	Laurent Outant	Marc Assaint
4	Marc Assaint	22 355 €				
5	Jean Bon	12 500 €				
6	Marc Assaint	8 900 €				
7	Jean Bon	12 450 €		Total des ventes		
8	Laurent Outant	22 334 €		Jean Bon	91 634 €	
9	Laurent Outant	34 223 €		Laurent Outant	85 571 €	
10	Marc Assaint	12 332 €		Marc Assaint	66 887 €	
11	Laurent Outant	6 700 €				
12	Marc Assaint	12 400 €				
13	Jean Bon	23 450 €				
14	Marc Assaint	10 900 €				

Figure 17.8 Des additions sélectives avec la fonction BDSOMME.

La fonction dans les cellules E9 et E10 est la même, hormis le troisième argument qui se réfère respectivement aux plages E2:E3 et F2:F3. Il est évident que le meilleur vendeur est Jean Bon.

Une moyenne partielle avec BDMOYENNE

La fonction BDMOYENNE permet d'obtenir une moyenne ne concernant que les lignes correspondant à un critère.

La Figure 17.9 montre la feuille de calcul du niveau des étudiants, dans laquelle une moyenne pour chaque cours a été calculée avec BDMOYENNE. Par exemple, la cellule G22 montre le niveau moyen du cours de philosophie. La formule est :

```
=BDMOYENNE(Etudiants;"Niveau";F14:G15)
```

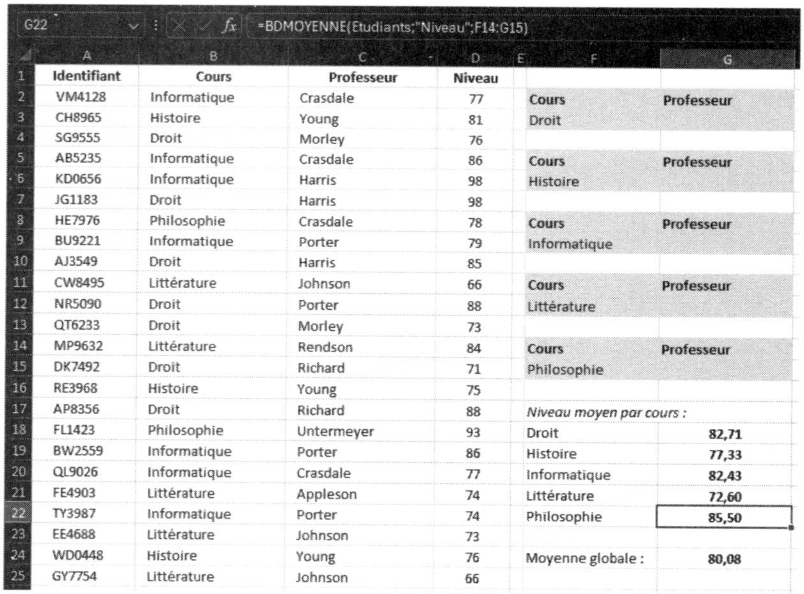

G22 =BDMOYENNE(Etudiants;"Niveau";F14:G15)

	A	B	C	D	E	F	G
1	Identifiant	Cours	Professeur	Niveau			
2	VM4128	Informatique	Crasdale	77		Cours	Professeur
3	CH8965	Histoire	Young	81		Droit	
4	SG9555	Droit	Morley	76			
5	AB5235	Informatique	Crasdale	86		Cours	Professeur
6	KD0656	Informatique	Harris	98		Histoire	
7	JG1183	Droit	Harris	98			
8	HE7976	Philosophie	Crasdale	78		Cours	Professeur
9	BU9221	Informatique	Porter	79		Informatique	
10	AJ3549	Droit	Harris	85			
11	CW8495	Littérature	Johnson	66		Cours	Professeur
12	NR5090	Droit	Porter	88		Littérature	
13	QT6233	Droit	Morley	73			
14	MP9632	Littérature	Rendson	84		Cours	Professeur
15	DK7492	Droit	Richard	71		Philosophie	
16	RE3968	Histoire	Young	75			
17	AP8356	Droit	Richard	88		*Niveau moyen par cours :*	
18	FL1423	Philosophie	Untermeyer	93		Droit	82,71
19	BW2559	Informatique	Porter	86		Histoire	77,33
20	QL9026	Informatique	Crasdale	77		Informatique	82,43
21	FE4903	Littérature	Appleson	74		Littérature	72,60
22	TY3987	Informatique	Porter	74		Philosophie	85,50
23	EE4688	Littérature	Johnson	73			
24	WD0448	Histoire	Young	76		Moyenne globale :	80,08
25	GY7754	Littérature	Johnson	66			

Figure 17.9 Calcul de la moyenne pour chacun des cours.

Chaque moyenne est basée sur une zone de critères différente. Chacune de ces zones filtre le résultat en fonction d'un cours. Partout, le critère Professeur est vide et n'a donc aucune incidence sur les résultats.

Pour pouvoir effectuer une comparaison, la fonction BDMOYENNE se trouve aussi dans la cellule G24, où elle calcule la moyenne globale de l'ensemble des cours. Comme le critère est un argument de fonction obligatoire, il se réfère à une cellule vide. Comme aucune des cellules de critères Cours n'est vide, la fonction se réfère au critère Professeur. Comme aucun nom d'enseignant n'a été placé là, tous les enregistrements de la base de données sont pris en compte pour le calcul de la moyenne. C'est exactement ce que nous voulions. Voici la formule de la cellule G24 :

```
=BDMOYENNE(Etudiants;"Niveau";G2:G3)
```

Peu importe l'en-tête de champ utilisé par le critère lorsqu'il s'agit d'obtenir un résultat fondé sur tous les enregistrements de la base de données. Ce qui est véritablement important est qu'il n'y ait pas de critère sous l'en-tête.

Compter ce qui compte avec BDNB

La fonction BDNB permet de déterminer le nombre d'enregistrements qui, dans la base de données, correspond au critère.

Dans la Figure 17.10, BDNB détermine le nombre d'étudiants par cours. Les cellules G18 à G22 contiennent les formules recherchant les critères dans le champ Cours. Voici la formule de la cellule G20, qui compte le nombre d'étudiants inscrits au cours d'informatique :

```
=BDNB(Etudiants;"Niveau";F8:G9)
```

Remarquez que BDNB exige une colonne de nombres à compter. C'est pourquoi l'en-tête Niveau est utilisé par la fonction. Compter dans les champs Cours ou Professeur renverrait zéro. Se baser sur une colonne contenant des nombres peut paraître bizarre, puisque la fonction ne les additionne pas. Elle se contente en effet de compter le nombre d'enregistrements. Mais bon, l'essentiel est que cela fonctionne.

Allons un peu plus loin. Comment connaître le nombre d'étudiants dont le niveau est d'au moins 90? Ce calcul exige un autre critère, capable de sélectionner les enregistrements dont le champ Niveau est égal ou supérieur à 90. La Figure 17.11 montre ce critère à l'œuvre ainsi que sa formule.

Figure 17.10

Calcul du nombre d'étudiants par cours.

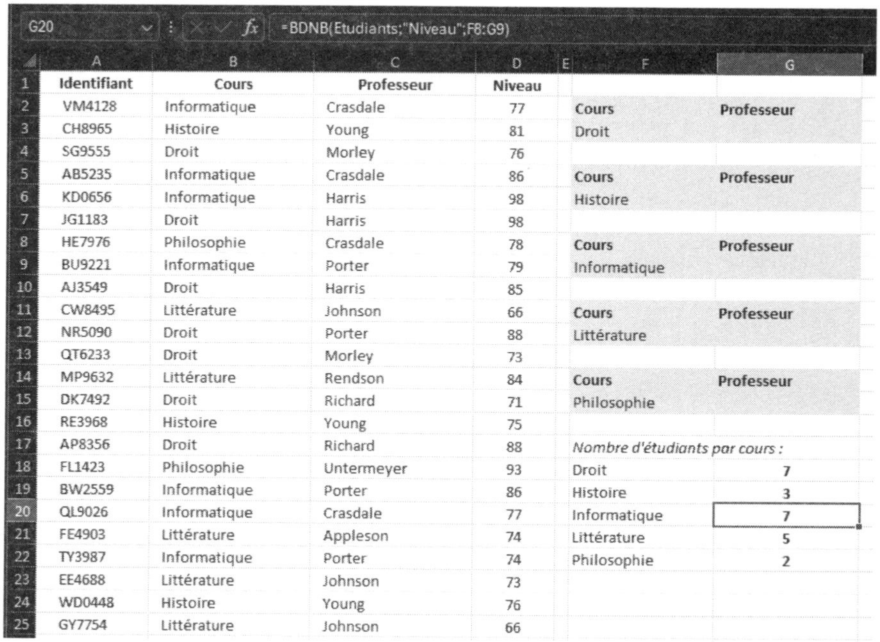

G20 =BDNB(Etudiants;"Niveau";F8:G9)

	A	B	C	D	E	F	G
1	Identifiant	Cours	Professeur	Niveau			
2	VM4128	Informatique	Crasdale	77		Cours	Professeur
3	CH8965	Histoire	Young	81		Droit	
4	SG9555	Droit	Morley	76			
5	AB5235	Informatique	Crasdale	86		Cours	Professeur
6	KD0656	Informatique	Harris	98		Histoire	
7	JG1183	Droit	Harris	98			
8	HE7976	Philosophie	Crasdale	78		Cours	Professeur
9	BU9221	Informatique	Porter	79		Informatique	
10	AJ3549	Droit	Harris	85			
11	CW8495	Littérature	Johnson	66		Cours	Professeur
12	NR5090	Droit	Porter	88		Littérature	
13	QT6233	Droit	Morley	73			
14	MP9632	Littérature	Rendson	84		Cours	Professeur
15	DK7492	Droit	Richard	71		Philosophie	
16	RE3968	Histoire	Young	75			
17	AP8356	Droit	Richard	88		*Nombre d'étudiants par cours :*	
18	FL1423	Philosophie	Untermeyer	93		Droit	7
19	BW2559	Informatique	Porter	86		Histoire	3
20	QL9026	Informatique	Crasdale	77		Informatique	7
21	FE4903	Littérature	Appleson	74		Littérature	5
22	TY3987	Informatique	Porter	74		Philosophie	2
23	EE4688	Littérature	Johnson	73			
24	WD0448	Histoire	Young	76			
25	GY7754	Littérature	Johnson	66			

Figure 17.11

Calcul du nombre d'étudiants dont le niveau est de 90 et plus.

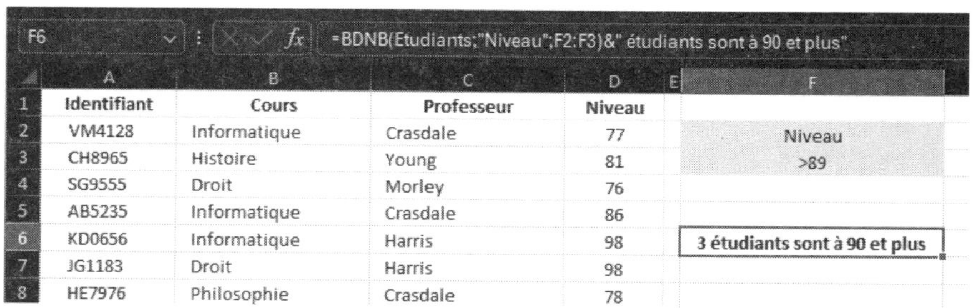

F6 =BDNB(Etudiants;"Niveau";F2:F3)&" étudiants sont à 90 et plus"

	A	B	C	D	E	F
1	Identifiant	Cours	Professeur	Niveau		
2	VM4128	Informatique	Crasdale	77		Niveau
3	CH8965	Histoire	Young	81		>89
4	SG9555	Droit	Morley	76		
5	AB5235	Informatique	Crasdale	86		
6	KD0656	Informatique	Harris	98		3 étudiants sont à 90 et plus
7	JG1183	Droit	Harris	98		
8	HE7976	Philosophie	Crasdale	78		

Dans la cellule F6, un texte est concaténé au résultat retourné par la fonction BDNB. Voici la formule :

```
=BDNB(Etudiants;"Niveau";F2:F3)&" étudiants sont à 90 est plus"
```

Le critère, dans la cellule F3, demande de rechercher, dans le champ Niveau, les valeurs supérieures à 89 (>89). Vous auriez obtenu le même résultat avec >=90.

Trouver le minimum et le maximum avec BDMIN et BDMAX

Les fonctions BDMIN et BDMAX servent à trouver la valeur minimale ou maximale dans la colonne d'une base de données, mais uniquement pour les données correspondant au critère. La Figure 17.12 montre comment trouver le niveau minimal et le niveau maximal dans le cours de littérature.

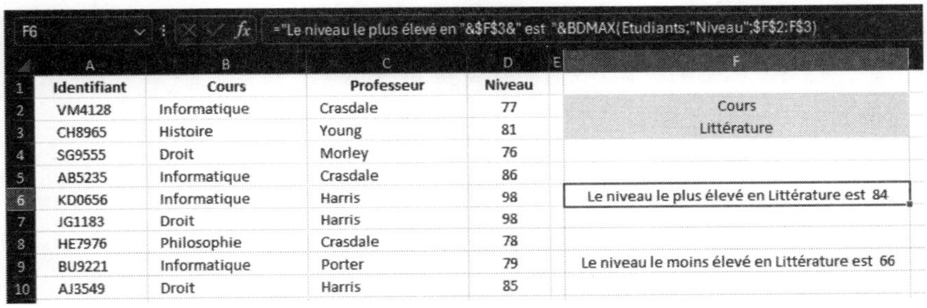

F6 ="Le niveau le plus élevé en "&$F$3&" est "&BDMAX(Etudiants;"Niveau";$F$2:$F$3)

	A	B	C	D	E	F
1	Identifiant	Cours	Professeur	Niveau		
2	VM4128	Informatique	Crasdale	77		Cours
3	CH8965	Histoire	Young	81		Littérature
4	SG9555	Droit	Morley	76		
5	AB5235	Informatique	Crasdale	86		
6	KD0656	Informatique	Harris	98		Le niveau le plus élevé en Littérature est 84
7	JG1183	Droit	Harris	98		
8	HE7976	Philosophie	Crasdale	78		
9	BU9221	Informatique	Porter	79		Le niveau le moins élevé en Littérature est 66
10	AJ3549	Droit	Harris	85		

Figure 17.12 Niveaux maximal et minimal du cours de littérature.

Les formules dans les cellules F6 et F9 sont quasiment identiques. Voici celle de la cellule F6 :

```
="Le niveau le plus élevé en «&$F$3&" est
«BDMAX(Etudiants;"Niveau";$F$2:$F$3)
```

Trouver des doublons avec BDLIRE

BDLIRE est une fonction de base de données unique. Elle n'effectue aucun calcul, mais recherche les entrées dupliquées, autrement dit, des doublons. Elle renvoie l'une de ces trois valeurs :

- **Le critère si un enregistrement correspond au critère.**
- **L'erreur `#VALEUR!` si aucun enregistrement ne correspond au critère.**
- **L'erreur `#NOMBRE!` si plusieurs enregistrements correspondent au critère.**

En vérifiant si BDLIRE renvoie une erreur, il est possible de découvrir d'éventuelles erreurs dans la base de données, comme un étudiant qui serait inscrit deux fois dans le même cours. Si c'est le cas, deux enregistrements auront le même identifiant et le même cours.

La Figure 17.13 montre comment vérifier si l'étudiant NR5090 n'a pas été inscrit plus d'une fois au cours d'informatique. Si c'est le cas, BDLIRE renvoie une erreur. Dans la cellule F5, la fonction BDLIRE est imbriquée dans la fonction ESTERREUR, et toutes deux sont imbriquées dans la fonction SI. De la sorte, un message différent est affiché selon que BDLIRE découvre un ou plusieurs doublons ou non. Voici la formule :

```
=SI(ESTERREUR(BDLIRE(Etudiants;"Identifiant";F2:G3));F3&" est
dupliqué";F3&" est OK")
```

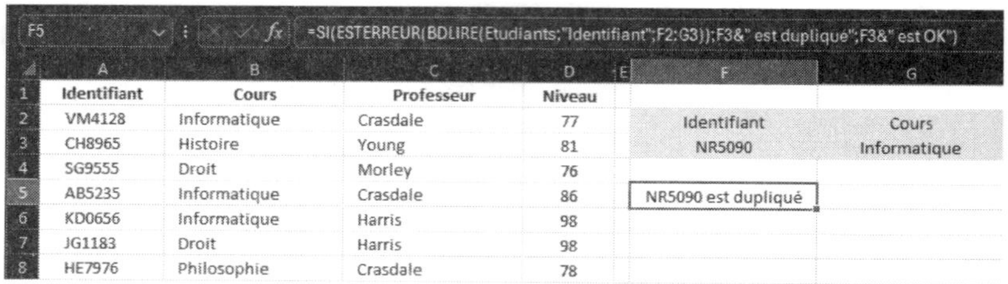

	A	B	C	D	E	F	G
1	Identifiant	Cours	Professeur	Niveau			
2	VM4128	Informatique	Crasdale	77		Identifiant	Cours
3	CH8965	Histoire	Young	81		NR5090	Informatique
4	SG9555	Droit	Morley	76			
5	AB5235	Informatique	Crasdale	86		NR5090 est dupliqué	
6	KD0656	Informatique	Harris	98			
7	JG1183	Droit	Harris	98			
8	HE7976	Philosophie	Crasdale	78			

Figure 17.13 Recherche de doublons avec la fonction BDLIRE.

Être productif avec BDPRODUIT

La fonction BDPRODUIT multiplie les valeurs correspondant au critère. Elle est puissante, mais est aussi capable de fournir des résultats qui n'étaient pas dans nos intentions. Autrement dit, additionner est une chose et en faire la somme en est une autre. C'est une opération courante sur un ensemble de données. Dans la Figure 17.8, précédemment, nous avons vu que les ventes de Jean Bon, soit 91 634 euros, sont la somme de 43 234 €, 12 500 €, 12 450 € et 23 450 €. Si une multiplication était appliquée au lieu d'une addition, ce talentueux commercial aurait gagné des milliers de milliards d'euros. Il aurait fait un bon mois.

Bref, BDPRODUIT multiplie et n'est de ce fait pas aussi fréquemment utilisé que BDSOMME. Mais si vous avez besoin de multiplier des articles dans une base de données, BDPRODUIT est l'outil de prédilection.

La fonction s'avère productive dans la Figure 17.14. La base de données contient des chemises. Pour chaque taille, il y a deux lignes : l'une pour le prix unitaire, l'autre pour le nombre d'articles en stock. Le coût d'un stock est donc le prix multiplié par le nombre d'articles. Il existe quatre tailles de chemises, avec pour chacune un prix et un nombre différents.

La fonction BDPRODUIT n'est appliquée qu'à une seule taille d'article à la fois. Quatre critères ont été définis, un par taille. Chacun de ces critères a `Taille` comme en-tête et la taille en question : XL, L, M ou S.

Figure 17.14

Un calcul de stocks.

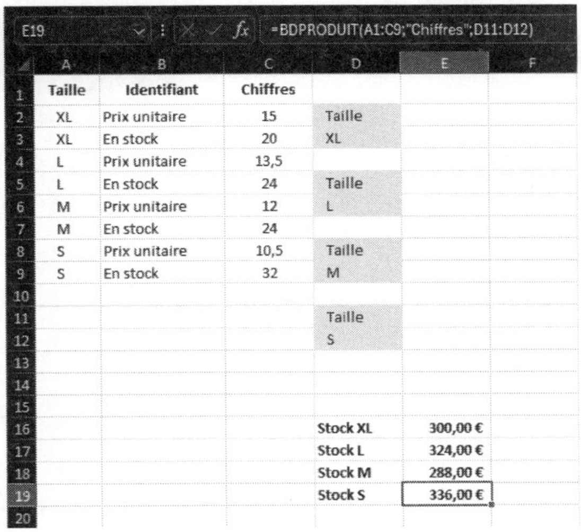

E19 =BDPRODUIT(A1:C9;"Chiffres";D11:D12)

	A	B	C	D	E	F
1	**Taille**	**Identifiant**	**Chiffres**			
2	XL	Prix unitaire	15	Taille		
3	XL	En stock	20	XL		
4	L	Prix unitaire	13,5			
5	L	En stock	24	Taille		
6	M	Prix unitaire	12	L		
7	M	En stock	24			
8	S	Prix unitaire	10,5	Taille		
9	S	En stock	32	M		
10						
11				Taille		
12				S		
13						
14						
15						
16				**Stock XL**	**300,00 €**	
17				**Stock L**	**324,00 €**	
18				**Stock M**	**288,00 €**	
19				**Stock S**	**336,00 €**	
20						

Les quatre cellules, D16 à D19, contiennent chacune la fonction BDPRODUIT avec le critère approprié. Par exemple, la formule de la cellule E19 est :

```
=BDPRODUIT(A1:C9;"Chiffres";D11:D12)
```

La plage A1:C9 est celle de la base de données. L'argument Chiffres fait référence aux valeurs à multiplier, indiquées par le critère.

Une feuille de calcul comme celle de la Figure 17.14 est appréciable lorsque de nouvelles données sont occasionnellement collées dans la base de données. Un ensemble de fonctions BDPRODUIT effectuera toujours la multiplication prévue, quelles que soient les données qui auraient pu être insérées. Cet exemple d'utilisation de BDPRODUIT montre comment faire avec des données qui se trouvent sur plus d'une ligne, comme ici le prix unitaire et la quantité en stock.

Cinquième partie

Les dix commandements

DANS CETTE PARTIE

Dix astuces pour travailler avec des formules.

•

Dix fonctions à vraiment connaître.

•

Dix fonctions vraiment cool.

DANS CE CHAPITRE

Veiller à la priorité des opérateurs arithmétiques.

Afficher et corriger les formules.

Référencer des cellules et utiliser des noms.

Choisir le mode de calcul.

Mise en forme conditionnelle et validation des données.

Créer vos propres fonctions.

Chapitre 18
Dix conseils pour vos formules

Plusieurs éléments peuvent améliorer la création et la correction de vos formules. Vous pouvez les visionner toutes à la fois et les corriger une par une. Vous pouvez aussi vous faire aider pour écrire vos fonctions. Et même, vous pouvez créer les vôtres.

La priorité des opérateurs

L'un des points les plus importants d'Excel, quand vous écrivez une formule, est de veiller à la priorité des opérateurs arithmétiques. Elle joue en effet un rôle crucial dans le résultat. Retenez-la grâce à ce moyen mnémotechnique : *Prendre Enfin Mes Dix Années Sabbatiques, qui donne l'ordre dans lequel Excel effectue ses calculs :*

1. Parenthèses
2. Exposant
3. Multiplication

❹ Division

❺ Addition

❻ Soustraction

Les parenthèses sont traitées en premier, les soustractions en dernier. À vrai dire, les multiplications et les divisions ont la même priorité, de même que les additions et les soustractions, mais cela ne change pas grand-chose au principe lui-même.

Par exemple, la formule =1+2*15 donne 31. Si vous avez trouvé 45, il vaut mieux que vous pensiez à vos dix années sabbatiques. Car pour obtenir 45, vous devez utiliser des parenthèses : =(1+2)*15.

Des priorités arithmétiques mal gérées peuvent fausser complètement votre feuille de calcul. Excel signale l'oubli d'une parenthèse, lorsqu'elles ne sont pas appariées, car c'est une erreur de syntaxe, mais il ne signale pas les problèmes de priorité qui, eux, ne sont pas des erreurs de syntaxe, mais de conception.

Bien assimiler ces notions de priorités vous évitera bien de la misère.

Afficher les formules

Vous avez sans doute remarqué qu'en cliquant sur une cellule pour voir la formule qu'elle contient, vous risquez de la modifier par mégarde. Si vous avez cliqué dedans et que vous cliquiez sur une autre cellule, son adresse serait incorporée à la formule, ce qui pourrait provoquer de calamiteuses bévues.

Il existe un moyen simple de voir toutes les formules d'une feuille de calcul : cliquez sur Fichier, dans la barre de menus en haut d'Excel, puis sur Options. Cliquez sur la catégorie Options avancées puis faites défiler le panneau jusqu'à la rubrique Options d'affichage de la feuille de calcul (voir Figure 18.1).

Cochez la case Formules dans les cellules au lieu de leurs résultats calculés, puis cliquez sur le bouton OK. Toutes les formules de la feuille de calcul sont visibles, comme le montre la Figure 18.2.

NdT : vous afficherez beaucoup plus rapidement les formules en cliquant sur le bouton Afficher les formules qui se trouve dans le groupe Vérification des formules du ruban Formules. Ou mieux encore, avec les touches Ctrl+».

Figure 18.1

Activez ici l'affichage des formules dans les feuilles de calcul.

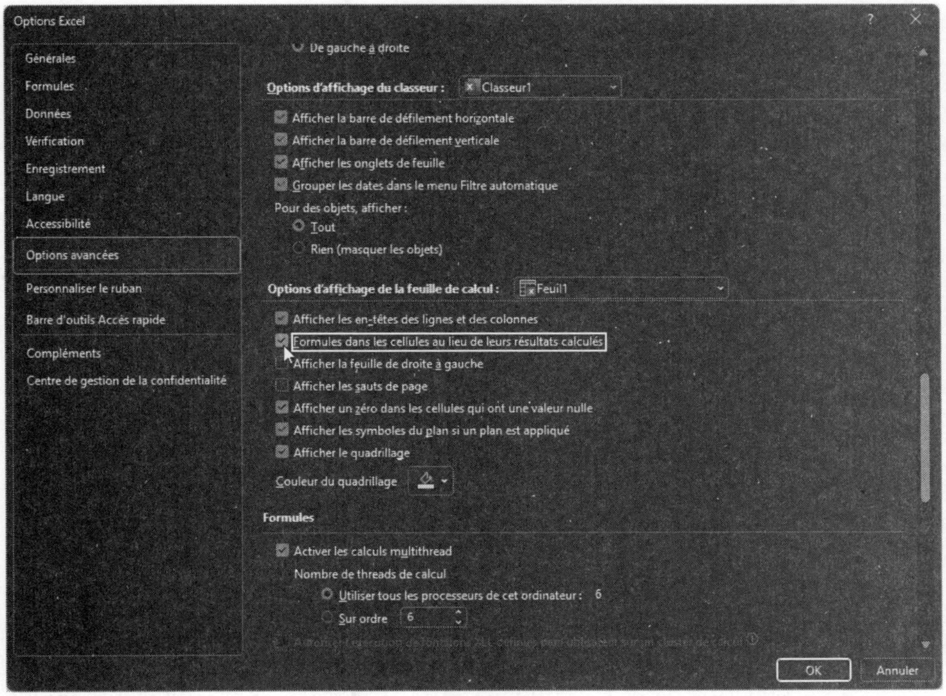

Figure 18.2

Les formules sont visibles dans les cellules de la feuille de calcul.

Cours	**Professeur**
Informatique	
Cours	**Professeur**
Littérature	
Cours	**Professeur**
Philosophie	
Niveau moyen par cours :	
Droit	**=BDMOYENNE(**Etudiants;**"Niveau"**;F2:G3**)**
Histoire	**=BDMOYENNE(Etudiants;"Niveau";F5:G6)**
Informatique	**=BDMOYENNE(Etudiants;"Niveau";F8:G9)**
Littérature	**=BDMOYENNE(Etudiants;"Niveau";F11:G1**
Philosophie	**=BDMOYENNE(Etudiants;"Niveau";F14:G1**
Moyenne globale :	**=BDMOYENNE(Etudiants;"Niveau";G2:G3**

Une formule peut être modifiée par mégarde même lorsque vous avez sélectionné leur affichage. Évitez de cliquer n'importe comment dans la feuille de calcul.

Corriger les formules

Supposons que la feuille de calcul contienne des erreurs de conception. Cela peut arriver même aux utilisateurs les plus expérimentés et ce n'est pas Excel qui les détectera.

Sur le ruban Formules, le groupe Vérification des formules contient un bouton Vérification des erreurs. Cliquez dessus pour afficher la boîte de dialogue de la Figure 18.3. Elle signale les erreurs qu'elle a trouvées.

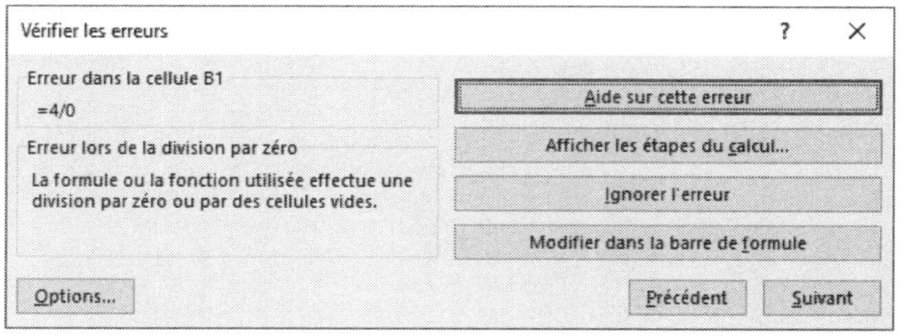

Figure 18.3 Excel a découvert une erreur dans la feuille de calcul.

Les boutons Précédent et Suivant permettent de parcourir les erreurs qui ont été découvertes. Pour chacune des erreurs, Excel propose plusieurs options :

- » **Aide sur cette erreur :** affiche le système d'aide d'Excel à propos de ce problème en particulier.
- » **Afficher les étapes du calcul :** la boîte de dialogue Évaluer la formule apparaît. Elle montre pas à pas comment le calcul a été effectué – cliquez sur le bouton Évaluer –, ce qui permet de voir où le problème se situe.
- » **Ignorer l'erreur :** vous assumez cette erreur qui n'en est peut-être pas une...
- » **Modifier dans la barre de formule :** c'est souvent le moyen le plus rapide de corriger la formule.

Le bouton Options, en bas à gauche de la boîte de dialogue Vérifier les erreurs, ouvre la catégorie Formules des options d'Excel. Voyez notamment la rubrique Règles de vérification des erreurs.

Utiliser des références absolues

Pour utiliser une même formule sur de nombreuses lignes ou colonnes, le plus simple consiste à la recopier en la tirant avec la poignée de recopie automatique. Le problème est qu'en procédant ainsi, les références relatives changent.

Cette modification automatique des références est souvent une bonne chose, surtout quand les cellules sont adjacentes. Mais dans d'autres cas, notamment lorsque la formule fait référence à une seule cellule dont la valeur doit être utilisée par toutes les formules recopiées, le décalage d'adresse peut provoquer d'énormes erreurs. Pour les éviter, vous devez utiliser des références absolues.

Pour rendre une référence absolue, placez le signe dollar ($) avant la lettre de colonne et/ou le numéro de ligne qui ne doivent pas changer lors d'une recopie automatique ou lors d'un copier/coller.

Voici une formule ne contenant que des références relatives :

```
=A4*(B4+A2)
```

Voici la même formule, mais avec la référence A2 qui est devenue absolue :

```
=A4*(B4+$A$2)
```

Quand cette formule est copiée, les références A4 et B4 peuvent varier librement, mais la référence $A$2 ne changera jamais.

Activer et désactiver le recalcul

Par défaut, Excel recalcule aussitôt le classeur lorsque vous validez une formule ou quand vous changez une valeur dans une cellule. Mais parfois, vous préférez que le recalcul soit déclenché manuellement. Cela peut être le cas quand les calculs sont très compliqués et nombreux, et prennent donc du temps.

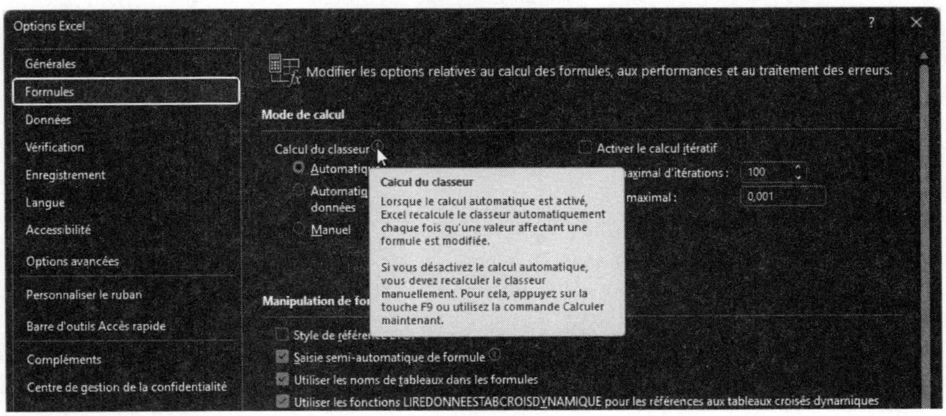

Figure 18.4 Les options de calcul d'Excel.

Pour désactiver le recalcul automatique, cliquez sur Fichier, dans la barre de menus, puis sur Options. Cliquez ensuite sur la catégorie Formules puis, à la rubrique Mode de calcul, choisissez le mode de recalcul d'Excel (Figure 18.4).

Appuyer sur la touche F9 recalcule le classeur Excel. Utilisez-la lorsque le recalcul est en mode Manuel. Le Tableau 18.1 présente quelques autres options :

Tableau 18.1 Les raccourcis clavier des modes de calcul.

Raccourci	Action
F9	Recalcule les formules modifiées, dans tous les classeurs ouverts.
Maj+F9	Recalcule les formules modifiées, mais seulement dans la feuille de calcul active.
Ctrl+Alt+F9	Recalcule toutes les formules dans tous les classeurs ouverts, indépendamment du moment où ils ont déjà été recalculés.

Nommer des plages

Il est assurément plus facile de se souvenir et savoir à quoi se rapporte un nom comme Clients, Inventaire ou Décembre, que de mémoriser des adresses comme B14:E26 ou AF220:AR680. D'où l'intérêt de nommer les plages de cellules.

Il est très facile de nommer des cellules et cela peut être fait de différentes manières. La première consiste à ouvrir la boîte de dialogue Nouveau nom (Figure 18.5). Commencez par sélectionner la plage à nommer puis, dans le ruban Formules, cliquez sur le bouton Définir un nom. S'il le peut, Excel propose un nom. Autrement, tapez le nom qui vous convient puis cliquez sur OK.

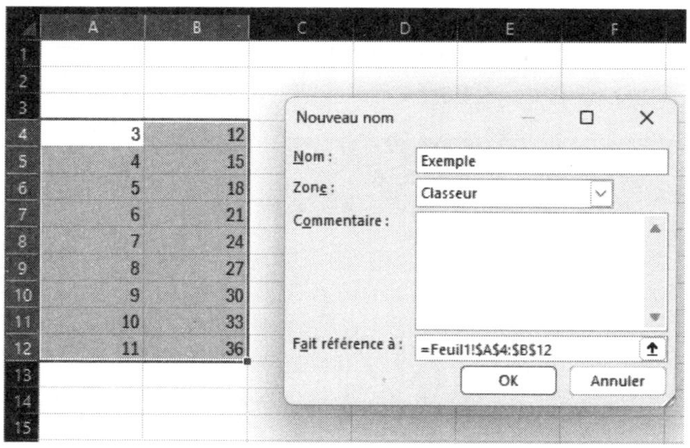

Figure 18.5 Nommez la plage de cellules.

Vous pouvez aussi nommer une plage de cellules en cliquant sur le bouton Gestionnaire de noms, dans le ruban Formules, puis en cliquant sur Nouveau, dans la boîte de dialogue qui apparaît.

La manière la plus simple et la plus rapide consiste toutefois à sélectionner une plage de cellules, puis à saisir un nom dans le champ à gauche de la barre de formule, comme le montre la Figure 18.6.

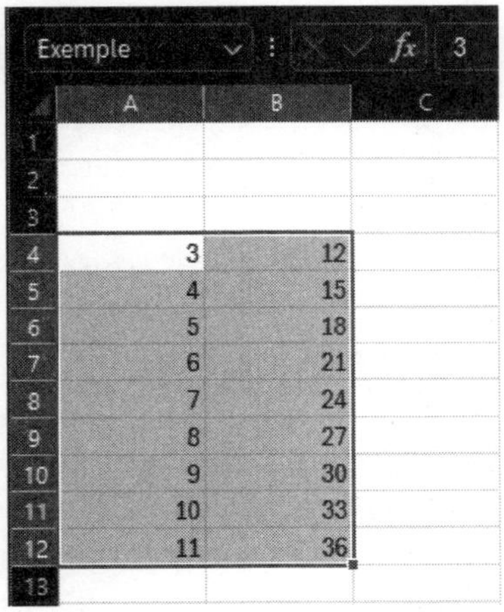

Figure 18.6 Nommez la plage de cellules.

Bien sûr, un nom ne peut être utilisé qu'une seule fois dans un même classeur.

Auditer les formules

Il existe des antécédents et des dépendants, et aussi des références externes. Comment savoir à quelles cellules se rattachent les références d'une formule? De quelles cellules dépendent-elles et quelles sont les cellules qui dépendent de la formule. Tout cela paraît bien compliqué…

Les outils d'audit d'Excel peuvent fort heureusement éclaircir toutes ces interdépendances. Ils affichent des flèches qui les mettent clairement en évidence, comme le révèle la Figure 18.7

Pour afficher les flèches, cliquez dans une cellule puis, dans le ruban Formules, cliquez sur le bouton Repérer les antécédents, et/ou sur le bouton Repérer les dépendants. Pour ôter les flèches, cliquez sur le bouton Supprimer les flèches.

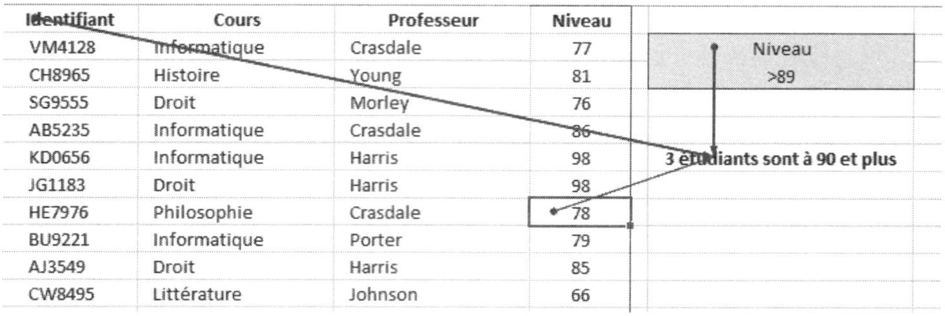

Identifiant	Cours	Professeur	Niveau
VM4128	Informatique	Crasdale	77
CH8965	Histoire	Young	81
SG9555	Droit	Morley	76
AB5235	Informatique	Crasdale	86
KD0656	Informatique	Harris	98
JG1183	Droit	Harris	98
HE7976	Philosophie	Crasdale	78
BU9221	Informatique	Porter	79
AJ3549	Droit	Harris	85
CW8495	Littérature	Johnson	66

Figure 18.7 Un audit de formules.

Le groupe Vérification des formules, où se trouvent ces boutons, contient d'autres outils permettant d'analyser les formules et de déceler d'éventuelles erreurs.

La mise en forme conditionnelle

Nous avons maintes fois utilisé la fonction SI pour afficher un résultat différent selon le résultat d'un calcul. La mise en forme conditionnelle fait varier l'apparence d'une cellule selon le résultat. Par exemple, vous pourrez demander à Excel qu'un résultat supérieur à une certaine valeur soit affiché en gras sur fond vert pour montrer que l'objectif a été atteint, tandis qu'un résultat insuffisant sera signalé par un chiffre jaune sur fond rouge.

Les commandes de mise en forme automatique se trouvent dans le groupe Style du ruban Accueil (Figure 18.8).

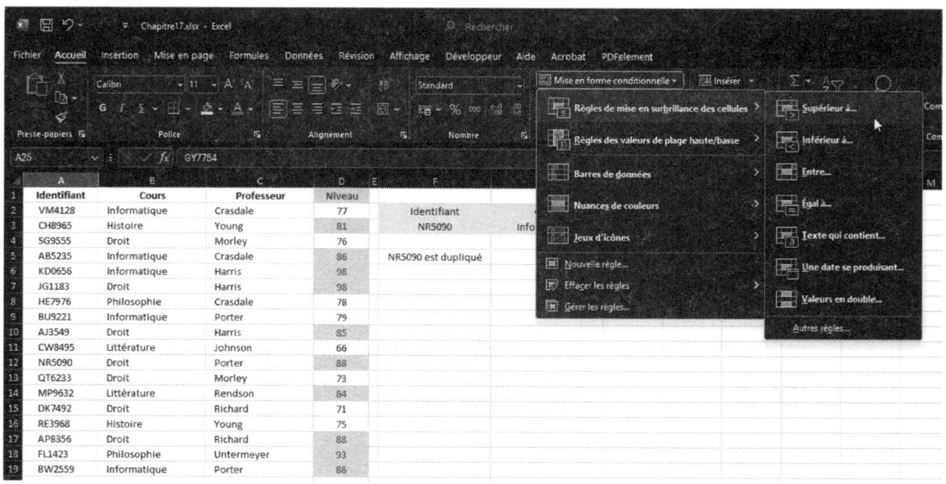

Figure 18.8 Les options de mise en forme conditionnelle.

Les conditions sont définies par des règles qui peuvent modifier le style de la bordure, la police (style, couleur, gras, italique...) et le remplissage (couleur et/ou motif du fond).

La validation des données

Sur le ruban Données, le groupe Outils de données contient une commande Validation des données permettant d'appliquer une règle à une ou plusieurs cellules. Par exemple, dans la Figure 18.9, la règle s'appliquant à la cellule sélectionnée oblige l'utilisateur à saisir un nombre entier de 50 à 100.

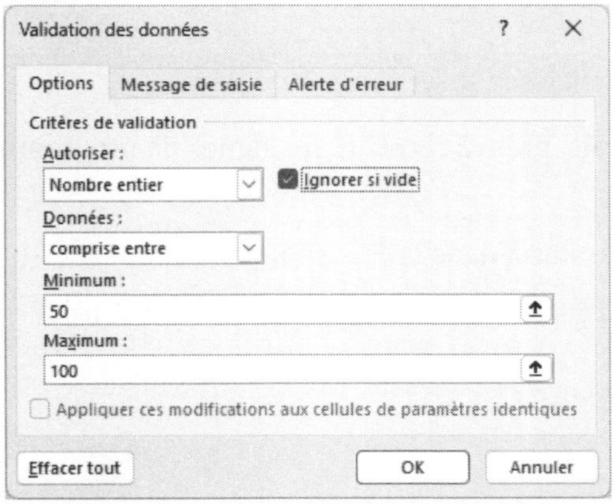

Figure 18.9 Seul un nombre entier de 50 à 100 pourra être saisi dans la cellule.

Si un utilisateur tente de saisir une valeur différente de celle qui a été stipulée, Excel affiche le message de la Figure 18.10.

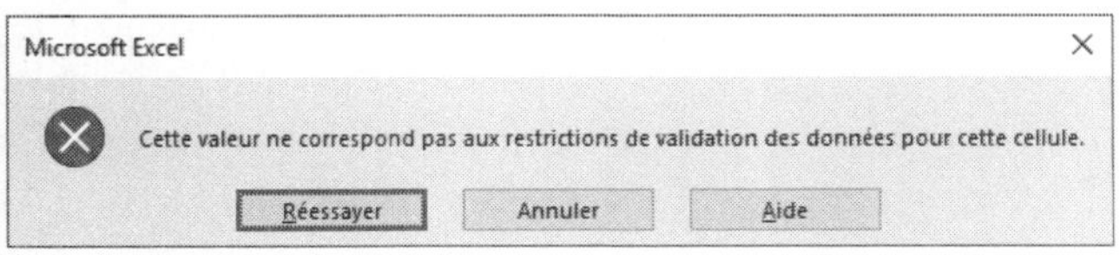

Figure 18.10 Excel a détecté une saisie erronée.

Le message d'erreur peut être personnalisé. Pour notre exemple, le message indiquera par exemple : `Ne saisissez qu'un nombre entier de 50 à 100.`

Créer une fonction

Excel a beau être riche de centaines de fonctions, il est possible que vous ne trouviez pas celle dont vous avez besoin. Il est possible de la créer, à condition cependant de maîtriser le langage de programmation VBA (*Visual Basic pour Applications*).

Bon, d'accord, je l'admets, ce n'est pas à la portée de tout le monde. Ou plus exactement, il faut du temps pour l'apprendre. Mais il est bon de savoir que c'est possible. Et à cette fin, voyons comment se déroule la création d'une fonction :

1. Appuyez sur les touches Alt+F11.

   Cette action affiche la boîte de dialogue Microsoft Visual Basic pour Applications. Vous pouvez aussi accéder à cette interface en cliquant sur le bouton VBA, à gauche sur le ruban Développeur (pour afficher ce dernier, cliquez sur Fichier, Options, Personnaliser le ruban. Dans le volet de droite, cochez la case Développeur).

2. Dans la barre de menus, choisissez Insertion > Module.

   Une fenêtre Module1 apparaît, prête à recevoir vos lignes de programmation en langage VBA.

3. Saisissez ces lignes, visibles aussi dans la Figure 18.11.

```
Public Function Addition(nombre1 As Double, nombre2 As Double)
Add = nombre1 + nombre2
End Function
```

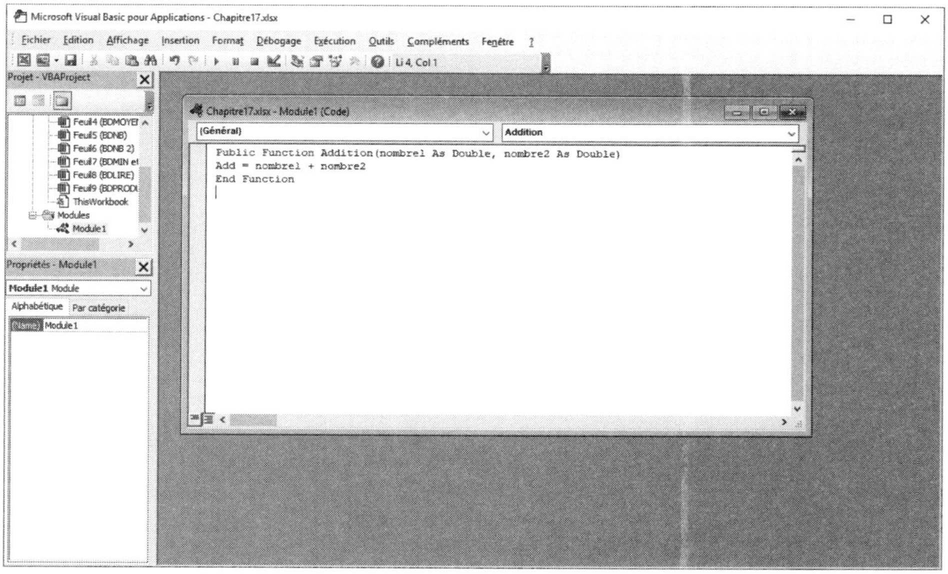

Figure 18.11 Une fonction personnalisée qui additionne deux nombres.

4. Enregistrez la fonction.

NdT : dans la boîte de dialogue Enregistrer sous, vous devez choisir le type de fichier Classeur Excel (prenant en charge les macros) (*.xlsm).

❺ Dans Excel, ouvrez la boîte de dialogue Insérer une fonction puis sélectionnez la catégorie Personnalisées, comme le montre la Figure 18.12.

Figure 18.12 La fonction personnalisée se trouve dans la boîte de dialogue Insérer une fonction.

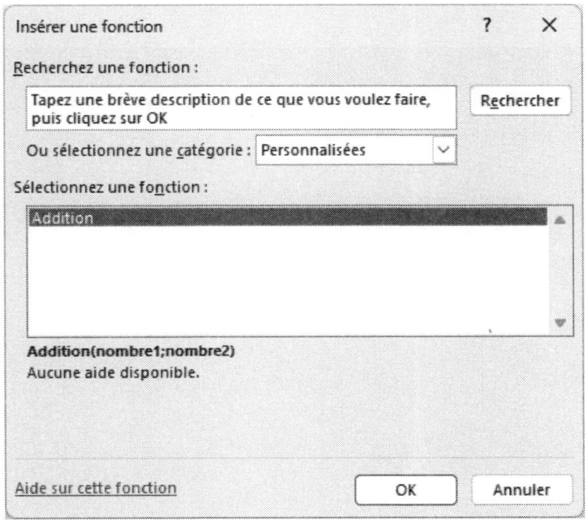

❻ Cliquez sur le bouton OK.

La boîte de dialogue Arguments de la fonction apparaît (Figure 18.13). Saisissez les arguments puis cliquez sur OK.

Figure 18.13 La boîte de dialogue de la fonction que vous venez de créer.

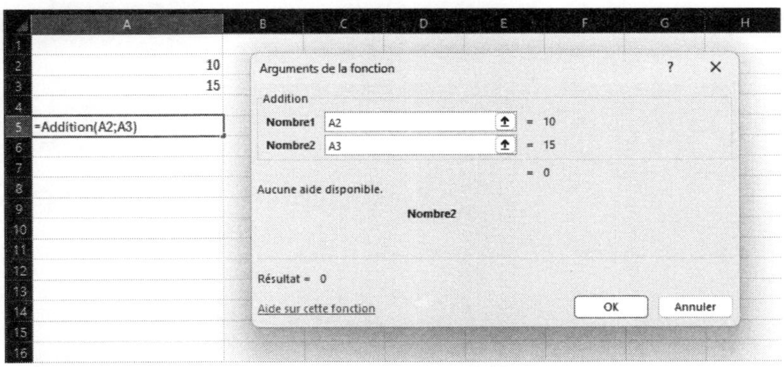

Cet exemple est extrêmement rudimentaire, mais il permet de comprendre le principe de la création de fonctions personnalisées. Si ce sujet vous intéresse, je vous recommande vivement la lecture de *Programmation VBA pour Excel 2024 pour les Nuls, par John Walkenbach. Bien que destiné à une version un peu ancienne d'Excel, il est toujours d'actualité.*

DANS CE CHAPITRE

Somme, moyenne et compte.

Arrondi.

Des conditions avec SI.

La date et le jour courants.

Chiffre ou nombre ?

Valeurs minimales et maximales.

Sommes et comptes conditionnels.

Recourir à l'IA.

Chapitre 19

Dix fonctions que vous devez vraiment connaître

Ce chapitre présente non pas les dix meilleures, mais une quinzaine des meilleures fonctions d'Excel (c'est un choix tout à fait personnel, donc subjectif). À ces fonctions, j'ai ajouté une section qui aborde l'utilisation de l'intelligence artificielle qui vous aidera à corriger des fonctions, mais aussi à en créer.

ENT et ARRONDI

Les fonctions ENT et ARRONDI réduisent chacune un nombre à sa partie entière. La différence réside dans la manière de le faire.

ENT

Cette fonction se contente de supprimer la partie décimale. Par exemple, 12,05 devient 12 et le nombre 12,95 devient 12 lui aussi. Un nombre négatif comme

-5,1 ou -5,9 devient -6 car c'est le prochain entier le plus faible. La syntaxe de ENT est :

```
=ENT(nombre ou référence de la cellule)
```

ARRONDI

La fonction ARRONDI permet de gérer la partie décimale. Elle requiert deux arguments : le nombre à arrondir et le nombre de décimales auquel il faut arrondir. Un nombre comme 5,6284 peut ainsi être arrondi à 5,628 ou 5,63 ou encore 5,6. Ou même à 6. La fonction arrondit toujours vers le chiffre le plus proche. C'est pourquoi 5,628 est arrondi à 5,63 et non à 5,62.

Notez les variantes ARRONDI.INF et ARRONDI.SUP qui n'arrondissent que dans une seule direction, vers le bas ou vers le haut. La syntaxe de la fonction ARRONDI est :

```
=ARRONDI(nombre;décimales)
```

Les deux arguments – le nombre et le nombre final de décimales – sont identiques pour ARRONDI.INF et ARRONDI.SUP :

```
=ARRONDI.SUP(nombre;décimales)
=ARRONDI.INF(nombre;décimales)
```

ESTNUM

La fonction ESTNUM contrôle si une cellule contient une valeur numérique ou autre chose, comme du texte. Elle renvoie `VRAI` si la valeur est un nombre, et `FAUX` si elle n'en est pas un. La syntaxe est :

```
=ESTNUM(valeur)
```

MAINTENANT et AUJOURDHUI

La fonction MAINTENANT renvoie la date et l'heure courantes fournies par l'horloge interne de l'ordinateur. La fonction AUJOURDHUI ne renvoie que la date.

Ces fonctions sont souvent utilisées pour l'impression d'un rapport. La mention « Imprimé le » est ainsi toujours à jour. La fonction AUJOURDHUI sert aussi à déterminer le nombre de jours entre une échéance passée ou future et le jour d'aujourd'hui.

MAINTENANT et AUJOURDHUI n'ont pas d'argument. Leur syntaxe est donc réduite au strict minimum :

```
=MAINTENANT()
=AUJOURDHUI()
```

MIN et MAX

Les fonctions MIN et MAX servent à déterminer la valeur la moins élevée ou la valeur la plus élevée d'une plage de cellules. Elles acceptent chacune jusqu'à 255 arguments, et chaque argument peut être une plage de cellules. Leur syntaxe est :

```
=MIN(nombre1;nombre2;...)
=MAX(nombre1;nombre2;...)
```

Vous pouvez également utiliser MIN et MAX avec une plage de cellules comme ceci :

```
=MAX(A1:A12)
```

ou avec plusieurs plages de cellules :

```
=MAX(A1:A12;B1:B12)
```

MOYENNE

Bien qu'il s'agisse techniquement d'une fonction statistique, MOYENNE est si souvent utilisée qu'elle peut figurer en bonne place dans ce « Top 10 ». Elle accepte 255 arguments qui peuvent être des nombres ou des plages de cellules. La syntaxe est :

```
=MOYENNE(nombre1;nombre2;...)
```

MOYENNE peut aussi être utilisée avec une plage de cellules :

```
=MOYENNE(A1:A12)
```

Ou avec plusieurs plages :

```
=SOMME(A1:A12;B1:B12)
```

NB

La fonction NB détermine le nombre de cellules contenant un nombre (et non du texte, par exemple). Elle accepte 255 arguments qui peuvent être des références à des cellules ou une plage.

Si dans la plage A1:10, deux cellules seulement contiennent des nombres, la fonction NB renvoie 2. Voici sa syntaxe :

```
=NB(référence1;référence2;...)
```

NB peut aussi être utilisé avec une plage de cellules :

```
=NB(A1:A10)
```

Ou avec plusieurs plages :

```
=NB(A1:A10;B1:B10)
```

RECHERCHEH et RECHERCHEV

Les fonctions RECHERCHEH ET RECHERCHEV servent à trouver une valeur dans un tableau. Cette valeur est le premier argument.

RECHERCHEH recherche une valeur dans la première ligne d'un tableau et renvoie la valeur de la même colonne à partir de la ligne spécifiée. RECHERCHEV recherche une valeur dans la première colonne d'un tableau et renvoie la valeur de la même ligne à partir de la colonne spécifiée. La syntaxe de ces deux fonctions est :

```
=RECHERCHEH(valeur cherchée;tableau;ligne; valeur proche)
=RECHERCHEV(valeur cherchée;tableau;ligne; valeur proche)
```

SI

la fonction SI est vraiment commode. Elle teste en effet une condition puis elle renvoie l'un ou l'autre de deux résultats selon que la condition est Vrai ou Faux.

SI est même capable de renvoyer une chaîne de caractères vide. Il est ainsi possible d'afficher un résultat correspondant à une condition, mais rien du tout si c'est l'autre condition qui est vraie. Sa syntaxe est :

```
=SI(test_logique;siVrai;siFaux)
```

En clair : si le test utilisé comme premier argument est vérifié, Excel renvoie le deuxième argument, sinon il renvoie le troisième argument.

SOMME

L'addition est sans doute l'une des opérations les plus élémentaires. La fonction SOMME accepte jusqu'à 255 arguments. Chacun d'eux peut être un nombre ou une plage contenant de multiples nombres. La syntaxe de cette fonction est :

```
=SOMME(nombre1;nombre2;...)
```

SOMME peut aussi être utilisée avec une plage de cellule :

```
=SOMME(A1:A12)
```

Et même avec plusieurs plages :

```
=SOMME(A1:A12;B1:B12)
```

SOMME.SI et NB.SI

Ces deux fonctions additionnent ou comptent les valeurs qui correspondent au critère fourni. Elles permettent de répondre à des questions comme « Combien de livraisons ont-elles été faites en octobre ? » ou « Combien de fois le CAC40 a-t-il dépassé les 4 000 points sur les dix dernières années ? »

SOMME.SI requiert trois arguments :

» **la plage de cellule à laquelle le critère est appliqué ;**

» le critère à appliquer ;

» (facultatif) la plage à partir de laquelle il faut additionner des valeurs.

La plage mentionnée comme premier argument n'est pas forcément la plage à partir de laquelle des valeurs sont additionnées. C'est pourquoi SOMME.SI peut servir à trouver la réponse à la question des livraisons en octobre, mais aussi à une question comme « Quelle est, dans cette liste, la somme des nombres plus élevés que 100 ? » La syntaxe de SOMME.SI est :

```
=SOMME.SI(plage;critère;somme plage)
```

Le dernier argument de SOMME.SI est facultatif. S'il est omis, la fonction utilise à la place la plage définie comme premier argument.

La fonction NB.SI sert à compter le nombre d'éléments qui, dans une plage de cellules, correspondent au critère donné. Ella a deux arguments :

» la plage contenant les valeurs à évaluer ;

» le critère à appliquer.

La syntaxe de NB.SI est :

```
=NB.SI(plage;critère)
```

Recourir à l'IA

L'intelligence artificielle (IA) peut apporter une aide précieuse dans la création de formules Excel. Lorsque vous disposez d'un abonnement à Copilot Pro (IA de Microsoft), le recours à l'IA se fera directement dans vos classeurs Excel. Sinon, *via* votre compte Microsoft, vous utiliserez Copilot soit depuis le navigateur Microsoft Edge, soit depuis l'application développée pour Windows.

L'IA et les formules Excel

Voici ce que vous pouvez attendre de l'IA en matière de création de formules Excel :

» **Automatisation des tâches répétitives :** l'IA peut automatiser la création de formules répétitives et complexes, ce qui permet de gagner du temps et de réduire les erreurs humaines. Par exemple, des algorithmes d'IA peuvent générer automatiquement des formules de calculs financiers ou de statistiques basées sur des modèles prédéfinis.

» **Suggestions de formules :** des outils d'IA peuvent analyser les données et suggérer des formules adaptées à vos besoins. Par exemple, si vous travaillez sur une feuille de calcul contenant des dates et des valeurs, l'IA peut vous proposer d'utiliser des fonctions comme SOMME.SI ou NB.SI pour résumer les données.

» **Correction d'erreurs :** l'IA peut aider à identifier et à corriger les erreurs dans les formules existantes. Elle peut analyser les formules pour détecter les incohérences ou les erreurs courantes, comme les références de cellules incorrectes ou les parenthèses mal placées.

» **Optimisation des formules :** l'IA peut également optimiser les formules pour améliorer l'efficacité des calculs. Par exemple, elle peut recommander des méthodes de calcul plus rapides ou plus efficaces pour traiter de grandes quantités de données.

» **Personnalisation des formules :** l'IA peut personnaliser les formules en fonction des besoins spécifiques de l'utilisateur. Par exemple, elle peut adapter les formules pour tenir compte des particularités de l'industrie ou des exigences spécifiques de l'entreprise.

» **Assistance en temps réel :** des assistants virtuels basés sur l'IA peuvent fournir une aide en temps réel pour la création et la modification de formules. Ces assistants peuvent répondre à des questions, fournir des exemples et guider les utilisateurs à travers des processus complexes.

» **Analyse prédictive :** l'IA peut intégrer des capacités d'analyse prédictive dans les formules Excel. Par exemple, en utilisant des modèles de machine learning, l'IA peut prédire des tendances futures basées sur les données historiques et générer des formules pour effectuer ces prédictions.

En résumé, l'IA offre des capacités puissantes pour améliorer l'efficacité, la précision et la personnalisation dans la création de formules Excel. Elle permet aux utilisateurs de se concentrer sur des tâches à plus forte valeur ajoutée, tout en automatisant les aspects techniques et répétitifs.

Mise en pratique

Pour vos besoins personnels ou professionnels, vous serez amené à réfléchir sur des formules qui permettront d'automatiser des calculs. Il suffit d'ouvrir Copilot et de lui expliquer ce que vous souhaitez faire. Par exemple, soumettez à Copilot l'hypothèse suivante : «Je dispose d'heures d'arrivée et de départ d'employés au travail et je souhaite calculer le temps total travaillé en excluant les pauses. Quelle formule Excel me permettrait de connaître ce temps de travail ? ».

Copilot vous fera la proposition suivante :

```
=(B2 - A2) - (D2 - C2)
```

Cette formule fonctionne comme suit :

❶ (B2 - A2) : **calcule le temps total entre l'arrivée et le départ.**

❷ (D2 - C2) : **calcule la durée totale de la pause.**

❸ (B2 - A2) - (D2 - C2) : **soustrait la durée de la pause du temps total, donnant ainsi le temps réellement travaillé.**

Assurez-vous que les cellules sont formatées en tant qu'heure afin que les calculs soient corrects.

La feuille de calcul pourrait ressembler à celle illustrée sur la Figure 19.1.

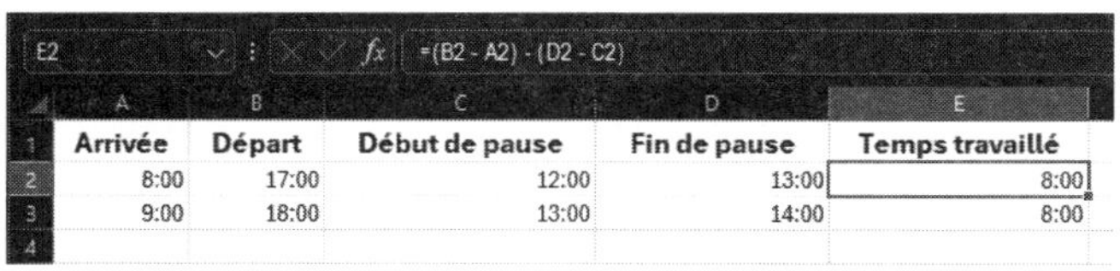
E2 fx =(B2 - A2) - (D2 - C2)

	A	B	C	D	E
1	Arrivée	Départ	Début de pause	Fin de pause	Temps travaillé
2	8:00	17:00	12:00	13:00	8:00
3	9:00	18:00	13:00	14:00	8:00
4					

Figure 19.1 La formule et la feuille de calcul suggérée par l'IA Copilot de Microsoft.

DANS CE CHAPITRE

Convertir des nombres dans d'autres bases.

Convertir des unités de mesure.

Les dénominateurs communs.

Générer des nombres aléatoires.

Convertir des chiffres romains.

Obtenir rapidement une factorielle.

Déterminer le pourcentage dans l'année.

Tester le type de données.

Trouver la longueur.

Convertir la casse.

Chapitre 20
Quelques fonctions sympas

Nous avons un bon nombre de fonctions, mais ce n'est pas fini. Excel en contient beaucoup d'autres que nous aborderons succinctement dans ce dernier chapitre.

Les nombres hexadécimaux, octaux, décimaux et binaires

Le calcul binaire est à la base de toute l'informatique. Mais pour mieux manipuler les nombres que moulinent les processeurs, les informaticiens ont concocté d'autres systèmes de notation : l'octal (en base 8) et l'hexadécimal (en base 16).

En base 2 (binaire), tous les nombres sont exprimés par deux chiffres : 0 et 1. Par exemple, en binaire, 20 est représenté cette succession de chiffres : 10100. Le chiffre 99 est représenté par 1100011.

Dans le système décimal (base 10), nous comptons de 0 à 9, puis nous continuons en plaçant 1 à gauche de l'unité, puis nous recommençons le compte de 10 à 19, et ainsi de suite.

Dans le système octal (base 8), nous ne comptons que de 0 à 7. Les chiffres 8 et 9 ne sont jamais utilisés.

En notation octale, le nombre 99 est représenté par 143, et le nombre 200 par 310. En notation hexadécimale, le nombre 99 est représenté par 66, et le nombre 200 par C8.

Dans le système hexadécimal (base 16), nous comptons de 0 à... F. Pour représenter l'ensemble des seize chiffres, la progression des unités est en effet 0, 1, 2, 3, 4, 5, 6, 7, 8, 9, A, B, C, D, E, F. Les lettres représentent les valeurs de 10 à 15. Si vous avez déjà travaillé sur la couleur d'un site Web, vous savez que FFFFFF correspond au blanc. Le serveur web identifie cette couleur en décodant la notation hexadécimale.

Le nombre 200 en notation décimale devient C8 en hexadécimale, alors que 99 se transforme en 0x63.

Le Tableau 20.1 montre les fonctions de conversion entre les divers systèmes de notation.

Tableau 20.1 Les fonctions de conversion de systèmes de notation.

Fonction	Action
BINDEC	Conversion de binaire en décimal
BINHEX	Conversion de binaire en hexadécimal
BINOCT	Conversion de binaire en octal
DECBIN	Conversion de décimal en binaire
DECHEX	Conversion de décimal en hexadécimal
DECOCT	Conversion de décimal en octal
HEXBIN	Conversion d'hexadécimal en binaire
HEXDEC	Conversion d'hexadécimal en décimal
HEXOCT	Conversion d'hexadécimal en octal
OCTBIN	Conversion d'octal en binaire
OCTDEC	Conversion d'octal en décimal
OCTHEX	Conversion d'octal en hexadécimal

Dans la boîte de dialogue Insérer une fonction, tous ces convertisseurs se trouvent dans la catégorie Ingénierie.

Convertir des unités des unités de mesure

La fonction CONVERT est absolument géniale. Elle convertit un nombre incroyable d'unités de mesure : des pieds en mètres, des degrés Celsius en degrés Fahrenheit, des pintes en litres, des chevaux en watts, etc. Toutes ces mesures sont réparties dans plusieurs catégories :

» Poids et masse.

» Distance.

» Heure.

» Pression.

» Force.

» Énergie.

» Puissance.

» Magnétisme.

» Température.

» Volume (ou mesure liquide).

» Domaine (en fait, des aires).

» Informations (en fait, informatique).

» Vitesse.

La fonction requiert trois arguments : le nombre à convertir, l'unité de mesure d'origine et l'unité de mesure cible. Voici par exemple la syntaxe pour convertir 10 gallons US en litres :

```
=CONVERT(10;"gal";"l")
```

Dix gallons US équivalent à 37,85 litres. Reportez-vous à l'aide de cette fonction pour connaître les nombreuses unités disponibles.

Les dénominateurs communs

Le *plus grand commun dénominateur* est le chiffre entier le plus grand capable de diviser un nombre sans laisser de reste. Par exemple, pour les nombres 5, 10 et 100, le plus grand commun dénominateur est 5, car chacun de ces nombres peut être divisé par 5 avec pour résultat un nombre entier.

La fonction PGCD accepte jusqu'à 255 arguments. Les valeurs non entières sont tronquées. De par sa nature, le commun dénominateur renvoyé par la fonction est forcément égal ou inférieur à la valeur la plus faible de celles entrées comme arguments. Parfois, ce dénominateur est tout simplement 1, car il est commun à tous les nombres. La syntaxe de la fonction PGCD est :

```
=PGCD(nombre1;nombre2;...)
```

Le *plus petit commun dénominateur* est le plus petit nombre entier qui soit un multiple commun à tous les nombres entiers entrés comme arguments. Par exemple, le plus petit commun dénominateur de 2, 4 et 6 est le nombre 12. Le plus petit commun dénominateur de 9, 15 et 48 est le nombre 720.

La fonction PPCM accepte jusqu'à 255 arguments. Les valeurs non entières sont tronquées. La syntaxe est :

```
=PPCM(nombre1;nombre2;...)
```

Générer des nombres aléatoires

La fonction ALEA renvoie un nombre entre 0 et 1. En règle générale, le nombre ainsi obtenu n'est véritablement utile qu'après l'avoir multiplié par un autre. Mais pour le limiter à un intervalle de valeurs entières, il fallait concocter une formule avec la fonction ENT. Cette époque est à présent révolue.

La fonction ALEA.ENTRE.BORNES renvoie un nombre aléatoire entier entre deux limites. Deux arguments seulement sont requis : la limite inférieure et la limite supérieure. Par exemple, cette formule renvoie un nombre aléatoire entre 5 et 10.

```
=ALEA.ENTRE.BORNES(5;10)
```

Convertir des chiffres romains

Qui se souvient de la chanson de Serge Gainsbourg, *MCMLXIX année érotique*? Ou des événements de mai LXVIII? En chiffres romains, c'est un peu classieux, voire pédant, mais il faut reconnaître que la fonction ROMAIN facilite grandement ce genre de facétie arithmétique. Elle convertit en effet instantanément un chiffre arabe en chiffre romain. La syntaxe est :

```
=ROMAIN(nombre;style)
```

Le second argument, style, est facultatif. Lorsqu'il existe plusieurs moyens de représenter le nombre romain (étendu ou concis), Excel vous laisse le choix. Reportez-vous à l'aide sur cette fonction pour les détails.

La fonction ROMAIN ne peut pas convertir les nombres supérieurs à 3999. Si vous avez besoin de convertir des nombres supérieurs à 3999 en chiffres romains, il serait nécessaire d'utiliser une méthode personnalisée ou une macro VBA dans Excel pour gérer ces conversions en dehors des limitations de la fonction ROMAIN.

Factoriser

Si vous aimez les multiplications, vous aimerez la fonction FACT. Elle multiplie en effet une succession d'entiers. Par exemple, la factorielle de 6 – soit 6! en notation mathématique – est le résultat $1 \times 2 \times 3 \times 4 \times 5 \times 6$, ce qui donne 720.

Cette fonction ne reçoit qu'un seul argument : le nombre entier dont vous voulez obtenir la factorielle.

Déterminer une partie de l'année avec FRACTION.ANNEE

Si vous avez besoin de savoir à quel pourcentage de l'année correspondent un certain nombre de jours, la fonction FRACTION.ANNEE vous apportera la réponse. Vous lui indiquez le premier jour de la période de temps et le dernier jour de la période de temps, après quoi la fonction renvoie un chiffre entre 0 et 1. Si la période est supérieure à une année, le chiffre est supérieur à 1. Il suffit ensuite de le mettre en forme avec le format Pourcentage.

Trouver le type de donnée

Le contenu d'une cellule peut être du texte, un nombre, une valeur logique, une erreur, ou une matrice. La fonction TYPE indique à quel type de donnée appartient le contenu d'une cellule. Bon, je vous l'accorde, vous n'êtes pas totalement idiot et savez reconnaître au premier coup d'œil la nature du contenu d'une cellule. Toutefois, si vos formules utilisent des références à des cellules, vous souhaiterez peut-être intégrer la fonction TYPE à votre formule avant de lancer des calculs. Ainsi, vous serez certain d'obtenir un résultat plutôt qu'un message d'erreur. Par exemple, A4 contient 25 et A5 affiche « Pomme ». Si vous les additionnez, Excel renverra un message du genre #VALEUR!. Pour éviter cela, ajoutez TYPE dans la formule, comme ceci :

```
=SI(TYPE(A4)=1&TYPE(A5)=1;A4+A5;"impossible à calculer")
```

La cellule affichera alors « impossible à calculer ». La fonction TYPE peut retourner cinq valeurs :

» O 1 = nombre

» O 2 = texte

» O 4 = une valeur logique (Et, Ou, etc.)

» O 16 = une erreur

» O 64 = une matrice

Trouver la longueur de votre texte

Trouver la longueur d'une chaîne de texte peut être très utile lorsque votre classeur contient de nombreux textes identiques. Par exemple, si vous avez une longue liste de codes de pièces usinées, vous pourrez tester la validité de certains en testant leur longueur. Supposons que le format valide pour un code industriel soit de cinq caractères. L'exécution de la fonction NBCAR dans une colonne à côté des codes peut dénoncer ceux dont la longueur n'est pas de cinq caractères, et ainsi les identifier comme erronés.

La fonction NBCAR est d'une simplicité enfantine, car elle n'exige qu'un seul argument : la référence de la cellule ou le texte. Voici la fonction NBCAR pour la cellule F15

```
=NBCAR(F15)
```

Éviter de se CASSEr la tête

Trois fonctions très utiles facilitent le formatage de votre texte. Ces fonctions de casse prennent une chaîne de texte et la retournent en minuscules, en majuscules, ou avec la première lettre de chaque mot en majuscule. Ceci est utile lors de la mise en forme des titres et des en-têtes.

Voici ce que pourrait donner une chaîne de texte « Bonjour, comment allez-vous ? » dans la cellule A5 :

```
=MINUSCULE(A5) retourne bonjour, comment allez-vous?
=MAJUSCULE(A5) retourne BONJOUR, COMMENT ALLEZ-VOUS?
=NOMPROPRE(A5) retourne Bonjour, Comment Allez-Vous?
```

Index